LE CHOIX DU SUCCES®

Collection dirigée par Franck ATTELAN

LA BIBLE DU CONCOURS ACCÈS

Edition 2022

Franck ATTELAN, Antoine BROUDIN,
Nicholas CHICHEPORTICHE, Françoise MONTERO,
Jules SESPLUGUES

SOMMAIRE

INTRODUCTION

PREMIERE PARTIE

Les epreuves ecrites du concours ACCES

DEUXIEME PARTIE

Les epreuves orales du concours ACCES

INTRODUCTION

I. PRESENTATION DU CONCOURS ACCES

1. LE CONCOURS ACCES REGROUPE 3 ECOLES : ESDES, ESSCA ET IESEG

Le concours ACCES permet de postuler à la première année de trois écoles de commerce post-bac que sont donc l'ESDES (Lyon), l'ESSCA (Angers, Paris, Aix-en-Provence, Bordeaux, Lyon, Budapest et Shanghai) et l'IESEG (Lille/Paris).

Ces trois écoles proposent des programmes de niveau master (vous êtes donc diplômé bac +5 à la sortie de l'école).

Pour postuler au concours ACCES, vous devez être en mesure de présenter le diplôme du baccalauréat :

- soit vous êtes élève (ou ancien élève) en classe de Terminale ;
- soit vous disposez d'un titre étranger reconnu équivalent. Pour tout élève en classe de Terminale, l'admission en première année des écoles de commerce post-bac du concours ACCES reste donc subordonnée à la présentation effective du diplôme du baccalauréat.

2. UN CONCOURS PLEBISCITE PAR DE NOMBREUX CANDIDATS

Depuis 1999, le nombre d'inscrits au concours ACCES a connu une progression de plus de 90 % pour dépasser la barre des 7 000 inscrits en 2021.

Les sections ES et S fournissent respectivement 56,25 % et 41,75 % des candidats présents au concours ACCES. Seulement 0,50 % des candidats sont issus de la filière L et le reste des autres bacs.

Les statistiques 2019 laissent également apparaître que le nombre de candidats dépasse celui des candidates avec un rapport de 54,93 % à 45,07 %.

Un nombre inégal de places offertes et un niveau de sélectivité variable

Chaque école du concours ACCES définit le nombre de places qu'elle souhaite proposer en première année. 2430 places sont ouvertes au concours 2021 pour l'ensemble des 3 écoles. 220 places pour l'ESDES, 950 pour l'ESSCA et 9000 pour l'IESEG.

A titre informatif, sur les 5 512 candidats qui se sont inscrits au concours ACCES en 2015, seulement 1 335 ont été admis dans une des trois écoles de commerce post-bac, soit un taux d'admission global de 24,2 %. En d'autres termes, seul 1 candidat sur 4 est admis dans une école du concours ACCES. C'est beaucoup moins encore si on se concentre sur l'IESEG, l'école la plus demandée.

Epreuves et coefficients

Epreuves : durées et coefficients		**ESDES**	**ESSCA**	**IESEG**
Synthèse (3 h)	**Ecrits**	4	6	6
Raisonnement logique et mathématiques (2 h 30)		6	8	8
Ouverture culturelle (45 min)		6	3	3
Anglais (45 min)		4	3	3
Entretien(s) (entre 45 min et 2 h)	**Oraux**	7	10	7,5
Anglais (entre 30 et 45 min)		3	3	2,5
Total des coefficients		**30**	**33**	**30**

IMPORTANT

Concernant la notation du concours ACCES, notez que depuis 2011 et pour l'ensemble des QCM des épreuves écrites, les candidats disposent d'un capital de point initial. Une erreur ou une absence de réponse entraîne des pénalités, qui entament votre capital. Une erreur est davantage pénalisée qu'une absence de réponse et un bonus est attribué quand vous répondez correctement à tous les *items* d'un QCM (4 réponses justes sur 4).

[L'épreuve écrite de Raisonnement logique et Mathématiques]

QCM. L'épreuve dure 2 heures et 30 minutes. L'objectif de l'épreuve Raisonnement logique et Mathématiques est d'évaluer l'aptitude des candidats à utiliser les concepts et outils mathématiques enseignés durant leurs études secondaires. Un accent particulier est mis sur l'application de ces notions à des contextes proches de la vie courante ou de la vie des entreprises. Le candidat devra démontrer sa capacité à modéliser les problèmes de manière à leur apporter une solution grâce aux outils de logique, d'arithmétique ou de géométrie.

L'épreuve se décompose en 3 parties de 5 questions chacune :

1re partie : raisonnement logique

Le candidat mettra en œuvre des outils simples adaptés à la résolution des exercices proposés.

Il devra faire preuve d'adaptation rapide d'une question à l'autre, les questions étant indépendantes.

2e partie : raisonnement mathématique

Dans cette partie plus classique, le candidat devra démontrer sa maîtrise des outils faisant partie du programme de mathématiques des filières générales du baccalauréat. Les questions y sont également indépendantes.

3e partie : problème mathématique

Dans cette partie, les questions peuvent être dépendantes. Le candidat pourra donc exploiter les résultats obtenus précédemment pour répondre aux questions suivantes.

[L'épreuve écrite de synthèse]

L'épreuve dure trois heures. Elle évalue les capacités de compréhension et d'expression écrite du candidat. Elle porte sur un ensemble de documents, sur un thème d'actualité ou d'intérêt général, accessibles pour tout lycéen de terminale. Le corpus à synthétiser est constitué pour l'essentiel de textes, auxquels pourront s'ajouter des graphiques et des images.

La synthèse est un compte-rendu de lecture totalement objectif ; elle est donc dépourvue de tout jugement et de tout ajout personnels. Il ne s'agit pas d'une succession de résumés.

Le candidat devra démontrer sa capacité à organiser les idées des documents à travers :

- l'élaboration d'un plan clair et structuré avec une introduction, un développement et une conclusion,
- la pertinence des connecteurs logiques.

Il devra également soigner la qualité de la langue, respecter la grammaire et l'orthographe, ainsi que l'accentuation, la ponctuation et la présentation.

La synthèse doit être rédigée en 350 mots, avec une marge de tolérance de 10 %.

[L'épreuve écrite d'ouverture culturelle]

QCM. L'épreuve dure 45 minutes.

L'épreuve a pour objectif d'évaluer chez le candidat sa connaissance et sa compréhension de sujets liés à la culture générale, à l'actualité nationale et internationale, ainsi que son aptitude à saisir des idées abstraites et des concepts. Le candidat est testé sur sa capacité à mobiliser, dans un temps limité, des connaissances prouvant sa curiosité intellectuelle et son ouverture culturelle, éléments fondamentaux pour appréhender le monde contemporain en vue de prendre les bonnes décisions de management dans un environnement complexe et mouvant.

L'épreuve comporte 65 QCM répartis en quatre grandes thématiques :

- Histoire, géographie, mythes et religions,
- Idées, sciences et techniques,
- Politique, économie, société,
- Arts, loisirs, médias.

L'ensemble des questions posées porte à la fois sur la culture académique que doit posséder tout candidat et sur l'actualité nationale et internationale que l'on retrouve à tous les niveaux des thématiques.

Le candidat sera donc testé sur sa capacité à mobiliser, dans un temps limité, des connaissances prouvant une curiosité intellectuelle et une solide ouverture culturelle, éléments fondamentaux pour appréhender le monde contemporain et s'épanouir pleinement dans un cursus d'école de commerce.

[L'épreuve écrite d'anglais]

QCM. L'épreuve dure 45 minutes.

L'épreuve d'anglais a pour objectif d'évaluer le niveau de grammaire, de vocabulaire et d'orthographe du candidat ainsi que son aptitude à la compréhension de la langue écrite.

L'épreuve comporte 2 parties :

1re partie : grammaire et vocabulaire (30 questions)
Dans cette partie, le candidat démontrera sa richesse dans la langue à travers ses connaissances linguistiques.

2e partie : 2 textes de compréhension écrite (10 questions)
Cette partie comporte 2 textes extraits d'articles de presse portant sur l'actualité internationale, des faits de société, des analyses d'événements. L'évaluation de la compréhension de la langue écrite porte aussi bien sur le sens explicite du texte que sur sa signification profonde ou implicite.

[L'épreuve orale d'anglais]

L'épreuve dure de 30 à 45 minutes. Elle évalue votre niveau de compréhension orale et de conversation en langue anglaise.

[L'épreuve orale d'entretien de personnalité et de motivation]

L'entretien de personnalité et de motivation est individuel et dure 45 minutes pour l'ESDES et l'IESEG. Il dépasse les deux heures pour l'ESSCA avec trois sous-épreuves que sont l'entretien collectif, l'épreuve d'argumentation et l'entretien individuel. L'entretien individuel permet d'apprécier votre personnalité et vos motivations pour rejoindre la première année des écoles de commerce ACCES.

II. NOS CONSEILS POUR BIEN CHOISIR VOTRE ECOLE

Le concours ACCES regroupe trois écoles importantes et, si cela se passe bien pour vous, il y a de fortes chances que vous soyez déclaré admis dans plusieurs d'entre elles.

Nous vous proposons donc ici quelques bons conseils pour bien choisir votre école. Il en va de 5 ans de scolarité, alors autant ne pas se tromper !

1. LES SITES INTERNET OFFICIELS DES ECOLES

Le premier réflexe pour drainer de l'information au sujet des Ecoles de commerce post-bac reste évidemment Internet. Cette technologie permet d'accéder facilement à un ensemble de ressources qui vont des sites Internet officiels des Ecoles de commerce aux forums Internet étudiants en passant également par Facebook et d'autres réseaux sociaux.

Notre expérience à la prépa AURLOM nous a montré que beaucoup d'étudiants n'utilisaient pas à bon escient les ressources du net pour choisir leur Ecole de commerce. Voici donc quelques conseils pour exploiter au mieux les sites officiels des Ecoles de commerce post-bac.

D'abord, sachez que **la visite d'un site Internet ne peut raisonnablement s'effectuer en quelques minutes, la veille des inscriptions aux concours.** Cela n'a aucun intérêt. Un tel travail doit s'effectuer très en amont dans votre préparation. Autrement dit, dès le premier trimestre de votre année de Terminale, moment où vous commencez théoriquement à vous poser des questions sur votre orientation, vous êtes invités à surfer abondamment.

Internet constitue généralement votre premier contact avec l'Ecole. **La visite des différents sites officiels va déjà vous permettre d'éliminer certaines Ecoles qui ne correspondent pas à vos exigences.** Il vous restera alors les salons et les journées portes ouvertes (sur lesquels nous reviendrons par la suite) pour vous faire une opinion plus solide sur celles qui restent encore dans votre liste.

Mais surtout, **une visite fouillée du site Internet d'une Ecole de commerce vous permet de préparer votre futur entretien de motivation,** en collectant et en organisant des informations sur les programmes et les spécificités de l'Ecole que vous convoitez. Gardez toujours à l'esprit que l'entretien a pour objectif de tester votre degré de motivation et les raisons qui vous incitent à postuler à telle ou telle Ecole de commerce post-bac.

2. LES RESEAUX SOCIAUX

Nous faisons partie de ceux qui pensent qu'Internet offre des opportunités exceptionnelles pour se préparer aux concours dans les meilleures conditions. Facebook a de quoi éclairer vos choix et apporter des réponses à vos questions les plus exigeantes.

Contrairement aux idées reçues, Facebook peut constituer un outil précieux de votre réussite, lorsqu'il est utilisé à bon escient.

1. Les pages fan

La plupart des Ecoles ont adopté le format « page fan », plutôt que celui du groupe.

La page fan vous offre certes la possibilité de cliquer sur « j'aime », mais aucun engagement, de quelque nature que ce soit (demande d'autorisation ou de mise en contact), ne vous est demandé afin de consulter toutes les informations qui y sont disponibles.

Ce que vous gagnez à aller consulter la page fan d'une Ecole :

- Vous êtes au courant de l'actualité de l'Ecole, voire de ses associations étudiantes ou de ses associations d'anciens ;
- Vous découvrez les événements que l'Ecole organise ou soutient ;
- Vous bénéficiez d'une vision moins formelle de l'établissement et obtenez certains détails non disponibles sur le site officiel ;
- Vous consultez les forums de discussions et vous y participez ;
- Vous posez toutes vos questions aux administrateurs.

2. Posez toutes vos questions

Vous avez des questions, mais vous n'osez pas appeler l'Ecole concernée ? Parce que vous n'êtes pas certain de la pertinence de vos interrogations, par timidité, ou tout simplement parce que certaines questions ne peuvent pas être posées directement à l'Ecole.

Voici le genre de questions concernées :

- Pourquoi aller à l'ESDES plutôt que de suivre le programme *Bachelor* de l'ESSEC ?
- Les cours de management animés par tel professeur sont-ils vraiment intéressants ?
- Si je désire effectuer un stage dans un prestigieux cabinet de conseil en stratégies, ai-je une chance en tant qu'étudiant de l'EM Normandie, ou vaut-il mieux viser une autre Ecole ?
- Les cours de finance sont-ils bons ?
- Le campus est excentré, cela n'est-il pas un inconvénient ?
- Un ancien élève m'a informé des difficultés administratives liées aux conventions de stage dans cette Ecole, pouvez-vous confirmer ?

Les Ecoles ne peuvent pas tout vous dire. Mettez-vous à leur place. Elles sont dans une logique de marketing, elles ne peuvent en conséquence se présenter par leurs difficultés, leurs défauts. Leur but est d'attirer les meilleurs éléments, pas de les repousser, et encore moins de faire l'éloge des autres Ecoles à leur dépens.

Qui peut alors vous répondre ? Les étudiants, anciens ou actuels.

Or, sur Facebook, il n'est pas si simple de les trouver. Les membres des pages ne sont pas affichés publiquement et les informations des profils ne sont pas toujours accessibles.

Le meilleur moyen est celui de communiquer *via* la messagerie Facebook. Pour cela, il faut des noms. Deux possibilités s'offrent alors selon les profils : soit la personne concernée n'a pas bloqué sa messagerie et laisse à toute personne (ami(e) ou pas) la possibilité de lui écrire ; soit elle a bloqué sa messagerie et ne la rend accessible que si vous l'ajoutez en contact, et qu'elle accepte votre demande.

Afin de trouver ces étudiants, vous avez plusieurs possibilités :

- <u>Par vos relations</u>. Si un ami à vous, ou ami d'ami, a été (ou est) étudiant dans cette Ecole, n'hésitez pas à l'ajouter à vos contacts ;

- *Via* les salons. Les salons sont en effet un très bon moyen d'entrer en contact avec des étudiants, n'hésitez pas à prendre leur nom et leur adresse email afin de les ajouter en ami sur Facebook, ou à leur écrire directement sans ajout de contact, si cela est possible. Vous pourrez ainsi échanger *via* la messagerie.
- Une prépa est aussi un haut lieu de mise en relation. Hormis vos camarades de prépa qui connaissent, pour certains d'entre eux, des étudiants qui ont déjà intégrés, les professeurs voient passer de nombreux étudiants, dont beaucoup ont intégré. Ils pourront être d'une aide précieuse dans votre recherche. La prépa Aurlom est ainsi un centre de mise en relation privilégié.
- *Via* les Pages Fan. L'onglet discussion peut aussi être un moyen de trouver des étudiants à contacter.

3. Facebook : un bon argument pour vos oraux

Vous êtes un futur entrepreneur. Créer, innover, s'adapter : tous ces mots sont vos compagnons de route. S'intéresser au web communautaire est indispensable.

Lors des oraux d'admission, faire une remarque sur l'influence qu'a eue sur vous la page Facebook de l'Ecole est un plus, un moyen de prouver votre intérêt concret pour l'établissement. Vous êtes membre de la « génération C », la génération Internet. Prouvez que vous en faites partie et que vous savez utiliser ces outils !

Souligner l'importance de Facebook dans un oral d'admission peut se faire de plusieurs manières :

- Vous avez été séduit par l'effort technologique de l'Ecole et son approche des nouvelles technologies ;
- Les informations et les réponses aux questions que vous vous posiez disponibles, *via* la page fan ou par des contacts, vous ont permis de faire votre choix définitif, en l'occurrence celui de cette Ecole et pas d'une autre ;
- Cette approche *via* Facebook vous a permis de goûter au réseau qu'offre l'Ecole et auquel vous êtes impatient d'appartenir.

N'oubliez pas qu'une question qui vous sera sûrement posée, directement ou pas, est : « **Pourquoi nous plutôt qu'une autre Ecole ?** ».

3. LES FORUMS EN LIGNE

Un autre moyen de glaner de l'information sur les Ecoles de commerce post-bac et leur concours reste les forums Internet. Il en existe plusieurs qui connaissent une forte fréquentation et abordent des sujets variés sur les Ecoles et les concours.

Un forum a pour principal atout de vous offrir une source d'information alternative facilement accessible. Ils sont généralement fréquentés à la fois par des candidats aux Ecoles, mais aussi par des étudiants en Ecole de commerce post-bac, voire par des membres de l'équipe pédagogique. Ils permettent d'avoir accès à un large spectre d'avis et de témoignages de la part de ces divers intervenants. Il est souvent intéressant de pouvoir confronter diverses opinions pour essayer d'avoir une vision plus juste de telle ou telle Ecole.

Cependant, il faut rester prudent et garder une certaine distance par rapport à ces forums. Les discussions qui s'y développent virent souvent à l'affrontement sur le niveau de chaque Ecole. En outre, le débat sous pseudo libère d'avantage les esprits et les jugements à l'emporte pièce. Préférez alors la solution de la discussion en privée avec un étudiant issu de l'Ecole que vous souhaiteriez intégrer. Il sera généralement très heureux de pouvoir faire la promotion de son Ecole auprès d'un candidat potentiel, tandis que vous serez en mesure de ne pas prendre tout ce qu'il vous dit pour argent comptant.

4. LES SALONS ETUDIANTS

Le salon étudiant reste un moment incontournable dans la découverte des Ecoles de commerce post-bac. **Logiquement, vous devez effectuer ce genre de visites après avoir découvert, grâce à Internet, les différentes Ecoles de commerce post-bac qui s'offrent à vous.** Comme nous l'avons vu, vous avez déjà été en mesure de faire un premier tri entre les Ecoles qui pourraient potentiellement répondre à vos attentes et celles qui n'y répondent pas du tout !

Un salon étudiant représente l'opportunité unique de pouvoir « visiter » toutes les Ecoles de commerce post-bac de France en une seule journée. Un tel événement se déroule généralement sur deux ou trois jours durant un week-end. La plupart des Ecoles de commerce post-bac font le déplacement et disposent d'un stand pour accueillir de potentiels candidats à leurs concours.

Autour de ce stand, vous avez déjà accès à toute la documentation en format papier. Vous rétorquerez probablement que vous n'en voyez pas l'utilité puisque tout est sur le site. Détrompez-vous ! Pouvoir consulter tranquillement une documentation complète sur votre Ecole de commerce post-bac peut se révéler très appréciable quand on passe déjà plusieurs heures par jour le nez rivé sur un écran informatique.

Un stand Ecole, c'est aussi l'opportunité de retrouver à la fois des représentants de l'équipe pédagogique – notamment des membres du Service des admissions de l'Ecole – mais surtout des étudiants issus des différentes années. Vous avez alors la possibilité de poser toutes vos questions sur le concours, la sélectivité, les parcours, les atouts de l'Ecole, les opportunités pédagogiques, les échanges internationaux, l'ambiance, la vie de campus, etc.

Surtout, **une telle rencontre vaut 1 000 visites sur le site Internet tant les échanges humains ont plus de valeur et de fiabilité pour se faire une vraie idée d'une Ecole de commerce.**

Une rencontre « en réel » permet de faire part de vos désirs et de vos projets aux interlocuteurs qui vous accueillent et qui peuvent ainsi vous indiquer si leur Ecole sera apte ou non à y répondre. Un site Internet n'est pas calibré pour un tel exercice. Il vous apporte un contenu brut, souvent de qualité, mais ne peut répondre à vos interrogations.

1. Grâce aux salons, marquez des points lors de votre entretien d'admission

Participer à un salon étudiant, c'est aussi un formidable argument marketing lors de votre probable futur entretien de motivation pour intégrer l'Ecole.

Le conseil de Franck Attelan, directeur de la Prépa Aurlom, membre de jurys de concours.

Imaginez la scène. Une salle. Un jury de deux personnes face à vous. Le stress de l'entretien vous envahit. Votre envie démesurée de réussir pour intégrer cette Ecole de commerce à laquelle vous avez tant rêvé. Et la fameuse question : *« Pourquoi notre Ecole de commerce et pas une autre ? »*
Il n'y a alors pas de plus belle réponse à cette question que : *« Au-delà des atouts pédagogiques indéniables que possède votre Ecole – dont nous avons déjà parlé – j'ai eu l'occasion de rencontrer la Directrice des admissions de votre Ecole ainsi que plusieurs étudiants en première et deuxième année lors du Salon Studyrama des Ecoles de commerce post-bac. J'ai fortement apprécié leur dynamisme et leur joie à me parler de votre Ecole. Je les ai trouvés particulièrement ouverts et épanouis. Ils m'ont convaincu que votre Ecole de commerce était faite pour moi et répondait à mes ambitions. »*

Le jury sera alors définitivement convaincu que vous êtes réellement motivé pour rejoindre leur Ecole ! Surtout, vous aurez réussi à vous démarquer des centaines de candidats qui se réfugieront uniquement dans les programmes, les échanges ou autres discours trop stéréotypés.

2. Dynamisez votre préparation !

Profiter des différents salons étudiants représente aussi une occasion pour chaque candidat de donner un nouveau souffle à sa préparation.

Nous ne le répéterons jamais assez, mais les concours aux Ecoles de commerce post-bac sont hautement sélectifs. Ils demandent une vraie préparation pour toutes les épreuves écrites et orales. Il est donc primordial de démarrer vos révisions au plus tôt. D'autant plus qu'en classe de Terminale, plus l'année défile, plus le baccalauréat se rapproche, ce qui est de nature à vous détacher de plus en plus de vos concours pour les Ecoles de commerce post-bac.

Or, il n'est facile pour personne de se motiver pour un concours plusieurs mois avant la date des épreuves. **Un salon peut ainsi jouer un formidable rôle de déclic.** Rencontrer des étudiants qui ont intégré l'Ecole que vous convoitez, donner corps à votre projet et palper en direct la rudesse de la compétition sont autant de réalités qui doivent normalement vous inciter à vous atteler à vos révisions sitôt rentré chez vous, ou presque ! Nous avons tous besoin de leviers pour renforcer notre motivation dans nos divers projets. La préparation d'un concours n'échappe pas à la règle et la participation à un salon étudiant constitue justement ce levier indispensable.

Cet ouvrage se veut le compagnon de votre préparation de A à Z pour vos concours aux Ecoles de commerce post-bac. Nous estimons dès lors qu'il est de notre devoir de vous donner des outils très opérationnels pour réussir cette préparation. Concernant votre visite des salons étudiants, nous souhaitons simplement vous donner la liste des cinq choses à faire absolument durant un tel événement !

La *TO DO LIST* pour les salons étudiants

1) Avant le début du salon, lister par ordre de priorité quelles Ecoles de commerce vous souhaitez rencontrer.

2) Prendre toute la documentation disponible sur les stands visités : plaquette de présentation de l'Ecole, plaquette du concours, enquête emplois, etc.

3) Aborder sans complexe le sujet du concours : préparation, épreuves, statistiques, vécu des anciens candidats, etc.

4) Discuter du programme et des opportunités de l'Ecole, à la fois avec des responsables pédagogiques et des étudiants. Prendre soin de noter les noms de chaque personne avec qui vous vous entretenez. Ceci constituera la preuve durant votre entretien que vous avez bien établi un contact avec l'Ecole pendant un salon étudiant.

5) Prévoir une liste de questions pour n'en oublier aucune.

5. LES JOURNEES PORTES OUVERTES : A VOUS DE LES POUSSER A FOND !

Avec les sites Internet des Ecoles de commerce post-bac, Facebook, les forums ou encore les salons étudiants, vous disposez de beaucoup d'informations sur les Ecoles et les concours que vous convoitez. Toutefois, ce n'est pas encore suffisant ! Nous estimons que notre mission est de vous donner toutes les cartes pour maximiser vos chances de succès. Ainsi, la dernière étape dans votre procession vers les concours aux Ecoles de commerce post-bac reste la participation à une ou plusieurs journées portes ouvertes d'Ecoles (JPO).

La plupart des Ecoles de commerce post-bac en organisent une ou deux par an. Les premières JPO ont lieu en novembre, tandis que les dernières se déroulent généralement en mars. Elles ont lieu directement sur le campus de l'Ecole.

Comparées aux salons étudiants, elles offrent la même opportunité de rencontre avec des étudiants et des membres de l'équipe pédagogique de l'Ecole. **Leur grand avantage reste cependant de vous accueillir directement sur le campus de l'Ecole.** Vous avez ainsi la possibilité de juger par vous-même de l'emplacement géographique, de l'ambiance de l'Ecole et de la qualité de ses installations.

Généralement, lors d'une JPO, vous êtes invité à une rencontre avec le Service des admissions qui vous présente de manière détaillée les modalités du concours d'entrée et les perspectives académiques que propose l'Ecole.

Ensuite les étudiants vous proposent de visiter l'Ecole : locaux des cours, salles informatiques, locaux associatifs, lieux de vie (cafétéria par exemple), bibliothèque, salles de sport, etc. C'est une véritable opportunité pour se faire une idée du campus sur lequel vous pourriez être amené à passer trois à cinq ans.

Dans le même temps vous pouvez poser toutes les questions que vous souhaitez aux étudiants et aux membres des équipes pédagogiques. Profitez-en pour lever tous les doutes que vous avez, même sur des questions bien précises.

Si vous avez un projet académique et professionnel défini et que vous souhaitez savoir si l'Ecole pourra y répondre, utilisez les JPO et les interlocuteurs présents pour obtenir vos réponses. Le jour du concours ou de l'oral, il sera trop tard.

Vous ne pouvez pas nier qu'évaluer l'établissement dans lequel vous allez passer quatre ou cinq années de votre vie – intellectuellement, humainement et financièrement – n'est pas un luxe !

Participer à une journée porte ouverte est enfin un moyen inégalé pour prouver votre motivation à rejoindre une Ecole de commerce lors de votre entretien. Il vous faudra ainsi impérativement évoquer au jury votre déplacement sur le campus et votre plaisir d'avoir rencontré des étudiants de l'Ecole.

[Conclusion]

A cette étape de notre ouvrage, vous avez déjà eu le loisir de découvrir les différentes Ecoles de commerce post-bac qui s'offrent à vous, de mesurer la sélectivité des concours pour y accéder (et donc l'investissement à fournir pour réussir) et de bénéficier de conseils avisés pour mieux faire connaissance avec ces différentes Ecoles.

Nous souhaitons maintenant synthétiser l'ensemble avec la présentation d'un plan d'action qui vous permettra de choisir au mieux votre *Bachelor* ou votre Ecole de commerce de niveau bac +5.

PREMIERE PARTIE

LES EPREUVES ECRITES DU CONCOURS ACCES

I. L'EPREUVE DE SYNTHESE

I. PRESENTATION DE L'EPREUVE

1. L'EPREUVE DE SYNTHESE DANS LE CONCOURS ACCES

Dans le concours ACCES, le coefficient attribué à la synthèse est légèrement plus faible que celui attribué au raisonnement logique et mathématiques. Il devance nettement ceux de l'épreuve d'ouverture culturelle et d'anglais.

Epreuves : durées et coefficients	ESDES	ESSCA	IESEG
Synthèse (3 h)	4	6	6
Raisonnement logique et mathématiques (2 h 30)	6	8	8
Ouverture culturelle (45 min)	6	3	3
Anglais (45 min)	4	3	3

La synthèse ACCES est d'abord une réduction de textes. Il faut savoir fournir les idées essentielles de façon ordonnée et précise.

Elle se présente comme :

1. Une réduction

Il s'agit avant tout de **réduire** considérablement un volume d'information.

Concrètement, plusieurs textes traitant du même thème vous sont proposés, et vous devez fournir une copie limitée en nombre de mots.

Cette réduction est drastique puisque les dossiers comportent 16 pages que vous devez réduire à 350 mots.

2. Objective

Vous ne devez pas **donner votre avis**, **prendre partie**, **apporter des informations extérieures** au dossier (même si elles sont judicieuses)…

Vous ne devez pas non plus « choisir » certaines informations ou certains documents et en laisser d'autres de côté : vous ne seriez pas objectif en agissant ainsi.

3. Organisée

Vous devez toujours organiser vos propos avec une **introduction**, un **développement** et une **conclusion**.

La synthèse n'est donc pas un simple résumé ; elle nécessite **un travail d'organisation** d'autant plus important qu'il faut confronter les propos des différents auteurs ou établir des liens entre les textes.

4. Parfaitement rédigée

La **maîtrise de la langue** est au cœur de cette épreuve.

La synthèse est aussi et surtout une épreuve de français. Les autres épreuves proposées sont des QCM, qui ont, certes, leur efficacité, tant pour vérifier le niveau de connaissances, que pour tester la motivation du candidat, mais l'épreuve de synthèse est essentielle pour vérifier que le candidat maîtrise la langue française, maîtrise indispensable à la poursuite d'études supérieures.

Pour résumer :

Faire une synthèse c'est apporter de la simplicité, de la clarté là ou il n'y a que détails et confusion.

2. PRESENTATION DU DOSSIER DE TEXTES

Le dossier de synthèse présente les caractéristiques suivantes :

Nombre de documents	12 textes environ 1 image : dessin humoristique ou reproduction d'œuvre
Nombre de pages	15 pages environ
Nature des textes	Extraits d'ouvrage Articles de presse spécialisée, notamment *Sciences Humaines* Articles de presse généraliste Interview Articles d'encyclopédie Texte littéraire/philosophique (1 ou 2 textes par dossier)
Présentation des textes	L'auteur, le titre, les sources sont fournis à la fin de chaque document
Thèmes	2018 : l'autorité 2017 : la mémoire et l'oubli 2016 : le consumérisme 2015 : les relations entre les femmes et les hommes 2014 : la civilisation 2013 : le travail 2012 : la liberté de la presse 2011 : la gratuité 2010 : les langues 2009 : les inventions technologiques 2008 : l'alimentation

Le dossier n'est pas organisé ; les textes sont volontairement positionnés dans un ordre aléatoire.

Les textes qui composent le dossier ACCES sont tous accessibles à des élèves de classe terminale ; le but de cette épreuve n'est pas de vous confronter à des textes difficiles qu'il faudrait lire lentement pour comprendre les idées développées.

Au contraire, les textes sont clairs, structurés et les idées essentielles sont faciles à trouver.

Votre culture générale, et notamment, votre culture littéraire vous aide à appréhender certains textes et vous fait gagner du temps.

> *Ainsi, en 2015, connaître l'apport de la pensée de Simone de Beauvoir à la cause féministe vous permet d'aller plus vite sur le texte de cette auteure inclus dans le dossier.*
>
> *De même, en 2010, le dossier comportait un texte sur l'espéranto et un dessin représentant la tour de Babel ; un candidat possédant des connaissances sur ces deux thèmes pouvait gagner du temps et se sentir plus à l'aise dans le dossier.*

3. LES OBJECTIFS DE L'EPREUVE

Dans ce concours, le jury s'attend à ce que le candidat respecte parfaitement les consignes données sur :

- Le respect du nombre de mots et son comptage ;
- La nature de l'exercice : une synthèse n'est pas une suite de résumés ;
- L'objectivité : vous devez intégrer tous les documents, même s'ils n'ont pas tous le même intérêt. Vous ne devez pas opérer de choix ;
- La neutralité : vous ne devez pas donner votre avis ;
- Le respect de la langue : vous ne devez pas faire de faute d'orthographe ou de syntaxe ;
- La construction du devoir : vous devez structurer votre propos autour d'un plan.

Ces attentes sont clairement expliquées dans les consignes qui précèdent le dossier de textes.

4. LES CONSIGNES

Voici la première page du dossier de textes.

Toutes les consignes notées ici doivent être respectées.

ACCÈS CONCOURS

SESSION 2012

EPREUVE DE SYNTHESE

Lisez attentivement les instructions suivantes avant de vous mettre au travail.

Il vous est demandé de faire la synthèse, et non une suite de résumés, de l'ensemble des 13 documents présentés, en **<u>350 mots</u>**, avec une tolérance de 10 %, c'est-à-dire de 315 à 385 mots.

Voici les **consignes** à suivre :

- Respecter l'orthographe et la syntaxe de la langue française ;
- Soigner la calligraphie ;
- Ne pas donner son avis sur le sujet proposé ;
- Ne pas faire référence à un document en indiquant son numéro d'ordre, son auteur, son titre ;
- Mettre un signe * après chaque groupe de 50 mots ;
- Noter le nombre total de mots dans le cadre prévu sur votre copie et vérifier. Le décompte des mots est systématiquement vérifié par les correcteurs.

Le barème de correction prend en compte tous ces éléments.

Le non-respect de l'une au moins des consignes est **fortement pénalisé**.

Remarque :

La phrase « <u>Aujourd'hui</u>, <u>4</u> <u>juillet</u> <u>c'est-à-dire</u> <u>jour</u> <u>anniversaire</u> <u>de</u> <u>l'indépendance</u> <u>des</u> <u>Etats-Unis</u>, <u>75 %</u> <u>des</u> <u>nations</u> <u>de</u> <u>l'ONU</u> <u>se</u> <u>réunissent</u> <u>à</u> <u>New</u> <u>York</u>. » comporte 27 mots.

Votre synthèse doit donc intégrer **tous les documents**.
La marge de 10 % n'est qu'une tolérance.
Il faut produire un écrit de 350 mots.

Le concours ACCES est très sélectif.
Les candidats qui font des fautes sont très fortement pénalisés.
Vous disposez de 3 heures pour écrire 350 mots, vous avez largement le temps de vous relire. Dès lors, les fautes ne sont pas admises.

Votre lecteur n'a pas l'obligation de lire votre copie dans son intégralité si la **calligraphie** l'oblige à déchiffrer chaque mot.
Chaque année des candidats ont 0/20 car leur copie est illisible.

Aucune connaissance extérieure ne doit être ajoutée.
Aucun avis personnel n'est autorisé.
Vous devez vous en tenir strictement aux propos tenus dans le dossier.

Si dans un texte de votre dossier, vous avez trouvé comme idée essentielle « la liberté d'information s'oppose à la liberté d'expression », vous devez écrire directement dans votre copie :
« La liberté d'information s'oppose à la liberté d'expression ».
Vous ne devez pas écrire en indiquant le numéro du document :
« La liberté d'information s'oppose à la liberté d'expression (doc 3) »
Ni mentionner l'auteur :
« Selon Raphaël Meyssan, la liberté d'information s'oppose à la liberté d'expression »
Ni donner la référence du texte :
« Dans le texte, *La Fabrique du consentement*, il est expliqué que la liberté d'information s'oppose à la liberté d'expression »

Vous devez reprendre directement les idées tirées des documents.

Si vous oubliez de mettre **une étoile tous les 50 mots,** votre copie n'est pas corrigée et vous avez 0/20.

Les copies fournies, possèdent un petit **rectangle** dans lequel vous indiquez le nombre de mots que contient votre copie.

Ces deux phrases sont là pour vous faire comprendre **l'importance du respect de ces consignes**.
Elles signifient que si vous ne respectez pas ces consignes, vous avez 0/20.

Comme vous pouvez le constater, ces consignes sont précises et claires.

A vous de les respecter pour mettre toutes les chances de votre côté.

5. LA COPIE A RENDRE

Les consignes sont, certes, précises, mais l'épreuve de synthèse étant inconnue des élèves de classe terminale, il est toujours difficile, au début, de percevoir le travail à réaliser.

Pour donner à chaque candidat les mêmes chances de réussite, le concours ACCES met à disposition des candidats, chaque année depuis sa création, les annales et surtout un corrigé type.

Ce corrigé type est une source précieuse d'information et il convient d'analyser ce document avec attention.

Il permet de comprendre quelles sont exactement les attentes des correcteurs tant dans la forme que sur le fond.

1. Les attentes des correcteurs sur la forme de la copie

La presse et les journalistes sont parfois les victimes de répressions violentes. Dans quelle mesure les libertés de l'information et de l'expression sont-elles aujourd'hui reconnues et effectives ? Même si elles sont proclamées, elles se révèlent limitées et problématiques.

La liberté d'expression est un droit démocratique essentiel parce* qu'il fonde tous les droits. A l'inverse, la censure, telle celle de la dictature de Ceaucescu manipulant pendant 25 ans les médias, est le fait de tous les totalitarismes. Condamnée sévèrement par les Lumières, elle est encore combattue, notamment en Chine : le récent prix Nobel de la paix, un intellectuel* chinois, mène une lutte humaniste, malgré la prison, pour une liberté qu'il voit progresser.

Pourtant, la censure sévit toujours, y compris dans les démocraties et à l'heure de l'Internet qui rend possibles les échanges illimités. Les fournisseurs d'accès sont ainsi contraints d'appliquer les lois* d'encadrement imposées par un pouvoir politique qui tend à réglementer la Toile. Plus aberrant, la technologie informatique des démocraties développées donne aux pays autoritaires nombreux les outils pour juguler le Web.

En fait, la liberté d'information comme celle d'expression ne peuvent pas être absolues. Elles ne confèrent* pas le droit de clamer tout et n'importe quoi, elles sont nécessairement limitées par des devoirs. De plus, raconter un événement, c'est donner une forme à une réalité protéiforme. Par ailleurs, un média comme la télévision est régi par une censure parfois inconsciente qui lie journaliste et téléspectateur*. Ces libertés se heurtent aussi à un monde politique qui cultive le secret et à un pluralisme médiatique qui n'est qu'apparent. Ces deux libertés enfin ne doivent pas se confondre, car autant informer réduit le récepteur au spectateur passif, autant s'exprimer fait du locuteur un sujet actif* et autonome.

Quoique limité, le droit à une information objective et à la libre expression est constitutif de la démocratie. C'est pourquoi la mondialisation et la diversification de l'information appellent aujourd'hui une nouvelle déontologie qui affranchisse les médias des idéologies politiques et de la propension au sensationnalisme*.

350 mots.

L'introduction est **structurée en 3 phrases**.
L'annonce de plan est **implicite**.
Il ne faut pas utiliser de formules telles que « nous verrons dans une première partie… ».
L'introduction fait **moins de 50 mots.**

Le développement est structuré en 3 parties, **sans sous-parties.**
Les corrigés-types des années précédentes prouvent qu'il est aussi possible de structurer en 2 parties.

Il n'y a pas de phrase de transition entre les parties.

En revanche, les parties 2 et 3 débutent par un **mot de liaison**.

La conclusion fait **moins de 50 mots**.
Elle ne s'achève **jamais par une question.**

Le texte fait exactement **350 mots**.

2. Les attentes des correcteurs sur le fond de la copie

Doc 13
Doc 5
La presse et les journalistes sont parfois les victimes de répressions violentes. Dans quelle mesure les libertés de l'information et de l'expression sont-elles aujourd'hui reconnues et effectives ? Même si elles sont proclamées, elles se révèlent limitées et problématiques.

Doc 8
Doc 3
Doc 1
Doc 8
La liberté d'expression est un droit démocratique essentiel parce* qu'il fonde tous les droits. A l'inverse, la censure, telle celle de la dictature de Ceaucescu manipulant pendant 25 ans les médias, est le fait de tous les totalitarismes. Condamnée sévèrement par les Lumières, elle est encore combattue, notamment en Chine : le récent prix Nobel de la paix, un intellectuel* chinois, mène une lutte humaniste, malgré la prison, pour une liberté qu'il voit progresser.

Doc 4
Doc 4
Doc 11
Doc 2
Pourtant, la censure sévit toujours, y compris dans les démocraties et à l'heure de l'Internet qui rend possibles les échanges illimités. Les fournisseurs d'accès sont ainsi contraints d'appliquer les lois* d'encadrement imposées par un pouvoir politique qui tend à réglementer la Toile. Plus aberrant, la technologie informatique des démocraties développées donne aux pays autoritaires nombreux les outils pour juguler le Web.

Doc 6
Doc 7
Doc 10
Doc 5
En fait, la liberté d'information comme celle d'expression ne peuvent pas être absolues. Elles ne confèrent* pas le droit de clamer tout et n'importe quoi, elles sont nécessairement limitées par des devoirs. De plus, raconter un événement, c'est donner une forme à une réalité protéiforme. Par ailleurs, un média comme la télévision est régi par une censure parfois inconsciente qui lie journaliste et téléspectateur*. Ces libertés se heurtent aussi à un monde politique qui cultive le secret et à un pluralisme médiatique qui n'est qu'apparent. Ces deux libertés enfin ne doivent pas se confondre, car autant informer réduit le récepteur au spectateur passif, autant s'exprimer fait du locuteur un sujet actif* et autonome.

Doc 2
Doc 12
Doc 9
Quoique limité, le droit à une information objective et à la libre expression est constitutif de la démocratie. **C'est pourquoi** ~~la mondialisation~~ et la diversification de l'information appellent aujourd'hui une nouvelle déontologie qui affranchisse les médias des idéologies politiques et de la propension au sensationnalisme*.

350 mots.

Un document est utilisé dès la première phrase de l'introduction pour concevoir **l'accroche**. Ici, c'est le document 13 du dossier.

La problématique est exprimée par une **question directe**.

Des **mots de liaison** sont utilisés dans presque chaque phrase.

L'auteur reprend des **mots**, groupes de mots ou expressions issus des textes. Mais il ne copie pas des phrases entières.

Il n'y a **aucune citation**.

Cette conclusion est un exemple parfait de **ce que doit être une synthèse** (et non une suite de résumés).
La première phrase de la conclusion reprend des informations exprimées dans le document 2.
La deuxième phrase de la conclusion exprime une idée tirée du document 12.
L'auteur fait une vraie synthèse car, entre ces deux phrases, ces deux idées, il ajoute « **c'est pourquoi** ». En créant un lien entre ces deux textes exprimé par une simple expression, il transforme une suite de résumé en **synthèse**.

Et tous les documents sont utilisés.

II. METHODOLOGIE APPLIQUEE

UN TRAVAIL PAR ETAPES

Après avoir compris ce qu'il faut produire à l'issue des 3 heures d'épreuve, il faut adopter une méthode de travail rigoureuse.
La synthèse ACCES n'est pas très difficile mais, compte tenu de la grande sélectivité, vous ne pouvez vous contenter d'un travail médiocre.

Pour produire une copie de qualité, il faut respecter différentes étapes.

Etape 1 La découverte du dossier	Trouver le thème du dossier Survoler les documents Classer le dossier *Etape essentielle car en **classant votre dossier**, vous pourrez rapprocher les documents qui semblent traiter du même sous thème.*
Etape 2 La prise de notes	Vous devez **prendre des notes sur chaque document** : il n'y a pas de document inutile ! Mais tous les documents n'ont pas la même importance et ne produisent pas le même volume de notes. *Votre prise de notes doit faire 3 pages au maximum car vous êtes limités à 350 mots. Il est donc **inutile de faire une longue prise de notes**.*

Etape 3 L'élaboration du plan	Vous regroupez vos notes : • Soit de façon thématique, • Soit de façon dialectique (pour/contre ; avantages/inconvénients ; atouts/limites…) Vous veillez au bon équilibre de l'ensemble. *Chaque document (même le dessin) doit trouver sa place.* *Il faut penser à placer un document dans l'introduction.* *De même, vous devez garder un, voire deux documents pour la conclusion.*
Etape 4 La rédaction de la copie	C'est l'étape la plus longue. Vous devez faire un brouillon intégral puis réduire votre écrit à 350 mots. • Votre **introduction** est forcément brève ; elle doit faire moins de 50 mots. • Votre **conclusion** ne récapitule pas : elle utilise des informations contenues dans différents documents. • Votre correcteur doit distinguer la structure de l'écrit au premier coup d'œil. Votre mise en page doit donc permettre d'identifier la structure de votre écrit. *Votre premier jet est long de 400, voire 420 mots, que vous réduisez à 350 en supprimant les mots inutiles.* *N'oubliez pas que le concours ACCES se joue sur la* ***densité de votre copie****.*

Cette méthodologie va être appliquée, étape par étape à l'annale 2012 du concours ACCES.

Le dossier est composé des textes suivants :

Document n° 1

Comme ainsi soit que Saïd-Effendi, ci-devant ambassadeur de la Sublime-Porte vers un petit Etat nommé Frankrom, situé entre l'Espagne et l'Italie, a rapporté parmi nous le pernicieux usage de l'imprimerie, ayant consulté sur cette nouveauté nos vénérables frères les cadis et imans de la ville impériale de Stamboul, et surtout les fakirs connus par leur zèle contre l'esprit, il a semblé bon à Mahomet et à nous de condamner, proscrire, anathématiser ladite infernale invention de l'imprimerie, pour les causes ci-dessous énoncées.

1° Cette facilité de communiquer ses pensées tend évidemment à dissiper l'ignorance, qui est la gardienne et la sauvegarde des Etats bien policés.

2° Il est à craindre que, parmi les livres apportés d'Occident, il ne s'en trouve quelques-uns sur l'agriculture et sur les moyens de perfectionner les arts mécaniques, lesquels ouvrages pourraient à la longue, ce qu'à Dieu ne plaise, réveiller le génie de nos cultivateurs et de nos manufacturiers, exciter leur industrie, augmenter leurs richesses, et leur inspirer un jour quelque élévation d'âme, quelque amour du bien public, sentiments absolument opposés à la saine doctrine.

3° Il arriverait à la fin que nous aurions des livres d'histoire dégagés du merveilleux qui entretient la nation dans une heureuse stupidité. On aurait dans ces livres l'imprudence de rendre justice aux bonnes et aux mauvaises actions, et de recommander l'équité et l'amour de la patrie, ce qui est visiblement contraire aux droits de notre place.

4° Il se pourrait, dans la suite des temps, que de misérables philosophes, sous le prétexte spécieux, mais punissable, d'éclairer les hommes et de les rendre meilleurs, viendraient nous enseigner des vertus dangereuses dont le peuple ne doit jamais avoir de connaissance.

5° Ils pourraient, en augmentant le respect qu'ils ont pour Dieu, et en imprimant scandaleusement qu'il remplit tout de sa présence, diminuer le nombre des pèlerins de la Mecque, au grand détriment du salut des âmes.

6° Il arriverait sans doute qu'à force de lire les auteurs occidentaux qui ont traité des maladies contagieuses, et de la manière de les prévenir, nous serions assez malheureux pour nous garantir de la peste, ce qui serait un attentat énorme contre les ordres de la Providence.

A ces causes et autres, pour l'édification des fidèles et pour le bien de leurs âmes, nous leur défendons de jamais lire aucun livre, sous peine de damnation éternelle. Et, de peur que la tentation diabolique ne leur prenne de s'instruire, nous défendons aux pères et aux mères d'enseigner à lire à leurs enfants. Et, pour prévenir toute contravention à notre ordonnance, nous leur défendons expressément de penser, sous les mêmes peines ; enjoignons à tous les vrais croyants de dénoncer à notre officialité quiconque aurait prononcé quatre phrases liées ensemble, desquelles on pourrait inférer un sens clair et net. Ordonnons que dans toutes les conversations on ait à se servir de termes qui ne signifient rien, selon l'ancien usage de la Sublime-Porte.

Et pour empêcher qu'il n'entre quelque pensée en contrebande dans la sacrée ville impériale, commettons spécialement le premier médecin de Sa Hautesse, né dans un marais de l'Occident septentrional ; lequel médecin, ayant déjà tué quatre personnes augustes de la famille ottomane, est intéressé plus que personne à prévenir toute introduction de connaissances dans le pays ; lui donnons pouvoir, par ces présentes, de faire saisir toute idée qui se présenterait par écrit ou de bouche aux portes de la ville, et nous amener ladite idée pieds et poings liés, pour lui être infligé par nous tel châtiment qu'il nous plaira.

Donné dans notre palais de la stupidité, le 7 de la lune de Muharem, l'an 1143 de l'hégire.

Voltaire, *De l'horrible danger de la lecture*, 1765.

Document n° 2

Préambule

Le droit à l'information, à la libre expression et à la critique est une des libertés fondamentales de tout être humain. Ce droit du public de connaître les faits et les opinions procède l'ensemble des devoirs et des droits des journalistes. La responsabilité des journalistes vis-à-vis du public prime toute autre responsabilité, en particulier à l'égard de leurs employeurs et des pouvoirs publics. La mission d'information comporte nécessairement des limites que les journalistes eux-mêmes s'imposent spontanément. Tel est l'objet de la déclaration des devoirs formulés ici. Mais ces devoirs ne peuvent être effectivement respectés dans l'exercice de la profession de journaliste que si les conditions concrètes de l'indépendance et de la dignité professionnelle sont réalisées. Tel est l'objet de la déclaration des droits qui suit.

Déclaration des devoirs

Les devoirs essentiels du journaliste, dans la recherche, la rédaction et le commentaire des événements, sont :

1) respecter la vérité, quelles qu'en puissent être les conséquences pour lui-même, et ce, en raison du droit que le public a de connaître ;

2) défendre la liberté de l'information, du commentaire et de la critique ;

3) publier seulement les informations dont l'origine est connue ou les accompagner, si c'est nécessaire, des réserves qui s'imposent ; ne pas supprimer les informations essentielles et ne pas altérer les textes et les documents ;

4) ne pas user de méthodes déloyales pour obtenir des informations, des photographies et des documents ;

5) s'obliger à respecter la vie privée des personnes ;

6) rectifier toute information publiée qui se révèle inexacte ;

7) garder le secret professionnel et ne pas divulguer la source des informations obtenues confidentiellement ;

8) s'interdire le plagiat, la calomnie, la diffamation, les accusations sans fondement ainsi que de recevoir un quelconque avantage en raison de la publication ou de la suppression d'une information ;

9) ne jamais confondre le métier de journaliste avec celui du publicitaire ou du propagandiste ; n'accepter aucune consigne, directe ou indirecte, des annonceurs ;

10) refuser toute pression et n'accepter de directives rédactionnelles que des responsables de la rédaction. Tout journaliste digne de ce nom se fait un devoir d'observer strictement les principes énoncés ci-dessus ; reconnaissant le droit en vigueur dans chaque pays, le journaliste n'accepte, en matière d'honneur professionnel, que la juridiction de ses pairs, à l'exclusion de toute ingérence gouvernementale ou autre.

Déclaration des droits

1) Les journalistes revendiquent le libre accès à toutes les sources d'information et le droit d'enquêter librement sur tous les faits qui conditionnent la vie publique. Le secret des affaires publiques ou privées ne peut en ce cas être opposé au journaliste que par exception en vertu de motifs clairement exprimés.

2) Le journaliste a le droit de refuser toute subordination qui serait contraire à la ligne générale de son entreprise, telle qu'elle est déterminée par écrit dans son contrat d'engagement, de même que toute subordination qui ne serait pas clairement impliquée par cette ligne générale.

3) Le journaliste ne peut être contraint à accomplir un acte professionnel ou à exprimer une opinion qui serait contraire à sa conviction ou sa conscience.

4) L'équipe rédactionnelle doit être obligatoirement informée de toute décision importante de nature à affecter la vie de l'entreprise. Elle doit être au moins consultée, avant décision définitive, sur toute mesure intéressant la composition de la rédaction : embauche, licenciement, mutation et promotion de journaliste.

5) En considération de sa fonction et de ses responsabilités, le journaliste a droit non seulement au bénéfice des conventions collectives, mais aussi à un contrat personnel assurant sa sécurité matérielle et morale ainsi qu'une rémunération correspondant au rôle social qui est le sien et suffisante pour garantir son indépendance économique.

Charte de 1918, *Déclaration des devoirs et des droits des journalistes*.

Document n° 3

Depuis la Seconde Guerre mondiale, la Roumanie a toujours souffert d'un double isolement : d'abord vis-à-vis de son propre camp, celui du socialisme et du Pacte de Varsovie à cause d'un nationalisme exacerbé, ensuite vis-à-vis du reste du monde car tout au long de son histoire elle a pris l'habitude de l'autocratie, de l'autarcie, considérant toute ingérence de l'extérieur comme une véritable menace de destruction.

La période 1965-1989 correspond au règne d'un monarque communiste, Nicolas Ceaucescu, « génie des Carpathes », « Danube de la pensée », cordonnier de profession, fou, mégalomane, paranoïaque et époux d'Elena, elle-même « docteur ès sciences » et « chimiste de renommée mondiale », alors qu'elle était pratiquement analphabète.

Successeur en 1965 de Gorghiu Dej, dont il était le plus proche collaborateur, Nicolas Ceaucescu a réussi, grâce aux services secrets roumains et à la Securitate, à se fabriquer en Occident une image d'homme indépendant de l'URSS, particulièrement chatouilleux sur tout ce qui concernait la souveraineté nationale. Pour parfaire cette image d'indépendance, Nicolas Ceaucescu n'hésita pas, en 1968, à être le seul chef d'Etat d'un pays socialiste membre du Pacte de Varsovie à refuser d'intervenir à Prague et à aller jusqu'à dire son désaccord avec l'action menée par les Soviétiques.

Il n'en reste pas moins, qu'avec lui, le peuple roumain a connu pendant vingt-quatre ans une des pires dictatures de la planète sans que les journalistes, intellectuels et médias occidentaux, pourtant parfaitement au courant des réalités roumaines, n'osent en toucher un mot.

Par la suite, la désinformation a continué à l'Ouest où, par ignorance et manque de culture, certains journalistes en ont persuadé d'autres que rien n'avait changé dans le pays. D'autres, agacés par ce gouvernement qui refusait tout de go la social-démocratie, et le clamait très fort, l'ont maintenu dans un isolement médiatique évident. Il est rompu de temps en temps par des initiatives culturelles françaises qui n'en sont que plus courageuses (opération dictionnaires) ou par des émeutes organisées par les nostalgiques de l'Ordre rouge.

Les médias, on s'en doute, n'ont jamais été libres pendant que le socialisme existait en Roumanie, tant il est vrai que Ceaucescu en avait fait des instruments absolument caricaturaux des réalités de son régime, mais avec des particularités qu'on ne trouve généralement qu'en dehors des aires d'existence de la culture et de la civilisation occidentales. C'est ainsi par exemple qu'en 1986 la presse écrite comme l'audiovisuel purent, sans faire broncher quiconque, à l'intérieur comme à l'étranger, faire une campagne explicative sur le bien-fondé d'un impôt taxant les obèses, puisque c'était là, bien évidemment, une maladie « anti-socialiste ». Cet impôt, il est vrai, ne touchait que les citoyens roumains séjournant sur leur propre territoire ; il n'était donc pas applicable aux touristes étrangers et aux communistes ouest-européens, habitués aux charmes de la mer Noire.

Ainsi, caricaturaux jusqu'à l'extrême, les médias roumains ont pratiqué pendant vingt-quatre ans tous les exercices en vogue dans les pays socialistes : mensonge, propagande, intoxication, sous-information, désinformation, réussissant même à créer dans les colonnes des journaux, dans les oreilles et les yeux des citoyens, une Roumanie qui n'existait que dans le rêve éveillé de son *Conducator*, et totalement étrangère au pays réel.

Pourtant ces mêmes médias ont joué un rôle essentiel dans la chute de ce monarque communiste qui pratiquait si bien le népotisme. C'est en effet grâce à eux qu'avait pu être montée, à partir de Moscou et sur ordre du KGB soviétique, l'opération de « déstabilisation de Ceaucescu » de sorte que « tout change pour que rien ne change ». Pour ce faire, du matériel avait été acheté en Occident, des satellites ont été utilisés et des journalistes occidentaux ont été plus que grossièrement trompés.

Heureusement, ici comme en Tchécoslovaquie et en Allemagne de l'Est, l'opération de poudre aux yeux a échoué, et les communistes, débordés, ont dû abandonner l'essentiel du pouvoir.

En Occident, seuls quelques individus cultivés et habitués aux pratiques des pays de l'Est avaient réellement flairé le piège, et ensuite mesuré l'ampleur du changement. Mais ils sont de ceux qui, ne faisant pas grimper l'audimat, sont donc rarement invités dans les émissions politiques de la TV française.

Ajoutons enfin que filmer une révolution en direct à très grande échelle, comme cela fut fait dans trois ou quatre rues de Bucarest, revient à peu près à vouloir étudier la guerre de 1914-1918 en n'utilisant qu'un long documentaire sur la vie quotidienne d'une section de « Poilus » au Chemin des Dames. En déduire par la suite qu'une vraie fausse révolution avait eu lieu, il n'y eut qu'un pas. Il fut trop vite franchi par des journalistes occidentaux mal préparés, sous-informés, intoxiqués, désinformés et manipulés et maintenant honteux et furieux d'avoir été bernés.

D'après Jacques Barrat, « Le choix des modèles de développement »,
Géographie économique des médias. Médias et développement, 1992.

Document n° 4

L'environnement numérique favorise grandement la traçabilité des messages électroniques, notamment au moyen des moteurs de recherche, permettant de surveiller tant les individus que les contenus.

La surveillance des individus est d'autant plus facilitée que les traces de leur activité sur la toile sont conservées par les prestataires techniques, à travers le stockage des données d'identification, de connexion ou de consultation.

Les fournisseurs d'accès ou d'hébergement doivent détenir et conserver les données de nature à permettre l'identification de quiconque a contribué à la création du contenu ou de l'un des contenus des services dont ils sont prestataires. Cette conservation s'effectue dans l'éventualité d'une transmission de ces données à l'autorité judiciaire, en vertu de l'article 6. II. *al.* 3 Loi pour la Confiance dans l'Economie Numérique, ou aux agents des services de police et de gendarmerie nationales chargés de prévenir les actes de terrorisme, en vertu de l'article 6. II, bis LCEN, issu de la loi du 23 janvier 2006 relative à la lutte contre le terrorisme.

En principe, les opérateurs de communications électroniques, et notamment les fournisseurs d'accès, effacent ou rendent anonyme toute donnée relative au trafic. Ces opérations peuvent toutefois être différées, pour une durée maximale d'un an, pour les besoins de la recherche, de la constatation et de la poursuite des infractions pénales, et dans le seul but de permettre la mise à disposition de l'autorité judiciaire d'informations. De même, pour les besoins de la facturation et du paiement des prestations de communications électroniques, les opérateurs peuvent utiliser, conserver et, le cas échéant, transmettre à des tiers concernés directement par la facturation ou le recouvrement, certaines données déterminées par décret. Par ailleurs, les agents des services de police et de gendarmerie préposés à la prévention du terrorisme peuvent exiger la communication des données précitées.

Enfin, les opérateurs de communications électroniques, et notamment les fournisseurs d'accès, peuvent être requis par tout officier de police judiciaire, intervenant sur réquisition du procureur de la République préalablement autorisé par ordonnance du juge des libertés et de la détention, de prendre, sans délai, toutes mesures propres à assurer la préservation, pour une durée ne pouvant excéder un an, du contenu des informations consultées par les personnes utilisatrices des services fournis par les opérateurs.

Certes, ce dispositif très sophistiqué ne concerne pas seulement les activités d'information. Mais il rend extrêmement sensible la question des garanties de préservation d'une véritable liberté d'accès à l'information, face à une navigation sur le *Web*, chaque jour techniquement et juridiquement plus transparente. Devant le risque d'élaboration de profils d'internautes, l'organisation de la conservation et de la transmission de telles données mérite une particulière vigilance.

Soucieux de ne pas ériger les intermédiaires en censeurs et de ne pas leur imposer des contraintes insurmontables – risque d'infaisabilité technique et de coût exorbitant – le législateur a renoncé à les soumettre à une obligation de surveillance systématique des contenus. En revanche, il a envisagé un certain nombre d'obligations de surveillance du réseau et d'information des internautes ou des autorités judiciaires, participant de la démarche d'autorégulation de l'Internet. Là encore, cette surveillance concerne non seulement les services d'information mais toutes sortes d'activités et peut être imposée dans un cadre pénal général.

La LCEN a symboliquement affirmé que les personnes en charge de prestations d'accès ou d'hébergement n'étaient pas « *soumises à une obligation générale de surveiller les informations qu'elles transmettent ou stockent, ni à une obligation générale de rechercher des faits ou des circonstances révélant des activités illicites* ». Toutefois, une surveillance « ciblée et temporaire » peut être ordonnée par le juge.

Les fournisseurs d'accès sont tenus d'une obligation d'informer leurs abonnés de l'existence de moyens techniques permettant de restreindre l'accès à certains services ou de les sélectionner. Ils doivent leur proposer au moins un de ces moyens. Ces logiciels sont principalement conçus pour protéger la navigation des enfants sur le *Web* et sont confiés à la sagacité des parents.

Renonçant à imposer un contrôle systématique des contenus, les parlementaires ont opté pour un « *dispositif d'obligation de surveillance thématique* ». Il est demandé aux fournisseurs d'accès ou d'hébergement de « concourir à la lutte contre la diffusion » de certains messages, « *compte tenu de l'intérêt général attaché à la répression de l'apologie des crimes contre l'humanité, de l'incitation à la haine raciale ainsi que de la pornographie enfantine, de l'incitation à la violence ainsi que des atteintes à la dignité humaine* ». Il leur appartient, pour ces contenus « *particulièrement odieux* », de mettre en place un dispositif d'alerte « *facilement accessible et visible* » permettant à quiconque de les informer de leur existence. Ils doivent rendre publics les moyens consacrés à la lutte contre de telles activités.

Les prestataires techniques doivent « *informer promptement les autorités publiques compétentes* » des activités illicites, soumises à cette vigilance et alerte thématique, « *qui leur seraient signalées et qu'exerceraient les destinataires de leurs services* ».

La régulation de la liberté d'expression sur l'Internet s'est accompagnée d'une impressionnante recherche d'efficacité dans la surveillance du réseau, *via* le rôle de police assigné aux prestataires techniques. C'est évidemment sur la question des limites acceptables de leurs interventions et des garanties dont elles seront assorties que se jouera la préservation de la liberté d'expression. La vigilance est d'autant plus nécessaire que les textes, très techniques, dispersés et souvent remaniés, qui servent de support aux missions de ces intermédiaires, sont étrangers au droit de la presse et à sa philosophie.

Le processus d'autorégulation, poursuivi avec le projet de labellisation des sites d'information professionnels, appellera la même vigilance sur les risques de censure et d'autocensure. Quant à la réflexion menée autour du « journalisme citoyen » – statut des *blogs* et des forums de discussion, incrimination de la diffusion d'images de violence ou rémunération des correspondants en ligne – avec l'idée d'une redistribution des cartes entre les amateurs ou les professionnels de la communication sur l'Internet –, elle ne manquera pas d'affecter les futurs arbitrages du droit de la presse…

D'après Nathalie Mallet-Poujol, « Le droit d'expression sur l'Internet : quelles régulations ? », *Cahiers français : Information, médias et Internet*, n° 338, 2007.

Document n° 5

Contrairement aux apparences, la liberté d'information est une notion opposée à la liberté d'expression. La première consiste en la diffusion d'une chose connue et sûre. La seconde est la présentation publique d'une vision personnelle. La liberté d'information présuppose une vérité objective, la liberté d'expression implique que cette vérité porte sur la relation que nous entretenons avec une chose et non sur la chose elle-même.

Pour la logique de l'information, l'acquisition des savoirs est une fin en soi. Elle est l'objet de toute l'attention des universités et le but de toute personne cultivée. Ainsi, la formation d'un journaliste correspond à l'apprentissage de quelques techniques du métier et à l'absorption d'une « culture générale ». La figure du sage, qui n'existe pas dans la société de l'information, est remplacée par celle de l'homme cultivé dont le savoir encyclopédique impose l'admiration. Mais tandis que « la somme des savoirs » enfle vertigineusement, l'être humain perd ce qui le liait au monde. De *L'Etranger* de Camus aux personnages de Kafka, la littérature est parcourue par la figure d'un être étranger à sa vie. Perdu dans un monde incohérent et absurde, il l'observe, le dissèque, le déconstruit et ne trouve définitivement rien qui l'y rattache. L'homme encyclopédique ne connaît pas l'expérience. Tout l'intéresse mais rien ne le concerne.

C'est ainsi que le concept d'information conduit à notre dépossession consentie du monde. Dès lors, il n'apparaît plus intolérable que d'autres voient la réalité à notre place et nous disent comment elle est : ce sont de simples techniciens qui réceptionnent et transmettent des informations. Un journaliste objectif est un intermédiaire technique. Ses opinions ne doivent pas transparaître afin de ne pas créer d'interférences entre nous et l'information. Les médias ne sont pas perçus comme des médiateurs entre nous et le réel, mais comme des supports d'informations neutres. Et pourtant, le « média » n'est pas qu'un support technique. Les médias n'ont pas connu la révolution vécue par le christianisme avec la Réforme. Avant la protestation de Martin Luther, les prêtres étaient perçus comme les intermédiaires naturels entre les croyants et la réalité divine. Après la Réforme, il fut possible à chacun de lire et de comprendre la Bible sans qu'il soit besoin d'une autorité ecclésiastique. La presse a ramené les populations des démocraties dans une situation antérieure à la Réforme. Il n'est désormais plus possible d'avoir connaissance de la réalité sans l'aide d'un tiers. Dans l'esprit de chacun, le journaliste n'est pas celui qui fait tampon entre nous et la réalité : il est celui sans qui nous ne pourrions en avoir connaissance.

Cette situation est justifiée par la contradiction entre notre manque de temps ou de moyens et la soif de connaissance qui nous habite. Nous voudrions savoir ce qui se passe à l'autre bout du monde, mais ne disposons pas des moyens de nous y rendre, d’autant plus que beaucoup d’autres sujets nous intéressent. Mais que signifie cet « intérêt » ? L’intérêt porte sur des choses avec lesquelles nous sommes incapables d’avoir une relation : nous ne pouvons nous rendre sur place, nous n’avons pas de temps à y consacrer… Mais nous prétendons que cela influe sur notre vie, voire que nous pouvons agir dessus. Comment cela est-il possible ? Comment pourrions-nous agir sur une chose que nous ne sommes pas même capables de voir nous-mêmes et avec laquelle nous ne pouvons pas avoir de relation ? Par délégation, bien sûr. Nous confions, une nouvelle fois, le soin à d’autres d’agir à notre place. Ce ne sont plus des journalistes, dont la fonction se limite à rapporter, mais, par exemple, des politiques, des humanitaires ou des militaires. Ainsi, nous agissons par délégation sur des choses dont nous avons connaissance par des intermédiaires. On pourrait requalifier notre marge de manœuvre : nous consentons à ce qu’on agisse en notre nom d’après ce que d’autres nous ont affirmé. L’information ne produit pas l’action mais le consentement.

Les intellectuels états-uniens Noam Chomsky et Edward S. Herman ont principalement analysé la fabrique du consentement par la presse comme le résultat du système économique. Or, la formation du consentement n’est pas une dérive du journalisme d’information : c’est sa fonction même. Que les journaux soient soumis à des firmes multinationales et à des annonceurs publicitaires importe peu. Conçus pour informer, ils ne peuvent pas faire autre chose que de fabriquer du consentement. Ils ont en effet constitué une démarche intellectuelle de soumission au regard d’un tiers. L’homme encyclopédique est étranger à l’action. Il est le réceptacle passif d’informations abstraites. En spectateur éduqué, il lui arrive de ne pas consentir et de critiquer. Critique sans portée, qui n’a d’autre effet que de rassurer le spectateur sur lui-même. L’état de spectacle dans lequel nous nous trouvons peut alors être analysé comme une tournure d’esprit provoquée par l’idéologie de l’information.

On doit prendre conscience des implications fondamentales de la banale notion d’« information ». L’idéologie de l’information implique un état d’esprit, une manière d’être au monde : connaissance abstraite, détachée de toute relation personnelle ou collective ; réification du monde ramené à un simple objet d’étude ; gestion des choses ; gestion des êtres réduits à l’état de choses ; passivité dans l’acquisition de la connaissance ; soumission au regard d’un tiers et délégation, aussi, de la capacité d’action sur le monde ; état de spectacle ; consentement ; critique de spectateur ; passivité… La sauvegarde de l’idéologie de l’information est la méthode utilisée pour maintenir les citoyens à l’état de spectateurs consentant ou critiquant. Aucune lutte démocratique ne peut se faire en acceptant cette idéologie qui lui est fondamentalement opposée. Pour la démocratie, l’information – et donc la « liberté de l’information » – doit être combattue en tant qu’idéologie d’asservissement. A sa place, nous devons défendre la liberté d’expression qui implique la relation, l’action, l’engagement.

Parler du monde n'est pas un acte descriptif, c'est une action performative : on ne se contente pas de dire une chose telle qu'elle est, on la fait exister pour nous d'une manière particulière. L'information, à travers une description pseudo-scientifique, réduit le monde à une apparente objectivité. L'expression nous fait exister le monde de mille manières. La liberté d'expression ouvre sur une réalité bien plus riche, plus dense et plus complexe que celle instituée par l'idéologie de l'information. Surtout, elle nous redonne place dans le monde et rend effective notre capacité d'action.

D'après Raphaël Meyssan, « La Fabrique du consentement. Liberté d'information contre liberté d'expression », Voltairenet.org, 2005.

Document n° 6

***Sciences Humaines* : Qu'est-ce qui, selon vous, caractérise le discours médiatique ?**

Jean-François Tétu : La force de l'intrigue que proposent les journalistes est en premier lieu de nous donner le sentiment d'être en présence d'une expérience que nous connaissons et que nous pouvons comprendre. Le récit médiatique est soumis à diverses contraintes. La première est celle de l'agencement des faits eux-mêmes. L'actualité relatée par les médias nous met en présence d'une action (les pompiers combattent le feu en Corse). Elle découpe, dans le continuum et la complexité de l'expérience humaine, des « histoires » dont elle fabrique, pour un jour, une totalité. Celles-ci doivent comporter, comme tous les récits, un début et une fin.

Pour les médias, c'est la fin qui vient en premier : l'événement choisi pour apparaître dans l'actualité constitue la fin de l'histoire. C'est lui qui commande l'agencement de l'histoire. Il est toujours une « fin-en-suspens » donnée comme la clé momentanée de compréhension d'une histoire en mouvement. Ensuite vient le choix ou la construction du début. Les journaux vont alors chercher l'origine des événements qu'ils mettent en intrigue dans des périodes très diverses.

Mais cette mise en récit de la réalité par le discours médiatique se limite-t-elle à un découpage chronologique ? Ne faut-il pas aussi que ce récit tienne compte des structures logiques propres à toute narration ?

Certes, mais la mise en récit de l'actualité et sa structuration chronologique (un début, un déroulement, une fin) renvoie en fait essentiellement à une logique de déconstruction et reconstruction de l'action humaine. Or, les actions humaines impliquent des buts, des motifs, des agents et des circonstances. Elles supposent une interaction qui connaît trois formes de base : la coopération, la compétition et la lutte. Enfin, elles ont une issue, bonne ou mauvaise, connue ou attendue. Ce sont ces éléments d'analyse de l'action humaine qui font la trame du récit médiatique de l'actualité. Les éléments constitutifs de la compréhension de l'action (qui, quoi, où, quand, comment, pourquoi, avec qui, dans quel but ?) sont également des éléments constitutifs de la mise en récit.

Dans la réalité, tout est enchevêtré, sans début ni fin. Le récit doit extraire des éléments et les agencer, pour permettre une lisibilité des événements, une intelligence de l'action. C'est ce qu'explique le philosophe Paul Ricœur dans son ouvrage *Temps et récit* (Seuil, coll. Points, 1991). Pour lui, la compréhension de l'action découle d'une « précompréhension » du monde de l'action, de ses structures intelligibles, de ses ressources symboliques, et surtout de son caractère temporel.

Tous les médias procèdent-ils à cette mise en récit de la même manière ?

Les médias audiovisuels se distinguent d'abord de la presse écrite parce que l'effet de réel est fourni par la « citation du monde », grâce aux images notamment. Cette citation n'est pas à proprement parler narrative. La relative pauvreté narrative des récits audiovisuels par rapport à ceux de la presse écrite, beaucoup plus complexes, vient de ce qu'ils mettent l'accent essentiellement sur le sens du récit et non sur le récit lui-même (le déroulement et le rapport des faits). A la télévision, c'est l'œuvre des images.

Ce découplage du sens de l'action et du récit de l'action, des faits et des commentaires, pourrait-on dire, devrait être très vite fastidieux. Pourtant, cela ne l'est pas vraiment, à cause du mélange des voix. Les éléments du sens donné aux événements (les commentaires) sont sans cesse repris par une autre voix (correspondant, expert, acteur) ou par d'autres images, à la télévision. Les procédés de mise en scène et en intrigue sont connus : intervention d'une autre voix (si possible au téléphone pour la radio, à cause de l'effet de réalité), ou l'alternance du studio et du terrain à la télévision (avec tous les signes du direct). Ils jouent, dans leur répétition et leur renforcement circulaire même, un double rôle : authentifier non seulement le sens, mais aussi le rapport des faits lui-même.

Peut-on, dans ces conditions, parler de manipulation du public ?

La question centrale est de savoir pourquoi nous sommes fascinés par le direct. Le spectateur, notamment dans les « cérémonies » programmées, est appelé à se transformer en « témoin ». Mais quel genre de témoin ? Non pas le témoin objectif de la science empirique, le vérificateur dont le regard silencieux et froid se confondait avec l'exercice de la raison, mais un témoin au sens que prenait ce terme dans le christianisme antique. Celui à qui on demande de se convertir à une nouvelle définition de la réalité, puis de lui servir de médium, de devenir l'instrument de sa propagation. Cela constitue une première réponse forte : l'information ne cherche pas ici un savoir ni même un voir mais un faire-voir susceptible de produire directement un croire : « J'y étais (devant la télévision), je l'ai vu. » Le direct produit l'expérience du temps dans le spectacle d'un présent insaisissable, « irreprésentable » comme présent parce qu'il est à peine perçu qu'il est déjà passé. Il ne reste donc plus qu'à le raconter et à le reraconter.

Mais ce récit-là appartient au spectateur, qui trouve ainsi dans le direct un rôle, un programme d'action. Le direct, en ce sens, projette (au sens propre) chez le spectateur un programme narratif virtuel. La saisie du présent (d'autant plus aiguë qu'elle a fait l'objet d'une longue attente) ne peut être appréhendée comme une mise en récit que lorsque le présent est passé et qu'on peut le raconter. Sauf que, dans le direct, ce n'est pas l'émetteur, mais le récepteur à qui est déléguée la fonction narrative. Dans ce cas, la signification de l'action, la représentation du temps, est transférée au spectateur qui peut la reconstruire. Cela nous semble une explication plausible de l'attrait du direct, laisser le champ libre au récepteur pour sa propre « refiguration ».

D'après Jean-Claude Ruano-Borbalan, « Information : la loi du récit. Entretien avec Jean-François Tétu », *Sciences Humaines*, n° 129, juillet 2002.

Document n° 7

Je reviens à l'essentiel : j'ai avancé en commençant que l'accès à la télévision a pour contrepartie une formidable censure, une perte d'autonomie liée, entre autres choses, au fait que le sujet est imposé, que les conditions de la communication sont imposées et surtout, que la limitation du temps impose au discours des contraintes telles qu'il est peu probable que quelque chose puisse se dire. Cette censure qui s'exerce sur les invités, mais aussi que les journalistes qui contribuent à la faire peser, on s'attend à ce que je dise qu'elle est politique. Il est vrai qu'il y a des interventions politiques, un contrôle politique (qui s'exerce notamment au travers des nominations aux postes dirigeants) ; il est vrai aussi et surtout que dans une période où, comme aujourd'hui, il y a une armée de réserve et une très grande précarité de l'emploi dans les professions de la télévision et de la radio, la propension au conformisme politique est plus grande. Les gens se conforment par une forme consciente ou inconsciente d'autocensure, sans qu'il soit besoin de faire des rappels à l'ordre [...].

Je voudrais donc démonter une série de mécanismes qui font que la télévision exerce une forme particulièrement pernicieuse de violence symbolique. La violence symbolique est une violence qui s'exerce avec la complicité tacite de ceux qui la subissent et aussi, souvent, de ceux qui l'exercent dans la mesure où les uns et les autres sont inconscients de l'exercer ou de la subir. La sociologie, comme toutes les sciences, a pour fonction de dévoiler des choses cachées ; ce faisant, elle peut contribuer à minimiser la violence symbolique qui s'exerce dans les rapports sociaux et en particulier dans les rapports de communication médiatique.

Pierre Bourdieu, *Sur la télévision*, Liber, 1996.

Document n° 8

L'année 1989 a constitué un important tournant dans ma vie. J'ai été un professeur respecté et un intellectuel public, souvent invité à m'exprimer un peu partout, y compris en Europe et aux Etats-Unis. Je me suis toujours fixé pour exigence de m'exprimer avec franchise, en assumant mes propos dans la dignité – que ce soit dans ma vie personnelle ou dans mes écrits. Cette année-là, je suis rentré des Etats-Unis pour participer au mouvement pro-démocratique étudiant, finalement réprimé dans le sang le 4 juin. J'ai été emprisonné pour « *propagande et incitation à des activités contre-révolutionnaires* ». J'ai perdu par la même occasion ma chaire, à laquelle je tenais tant, et toute possibilité de publier et de m'exprimer publiquement en Chine. Juste pour avoir émis des opinions politiques différentes et pour avoir participé à ce mouvement démocratique pacifique, le professeur que j'étais a donc perdu sa chaire, l'auteur a perdu tout droit de s'exprimer et l'intellectuel public toute possibilité de discourir ouvertement… que ce soit à titre personnel ou en tant que citoyen d'une Chine ouverte au monde et aux réformes depuis trente ans, quelle tristesse !

Vingt ans après, les âmes des victimes du 4 juin ne peuvent toujours pas reposer en paix. Amené par le 4 juin à prendre le chemin de l'opinion politique divergente, à ma sortie de la prison de Qincheng, en 1991, j'avais perdu tout droit à m'exprimer publiquement dans ma propre patrie ; je ne pouvais le faire que dans les médias étrangers et encore cela m'a-t-il valu d'être placé sous surveillance durant de longues années, assigné à résidence (de mai 1995 à janvier 1996), puis envoyé en camp de rééducation par le travail (d'octobre 1996 à octobre 1999).

Aujourd'hui, à plus de 50 ans, je suis une nouvelle fois mis au banc des accusés par un pouvoir obnubilé par l'idée de « l'ennemi ». Cependant, je veux malgré tout dire à ce régime qui m'a privé de ma liberté que je reste fidèle à mon credo, exprimé il y a vingt ans dans ma déclaration lors de la grève de la faim du 2 juin : je n'ai pas d'ennemis, ni de haine. Les policiers qui m'ont surveillé, arrêté, interrogé, les procureurs qui m'ont inculpé, les juges qui m'ont condamné ne sont pas mes ennemis. Je n'accepte ni surveillance, ni arrestation, ni inculpation, ni condamnation, mais je respecte la profession et la personne de tous ces fonctionnaires, y compris les magistrats de l'accusation, qui, le 3 décembre dernier, ont fait preuve de respect et d'honnêteté à mon endroit.

Car la haine peut corrompre la sagesse et le discernement ; l'idéologie de l'ennemi peut empoisonner la mentalité d'un peuple, attiser des rivalités sans merci, détruire toute tolérance et toute raison dans une société, empêcher une nation de cheminer vers la liberté et la démocratie. C'est pourquoi je souhaite parvenir à dépasser mon propre sort pour me préoccuper surtout du développement du pays et de l'évolution de la société, en opposant à l'hostilité du pouvoir une grande bienveillance, pour dissoudre la haine dans l'amour.

Il est communément admis que c'est la politique de réforme et d'ouverture qui a entraîné le développement du pays et l'évolution de notre société. Pour moi, l'ouverture du pays date du moment où a été abandonnée la « primauté de la lutte des classes » de l'ère Mao. Dès lors, on a concentré les efforts sur le développement économique et l'harmonie sociale. Cet abandon a permis une certaine tolérance et la coexistence pacifique d'intérêts et de valeurs différents. L'économie s'est tournée vers le marché, la culture a tendu vers plus de diversité, le maintien de l'ordre public a peu à peu été régi par les lois. Tout cela est dû à l'affaiblissement de la notion d'ennemi. Même dans le domaine politique, où les progrès sont les plus lents, le pouvoir a fait preuve d'une tolérance croissante vis-à-vis de la diversité de la société, il a atténué les persécutions à l'encontre des voix divergentes et a tempéré sa qualification des événements de 1989 de « rébellion » en « tourmente politique ».

Une fois relativisée cette notion d'« ennemi à combattre », le pouvoir a pu accepter peu à peu le caractère universel des droits de l'homme. En 1998, le gouvernement chinois a promis au reste du monde de ratifier deux grandes conventions internationales des Nations unies relatives aux droits de l'homme, dont la Convention internationale sur les droits civils et politiques, manière symbolique de reconnaître ces valeurs. En 2004, l'Assemblée nationale du peuple a révisé la Constitution en y introduisant pour la première fois la phrase : « *L'Etat respecte et protège les droits de l'homme* », ce qui indique que les droits de l'homme sont devenus un principe de base du droit chinois. Dans le même temps, le pouvoir a reconnu la nécessité de « *mettre l'homme au centre* » de sa politique, de « *créer une société harmonieuse* », autant d'avancées dans la conception du gouvernement qu'a le Parti communiste.

J'ai pu ressentir l'effet de ces changements depuis mon arrestation. J'ai persisté à me dire innocent et à déclarer que l'accusation portée contre moi était inconstitutionnelle, mais, au cours de cette année de privation de liberté où j'ai été successivement incarcéré dans deux lieux différents et interrogé par quatre policiers, trois procureurs et deux magistrats, leurs méthodes sont restées empreintes de respect, ils n'ont pas excédé les temps d'interrogatoire et ne m'ont pas extorqué d'aveux. Leur attitude a été pacifique, raisonnable et même parfois bienveillante. Le 23 juin, j'ai été transféré d'un lieu de résidence surveillée au Centre de détention numéro un de Pékin, où j'avais déjà été détenu en 1996, et j'ai pu y observer de grandes améliorations tant dans les installations que dans les méthodes d'administration.

J'ai tiré de ces expériences personnelles la certitude que les progrès politiques en Chine ne vont pas s'arrêter. Je suis vraiment optimiste quant à l'arrivée d'une Chine libre dans l'avenir, car aucune force n'est capable de stopper l'aspiration humaine à la liberté. La Chine finira par devenir un Etat de droit plaçant les droits de l'homme au premier plan. J'espère que de tels progrès pourront se manifester dans le traitement de mon dossier ; je souhaite que les jurés prononcent un jugement équitable – un jugement capable d'affronter le verdict de l'Histoire.

Quant à l'expérience la plus heureuse de mes vingt dernières années, c'est d'avoir reçu l'amour désintéressé de ma femme, Liu Xia. C'est pourquoi je m'adresse à elle.

Aujourd'hui, tu ne pourras pas assister à mon procès, mais je veux encore te dire, ma chérie, que je suis certain que ton amour reste inchangé. Ma chérie, grâce à ton amour, j'affronterai calmement le procès qui vient, sans regret pour mes propres choix, et j'attendrai demain avec optimisme. J'espère que mon pays pourra être un jour une terre de libre expression, que tout citoyen pourra prendre la parole sur un pied d'égalité, que toutes les valeurs, pensées, croyances, idées politiques pourront coexister et faire l'objet d'un débat équitable. Je souhaite que les opinions minoritaires, même dissidentes, soient protégées comme les autres. Que tout point de vue politique puisse être exposé au grand jour et soumis à l'appréciation du peuple, que tout citoyen puisse s'exprimer sans la moindre crainte, sans le moindre risque de subir des persécutions pour avoir émis une opinion politique différente. Je voudrais également être le dernier nom sur la longue liste des victimes emprisonnées pour leurs écrits, et que plus personne ne soit condamné pour ses propos.

La liberté d'expression est la base des droits de l'homme, le fondement de tout sentiment humain, la mère de la vérité. Tuer la liberté d'expression, c'est bafouer les droits de l'homme, étouffer tout sentiment humain, faire taire la vérité.

Même si j'ai été condamné (alors que je suis innocent) pour avoir honoré la liberté d'expression mentionnée dans la Constitution et pour avoir assumé jusqu'au bout mes responsabilités sociales de citoyen chinois, je ne me plains pas…

Merci à tous !

Liu Xiaobo, prix Nobel de la paix 2010. Déclaration adressée à sa femme, décembre 2009, à la veille du procès qui le condamnera à onze ans de prison, « Je n'ai pas d'ennemis », *Courrier International*, 27 janvier 2010.

Document n° 9

Le plein exercice de la liberté de l'information se heurte encore à de nombreux obstacles. On voit se dessiner depuis quelque temps une remarquable tendance à l'adoption de lois sur la liberté de l'information, mais l'expérience internationale montre que cela n'est pas suffisant pour assurer le plein exercice du droit des gens à être informés. Entre autres obstacles, la liberté de l'information est compromise par la faiblesse des mécanismes d'accès et de mise en œuvre, le caractère peu performant des systèmes d'enregistrement et d'archivage, et l'insuffisance des contrôles au niveau de l'application des textes. Ceux qui exigent d'être informés – et qui ne sont en réalité qu'une minorité, dans n'importe quel pays – sont souvent confrontés à divers obstacles bien propres à les décourager : procédures excessivement compliquées, longues et coûteuses, que ce soit pour justifier leurs demandes ou pour obtenir des réponses. La question des dérogations revêt une importance cruciale à cet égard. Le principe d'exposition maximale signifie que les individus devraient avoir accès à toutes les informations détenues par l'administration, sauf dans les cas exceptionnels et bien précis où cela risque de nuire aux intérêts supérieurs du pays. Malheureusement, il n'est pas rare que l'exception de confidentialité soit invoquée – en référence à la législation sur le secret d'Etat – pour justifier le refus arbitraire et sans aucun fondement de communiquer des informations.

Tous ces dysfonctionnements montrent qu'il ne suffit pas de légiférer sur la liberté de l'information pour garantir le droit de savoir ; encore faut-il que les pouvoirs publics soient équipés pour pouvoir répondre dans les meilleurs délais aux demandes d'information ou mettre spontanément à la disposition du public certaines informations essentielles. D'où la nécessité d'initiatives et de politiques propres à développer les capacités de l'appareil institutionnel d'Etat, à mettre en place des systèmes efficaces de gestion de l'information, à assurer la bonne tenue des registres et à informatiser et archiver progressivement l'information disponible. Il importe également de mettre sur pied des mécanismes appropriés d'application et de contrôle en les dotant des moyens financiers et du personnel qualifié nécessaires pour que l'ensemble du dispositif fonctionne sans à-coups. Cela dit, les obstacles au droit de savoir ne sont pas tous imputables à un déficit de capacités, et il se pourrait que la principale difficulté consiste à passer d'une culture du secret à une culture de la transparence. Cela passe par un changement radical de mentalité des politiciens et des bureaucrates à tous les niveaux de l'administration et par un effort de sensibilisation des administrés pour les inciter à exercer activement leur droit de savoir.

Bon nombre de pays n'ont toujours pas adopté de loi sur la liberté de l'information en conformité avec les normes internationales. Et là où une telle législation est en vigueur, on constate parfois une régression dans son application, quand ce ne sont pas des amendements qui menacent de porter atteinte au droit de savoir. En outre, il semblerait que la liberté de l'information rencontre encore des obstacles considérables au niveau local dans de nombreux pays et que, dans d'autres, elle ne soit pas suffisamment appliquée en dehors du périmètre de l'administration centrale. En résumé, et compte tenu des difficultés d'application qui viennent d'être évoquées, l'adoption d'une loi sur la liberté de l'information, loin de constituer la panacée, doit s'accompagner d'efforts peut-être encore plus rigoureux pour veiller à ce qu'elle ait vraiment les effets bénéfiques qu'on en attend.

L'existence d'une loi sur la liberté de l'information est un élément indispensable du paysage médiatique, étant donné que les médias ont bien du mal à s'acquitter de leur mission s'ils n'ont pas accès à l'information détenue par les pouvoirs publics. En même temps, même si la liberté de l'information est garantie par la loi, le droit du public à être informé a besoin pour s'exercer effectivement de médias indépendants, libres, pluralistes et compétents qui recueillent et diffusent des informations dûment vérifiées dans le respect de leur éthique professionnelle. Toutefois, l'adoption d'une loi sur la liberté de l'information ne suffit pas en soi à garantir la liberté d'expression et la liberté de la presse, et les exemples ne manquent pas de lois qui ont pour effet pervers de restreindre plutôt que de promouvoir la liberté de l'information.

Les médias ont souvent joué un rôle important dans la promulgation des lois sur la liberté de l'information, mais c'est loin d'être toujours le cas. Certains journalistes peuvent être opposés à toute libéralisation par crainte de perdre l'exclusivité des informations qu'ils sont à même de se procurer par d'autres moyens. D'autres craignent que les bénéfices potentiels d'une loi sur la liberté de l'information soient largement occultés par la lourdeur de l'appareil administratif dans le traitement des dossiers (d'autant plus que, selon certains témoignages, les demandes formulées par des journalistes ne sont pas à l'abri de manœuvres dilatoires), sans parler des complications inhérentes aux procédures d'appel éventuelles. Par contre, certains de leurs collègues peuvent être favorables à une réforme qui leur permettrait d'accéder à d'autres sources d'information que leurs contacts personnels. Effectivement, certains journalistes ont su tirer un parti spectaculaire des lois sur la liberté de l'information, qui constituent un outil particulièrement efficace au service du journalisme d'investigation. Mais au-delà de l'opinion des journalistes eux-mêmes, l'attitude des patrons de presse concernant la liberté de l'information et le degré d'indépendance et le niveau de concentration des médias dans un pays donné sont évidemment des facteurs déterminants. On voit mal en effet le patron d'un média proche du pouvoir prôner la libéralisation de l'information si le gouvernement y est hostile, ou à plus forte raison encourager ses journalistes à en profiter pour publier des infos donnant une image négative des gens en place. Par contre, les propriétaires d'organes de presse moins dépendants du pouvoir encourageront plus volontiers les journalistes à réclamer la promulgation de lois sur la liberté de l'information, et à en faire bon usage une fois qu'elles auront été adoptées.

Extrait du *Rapport de la Journée mondiale de la liberté de la presse*, le 3 mai 2010 : « La liberté d'information ou le droit de savoir ? »

Document n° 10

C'est dans le décalage entre l'imaginaire entourant la profession de journaliste et la réalité des pratiques quotidiennes que se comprend le mieux la fonction symbolique du « mythe » de l'indépendance.

La notion de mythe s'entend ici comme une croyance largement illusoire et pourtant partagée par une grande partie des journalistes, en raison de l'utilité qu'elle présente pour « construire la légitimité sociale du journalisme [et] l'inscrire dans un corps de rôles, plus ou moins effectifs ». La typologie de ces représentations idéologiques montre les modèles pratiques et les registres de justification qu'elles permettent de mettre en œuvre. Parmi elles et pour faire écho aux dimensions évoquées précédemment, on mentionnera le mythe de « la » déontologie, qui tend à occulter le flou des critères qui l'organisent et à faire accroire en l'efficacité de l'endorégulation morale de la profession. On peut y voir une stratégie pour durcir les frontières du groupe professionnel et entretenir la vision idéalisée de leur fonction démocratique. Le mythe du pluralisme remplit la même fonction symbolique, alors que la définition sur laquelle s'accordent les professionnels confond la pluralité (diversité des publications) avec le pluralisme réel des lignes éditoriales, ce que contredisent les contraintes concurrentielles du champ et l'uniformisation des pratiques qui en découle. L'indépendance de l'information doit alors être envisagée comme un mythe fondateur, dans la mesure où elle constitue l'étendard de la fonction démocratique de la profession : elle agit de ce fait comme un argument d'autorité, un postulat non discuté, autour duquel s'organisent aussi bien les discours des journalistes que ceux des critiques. On voit ici l'utilité sociale du mythe, qui permet de produire une vision unifiée du rôle des journalistes et de fournir un critère de jugement de leur activité.

L'homogénéisation qui s'en dégage ne doit pourtant pas masquer l'extrême diversité des pratiques et des définitions de l'information légitime selon les supports, les genres journalistiques, mais aussi les contextes. En temps de guerre, l'union sacrée qui se produit généralement entre les médias et le gouvernement national résulte de l'inévitable implication des médias dans les stratégies d'action et de communication des états-majors. Mais elle est plus largement l'expression d'un déplacement de la menace, incarnée par l'ennemi commun : comment le discours d'information pourrait-il se construire de manière autonome, alors même que la sauvegarde de la démocratie dont il est l'instrument est mise en péril ? L'information se définit comme un rapport social et à l'intérieur d'un rapport de force, dont la configuration est variable d'une conjoncture à l'autre. Le degré d'indépendance des médias dépend donc de leur position dans le processus de construction de l'information.

Si l'information est une construction, c'est parce qu'elle consiste à mettre en forme et en sens les faits sociaux qui accèdent au statut d'événement. Dans l'absolu, la production d'une information indépendante exigerait des journalistes qu'ils se contentent de rendre compte de la réalité telle qu'elle est, en toute objectivité. Or, « les événements sociaux ne sont pas des objets qui se trouveraient tout faits quelque part dans la réalité et dont les médias nous feraient connaître les propriétés et les avatars après coup avec plus ou moins de fidélité. Ils n'existent que dans la mesure où ces médias les façonnent ». La production de l'information résulte en effet d'une série de choix, opérés en fonction des « cadrages » mis en œuvre et des « routines » professionnelles dont disposent les journalistes pour traiter l'actualité. La hiérarchisation des faits, leur ordonnancement dans les rubriques et les genres de l'écriture journalistique, le ton et le style adoptés, sont quelques-uns des nombreux modes de séquençage et de formatage des contenus médiatiques. Ces opérations constituent le quotidien du travail des journalistes, qui les ont intériorisées comme autant d'évidences ; mais elles font aussi partie du « contrat de lecture » auquel le public souscrit par son acte d'achat ou d'audience, en reconnaissant dans ces formes canoniques l'expression d'une définition légitime de l'information.

En avril 2007, les premières Assises internationales du journalisme ont placé au cœur des débats la question de l'indépendance et du pluralisme des médias. Les propositions auxquelles elles ont abouti témoignent du souci des professionnels et des citoyens qui y participaient de renforcer la régulation éthique et le respect du droit et des libertés de l'information. Elles montrent également que l'indépendance demeure un horizon symbolique fondateur du pacte démocratique : la participation des citoyens aux débats internes à la profession et l'impulsion d'un dialogue avec le public et les chercheurs constituent sans doute l'une des clés de la réflexion.

D'après Aurélie Tavernier, « L'indépendance de l'information : quelles réalités ? quelles évolutions ? », *Cahiers français : Information, médias et Internet*, n° 338, 2007.

Document n° 11

Internet a bouleversé l'univers médiatique en profondeur. Il a donné la parole, au travers des pages perso, des blogs et des forums, à des hommes et des femmes qui n'étaient autrefois que des consommateurs d'information. De lecteurs et de téléspectateurs, nombre d'internautes se sont élevés, avec plus ou moins de réussite, au rang de journalistes amateurs. Devant cette profusion de contenus publiés sur le Net, les dictateurs paraissaient impuissants. Comment surveiller les messages publiés par 130 millions d'internautes chinois, ou censurer les messages postés par les 70 000 webloggers iraniens ? Aujourd'hui, les ennemis d'Internet ont malheureusement fait preuve de leur détermination et de leur capacité à censurer le Réseau.

La Chine a été le premier Etat répressif à prendre conscience qu'Internet représentait un formidable outil de liberté. Très tôt, ce pays a engagé des moyens, aussi bien financiers qu'humains, pour contrôler les communications électroniques et censurer les sites « subversifs ». Pékin a rapidement démontré que le Net, tout comme les médias traditionnels, pouvait être placé sous tutelle. Il suffit pour cela d'acquérir les technologies adéquates et de réprimer durement les premiers « cyberdissidents ». La réussite du modèle chinois est incontestable. Les autorités sont parvenues à décourager les internautes d'aborder ouvertement les sujets politiques, sauf pour régurgiter les informations officielles. Ces deux dernières années, la surveillance de la contestation politique, autrefois la priorité, a cédé la place au souci de canaliser les mouvements sociaux.

Internet sert en effet de caisse de résonance au mécontentement qui gronde dans la plupart des provinces chinoises. Les manifestations et les affaires de corruption, dont l'écho se limitait naguère à quelques villes, trouvent désormais, grâce à Internet, un retentissement national. En 2005, le gouvernement s'est donc ingénié à trouver les remèdes contre la montée de cette cybercontestation. Il a, par exemple, travaillé au renforcement de son arsenal législatif en la matière, pour aboutir à ce qui peut être qualifié de « dix commandements du Net chinois », une série de règles ultra-restrictives à l'attention des responsables de publications en ligne. En matière de contrôle et de censure, la Chine sait être efficace et novatrice. Et a malheureusement fait des émules.

Les traditionnels prédateurs de la liberté de la presse – Arabie Saoudite, Bélarus, Birmanie, Corée du Nord, Cuba, Iran, Libye, Maldives, Népal, Ouzbékistan, Syrie, Tunisie, Turkménistan, Viêtnam – se sont tous lancés à l'assaut du Réseau. Alors qu'en 2003, seuls la Chine, le Viêtnam et les Maldives détenaient des cyberdissidents, plusieurs Etats ont rejoint, depuis, le club des geôliers du Net. Près d'une vingtaine de bloggers et de cyberjournalistes sont passés par la case prison, en Iran, depuis septembre 2004. L'un d'entre eux, Mojtaba Saminejad, est détenu depuis février 2005 pour des messages jugés contraires à la foi islamique. La Libye a condamné un ancien libraire, Abdel Razak AI Mansouri, à 18 mois de prison pour des articles moquant le président Kadhafi publiés sur Internet. En Syrie, deux internautes ont été emprisonnés et torturés : le premier pour avoir publié les photos d'une manifestation kurde à Damas, le second pour avoir simplement transféré par e-mail une newsletter jugée illégale dans le pays. Enfin, un avocat est emprisonné en Tunisie depuis mars 2005. Son seul crime est d'avoir critiqué, dans un bulletin électronique, la corruption du gouvernement. Alors que l'ONU réunissait ses membres à Tunis, en novembre 2005, pour discuter de l'avenir d'Internet, ce défenseur des droits de l'homme croupissait en cellule à plusieurs centaines de kilomètres de sa famille. Triste message adressé aux internautes de la planète…

La censure du *Web* touche désormais tous les continents. A Cuba – où il faut une autorisation du parti pour acheter un ordinateur –, tous les sites qui ne sont pas homologués par le pouvoir sont filtrés. La situation s'est dégradée au Moyen-Orient et en Afrique du Nord. En novembre 2005, le Maroc a, pour la première fois, décidé de censurer des sites Internet à caractère politique, en l'occurrence toutes les publications favorables à l'indépendance du Sahara occidental. L'Iran élargit chaque année la liste des sites interdits, qui inclut désormais toutes les publications traitant de près ou de loin des droits de la femme. En Asie, la Chine est maintenant capable de censurer automatiquement les messages postés sur les blogs, remplaçant par des blancs des mots tels que « démocratie » ou « droits de l'homme ». Certains pays de la région semblent toutefois sur le point de surpasser le grand frère chinois. La Birmanie dispose aujourd'hui de technologies sophistiquées pour filtrer Internet. Petite particularité locale, les ordinateurs des cybercafés prennent automatiquement des captures d'écran, toutes les cinq minutes, afin de surveiller l'activité de leurs clients.

Comment tous ces pays sont-ils parvenus à ce degré d'expertise en matière de contrôle du Réseau ? La Birmanie ou la Tunisie ont-elles développé elles-mêmes les logiciels performants dont elles se servent ? Bien sûr que non. Ces technologies ont été achetées à des entreprises étrangères, le plus souvent américaines. La société Secure Computing a, par exemple, vendu au gouvernement tunisien un logiciel lui permettant de censurer Internet – dont le site de Reporters sans frontières… C'est une autre entreprise américaine, Cisco Systems, qui a bâti l'infrastructure Internet de la Chine, vendant même des équipements conçus spécialement pour la police. Les fourvoiements éthiques des entreprises du secteur Internet ont été portés sur le devant de la scène par l'affaire Yahoo en septembre 2005. Le portail américain est accusé d'avoir fourni à la police chinoise des informations sur la base desquelles l'un de leurs utilisateurs, un journaliste démocrate du nom de Shi Tao, a été condamné à dix ans de prison. De plus, la Chine revend désormais son savoir-faire aux autres ennemis d'Internet, en commençant par le Zimbabwe, Cuba, et plus récemment le

Bélarus. Il y a fort à parier que, dans quelques années, ces pays pourront se passer de l'aide occidentale.

Les démocraties ont donc leur part de responsabilité dans le sort réservé à Internet, et pas uniquement au travers de leur secteur privé. Loin de montrer l'exemple, de nombreux pays habituellement respectueux des cyberlibertés semblent aujourd'hui enclins à contrôler abusivement la Toile. Les objectifs sont multiples, et souvent louables – lutte contre le terrorisme, pédophilie, cybercriminalité, etc. –, mais ils justifient des mesures dangereuses pour la liberté d'expression. Sans comparaison aucune avec les restrictions draconiennes mises en place par la Chine, les dernières réglementations adoptées par l'Union européenne en matière d'Internet sont particulièrement inquiétantes. Ainsi, un texte portant sur la rétention des données du trafic Internet – c'est-à-dire les informations qui doivent être enregistrées par un fournisseur d'accès concernant l'activité en ligne de ses clients –, en discussion à Bruxelles, empiète sérieusement sur le droit des internautes à la confidentialité de leurs communications électroniques.

De même, les Etats-Unis sont loin d'être un modèle en matière de régulation du Réseau. Lorsque les autorités américaines décident d'assouplir la procédure judiciaire permettant d'intercepter les communications électroniques, ou lorsqu'elles commencent à filtrer le Net dans les bibliothèques publiques, elles adressent un message ambigu à la communauté internationale.

Julien Pain, « Tout le monde s'intéresse à Internet, surtout les dictateurs »,
Reporters sans Frontières, *Gilles Caron, pour la liberté de la presse*,
Editions Reporters sans frontières, 2006.

Document n° 12

Après analyse du traitement de l'information pendant la guerre du Golfe, pensez-vous que la « guerre en direct » soit possible ?

Dominique Wolton. Il faut rester très vigilant quant à la notion de « guerre en direct ». Les journalistes ont d'ailleurs compris pendant la guerre du Golfe qu'elle ne serait pas possible lorsqu'ils se sont aperçus que leur travail était réglementé par un pool d'information géré par les Américains. Dans le terme de « guerre en direct », il faut dégager deux notions, celle d'espace et celle de temps. Pendant la guerre du Golfe et encore aujourd'hui, dans les journaux télévisés, la tendance est aux envoyés spéciaux. Ceux-ci donnent une illusion de réel, et laissent penser aux téléspectateurs que leur présence sur place est une preuve d'authenticité. Dans la notion de direct, il faut aussi détacher la notion d'instantanéité. Les journaux télévisés veulent traiter l'information tout de suite et, à la différence des magazines, ils ne prennent pas le temps de « réfléchir », de replacer l'événement dans son contexte. Pourtant, l'information se voulant universelle est interprétée différemment selon l'espace culturel dans laquelle elle est reçue. Pendant la guerre du Golfe, elle a été perçue par les pays du Tiers-monde comme domination.

On a parlé pendant cette guerre de « diplomatie médiatique », qu'entend-on par là ?

D.W. La guerre du Vietnam était une guerre très médiatisée, les images de télévision y ont même joué un rôle essentiel dans la défaite américaine. En Irak, les journalistes ont eu le sentiment qu'ils pourraient aussi y jouer un rôle. Mais les Américains les en ont empêchés. Pourtant, pendant les négociations, les médias ont eu une fonction de médiateurs entre les deux camps, George Bush et Saddam Hussein s'envoyant des cassettes. Ils ont donc voulu continuer à être un acteur intermédiaire, en restant le plus neutre possible. Mais cette neutralité ne peut pas exister. En temps de guerre, les médias, la plupart du temps, se calent sur les points de vue des Etats. Cela a toujours été comme cela. Avec la mondialisation de l'information, cela devient plus compliqué parce que celle-ci est reçue dans tous les cas. Si, pendant la guerre du Golfe (1991) l'essentiel de l'information était occidental, on constate un changement avec la guerre d'Irak (2003). Il y a eu trois pôles d'information : la coalition (les journalistes « embarqués »), les médias occidentaux qui n'étaient pas de la coalition (dont la France, l'Allemagne, la Russie, le Canada…) et trois chaînes d'information arabes.

Y a-t-il eu un triomphe de l'information ?

D.W. La première impression est celle d'un triomphe de l'information, avec beaucoup d'informations, beaucoup d'images, etc. Mais la quantité d'informations, n'apporte pas forcément une bonne qualité. De plus dans cette notion de quantité, il faut ajouter rapidité, direct, or il est nécessaire d'avoir de la distanciation pour faire de la bonne information.

Par ailleurs, pour la première fois pendant cette guerre, on s'est aperçu d'une forme d'« incompétence » des journalistes, plutôt habitués à dénoncer celle des autres. En effet, il est apparu que celui qui délivrait l'information, qui se croyait au-dessus des autres, bien qu'étant sur le terrain, n'était finalement pas informé.

L'attentat du 11 septembre 2001, pendant lequel les événements ont été suivis en direct, n'a-t-il pas entraîné des changements dans le traitement de l'information ?

D.W. Oui, dans la mesure où la mondialisation de l'information a renforcé les deux positions en présence : haine des U.S.A., soutien aux U.S.A. Cela montre que les stratégies de communication sont directement intégrées par les terroristes. Mais finalement, c'est une forme sophistiquée de la propagande qui a toujours existé.

Simplement, le changement d'*échelle* crée un changement de *nature*. Cela oblige beaucoup plus les médias à une réflexion critique sur leur rôle et responsabilité. Il ne suffit plus d'informer le plus vite possible, au nom de la concurrence et du « droit de savoir », il faut réfléchir au moyen de résister à une forme d'hystérisation de l'événement. Les journalistes ne peuvent échapper à une réflexion critique sur leur nouveau rôle dans la mondialisation de l'information sous peine d'être instrumentalisés par les techniques et les intérêts politiques. Ici, être un contre-pouvoir, c'est inventer une autre déontologie de l'information.

Entretien avec Dominique Wolton, « Traitement de la guerre par les médias, guerre et déontologie », *Thema, Guerre et paix*, n° 2, Presse du CNRS, 2004.

Document n° 13

Baudry, *Rue 89*, 22 octobre 2010.

1. LA DECOUVERTE DU DOSSIER

Lors de cette première étape du travail, il s'agit de réaliser trois actions :

– Trouver le thème du dossier ;
– Faire un survol des documents ;
– Classer le dossier.

1. Trouver le thème du dossier

[En théorie]

Pour trouver le thème du dossier, il faut lire chaque première ligne des documents, le titre et l'auteur.

Un mot, un groupe de mots… se dégage assez rapidement.

[En pratique]

Les premières lignes des 12 textes présents au dossier sont les suivants :

Document n° 1	Comme ainsi soit que Saïd-Effendi, ci-devant ambassadeur de la Sublime-Porte – Voltaire
Document n° 2	Le droit à l'information, à la libre expression et à la critique est une des libertés fondamentales de tout être humain. *Charte de 1918, Déclaration des devoirs et des droits des journalistes*
Document n° 3	Depuis la Seconde Guerre mondiale, la Roumanie a toujours souffert d'un double isolement. Jacques Barrat, « Le choix des modèles de développement », *Géographie économique des médias. Médias et développement*, 1992
Document n° 4	L'environnement numérique favorise grandement la traçabilité des messages électroniques, notamment au moyen des moteurs de recherche, permettant de surveiller tant les individus que les contenus. Nathalie Mallet-Poujol, « Le droit d'expression sur l'Internet : Quelles régulations ? » *Cahiers français : Information, médias et Internet*, n° 338, 2007

Document n° 5	Contrairement aux apparences, la liberté d'information est une notion opposée à la liberté d'expression. Raphaël Meyssan, « La Fabrique du consentement. Liberté d'information contre liberté d'expression », Voltairenet.org, 2005
Document n° 6	*Sciences Humaines* : Qu'est-ce qui, selon vous, caractérise le discours médiatique ? Jean-Claude Ruano-Borbalan, « Information : la loi du récit. Entretien avec Jean-François Tétu », *Sciences Humaines*, n° 129, juillet 2002.
Document n° 7	Je reviens à l'essentiel : j'ai avancé en commençant que l'accès à la télévision a pour contrepartie une formidable censure. Pierre Bourdieu, *Sur la télévision*, Liber, 1996
Document n° 8	L'année 1989 a constitué un important tournant dans ma vie. Liu Xiaobo, prix Nobel de la paix 2010. Déclaration adressée à sa femme, décembre 2009, à la veille du procès qui le condamnera à onze ans de prison, « Je n'ai pas d'ennemis », *Courrier International*, 27 janvier 2010
Document n° 9	Le plein exercice de la liberté de l'information se heurte encore à de nombreux obstacles. Extrait du rapport de la Journée mondiale de la liberté de la presse, le 3 mai 2010 : La liberté d'information ou le droit de savoir ?
Document n° 10	C'est dans le décalage entre l'imaginaire entourant la profession de journaliste et la réalité des pratiques quotidiennes que se comprend le mieux la fonction symbolique du « mythe » de l'indépendance. Aurélie Tavernier, « L'indépendance de l'information : quelles réalités ? quelles évolutions ? », *Cahiers français : Information, médias et Internet*, n° 338, 2007
Document n° 11	Internet a bouleversé l'univers médiatique en profondeur. Il a donné la parole. Julien Pain, « Tout le monde s'intéresse à Internet, surtout les dictateurs », Reporters sans Frontières, *Gilles Caron, pour la liberté de la presse*, Editions Reporters sans frontières, 2006

Document n° 12	Après analyse du traitement de l'information pendant la guerre du Golfe, pensez-vous que la « guerre en direct » soit possible ? Entretien avec Dominique Wolton, « Traitement de la guerre par les médias, guerre et déontologie », *Thema, Guerre et paix*, n° 2, Presse du CNRS, 2004
Document n° 13	Ce dessin montre un journaliste frappé, à terre, par des forces de l'ordre.

Le **thème de ce dossier** apparaît assez rapidement :

La liberté d'information/d'expression

2. Survoler les documents

[En théorie]

Le dossier ACCES n'est pas organisé ; **les textes sont positionnés de façon aléatoire**. Le survol est, en conséquence, une étape essentielle car elle vous permet de **classer votre dossier**. Vous pourrez ainsi rapprocher les documents qui semblent traiter du même sous thème.

Comment survoler ?

Il s'agit de regarder toutes les pages de votre dossier et de **lire le premier et le dernier paragraphe** de chaque texte et la première ligne de chaque paragraphe.

En effet, les textes qui vous sont donnés sont toujours très structurés. Ainsi, les auteurs :

- débutent tous leurs propos en faisant une introduction ;
- marquent l'articulation de leur pensée en début de paragraphe par des mots de liaison ;
- rédigent une conclusion qui reprend l'essentiel.

Les sources, le nom de l'auteur, de la revue ou du titre du livre, la date… vous donnent des indications sur le niveau de difficulté du document.

Cette lecture ne vous permet pas de prendre connaissance du contenu, mais vous donne une idée du type d'informations qu'il y a dans le texte.

Vous avez aussi une idée de la tonalité du texte (critique, ironique, humoristique…) et de son niveau de difficulté.

Vous pouvez matérialiser cette lecture en annotant le document, en soulignant certains mots, et surtout en notant à côté du titre la ou les idées principales que vous avez trouvées.

Intéressez-vous aussi au dessin qui est souvent le dernier document du dossier : il constitue un bon résumé de l'idée principale.

[En pratique]

Voici les informations que vous pouvez trouver lors du survol de ce dossier :

Document n° 1	Texte de Voltaire – Philosophe des Lumières (Les connaissances personnelles que vous pouvez avoir sur ce texte célèbre peuvent vous aider à comprendre son importance, sans être obligé de le lire entièrement.)
Document n° 2	Charte des journalistes – 1918 – Droits et devoirs des journalistes
Document n° 3	Les médias dans la Roumanie de Ceausescu – Manipulation et absence de liberté
Document n° 4	Liberté d'expression sur Internet – Obligations des fournisseurs d'accès
Document n° 5	Opposition entre liberté d'expression et liberté d'information
Document n° 6	Discours médiatique – Rôle des médias
Document n° 7	Bourdieu – Critique de la télévision – Violence
Document n° 8	Lettre du Prix Nobel Chinois emprisonné à sa femme
Document n° 9	Loi sur la liberté d'information
Document n° 10	Remise en cause de l'indépendance des médias – Mythe
Document n° 11	Rôle d'Internet par rapport à la liberté d'expression – Censure des Etats non démocratiques
Document n° 12	Rôle des médias en temps de guerre – Pas d'indépendance
Document n° 13	Répression sur la presse

Suite au survol, vous constatez que :

- le texte 5 propose des définitions ;
- les textes 8 et 3 présentent des exemples ;

- les textes 10, 6, 7 et 12 critiquent les médias ;
- les textes 4 et 11 évoquent Internet ;
- le texte 9 et le document 13 critiquent les autorités ;
- le texte 1 est ironique et ancien ;
- le texte 2 a été rédigé en 1918.

3. Classer le dossier

[En théorie]

A la suite de ce survol, **vous devez choisir dans quel ordre vous allez étudier votre dossier**.

En effet, il est plus judicieux d'étudier les textes qui traitent du même sujet les uns à la suite des autres.

De même, il est préférable de traiter en premier les textes qui semblent importants, c'est-à-dire les textes qui traitent le sujet dans sa globalité.

Le premier document n'est pas toujours le document le plus intéressant ; si vous ne hiérarchisez pas les documents, vous risquez de perdre du temps en prenant des notes sur un document finalement peu intéressant.

> *Cette première étape de découverte du dossier n'est pas une perte de temps : elle vous en donne* ***une vision globale*** *absolument nécessaire à sa bonne compréhension.*

[En pratique]

Il faut laisser de côté (pour l'instant) les textes 1 et 2.
Le texte 1 car c'est un texte littéraire, usant d'un ton ironique de surcroît.
Le texte 2 car il a été écrit en 1918.

<u>Les textes anciens ne doivent jamais être lus en premier</u>.

Le texte 5 semble être le texte le plus complet : il définit en les opposant, les libertés d'expression et d'information qui sont au cœur du devoir.
Les textes 10 et 12 semblent compléter le texte 5 car ils traitent des médias.

A ce groupe, il est possible d'ajouter le texte 6 et même le texte 7 de Bourdieu sur la télévision.

Les textes 4, 11 et 9 concernent Internet, et plus généralement la régulation du web.

Les textes 3, 8 et même 1 montrent des pays (ou des époques) où la liberté d'expression n'est pas garantie.
Le texte 2 sera étudié en dernier avec le dessin, le document 13.

L'ordre de lecture est donc le suivant :

- Textes 5, 10, 12, 6 et 7,
- Textes 4, 11 et 9,
- Textes 3, 8 et 1,
- Texte 2 et dessin (document 13).

2. LA PRISE DE NOTES

[En théorie]

Il s'agit maintenant de **sélectionner les informations** qui se retrouveront dans votre copie, et uniquement ces informations.

Vous allez donc relever les idées essentielles pour chaque document.

Vous devez **prendre des notes sur chaque document** : il n'y a pas de document inutile.

Mais tous les documents n'ont pas la même importance et ne produisent pas le même volume de notes.

Votre prise de notes doit faire 2 ou 3 pages au maximum car vous êtes limités à 350 mots. Il est donc **inutile de faire une prise de notes trop longue**.

Si vous prenez trop de notes, vous serez obligé de refaire un second tri, ce qui est une perte de temps et entraîne toujours de la confusion.

Les documents les plus généraux fournissent plus d'informations. En revanche, les documents qui n'abordent qu'une facette du dossier peuvent ne produire qu'une seule ligne de notes.

Comment prendre des notes ?

Il existe deux façons de prendre des notes :

- **Les notes rédigées** : il s'agit d'écrire directement des phrases grammaticalement correctes, des phrases-synthèses, qu'il faudra ensuite lier et replacer dans votre plan.

- **Les notes synthétiques** : il s'agit de relever des groupes de mots avec des tirets, sans faire de phrases. Veillez cependant à noter des verbes que vous utiliserez lors de la rédaction, faute de quoi vous aurez des difficultés pour bâtir vos phrases.

Quoi qu'il en soit, votre prise de notes doit faire apparaître des liens de cause à effet, d'explication… entre les informations notées.

Concrètement, vos notes peuvent s'organiser de la façon suivante :

Document	Idées essentielles	Notes personnelles
Là, vous notez le **numéro** de votre document	Là, vous notez les **idées principales** de chaque document. Vous pouvez rédiger directement des phrases synthèse. Vous pouvez aussi prendre des notes de façon plus synthétique.	Vous mettez des mots-étiquettes*, qui permettront, par la suite de bâtir votre plan.

* exemple de mot-étiquette : « causes », « conséquences », « problèmes », « solutions », « limites » …

[En pratique]

Il s'agit de sélectionner les informations qui seront, ensuite, placées dans la copie.

La prise de notes respecte l'ordre de lecture précédemment choisi.

Voici la prise de notes que vous pourriez réaliser sur ce dossier.

Doc.	Notes
5	La liberté de l'information s'oppose à la liberté d'expression. Informer : être passif – apparente objectivité. S'exprimer : être actif, autonome.
10	La liberté d'information est limitée car le pluralisme des médias n'est qu'apparent.
12	Face à la mondialisation et à la diversification de l'information, il faudrait mettre en place une nouvelle déontologie. Le but ? Se libérer du pouvoir politique. Se libérer du sensationnalisme.
6	Rendre compte, en matière d'information, c'est mettre en forme, en récit, une réalité qui peut avoir plusieurs formes.
7	La télévision : média qui censure avec la complicité du spectateur et des journalistes.
4	Internet rend possible les échanges illimités. Les fournisseurs d'accès sont tenus d'appliquer des lois qui les obligent à surveiller l'utilisation du web. C'est une volonté politique.
11	La technologie conçue pour les pays développés donne aux pays non démocratiques les outils pour censurer le web.
9	Il existe des obstacles à la liberté d'informer dans les pays démocratiques : les médias qui sont proches des idéologies des politiques.
3	Censure en Roumanie : pendant 25 ans, manipulation des médias roumains et étrangers.
8	La liberté d'expression est la base des droits de l'Homme. Le prix Nobel chinois mène une lutte humaine. Il est emprisonné car il revendique une liberté d'expression. Il lui semble que cette liberté progresse en Chine.
2	Charte des journalistes Droit à l'information + droit à la libre expression = démocratie. Ces droits sont constitutifs des droits de l'Homme. Le journaliste a aussi des devoirs : il ne peut dire sans preuve.
1	Les lumières condamnent la censure.
13	Les journalistes sont parfois victimes de répressions violentes.

3. L'ELABORATION DU PLAN

[En théorie]

Le fait d'avoir classé les documents avant de les avoir étudiés vous aide grandement à bâtir le plan. En effet, les documents traitant du même thème ont été rapprochés.

Le plan, en synthèse doit être envisagé comme une **organisation du contenu**. Il ne s'agit pas d'avoir des « idées » sur le sujet, de piocher dans vos notes et de sélectionner les informations qui vous arrangent car elles illustrent les idées que vous aviez sur le sujet au préalable. Au contraire, il s'agit **d'organiser votre prise de notes** et toutes les informations trouvées, doivent être placées dans un plan en 2 ou 3 parties.

Il faut ensuite trouver des titres et surtout faire les liens entre les idées. Cela vous évite de simplement juxtaposer les idées.

> *Les différences dans la note finale se jouent beaucoup à cette étape du travail. Il ne suffit pas de « mettre ensemble » les idées qui se ressemblent, il faut effectuer un véritable travail de mixage, pour donner du sens à l'ensemble de la partie.*

Chaque partie doit être cohérente, avoir un début, une fin et une progression. Dans chaque dossier, il y a des textes (2 ou 3) dont les idées doivent se retrouver à plusieurs endroits de votre devoir.

- **Introduction :** Une phrase courte qui annonce le thème.
  Une question directe pour annoncer la problématique.
  Une phrase qui annonce de plan.

L'introduction est longue de 5 lignes, d'environ 40 mots.

- **Développement :** Il est structuré en deux ou trois parties, sans sous-parties.

- **Conclusion :** Deux documents qui forment une ouverture.

> *Il est inutile de récapituler le propos.*
> *Il est interdit d'apporter des informations extérieures au dossier.*
> *Il est interdit de poser une question en guise d'ouverture.*

[En pratique]

Grâce aux **informations collectées lors de la prise de notes**, il est possible de bâtir le plan suivant :

Introduction :

- ***Document 13*** (le dessin) en accroche
- Problématique : les libertés d'expression et d'information sont-elles réelles aujourd'hui ?

Partie 1 : Ces libertés sont revendiquées :

- ***Document 8*** : la liberté d'expression est constitutive de la démocratie
- ***Document 3*** : en revanche la censure est la marque des Etats totalitaires comme la Roumanie de Ceausescu
- ***Document 1*** : d'ailleurs les Lumières ont revendiqué cette liberté
- ***Document 8*** : aujourd'hui la liberté d'expression est encore combattue (en Chine)

Partie 2 : Ces libertés ont des limites :

- ***Document 4 :*** la censure existe aussi dans les démocraties, même à l'heure d'Internet
- ***Document 4 :*** les fournisseurs d'accès doivent fournir des données aux autorités
- ***Document 11 :*** les technologies sont utilisées par les dictatures pour censurer le web

Partie 3 : Ces libertés soulèvent certains problèmes :

- ***Document 2 :*** la liberté d'informer ne permet pas de tout dire
- ***Document 6 :*** raconter un événement c'est donner une forme
- ***Document 7*** : la censure consentie à la télévision
- ***Document 10*** : pluralisme des médias n'est qu'apparent
- ***Document 5 :*** il existe une opposition entre liberté d'expression et liberté d'information

Conclusion :

- ***Document 2*** : la liberté d'expression est constitutive de la démocratie
- ***Document 12 + 9*** : appel à une nouvelle déontologie

Vous constatez que faire un plan de synthèse ACCES ne se résume pas à trouver 2 ou 3 titres pour les parties du développement.

Il s'agit de **placer tous les textes**, toutes les notes et d'organiser le propos. Concrètement cela signifie que vous devez **créer des liens entre les différents textes** pour fabriquer une vraie synthèse (et non une suite de résumés).

4. LA REDACTION

La phase de rédaction est celle qui **met en valeur le travail effectué précédemment**.

Elle se déroulera sans problème si vous avez un plan judicieux, précis où les idées sont bien articulées.

Ce plan détaillé est complété par une prise de notes qui vous évite de retourner au dossier pour consulter les textes.

Vous ne devez jamais faire référence aux documents, même entre parenthèses, ni citer les auteurs.

1. Compter les mots

La principale contrainte tient dans le respect des 350 mots.

Vous avez une marge de 10 %, soit entre 315 et 385 mots. Pour obtenir une note optimale, il faut viser les 350 mots, cela plaît beaucoup aux correcteurs.

Le comptage des mots est fastidieux, mais vous devez en passer par là puisque vous devez mettre une étoile (*) tous les 50 mots.

Toute lettre, séparée d'une autre est considérée comme un mot.
En revanche les signes de ponctuation (virgule, tiret, apostrophe…) ne comptent pas.

Aujourd'hui : 2 mots
85 % : 1 mot
XXIe : 2 mots
ONU : 1 mot

L'ONU : 2 mots
C'est-à-dire : 4 mots
Les Etats-Unis : 3 mots

Les correcteurs ACCES sont particulièrement vigilants et toute erreur sera perçue comme une tentative de **tromper votre lecteur**. Ne prenez donc aucun risque et **soyez honnête** dans votre comptage.

Un groupe de 50 mots est systématiquement vérifié dans chaque copie.

2. Ecrire au brouillon

Lors de la rédaction au **brouillon**, vous devez avoir pour objectif d'atteindre les 400/420 mots.

Ce travail sera ensuite bonifié par un exercice de réduction qui vous permettra d'atteindre les 350 mots désirés.

Pour éviter le fastidieux travail de comptage des mots sur votre brouillon, vous pouvez utiliser la technique suivante :

- placez votre feuille en position « paysage » ;
- tracez 9 lignes verticales, vous obtiendrez alors 10 colonnes ;
- écrivez un mot par ligne.

la	liberté	d'	expression	et	la	liberté	d'	information	s'
opposent ;	En	effet	ces	deux	mots	renvoient	à	des	réalités
différentes									

Avec cette méthode, vous avez toujours 10 mots par ligne.

Cela facilite donc le comptage final.

Il n'est pas toujours agréable de rédiger sa copie ainsi car l'écriture est plus lente. En revanche, cela permet de **gagner du temps**.

Les phrases doivent être courtes : pas plus de trois lignes manuscrites.

Les phrases doivent être **articulées** : elles commencent par un mot de liaison (en effet, ainsi, en conséquence…).

Pour indiquer le **début** :	Pour indiquer **une suite, un ajout** :
– D'abord… – Tout d'abord… – Il faut d'abord… – Pour commencer… – Avant tout… – En premier lieu… – Le premier point…	– A ce sujet… – Puis… – De plus… – Ensuite… – A noter également… – Mais encore… – En outre… – De surcroît…
Pour indiquer **un changement** :	Pour indiquer **un résumé** :
– Par ailleurs… – D'un autre point de vue… – Cela dit… – Concernant le deuxième point… – Sur le plan de…	– En somme… – Dans l'ensemble… – En bref… – En résumé – En un mot… – Ce qu'il faut retenir… – Au total…
Pour **marquer les étapes** :	Pour indiquer **le temps** :
– D'abord, ensuite, enfin… – Pour commencer, pour continuer, pour terminer… – D'une part, d'autre part… – D'un côté, de l'autre côté… – Premièrement, deuxièmement, troisièmement…	– Avant, pendant, après, enfin… – Maintenant, ensuite, finalement… – Récemment, maintenant, dorénavant… – Jadis, aujourd'hui, désormais…

Pour **émettre des réserves** :	Pour **illustrer ou (expliciter)** :
– Sans doute… mais… – D'accord… par contre… – C'est un fait… pourtant… – Il se peut… néanmoins… – Certes… cependant… – En revanche…	– Ainsi… – Par exemple… – En particulier… – Comme – C'est ainsi… – C'est-à-dire… – Un bon exemple… – Par exemple – C'est le cas de… – Pour illustrer ce propos…
Pour indiquer **la cause** :	Pour indiquer **la conséquence** :
– Car… – Parce que… – Puisque… – Comme… – Du moment que… – Dès lors que… – C'est parce que… – Non que… – Pour (ce) que… – Pour (+ infinitif)… – Sous prétexte que (de)	– Donc… – De ce fait… – De là… – En conséquence… – C'est pourquoi aussi (+ inversion du sujet)… – De telle sorte que… – Si bien que… – De manière que… – A tel point que…
Pour indiquer **l'opposition** :	
– Mais… – Cependant… – Toutefois… – Néanmoins… – En revanche… – Au contraire…	– A l'inverse… – Alors que… – Tandis que… – En dépit de… – Malgré… – Pourtant…

Les phrases doivent contenir un vocabulaire **précis**, celui du dossier.

> *Pour être clair, votre propos doit être précis : il faut utiliser le vocabulaire présent dans les textes qui, bien souvent, n'a pas de synonyme.*

Les citations sont interdites. En effet, une citation doit indiquer son auteur. Or, vous ne devez jamais citer les auteurs.

3. Réduire le nombre de mots

Une fois les 400 mots atteints sur le brouillon, il faut réduire pour obtenir 350 mots exactement.

Commence alors un long travail de relecture et de réécriture de votre devoir.

Vous devez donc utiliser les techniques suivantes :

Techniques	Exemples	Conseils
Remplacez les phrases de questionnement par des questions directes	Ainsi, il faut se demander si la créativité est réservée aux seuls artistes. (12 mots) Dès lors, la créativité est-elle réservée aux seuls artistes ? (8 mots)	C'est très pratique pour annoncer la problématique dans l'introduction. Dans le développement, il ne faut pas abuser, se limiter à 2 ou 3 questions dans l'ensemble du devoir.
Bannissez les expressions voraces en mot : c'est-à-dire, il y a, c'est … qui…	C'est la réduction des effectifs qui va permettre une meilleure rentabilité. (12 mots) Ainsi, la réduction des effectifs permettra une meilleure rentabilité. (8 mots)	Ce gain de mots vous permet souvent de pouvoir ajouter un mot de liaison.

Supprimez les propositions subordonnées Remplacez-les par des incises ou des participes présents.	La dictature de Ceausescu qui a manipulé pendant 25 ans… (10 mots) La dictature de Ceausescu manipulant pendant 25 ans (8 mots)	Certaines propositions subordonnées ne sont pas supprimables.
Chassez « aller » et « faire », lorsqu'ils sont utilisés comme auxiliaires	va permettre = permettra fait penser = évoque	A utiliser sans modération, cela relève votre niveau de langue.
Chassez les mots superflus : adjectifs, adverbes…	La liberté d'expression est très limitée. (7 mots) La liberté d'expression est limitée. (6 mots)	Faites bien la différence entre ceux qui sont nécessaires parce qu'ils apportent une nuance, et ceux qui relèvent plus du tic d'écriture.
Utilisez les adverbes en -ment *(à condition de savoir les orthographier)*	Dans le même temps (4 mots) Concurremment (1 mot) Conjointement (1 mot) Parallèlement (1 mot)	Attention, c'est lourd, il faut donc user de ces adverbes avec modération : 3 ou 4 dans l'ensemble du texte.
Utilisez judicieusement les signes de ponctuation : « : » indique une relation de cause à effet, il peut donc remplacer un mot de liaison. Des informations peuvent être placées entre parenthèses.	Les femmes se chargent davantage des soins à donner aux enfants, en conséquence, elles sont moins disponibles pour leur travail. Les femmes se chargent davantage des soins à donner aux enfants : elles sont moins disponibles pour leur travail.	A utiliser avec modération car cela nuit à la fluidité du texte.
Interdisez l'usage de certaines expressions qui n'apportent aucun contenu mais gaspillent des mots.	On remarque que… On voit que… Il est dit que…	Le « on » est, de toute façon, proscrit. Ces expressions n'apportent rien à votre copie.

Privilégiez les phrases affirmatives aux phrases négatives.	Ne pas savoir (3 mots) Ignorer (1 mot) Avoir des difficultés (3 mots) Peiner (1 mot)	

Les 350 mots atteints sur votre brouillon, il faut **recopier sur votre copie** de concours.

4. Recopier au propre

La **mise en page** fait partie de la rédaction : elle facilite grandement la lecture de votre copie.

Utilisez tous les outils à votre disposition :

- **Sautez une ligne** entre l'introduction et le développement et entre le développement et la conclusion et entre les différentes parties du développement ;
- **Utilisez le retrait** : aller à la ligne et aller à la ligne avec un retrait n'a pas la même signification.

N'oubliez pas de **placer les étoiles tous les 50 mots**, si vous ne le faites pas votre copie ne sera même pas lue.

Enfin, vous disposez d'un **rectangle pour indiquer le nombre total de mots** que comporte votre copie.

5. Relire

La relecture sert à vérifier si quelques fautes subsistent dans la copie.

Les dernières minutes doivent être consacrées à la recherche d'éventuelles fautes d'orthographe. Il faut garder à l'esprit que **les fautes sont très pénalisantes** et qu'un texte qui comporterait plus de 5 fautes a peu de chance d'être bien noté.

La faute est une gêne pour le correcteur qui est obligé d'interrompre sa lecture, pour chercher ce qui ne va pas dans la phrase ; c'est aussi une question de principe : les écoles de commerce ne peuvent pas délivrer de diplôme aux personnes qui ne maîtrisent pas les fondamentaux de la langue, compte tenu de vos futurs postes dans la hiérarchie de l'entreprise.

La synthèse offre un avantage indéniable : les mots utilisés dans votre devoir sont issus des textes.
Dès lors, les fautes d'orthographe d'usage (consonnes redoublée, en/an, ss/t…) sont inadmissibles puisqu'il vous suffit de recopier les mots écrits dans les textes.

Les fautes qui sont les plus pénalisantes sont les confusions grammaticales (ont/on, à/a, peu/peut…). Elles ne sont jamais pardonnées car elles touchent à la structure même de la phrase, à son sens.

Quant aux fautes d'accord (sujet/verbe, nom/adjectif, participe passé…), il faudra veiller à ce qu'il n'en reste aucune.

Pour ce faire, **relisez votre texte en commençant par la dernière phrase**. Privée de sens, cette lecture vous obligera à vous concentrer sur les accords.
Vous en profiterez pour vérifier que votre écrit est bien accentué. En effet, toute faute d'accent est une faute d'orthographe.

6. Le résultat

La presse et les journalistes sont parfois les victimes de répressions violentes. Dans quelle mesure les libertés de l'information et de l'expression sont-elles reconnues et effectives ? Même si elles sont proclamées, elles se révèlent limitées et problématiques.

La liberté d'expression est un droit démocratique essentiel parce* qu'il fonde tous les droits. A l'inverse, la censure, telle celle de la dictature de Ceaucescu manipulant pendant 25 ans les médias, est le fait de tous les totalitarismes. Condamnée sévèrement par les Lumières, elle est encore combattue, notamment en Chine : le prix Nobel de la paix, un intellectuel* chinois, mène une lutte humaniste, malgré la prison, pour une liberté qu'il voit progresser.

Pourtant, la censure sévit toujours, y compris dans les démocraties et à l'heure de l'Internet qui rend possibles les échanges illimités. Les fournisseurs d'accès sont ainsi contraints d'appliquer les lois* d'encadrement imposées par un pouvoir politique qui tend à réglementer la Toile. Plus aberrant, la technologie informatique des démocraties développées donne aux pays autoritaires les outils pour juguler le Web.

En fait, la liberté d'information comme celle d'expression ne peuvent pas être absolues. Elles ne confèrent* pas le droit de clamer tout et n'importe quoi, elles sont nécessairement limitées par des devoirs. De plus, raconter un événement, c'est donner une forme à une réalité protéiforme. Par ailleurs, un média comme la télévision est régi par une censure parfois inconsciente qui lie journaliste et téléspectateur*. Ces libertés se heurtent aussi à un monde politique qui cultive le secret et à un pluralisme médiatique qui n'est qu'apparent. Ces deux libertés enfin ne doivent pas se confondre, car autant informer réduit le récepteur au spectateur passif, autant s'exprimer fait du locuteur un sujet actif* et autonome.

Quoique limité, le droit à une information objective et à la libre expression est constitutif de la démocratie. C'est pourquoi la mondialisation et la diversification de l'information appellent aujourd'hui une nouvelle déontologie qui affranchisse les médias des idéologies politiques et de la propension au sensationnalisme*.

350 mots.

III. CONSEILS POUR REUSSIR L'EPREUVE

1. L'INDISPENSABLE GESTION DU TEMPS

Pour réussir cette épreuve il faut consacrer un temps suffisant à la rédaction de la copie.

L'idéal serait de pouvoir dégager une heure trente, soit la moitié du temps, à cette rédaction.

En conséquence, il faut réaliser les trois premières étapes en une heure trente.

Etapes	Actions	Temps
1 **Découverte du dossier**	Trouver le thème du dossier. Survoler le dossier. Choisir l'ordre d'étude des documents.	**5 minutes**
2 **Prise de notes**	Prendre des notes.	**1 h 10**
3 **Elaboration du plan**	Regrouper les informations. Elaborer le plan. Titrer les parties.	**15 minutes**
4 **Rédaction et Relecture**	Faire un premier jet au brouillon. Réduire à 350 mots. Recopier. Chercher les fautes en commençant la lecture par la fin.	**1 h 30**
		3 heures

2. L'ELEGANCE DE L'EXPRESSION ECRITE

La synthèse ACCES n'est pas une épreuve très difficile :

- Les textes sont tout à fait accessibles ;
- Le temps laissé aux candidats permet de faire un travail soigné ;
- Le nombre de mots à « produire » en 3 heures est restreint ;
- Le plan en deux ou trois parties est forcément simple ;
- Les consignes sont claires ;
- Les annales et les corrigés sont disponibles pour faciliter l'entraînement.

En conséquence, un certain nombre de candidats sont capables, en trois heures, de produire les 350 mots attendus, tout en respectant les consignes.

Pour faire la différence, vous devez donc proposer **une écriture élégante**.

Une syntaxe variée (apposition, usage du point-virgule…) est toujours appréciée des correcteurs.

Mais c'est surtout la **précision du vocabulaire** qui permet de faire la différence et convainc votre correcteur.

> *Les bonnes copies sont celles qui réussissent à fournir, dans le cadre des 350 mots, plus d'informations que les autres. Dans celles-ci,* ***le propos est dense*** *: cela signifie qu'il n'y a aucun mot superflu.*

3. LE RESPECT ABSOLU DES CONSIGNES

Les consignes données sur la première page du dossier qui vous est remis ne sont pas des « recommandations » ou des « préconisations ».
Vous devez les considérer comme des ordres auxquels il faut obéir.

<u>Le non-respect de chaque consigne peut vous valoir un 0/20</u>.

4. LA CAPACITE A CREER DES LIENS ENTRE LES TEXTES

L'épreuve de synthèse peut donner le sentiment de facilité tant elle diffère des dissertations exigées au lycée.

Pourtant c'est une épreuve **très exigeante** car elle oblige à effectuer une gymnastique intellectuelle nouvelle : créer des liens entre des documents.

Aussi, lors de la prise de notes, vous devez déjà repérer les documents qui se répondent, se complètent, s'opposent…

C'est à ce moment de votre travail que vous fabriquez **la synthèse demandée**.

5. ET A LES MATERIALISER PAR DES MOTS DE LIAISON

La rédaction de la synthèse vous impose d'utiliser de nombreux mots de liaison pour mettre en évidence les liens entre les textes.

En conséquence, chaque phrase d'une synthèse (ou presque) comporte **un mot de liaison**.

6. ENTRAINEZ-VOUS

La sélectivité du concours ACCES est importante.

En conséquence, vous ne pouvez vous permettre d'avoir une note médiocre à l'une ou l'autre des épreuves.

Il faut donc **vous entraîner sur les annales** jusqu'à maîtriser l'exercice.

On considère généralement qu'il faut cinq synthèses, en moyenne, pour qu'un candidat soit à l'aise avec cette épreuve.

IV. ENTRAINEZ-VOUS

Vous pouvez débuter votre entraînement par l'étude de l'annale 2016.

Lisez attentivement les instructions suivantes avant de vous mettre au travail.

Il vous est demandé de faire la synthèse, et non une suite de résumés, de l'ensemble des 14 documents présentés, en **350 mots**, avec une tolérance de 10 %, c'est-à-dire de 315 à 385 mots.

Voici les **consignes** à suivre :

- Respecter l'orthographe et la syntaxe de la langue française ;
- Soigner la calligraphie ;
- Ne pas donner son avis sur le sujet proposé ;
- Ne pas faire référence à un document en indiquant son numéro d'ordre, son auteur, son titre ;
- Mettre un signe * après chaque groupe de 50 mots ;
- Noter le nombre total de mots dans le cadre prévu sur votre copie et vérifier. Le décompte des mots est systématiquement contrôlé par les correcteurs.

Le barème de correction prend en compte tous ces éléments.

Le non-respect de l'une au moins des consignes est **fortement pénalisé.**

Remarque :

La phrase « Aujourd'hui, 4 juillet c'est-à-dire jour anniversaire de l'indépendance des Etats-Unis, 75 % des nations de l'ONU se réunissent à New York. » comporte 27 mots.

Nombre de pages de l'épreuve :	14 pages
Durée de l'épreuve :	3 h 00
Coefficient de l'épreuve :	ESDES : 5 ESSCA : 6 IESEG : 6

Document n° 1

Mouret avait l'unique passion de vaincre la femme. Il la voulait reine dans sa maison, il lui avait bâti ce temple, pour l'y tenir à sa merci. C'était toute sa tactique, la griser d'attentions galantes et trafiquer de ses désirs, exploiter sa fièvre. Aussi, nuit et jour, se creusait-il la tête, à la recherche de trouvailles nouvelles. Déjà, voulant éviter la fatigue des étages aux dames délicates, il avait fait installer deux ascenseurs, capitonnés de velours. Puis, il venait d'ouvrir un buffet, où l'on donnait gratuitement des sirops et des biscuits, et un salon de lecture, une galerie monumentale, décorée avec un luxe trop riche, dans laquelle il risquait même des expositions de tableaux. Mais son idée la plus profonde était, chez la femme sans coquetterie, de conquérir la mère par l'enfant ; il ne perdait aucune force, spéculait sur tous les sentiments, créait des rayons pour petits garçons et fillettes, arrêtait les mamans au passage, en offrant aux bébés des images et des ballons. Un trait de génie que cette prime des ballons, distribuée à chaque acheteuse, des ballons rouges, à la fine peau de caoutchouc, portant en grosses lettres le nom du magasin, et qui, tenus au bout d'un fil, voyageant en l'air, promenaient par les rues une réclame vivante !

La grande puissance était surtout la publicité. Mouret en arrivait à dépenser par an trois cent mille francs de catalogues, d'annonces et d'affiches. Pour sa mise en vente des nouveautés d'été, il avait lancé deux cent mille catalogues, dont cinquante mille à l'étranger, traduits dans toutes les langues.

Maintenant, il les faisait illustrer de gravures, il les accompagnait même d'échantillons, collés sur les feuilles. C'était un débordement d'étalages, le Bonheur des Dames sautait aux yeux du monde entier, envahissait les murailles, les journaux, jusqu'aux rideaux des théâtres. Il professait que la femme est sans force contre la réclame, qu'elle finit fatalement par aller au bruit. Du reste, il lui tendait des pièges plus savants, il l'analysait en grand moraliste. Ainsi, il avait découvert qu'elle ne résistait pas au bon marché, qu'elle achetait sans besoin, quand elle croyait conclure une affaire avantageuse ; et, sur cette observation, il basait son système des iminutions de prix, il baissait progressivement les articles non vendus, préférant les vendre à perte, fidèle au principe du renouvellement rapide des marchandises. Puis, il avait pénétré plus avant encore dans le cœur de la femme, il venait d'imaginer les rendus, un chef-d'œuvre de séduction jésuitique… Prenez toujours, madame : vous nous rendrez l'article, s'il cesse de vous plaire. Et la femme, qui résistait, trouvait là une dernière excuse, la possibilité de revenir sur une folie : elle prenait, la conscience en règle. Maintenant, les rendus et la baisse des prix entraient dans le fonctionnement classique du nouveau commerce.

D'après Emile Zola, *Au bonheur des dames,* chapitre 9, 1883.

Document n° 2

Comment espérer que les étrangers comprennent la France ? 5 millions de personnes vivant sous le seuil de pauvreté. 5 millions de demandeurs d'emploi. Un jeune sur quatre au chômage. Pourtant le travail le dimanche est interdit. Les salariés sont empêchés. L'économie est arrêtée. Qui peut encore sincèrement croire pertinente une loi instaurant le principe du repos dominical remontant au 13 juillet 1906 ? Comment se priver de l'outil précieux qu'est l'ouverture dominicale pour lutter contre la concurrence de certains modes de commerce comme le commerce en ligne sur Internet qui fonctionne en continu ? Qui peut contester qu'ouvrir le dimanche est d'une plus grande équité dans la concurrence avec les magasins automatiques et le commerce électronique qui eux restent ouverts 7 jours sur 7 et 24 heures sur 24 ? Qui peut accepter qu'une loi de 1906 continue encore longtemps de paralyser la vie économique et sociale de notre pays ? Comment attendre pour modifier une législation datant d'une autre époque ?

Comment peut-on stigmatiser sérieusement ces employés modestes qui sont désireux d'améliorer par le travail leur niveau de vie dans un pays où les salaires réels sont bas ? Remettons au cœur de notre société le dialogue social. Mettons fin à une hypocrisie insoutenable. Qui peut douter que l'ouverture dominicale est de l'intérêt de toutes les parties : salariés, chômeurs, consommateurs et actionnaires ? N'est-il pas temps pour la France, qui est une des premières destinations touristiques, de permettre à la distribution française d'ouvrir le dimanche ? Le travail du dimanche, ce sont des emplois et de la croissance ! Comment renoncer à l'ouverture dominicale alors que cette mesure est parmi celles qui vont être le plus rapidement efficaces et qui seront des accélérateurs de croissance, de création d'emplois et des développeurs de pouvoirs d'achat ?

Le principe de la liberté du commerce est-il à ce point méprisable en France ? Comment accepter que l'on prive les consommateurs de l'extension des horaires d'ouverture ? Est-ce en effet normal de trouver logique de fermer les commerces au moment où les salariés disposent de temps pour faire tranquillement leurs achats ?

Alors que les études empiriques disponibles montrent que les expériences passées dans ce domaine ont induit des créations d'emploi va-t-on persister à l'interdire au nom de principes désuets ? Et puis, au fond, qui peut, en 2013, considérer que travailler c'est s'aliéner au point où la loi doit nécessairement l'interdire ?

D'après Guillaume Cairou, *Créer son entreprise,* Jacob-Duvernet, 2013.

Document n° 3

Tout part d'un blog, celui de David Bruno, un père de famille californien qui lance un curieux défi aux internautes de tous les pays, rapporte le WWF. Concrètement, il s'agit de lutter contre la société de consommation en libérant nos maisons du superflu. Il propose donc à chacun de sélectionner les 100 objets qu'il juge indispensables et de se débarrasser de tous les autres. Lancée en novembre 2008, cette initiative a fait des émules puisque moins de trois ans plus tard on compte déjà 1600 « *100 things challengers* » qui échangent leur expérience au quotidien sur Facebook et Twitter.

Les règles sont précises. On ne compte pas, par exemple, les objets appartenant à toute la famille et qui sont utiles à la collectivité, seuls sont évacués les objets strictement personnels. L'idée n'est pas de se punir en s'imposant un mode de vie spartiate et dénué de confort mais, au contraire, de vivre mieux en se libérant du poids des objets inutiles. Le blagueur explique que ceux et celles qui feront l'expérience de cet allègement matériel dans leur existence n'auront plus envie ensuite de revenir à leur « ancienne vie » car vivre avec peu fait soudain comprendre à quel point l'excès, la profusion, le vain et le futile envahissent notre quotidien. Il s'agit même, selon lui, de redonner de la valeur à nos existences au lieu de dépenser notre temps et notre argent pour acquérir toujours plus de choses.

Le concept n'est pas nouveau. Souvenez-vous, dans la Bible déjà, Jésus et les prophètes de l'Ancien Testament prêchaient contre le matérialisme. Bien plus tard, les altermondialistes avec leur célèbre slogan « le monde n'est pas une marchandise » se sont élevés contre la surconsommation en interpellant sur ses conséquences dramatiques en termes de conditions de travail, d'environnement et de santé. Les mouvements écologistes leur ont emboîté le pas en évoquant le problème du gaspillage des ressources naturelles, entre autres. Et apparu plus récemment, le courant des décroissants a fait valoir le fait qu'une économie fondée sur une croissance exponentielle continue de biens matériels régulièrement renouvelables et jetables n'était pas compatible avec les limites de la biosphère et l'échéance écologique que représente le réchauffement climatique.

Dans son manifeste *Il y aura l'âge des choses légères,* Thierry Kazazian nous amenait à réfléchir sur tous ces objets qui envahissent notre vie quotidienne et pèsent sur notre environnement, mais qui pourraient devenir légers et durables s'ils devenaient de véritables services. L'eau, l'alimentation, l'énergie, l'habitat, le sport, la mobilité et le multimédia sont les domaines qui ont servi de points de départ à des scénarios de transformation de la société de consommation en une société d'utilisation capable de satisfaire nos besoins et nos désirs, de façon durable. L'objectif : développer des stratégies d'entreprise visant à offrir une meilleure qualité de vie pour chacun, tout en jetant les bases d'une économie légère.

Avec son défi des 100 objets, David Bruno s'inscrit donc pleinement dans la mouvance des anticonsuméristes militant pour un retour à l'essentiel. Mais là où il se distingue, c'est dans le fait de proposer une action concrète avec des règles bien précises dans laquelle tout le monde peut s'engager. Il donne les moyens à chacun de s'approprier ce combat en mettant en pratique ses convictions.

Certains parleront de goutte d'eau dans l'océan, d'autres d'utopie vaine, il n'empêche que le défi qu'il nous lance a le mérite de faire réfléchir en posant clairement la question : en possédant moins, ne serions-nous pas plus heureux ? En effet, si elle alourdit l'empreinte écologique de notre planète, notre quête effrénée de biens matériels pourrait bien aussi avoir des conséquences psychologiques négatives en générant une frustration continuelle, elle-même facteur de mal-être et de comportements agressifs… De même, sur le plan social, lorsque la consommation devient la valeur centrale de la société, l'être humain peut devenir lui aussi un « produit » qui doit « savoir se vendre » et qui doit entrer « en concurrence », « en guerre », avec tous et autrui. La cohésion sociale et les valeurs humaines sont alors mises au second plan lorsque ce principe s'applique sur fond de crise économique et sociale entraînant une pression et une détresse morale, voire un isolement social, que même la consommation ne parvient pas à atténuer.

Et vous, quels sont les 100 objets que vous allez garder ?

D'après David NAULIN, « Vivre avec 100 objets maximum, c'est possible »,
Cdurable.info, 31 août 2010.

Document n° 4

Andy Warhol, *Campbell's soup cans,* 1962, Museum of modern art, New-York.

Document n° 5

On en parle peu, mais cette année est l'Année européenne de lutte contre le gaspillage alimentaire et le jeudi 16 octobre, aura lieu la prochaine Journée nationale sur le même thème, avec le même objectif : réduire de moitié le gaspillage d'ici à 2025. M6 diffusait avant-hier soir un édifiant épisode de l'émission « Les Chefs contre-attaquent » consacré à cet enjeu économique, écologique et moral décisif. On y voit cinq cuistots médiatiques fouiller dans nos poubelles et y découvrir, ébahis, monts et merveilles, avant de préparer un grand banquet populaire, à Lille, composé exclusivement d'aliments « sauvés » *in extremis* de la destruction. Entre temps, les mêmes ont publié une lettre ouverte dans laquelle ils rappellent quelques données impressionnantes. Un tiers des aliments produits sur la planète terminerait à la poubelle, et, selon l'Agence de l'Environnement et de la Maîtrise de l'Energie, les Français gâcheraient en moyenne 20 kg d'aliments par personne et par an, dont 7 kilos sans même avoir ouvert l'emballage du produit.

Qu'est-ce que ce phénoménal gâchis révèle de notre société ? Que le consumérisme est moins l'amour de l'objet que l'amour de l'achat. Le produit est d'autant plus dévalué qu'est sacralisé l'acte de consommation. Autrement dit, plus une chose circule, moins elle a d'intérêt. Au fur et à mesure qu'on l'étale et la vend, elle perd de sa valeur. Cela ressemble à la loi de l'offre et de la demande, sauf que ce n'est pas seulement le prix qui change, mais la valeur intrinsèque qu'on accorde à l'objet. La consommation de masse, par la banalisation de toutes les marchandises, même les plus coûteuses, nous fait perdre le sens de l'utilité et/ou de la beauté de ce que nous possédons. Nous « connaissons le prix de tout et la valeur de rien » (Oscar Wilde). Le produit n'existe plus en soi, mais uniquement par le vide qu'il comble.

Le verbe « gaspiller » signifie à l'origine « répandre la paille », c'est-à-dire transformer une botte compacte en fétus volatils, insignifiants. De même, le verbe « gâcher » a pour premier sens « diluer, délayer avec de l'eau ». Dans les deux cas, il s'agit de faire perdre à un ensemble sa consistance. On pense alors au concept de « liquéfaction » développé par le sociologue Zygmunt Bauman : « La vie liquide est une vie de consommation. Elle traite le monde et tous ses fragments animés et inanimés comme autant d'objets de consommation : c'est à-dire des objets qui perdent leur utilité (et donc leur éclat, leur charme, leur pouvoir de séduction et leur valeur) pendant qu'on les utilise. Elle façonne le jugement et l'évaluation de tous les fragments animés et inanimés du monde suivant le modèle des objets de consommation ».

Ce qui est vrai des objets, est vrai de tout. Notre consumérisme n'a pas de frontières. Ainsi, le fonctionnement des émissions de téléréalité reproduit avec une grande violence les mécanismes de l'achat et du rejet : on vote comme on zappe, qui est porté au pinacle ce soir sera demain matin évacué, oublié, ringardisé. Le système publicitaire suscite la lassitude et la frustration, le dépit et le dégoût dont le marché a besoin pour se renouveler.

Le gaspillage de masse est inséparable de la logique du hard-discount. Casser les prix, c'est dévaluer l'objet. Quitte à acheter de la malbouffe, pourquoi s'encombrer des résidus ? Ainsi notre mode de consommation revient-il à fétichiser non pas l'objet, la chose en soi, mais la marchandise en tant que transaction. Dans les sociétés du manque, les objets artisanaux sont faits pour durer, être transmis. Dans nos sociétés d'abondance, en revanche, les produits standardisés, dupliqués à l'infini, sont faits pour se démoder, laisser place à la dernière nouveauté. Le consumérisme effréné tend ainsi à faire de chaque produit une ordure en puissance. Ce qui est acheté est bien vite bon à jeter : le déchet n'est qu'un objet déchu, à remplacer d'urgence. L'obsolescence programmée est le meilleur signe de cette déchéance symbolique.

« Seuls les hommes sont capables de produire des déchets que la nature ne peut digérer », remarque l'océanographe Charles Moore, qui en 1997 a découvert le premier « continent de plastique » dans le Pacifique nord. Si l'on mesure la santé d'une société à la manière dont elle parvient à équilibrer ses ressources et ses besoins, à recycler ses propres déchets, c'est-à-dire à adapter sa production à sa consommation, le bilan de la nôtre n'est pas brillant. « C'est comme un entassement d'objets que n'organise aucune aspiration supérieure : une abondance sans plénitude » (Robert Musil). Deux exemples contemporains illustrent bien cette accumulation absurde et de plus en plus incontrôlable : les déchets nucléaires, et les embryons surnuméraires. Où stocker les milliers de tonnes de déchets radioactifs « ultimes », c'est-à-dire non-revalorisables, produits chaque année ? En mer, en couche géologique profonde, dans l'espace ? Que faire des quelques 200 000 embryons conçus en France par fécondation *in vitro* mais non-implantés ? Combien de temps flotteront-ils congelés dans des cuves d'azote liquide ? Ces petites vies sans « projet parental », suspendus au bord du néant, ne valent plus rien à nos yeux, comme si elles n'étaient que des débris. Dans notre époque de consumérisme exacerbé qui cadenasse les poubelles où gisent de quoi nourrir des villes entières, la déchéance de l'homme suit de près celle de l'objet. A l'objet-déchet succède vite l'humain-objet, à l'humain-objet l'humain déchet. Prenons garde que la consommation ne nous consume tout entiers.

D'après Gaultier Bès, « Gavage, gaspillage et déchéance : la face cachée du consumérisme », *Le Figaro,* 9 octobre 2014.

Document n° 6

L'exigence, il y a un peu plus d'un siècle, de la séparation de l'Eglise et de l'Etat dériva rapidement vers une volonté pure et simple d'extraire la société française des carcans religieux qui étaient les siens depuis des siècles. Mais à mesure qu'émergeait la société de l'athéisme radical qui devait constituer le terreau de la République laïque, une autre tendance commença à se développer et à s'approprier cet « espace spirituel » laissé vacant : le consumérisme. Ce constat pourrait sembler exagéré, mais la réalité nous montre tous les signes d'un phénomène qui n'est plus seulement économique ou social, mais qui tend à devenir religieux.

Si l'on s'intéresse de plus près à l'étymologie même du mot « athéisme », on comprend davantage le glissement qui a pu s'opérer : « athéisme » c'est l'absence de « theos », de Dieu. Mais cela ne veut pas dire l'absence de religion. Ainsi, au bout d'un processus long de plusieurs décennies, la société est parvenue à se purger de Dieu, et de l'Eglise. Mais en aucun cas elle n'a réussi dans le même temps à supprimer le besoin de religion, de spiritualité, qui dort en chacun de nous, et pour cause : ce besoin est fondamental et constitue une part indissociable de chaque individu.

L'individu ressent un besoin de spirituel, mais surtout d'une éthique, d'une morale, découlant d'une spiritualité organisée. La disparition de l'influence de l'Eglise, l'effacement de la morale traditionnelle catholique, et l'incapacité de la République à combler ce déclin des instances spirituelles classiques furent à l'origine d'une mutation sans précédent de la société, découlant directement du capitalisme et de la publicité qui l'anime.

Ainsi, ce qui semble impensable a eu lieu : la consommation a pris cette place que la République n'a pas réussi à occuper. Le culte de Dieu, et de la spiritualité, s'effaça. La philosophie, l'éthique chrétienne qui était associée à cette spiritualité connut le même sort, et nous nous sommes acheminés vers une société où aucune « morale officielle » n'était en vigueur, où l'individu n'était ni citoyen, ni croyant. Au fil des générations, après des dizaines d'années de matraquage publicitaire et de conditionnement psychologique, l'individu devint ce à quoi une société entière le destinait : un consommateur. L'acte d'achat fut non seulement érigé en norme, mais presque en culte.

C'est alors tout un modèle normatif, athéiste mais religieux, qui s'imposa au fil des années, et avec lui de nouvelles valeurs exacerbées, celles de l'individualisme, de l'égocentrisme, de l'ostentation, de la possession, et d'une certaine forme de discrimination méprisante envers ceux qui restent fidèles aux anciennes idoles morales et traditionnelles. La dévotion pour de simples objets s'inscrit dès l'enfance où, dans un cercle vicieux, l'amour des parents envers leurs enfants se mesure à l'aune du nombre de cadeaux, et de leur prix, sous le sapin de Noël. Mais, en réalité, cette dévotion ne porte pas sur les objets proprement dits, mais sur l'univers symbolique et les signes qui y sont associés. Telles des reliques des temps modernes, la possession de ces objets s'apparente à la possession d'une fraction d'un mythe omniprésent et collectif, intégralement artificiel.

Les nouveaux temples sont ces centres commerciaux où d'immenses processions d'individus s'agitent dans un élan commun vers cet acte d'achat qui valorise le bon consommateur, comme autrefois la présence à la messe valorisait le bon croyant. Les publicités, omniprésentes, sont comme des appels quotidiens à la prière et rappellent à chacun la philosophie en vigueur, à laquelle il faut non seulement souscrire, sous peine d'une insidieuse exclusion sociale, mais qu'il faut en plus légitimer en consommant et, surtout, en arborant cet acte d'achat comme signe de réussite sociale.

Nous assistons ces dernières années à un renforcement de ce culte consumériste, sous l'œil de l'oligarchie politico-médiatique qui n'hésite pas à mettre en avant ce phénomène comme un signe de progrès social qu'il faut soutenir, comme en témoigne d'ailleurs l'utilisation récurrente du terme « pouvoir d'achat ». En réalité, ce nouveau culte va clairement à l'encontre de l'effort de Civilisation en introduisant une nouvelle philosophie, de nouvelles valeurs amorales intégralement opposées aux valeurs traditionnelles sans lesquelles aucune société humaine n'aurait pu émerger ni se développer.

C'est donc une voie de « décivilisation » que nous empruntons, sous le double effet du déclin de la morale et de la spiritualité traditionnelle d'une part, et de l'émergence d'un culte athéiste et consumériste d'autre part. Par conséquent, il n'est pas de lutte intelligente contre le capitalisme et ses dérivés qui ne soit dans le même temps un combat pour la morale et les fondements spirituels historiques de notre nation.

D'après Vincent Vauclin, « Laïcisation, athéisme et consumérisme : d'un culte à un autre », *Le Grand soir,* 20 janvier 2011.

Document n° 7

Le consumérisme occidental a certainement quelque chose d'irrésistible. Sa diffusion planétaire n'a cependant rien d'une marche triomphale : elle s'est heurtée à de nombreuses résistances qui expliquent la diversité des pratiques de consommation.

Peu de comportements humains sont aussi répandus aujourd'hui que le consumérisme, autrement dit l'acquisition de biens au-delà des besoins essentiels de la vie. La diffusion géographique du phénomène a largement dépassé celle des grandes religions missionnaires. Ainsi, le grand magasin, né à Paris dans les années 1830, a rapidement été copié dans tout le monde atlantique. Il y en avait en Russie dans les années 1850, au Japon et dans les villes côtières de la Chine à la fin du siècle. Plus récemment, les *fastfoods* américains et les jouets japonais sont devenus des succès commerciaux planétaires, pendant que Mickey Mouse accédait au statut de premier rongeur de l'histoire à jouir d'une notoriété universelle.

La séduction que le consumérisme exerce indéniablement sur les populations ne saurait cependant faire oublier que le phénomène a suscité des attaques récurrentes. Si l'on s'en tient aux pays occidentaux, les moralistes d'hier en déploraient la superficialité, pendant que les snobs regrettaient que les nouvelles pratiques de consommation effacent les frontières de classe. Aujourd'hui, l'environnementalisme condamne ses effets sur l'écosystème. Ailleurs, le consumérisme a souvent été rejeté au nom de son effet corrupteur sur la culture et les valeurs locales, comme en témoigne l'hostilité des nationalistes japonais du début du siècle, ou plus récemment les vitupérations de l'ayatollah Khomeiny contre la consommation occidentale.

Cette tension entre séduction et opposition soulève de nombreuses questions, à commencer par savoir comment et pourquoi le consumérisme a fait son apparition dans l'histoire. C'est en effet en revenant à l'origine du phénomène que l'on pourra mieux comprendre par quel cheminement, en raison de quels besoins, il est devenu un objet de fascination global.

Les historiens considèrent aujourd'hui que le consumérisme moderne est un phénomène plus ancien qu'on le croit, puisqu'il est apparu au cours du XVIIe et surtout du XVIIIe siècle en Europe de l'Ouest. Plus surprenant, ils estiment que si la révolution industrielle a indéniablement accéléré le consumérisme, elle ne l'a pas engendré. Certaines traces d'un consumérisme précoce peuvent même être trouvées, par exemple dans la Chine visitée par Marco Polo ou sur les marchés opulents du Moyen-Orient.

Les historiens avancent plusieurs explications à l'émergence du consumérisme en Europe. Outre la croissance économique du continent et la demande de denrées exotiques, on peut citer l'influence des premiers romans, qui incitaient à l'expression de soi, ou la diffusion des pratiques de cours et de nouveaux styles vestimentaires. Mais le consumérisme était aussi un moyen pour les populations privées de l'accès à la terre ou à la propriété d'exprimer leur réussite sociale et d'affirmer leur identité. Il récompensait le dur labeur des travailleurs manufacturiers des campagnes. Il permettait aux femmes de revendiquer un rôle social plus important, mis en valeur par les plats épicés qu'elles concoctaient et les services de table sophistiqués qu'elles exhibaient. Par ces changements tranquilles, qui opéraient pour l'essentiel loin des sphères de la politique ou de la philosophie, l'invention effective du consumérisme moderne apparaît en définitive comme l'une des inventions les plus frappantes et les plus durables d'un siècle décidément révolutionnaire.

Le nouveau consumérisme européen allait se développer par la suite dans deux directions. En premier lieu, il s'implanterait solidement en Occident, une évolution notable en soi. L'activité des commerçants déboucherait sur l'invention du grand magasin : le premier d'entre eux, à Paris, était d'ailleurs originellement un simple rassemblement de boutiques. De nouveaux groupes sociaux se mettraient à consommer pour compenser la dureté de leur travail ou pour mieux affirmer leur identité. Le consumérisme créerait de nouvelles maladies, comme la kleptomanie, et connaîtrait un tel essor et de tels excès qu'il en deviendrait un danger pour la société. En second lieu, bien sûr, on assisterait à son expansion planétaire. Dès les années 1920, les grands magasins de Shanghai et de Guangzhou figuraient parmi les monuments architecturaux de ces villes, proposant une profusion d'objets de consommation, sensibilisant les acheteurs chinois au mode de vie moderne. Le consumérisme occidental devait néanmoins se heurter à divers obstacles, non seulement à la pauvreté, mais aussi à des pratiques d'achats enracinées, ainsi qu'à une résistance à l'égard des importations étrangères. Ce ne fut nullement une marche triomphale. Shanghai était d'ailleurs accusée de s'occidentaliser. Nombreux furent ceux qui ne cédèrent pas à l'engouement, trouvant les produits importés inintéressants et manifestant à leur égard une claire hostilité.

Les ambitions consuméristes peuvent aujourd'hui être créditées de changements politiques et sociaux dans diverses régions du monde. Ainsi, dans la Russie des années 1990, le déclin du communisme a érigé la consommation en valeur de substitution, brûlant la politesse à la religion qui prétendait elle aussi occuper la place vacante. De son côté, la politique chinoise de l'enfant unique incite les parents à combler leur rejeton, et quelle meilleure manière de le faire qu'une fête d'anniversaire exubérante dans un McDonald's ?

Le consumérisme s'adapte évidemment aux goûts locaux – McDonald's propose par exemple un *teriyaki-burger* au Japon ou un menu spécial ramadan au Maroc. On peut néanmoins repérer nombre de traits communs dans ses différentes expressions. Comme les travailleurs britanniques du milieu du XIXe siècle l'ont fait avant eux, les ouvriers chinois d'aujourd'hui cherchent dans la consommation une compensation à leurs efforts et une manière de s'affirmer socialement. Dans le même ordre d'idées, en ce début de XXIe siècle, le consumérisme tend à devenir un vecteur d'appartenance à la communauté mondiale. Un jeune Chinois, interviewé à sa place favorite dans un McDonald's, observait ainsi : « *Un Big Mac, ce n'est pas terrible, mais lorsque j'en mange un assis ici, je me sens bien. Parfois, j'imagine même que je suis en train de manger dans un restaurant* à *New York ou* à *Paris.* » Pour le meilleur ou pour le pire, en l'espace de quelques générations, le consumérisme est devenu l'un des ciments de la société globale.

D'après Peter Stearns, traduit par Xavier de la Vega, « L'expansion globale du désir », *Sciences Humaines,* Grands Dossiers n° 22, mars-avril-mai 2011.

Document n° 8

Dans les années 1970, les jeunes en quête d'idéal vivaient en communautés et partaient en voyage en Inde. Aujourd'hui, ils étudient dans des écoles de commerce et créent des sites Internet. Ces sites transforment notre façon de consommer, de travailler ou de vivre : ils conduisent à faire des expériences inédites, reposant sur l'échange et le partage. Pour les créateurs de ces sites, des jeunes gens pressés qui sont nés avec une souris dans la main, c'est une façon de concilier des aspirations contradictoires : le goût d'un monde plus ouvert et l'envie de réussite personnelle.

Cette révolution porte déjà un nom : « l'économie collaborative ». Mais difficile de définir ce que cela recouvre, tant le mot s'applique à une multitude de domaines. Les sites collaboratifs permettent d'échanger temporairement des appartements, de faire des trajets dans la voiture d'un inconnu, de troquer des cours d'anglais contre du baby-sitting, de louer des outils de jardin à ses voisins, ou de lever des fonds chez des dizaines de petits investisseurs.

La particularité de ces sites est qu'ils réunissent, *via* Internet, de vastes communautés d'égaux (on dit des « pairs »). Ils privilégient l'usage de biens, plutôt que leur possession. Ils créent un lien de confiance entre utilisateurs et font émerger de nouveaux modèles économiques.

Les locomotives du secteur rassemblent des millions d'utilisateurs et sont devenues de véritables phénomènes de société. C'est le cas de « airbnb », un site américain qui permet de louer des chambres chez l'habitant dans le monde entier. Créé en 2008 aux Etats-Unis, le site a déjà dépassé le cap des 10 millions de nuitées vendues et propose en permanence 300 000 chambres. Il se rémunère en prenant une commission sur les locations. Il est valorisé à plus d'un milliard d'euros.

En France, les stars du secteur se nomment « BlaBlaCar » ou « Le Bon Coin », un site qui permet de vendre des objets et qui reçoit 15 millions de visiteurs uniques chaque mois. A côté de ces locomotives coexistent des centaines de sites dont beaucoup n'ont pas encore trouvé leur rentabilité. « *Il existe différents modes de rémunération : à la commission sur les transactions, par la publicité, sur abonnement. Certains sites choisissent de ne faire payer que les professionnels* », explique Benjamin Tincq, cofondateur de Ouishare, réseau d'entrepreneurs de l'économie collaborative.

Tous ces sites mettent en avant l'idée qu'ils permettent de consommer plus intelligemment. Quelques-uns offrent aux utilisateurs le moyen de se créer des revenus additionnels. « *Ils réveillent parfois une aspiration entrepreneuriale chez des gens qui découvrent que c'est facile de Jouer sa voiture de temps à autre, et que c'est même amusant* », constate Benjamin Tincq. L'Observatoire Cetelem explique le développement rapide de ces sites par deux motivations : le désir des consommateurs de payer moins cher et celui d'avoir un comportement plus éthique, en évitant la surconsommation. Tous ces sites mettent aussi en avant le fait qu'ils permettent de faire des rencontres, d'intégrer une « communauté ».

Pour les plus enthousiastes, ces sites annoncent une révolution économique : « *C'est le troisième âge de l'Internet : après le Web statique, le Web social, on a maintenant des plates-formes qui transforment la vie quotidienne* », dit Benjamin Tincq. « *Ce n'est peut-être pas encore une révolution. Mais l'économie collaborative bouscule déjà l'économie classique* », nuance Valérie Peugeot, directrice d'études à Orange Lab, la division recherches de l'opérateur téléphonique, qui suit de près ce phénomène.

Le développement de ces pratiques inquiète déjà les hôteliers et les taxis, qui dénoncent une concurrence déloyale. Bercy, de son côté, étudie le moyen de taxer cette activité qui, pour l'instant, échappe à toute comptabilité. Il reste encore impossible, faute d'études plus poussées, d'apprécier le poids réel de l'économie collaborative en nombre d'emplois ou en chiffre d'affaires. Mais Ouishare estime qu'il existe plus de 400 sites Internet en France au service de ces nouveaux usages, avec un taux de croissance très rapide, en particulier pour le covoiturage et la location temporaire de chambres.

D'après Alain Guillemoles, « BlaBlaCar, l'esprit de partage »,
La Croix, 3 septembre 2013.

Document n° 9

La logique économique a bel et bien balayé tout idéal de permanence, c'est la règle de l'éphémère qui gouverne la production et la consommation des objets. Désormais la temporalité courte de la mode a phagocyté l'univers de la marchandise, métamorphosé, depuis la Seconde Guerre mondiale, par un procès de renouvellement et d'obsolescence « programmée » propice à relancer toujours plus la consommation. Nous pensons moins à tous ces produits étudiés pour ne pas durer – kleenex, couches, serviettes, bouteilles, briquets, rasoirs, vêtements bon marché – qu'au processus général contraignant les firmes à innover, à lancer sans cesse de nouveaux articles tantôt de conception vraiment inédite, tantôt, et c'est le plus souvent, comportant de simples petits perfectionnements de détail donnant un « plus » aux produits dans la compétition marchande. Avec la mode achevée, le temps bref de la mode, sa désuétude systématique, sont devenus des caractéristiques inhérentes à la production et à la consommation de masse. La loi est inexorable, une firme qui ne crée pas régulièrement de nouveaux modèles perd en force de pénétration sur le marché et affaiblit son label de qualité dans une société où l'opinion spontanée des consommateurs est que, par nature, le nouveau est supérieur à l'ancien. Les progrès de la science, la logique de la concurrence, mais aussi le goût dominant pour les nouveautés, concourent à l'établissement d'un ordre économique organisé comme la mode. L'offre et la demande fonctionnent au Nouveau, notre système économique est entraîné dans une spirale où l'innovation grande ou petite est reine, où la désuétude s'accélère : certains spécialistes en marketing et en innovation peuvent assurer que, dans dix ans, 80 à 90 % des produits actuels seront déclassés, ils se présenteront sous une forme nouvelle et un conditionnement nouveau. « C'est nouveau, c'est Sony », toutes les publicités font pleins feux sur la nouveauté des produits ; « Nouveau Pampers », « Nouvelle Forci Escort », « Nouveaux flans aux œufs de Franco-russe », le neuf apparaît comme l'impératif catégorique de la production et du marketing, notre économie-mode marche au forcing et à la séduction irremplaçable du changement, de la vitesse, de la différence.

Symbole de l'économie frivole : le *gadget* et sa folie technologique. Couteau électrique à huîtres, lave-vitres électrique, rasoir électronique à trois positions de coupe, nous baignons dans la surenchère et la profusion des automatismes, dans un environnement de féerie instrumentale. On a beaucoup dénoncé, au cours des années 1960 et 1970, la montée de cette économie néo-kitsch vouée au gaspillage, au futile, à la « pathologie du fonctionnel ». Le gadget a pu apparaître comme l'essence et la vérité de l'objet de consommation, ustensile ni vraiment utile ni vraiment inutile : tout verse potentiellement dans le gadget, du grille-pain électrique à neuf positions à la chaîne stéréo sophistiquée, tous nos objets sont voués à la mode, au spectaculaire futile, à la gratuité technique plus ou moins affichée.

Gilles Lipovetsky, *L'Empire de l'éphémère,* Gallimard, 1987.

Document n° 10

Ultimement, l'impact environnemental de l'être humain dépend du niveau de sa consommation de ressources naturelles et de sa production de déchets. Schématiquement, on peut se représenter cet impact comme étant fonction de deux variables : le nombre de consommateurs, et la consommation effectuée par chacun de ceux-ci. Toutes choses étant égales par ailleurs, une plus grande population ou une population de consommateurs plus gourmands signifie donc un plus grand impact environnemental. Voilà donc les deux grands leviers avec lesquels jouer si l'on souhaite limiter la dégradation de l'écosystème planétaire. Or, c'est la gourmandise des consommateurs plutôt que leur nombre qui représente le principal défi écologique de notre temps.

Mesurer l'« empreinte écologique » de l'activité humaine, soit la surface biologiquement productive de terre et d'eau nécessaire à un certain mode de vie, permet de s'en rendre compte. On comprend ainsi que, entre 1961 et 2007, l'Amérique du Nord (Etats-Unis et Canada) a vu sa population augmenter de quelque 39 %, alors que son empreinte écologique, elle, a bondi de 160 %. La spectaculaire progression de l'impact environnemental des Nord-Américains durant cette période doit donc d'abord et avant tout être attribuée à une hausse de la consommation de ressources par personne plutôt qu'à celle de la population. Or, c'est à un mode de vie de ce genre qu'aspire la majeure partie du reste du monde. Le défi écologique est là : à 7 milliards de Nord-Américains, la Terre serait effectivement surpeuplée.

Mais, si la croissance démographique cause moins de problèmes que celle de la consommation par tête, n'augmente-t-elle pas néanmoins la pression qu'exerce l'être humain sur son environnement ? Les choses ne seraient-elles pas tellement plus simples dans un monde moitié moins peuplé ? Assurément. Sauf que les 7 milliards d'humains qui sont déjà là ne déménageront pas et qu'ils ont déjà largement commencé à s'attaquer au problème démographique : dans les soixante dernières années, le nombre d'enfants par femme est passé d'environ 6,0 à 2,5. Les prévisions à long terme doivent être considérées avec prudence, mais cette tendance lourde laisse espérer un monde où la population continuera de croître de moins en moins vite, jusqu'à l'atteinte d'un plateau avoisinant les 10 milliards d'habitants vers 2100.
Si tout n'est pas rose du côté de la croissance démographique, le tableau se noircit considérablement lorsqu'on considère la croissance de la consommation, laquelle ne montre pas les mêmes signes d'essoufflement. Virtuellement, tous les pays du monde, même les plus riches, visent une croissance économique maximale et infinie. D'ici à 2050, la taille de l'économie mondiale pourrait tripler. En fait, contrairement à celle de la population, l'augmentation de la production économique devrait aller en s'accélérant : à l'horizon 2050, le taux de croissance de l'économie mondiale pourrait approcher les 3 %, comparativement à son niveau légèrement au-dessus des 2 % au cours des années 2000. Mais ce n'est qu'un début. En 2050, malgré une croissance fulgurante, le revenu par habitant en Chine ne représentera peut-être que 32 % de celui des Etats-Unis, qui aura crû lui aussi. « *Les possibilités de croissance additionnelle seront substantielles* », comme le dit un rapport de prospective à l'horizon 2050 émanant de la banque HSBC.

Il convient de préciser pourquoi il est important d'insister davantage sur la surconsommation que sur la surpopulation. Après tout, ne peut-on pas s'attaquer simultanément aux deux problèmes ? En principe, oui, et les efforts internationaux en matière de planification des naissances, tant qu'ils ne dérivent pas vers l'autoritarisme de la politique chinoise de l'enfant unique, sont louables. En fait, laisser aux femmes le contrôle de leur corps, améliorer leur accès à l'éducation et d'autres mesures qui favorisent la baisse de la natalité se justifient en elles-mêmes, quelles que soient leurs répercussions écologiques. Voilà bien ce qu'il y a de rassurant dans le dossier démographique : on sait à peu près ce qui peut être fait pour le gérer au mieux possible et il existe une volonté d'y arriver. Ce n'est pas le cas du dossier de la consommation, et c'est pourquoi il faut en faire une priorité. Les plans d'action font défaut et, en vérité, rares sont ceux qui voient l'enrichissement infini d'un mauvais œil. Il faut dire que ralentir le train de vie de l'humanité sans enfermer les pauvres « qui font des enfants » dans la misère nécessiterait certains sacrifices des riches « qui n'en font plus » : ce monstre-là est plus que terrifiant, il est pétrifiant.

D'après Frédéric Julien, « Le vrai risque pour l'avenir, la surconsommation », *Le Monde,* 1er novembre 2011.

Document n° 11

Notre société fonctionne sur deux forces incontestables. La première est sa capacité à créer de l'insécurité sur tous les plans, psychologique, identitaire, culturel, économique, avec la peur du chômage, la solitude au travail, autant de facteurs qui nous poussent à nous consoler sans cesse avec des objets qui ne correspondent qu'à des faux besoins. Sa seconde force est sa capacité à rabattre le désir sur le seul avoir et la possession. Toutefois, même si nous avons raison en prônant un autre monde, ce vœu ne sera pas suffisant pour inverser le cours des choses. Il nous faut opposer un projet de vie qui soit plus fort que l'achat de produits, qui soit capable de susciter de vrais désirs, de vrais plaisirs. Quand on est vraiment heureux, on devient un mauvais consommateur…

Beaucoup de plaisirs sont gratuits, plaisirs dont nous ne profitons pas assez : se promener dans les bois, se baigner dans la mer ou la rivière, fréquenter les bibliothèques, faire des balades à vélo. Le soleil, l'eau et les relations amicales ne coûtent rien ! Tout n'est pas encore à vendre. Chacun sait bien que les amours tarifées valent beaucoup moins que les vraies rencontres amoureuses. Pourquoi la vie tarifée serait-elle alors plus enviable qu'une vie où une plus grande place est donnée à ce qui ne se monnaye pas ?

La France compte un très grand nombre d'associations, qui reposent essentiellement sur le principe du bénévolat. C'est une lutte contre l'égoïsme qui est à l'œuvre parce qu'on donne de son temps, de son énergie, que l'on fait confiance aux autres, pour faire aboutir un projet. Quand on aide quelqu'un dans la rue, on se sent gratifié. Les services rendus entre voisins sont une façon de renforcer notre estime de soi, de développer des relations de réciprocité qui échappent à la logique du marché. C'est notre part d'humanité que l'on défend dans ces actes quotidiens et désintéressés. Or, ce qui caractérise tous ces gestes, c'est leur gratuité et une société ne peut fonctionner sans cette sphère, même la plus marchande comme la nôtre. Notre projet sera donc d'étendre cette gratuité, de la valoriser et d'en faire un véritable principe économique et politique ! Réjouissons-nous, nous ne partons pas de rien…

Une fois encore, ce sont les sociétés primitives qui nous donnent une leçon de vie… L'équilibre de leurs échanges était basé sur la logique du don et du contre-don, qui repose sur ce triptyque : donner, recevoir, rendre. Explication ? Lorsqu'on vous offre un cadeau pour votre anniversaire, vous vous trouvez dans une double obligation, celle d'accepter le don, puis plus tard de le rendre, sous une forme ou une autre, pas identique, car il ne vous viendrait pas à l'idée d'offrir exactement le même cadeau. C'est parce que les humains sont en perpétuelle dette les uns envers les autres qu'une société peut fonctionner. Je t'offre, tu acceptes, tu rends, je t'offre à nouveau et ainsi de suite…

A la différence, la logique marchande ferme l'échange : je veux une baguette, je donne un euro et je ne dois plus rien à personne ! Ce n'est donc pas par utopie ou par gentillesse qu'il faut préférer la gratuité au marchand, mais parce que la gratuité reste la meilleure fabrique de l'humain, c'est-à-dire des liens sociaux.

D'après Paul Ariès, Bernadette Costa-Prades, *Apprendre à faire le vide. Pour en finir avec le « toujours plus »,* Milan, 2009.

Document n° 12

La question du rôle de la publicité dans la généralisation du consumérisme se pose d'autant plus que ce mode de vie est manifestement pathologique. En principe, la satisfaction met un terme à la consommation. Mais, dans le consumérisme, tout se passe comme s'il n'y avait aucun terme possible. La consommation devient insatiable et se prend elle-même pour objet. On ne consomme plus pour satisfaire des besoins déterminés, mais *pour consommer.* Le *shopping* en est le stade ultime. L'envie compulsive et le besoin d'acheter s'y substituent au besoin des choses à acheter. Le consumérisme est une drogue, une boulimie marchande que rien ne semble pouvoir limiter, pas même le fait d'en devenir obèse.

Une telle démesure est incompréhensible si l'on s'en tient à l'idée naïve que la consommation humaine, comme la nutrition animale, obéirait à une nécessité vitale. Le fait d'absorber des aliments pour leur valeur énergétique est certes un impératif biologique pour tous les êtres vivants. Mais les humains ne consomment jamais les choses *seulement* pour leur valeur d'usage, leur capacité à satisfaire des besoins. La consommation a aussi une signification sociale et culturelle. On réinvestit de sens les objets que l'on consomme, on les manipule comme symboles de son appartenance sociale ou culturelle. On consomme pour se distinguer et affirmer son identité au regard des autres. Cette logique de consommation ostentatoire a toujours existé, même chez les peuples dits primitifs. Et chacun peut constater, en lui et autour de lui, la « fierté » qui résulte de la possession du dernier truc à la mode.

Dans des sociétés inégalitaires comme les nôtres, cette logique obéit elle-même à une volonté d'ascension sociale. Les individus aspirent en général à s'élever dans la hiérarchie sociale, et cherchent à signifier le statut acquis par la possession des objets qui le symbolisent. L'aspiration des moins favorisés, c'est d'accéder au même niveau de consommation que les plus favorisés, et la préoccupation des riches, c'est de maintenir un type de consommation qui les distingue des pauvres. La consommation devient compétition. Aux Etats-Unis, c'est un proverbe : « Il ne faut pas se laisser distancer par les Jones. »

La consommation n'obéit donc pas à la logique *individuelle* et biologique de la satisfaction des besoins, mais à une logique sociale où les biens consommés prennent valeur de signes statutaires. Comme l'écrit Baudrillard, « on ne consomme jamais l'objet en soi (dans sa valeur d'usage) – on manipule toujours les objets (au sens le plus large) comme signes qui vous distinguent soit en vous affiliant à votre propre groupe pris comme référence idéale, soit en vous démarquant de votre propre groupe par référence à un groupe de statut supérieur ». On comprend mieux la spirale du consumérisme. La situation de chaque individu dans l'échelle sociale étant toujours *relative* à des échelons supérieurs et inférieurs, la compétition pour le prestige implique que l'on cherche à rattraper le groupe admiré et à se distinguer de ceux que l'on méprise. Processus infini, car on trouvera toujours plus haut que soi à imiter, ou plus bas que soi à distancer. Seule cette relativité « peut rendre compte du caractère fondamental de la consommation, son caractère *illimité* ».

On ne saurait comprendre le consumérisme si on ne saisit pas la logique sociale de distinction qui régit la consommation. Pour autant, cette logique ne l'explique pas à *elle seule.* C'est le capitalisme industriel qui a rendu possible et nécessaire que la consommation entre dans une spirale sans fin. En fait, la logique capitaliste est venue se greffer sur une logique de distinction qui lui préexistait.

D'après le groupe MARCUSE, *De la misère humaine en milieu publicitaire,* La Découverte, 2010.

Document n° 13

En 1832, Charles Babbage, professeur de mathématiques à Cambridge, a décrit, le premier, l'obsolescence technique, encore dépourvue de nom, comme un phénomène inhérent à la révolution industrielle. Il ne s'agissait alors que du déclassement des produits ou des machines dû à l'innovation. C'est la seule forme d'obsolescence qui ne soit pas totalement délibérée, et la seule que les dictionnaires français connaissent.

Le *Larousse* en donne la définition suivante : « dépréciation d'une machine, d'un équipement, tendant à le rendre périmé du seul fait de l'évolution technique et s'ajoutant aux autres facteurs de dépréciation ». Les économistes européens n'ont guère étudié que cet aspect d'un rouage essentiel à la reproduction accélérée de la demande, celui de l'innovation technique. *Le Dictionnaire des sciences économiques* de Jean Romœuf, paru en 1958, la définit comme une usure morale par opposition à l'usure physique. « Un outillage, par exemple, s'use en produisant. L'amortissement a précisément pour objet de permettre la rénovation de l'outillage usé. Mais de quel outillage ? Le même ? Dans de nombreux cas, le progrès technique, en proposant des machines plus perfectionnées, fait qu'un outillage neuf est néanmoins vieilli pour être apparu, si peu que ce soit, avant la nouvelle invention. »

L'obsolescence programmée ou planifiée est une invention spécifiquement états-unienne qui s'est répandue dans le reste du monde au rythme de la diffusion de *l'American way of life,* et plus encore avec la mondialisation. La deuxième forme d'obsolescence, l'obsolescence psychologique ou symbolique, presque aussi vieille que l'humanité avec les phénomènes de mode, s'est trouvée rénovée à la suite de sa contamination par la précédente aux Etats-Unis. C'est sans doute pourquoi elle apparaît dans le dictionnaire de Jean Romœuf. « La publicité, les variations de la mode, l'évolution des genres de vie contribuent également à vieillir prématurément des appareils de fabrication parce que leurs produits ne répondent plus à la demande ou à la même demande. » En revanche, les dictionnaires d'économie et de gestion et autres lexiques de sciences sociales disponibles aujourd'hui sur le marché ne donnent que la définition de l'obsolescence technique. Même si je ne prétends pas, bien sûr, avoir épluché l'ensemble des dictionnaires spécialisés, je n'ai rencontré nulle part, au cours de mes recherches, de référence à l'obsolescence programmée.

Si l'obsolescence technique n'est que l'intégration plus ou moins inévitable du progrès dans l'industrie et, comme telle, est inhérente à la modernité, il n'en va pas de même des deux autres formes. Une phase nouvelle de l'histoire de l'obsolescence commence en 1923, avec le lancement de la Chevrolet par General Motors pour concurrencer Ford. Techniquement, le produit n'est pas meilleur, mais tout est dans le *look.* C'est l'obsolescence psychologique ou dynamique. Il s'agit de manipuler le consommateur par la publicité pour le convaincre de changer de modèle tous les deux ou trois ans. En 1928, on parle d'obsolescence *progressive ;* on invente même en 1932 le néologisme sans lendemain *obsolétisme.*

Bien que l'on ne sache pas si l'expression *planned obsolescence* (obsolescence programmée) était utilisée auparavant par les industriels, c'est à Bernard London – qui s'en fait l'ardent propagandiste – que l'on doit son usage systématique. Au sens strict, l'expression ne s'applique que dans les cas de *mise au rancart* d'un produit parce que le concepteur ou le producteur y a introduit, de propos délibéré, une pièce défectueuse destinée à en limiter la durée de vie. Plus largement, pour Giles Slade, « l'obsolescence programmée est une expression attrape-tout utilisée pour décrire un ensemble de techniques mises en œuvre pour réduire artificiellement la durabilité d'un bien manufacturé de manière à en stimuler la consommation renouvelée ». Il apparaît en effet difficile de séparer radicalement les aspects techniques et les aspects symboliques. Tous les moyens étant bons pour accélérer la consommation, toutes les formes d'obsolescence sont programmées par le système et donc susceptibles d'entrer dans la case « obsolescence planifiée » comprise au sens large, même s'il convient de toujours chercher à distinguer ce qui tient au défaut technique et ce qui tient à la mode.

D'après Serge Latouche, *Bon pour la casse. Les déraisons de l'obsolescence programmée,* Les liens qui libèrent, 2012.

Document n° 14

Carrefour hésitait. Depuis l'installation de son premier magasin à Beijing, en 1995, la « campagne de Chine », de l'inventeur, en France, de l'hypermarché, avait été irrésistible. Chaque nouvelle ouverture avait été une fête – les Chinois des villes délaissaient leurs temples célestes et se précipitaient dans ces nouveaux lieux de culte pour y acheter vélos (les « Giant » taïwanais de préférence), téléviseurs (du japonais Panasonic), lecteurs de DVD (Sony), crapauds vivants et yaourts en canette. Tout, ou presque, ce que l'on trouve dans les magasins Carrefour français, plus quelques spécialités régionales donc ! Le numéro deux mondial de la grande distribution rencontrait pourtant quelques freins dans son expansion – tout à son enthousiasme, il avait froissé les autorités centrales en prenant quelques libertés avec les règles du jeu locales. Soucieux du développement du Grand Ouest, les mandarins de Beijing voulaient que Carrefour installe son enseigne dans l'une de ses lointaines provinces, encore déshéritées. « Go West », entendait Daniel Bernard, le patron du groupe, à chaque fois qu'il passait par la capitale. C'était une occasion de se rabibocher avec l'Etat. C'était un risque cependant : quel serait l'accueil des Chinois de l'Ouest habitués au marché de rue et aux petites boutiques familiales, à ce mode de distribution très occidental ? Même sous son logo sinisé (la chaîne française travaille là-bas sous le nom de « Tcha Le Fou », en mandarin : « bonheur et prospérité pour toute la famille »), les hypermarchés y étaient encore quelque chose de bien étrange, d'étranger même.

Carrefour a « cédé » et inauguré, en février 2004, son premier magasin dans le Grand Ouest. Bien lui en a pris. Le succès a été immédiat, et fulgurant. A Urumqi, la capitale du Xinjiang, dans l'une des régions les plus reculées et les plus pauvres du pays, à 3 000 kilomètres de Beijing, son premier hyper aussi lointain, très semblable à ses frères aînés de Beijing, Shanghai ou Chengdu, accueille désormais chaque jour bien plus de pèlerins que la mosquée voisine – dans la ville, 40 % de la population est musulmane. Le panier de la ménagère locale y est peut-être moins chargé ; il n'empêche, Jean-Luc Chéreau, le patron de Carrefour en Chine, n'a plus aucune hésitation. Il y envisage déjà de nouvelles implantations – à la grande satisfaction de Beijing. Il a aussi pu reprendre sa longue marche sur le reste de l'Empire, avec l'ouverture, une par mois désormais, de nouveaux hypermarchés (il en comptait plus de cinquante déjà à la fin 2004).

Vélo, montre et machine à coudre ont été, dans les débuts du décollage, les premiers signes de la richesse, ceux que, seuls ou presque, les privilégiés de Beijing, Shanghai ou Canton pouvaient se payer. Une fierté, l'occasion à la fois de profiter d'un confort nouveau et d'affirmer un statut social. Le trousseau s'est depuis largement élargi et démocratisé. Le rêve y a changé de rayons : la grosse berline, BMW ou la Cadillac, a remplacé la petite bicyclette noire standard, le fameux « pigeon volant » ; le téléviseur géant à écran plat s'est substitué à la montre de pacotille d'autrefois, le « salon tout cuir » à la machine à coudre de grand-mère. Pour un nombre croissant de Chinois, le rêve devient réalité.

D'après Erik IZRAELEWICZ, *Quand la Chine change le monde,* Grasset, 2005.

1. LA DECOUVERTE DU DOSSIER

1. Trouver le thème du dossier

La lecture des premières lignes ainsi que les sources des différents documents vous apprennent que ce dossier traite du consumérisme (ou de la société de consommation) et des dérives qu'il entraîne.

2. Survoler les documents

Le survol des documents vous permet de comprendre comment le dossier est constitué, et de commencer à regrouper les textes qui traitent du même sous-thème.

Document 1	Texte littéraire – Zola – Naissance des grands magasins
Document 2	Texte favorable à l'ouverture des commerces le dimanche
Document 3	Vivre sans objet
Document 4	Tableau d'Andy Warhol – 1962 – Exposé au musée
Document 5	2014 : année de lutte contre le gaspillage alimentaire
Document 6	Le consumérisme comble le vide laissé par la religion
Document 7	Histoire du consumérisme
Document 8	Economie collaborative : autre façon de consommer
Document 9	Inutilité des objets
Document 10	Surconsommation = menace pour la planète – Vision écologique
Document 11	Vivre plus simplement – Echanger au lieu d'acheter
Document 12	Consommer = avoir un statut social
Document 13	Obsolescence programmée des objets
Document 14	Chine – Arrivée de la consommation de masse

Ce dossier présente une composition classique :

- un dessin (4) ;
- un texte littéraire (1) ;
- un texte qui retrace l'histoire du phénomène (7) ;
- deux textes qui offrent des solutions (8 et 11) ;
- et les autres qui exposent les différents aspects du consumérisme.

3. Classer le dossier

Le survol sert essentiellement à classer le dossier pour faciliter son étude.

Vous pouvez donc classer le dossier dans cet ordre :

- documents 7 et 12 car ces deux textes retracent l'histoire du consumérisme et expliquent sa fonction dans la société actuelle ;
- documents 3, 9 et 13 qui concernent les objets ;
- documents 11 et 8 qui proposent un autre rapport aux biens ;
- documents 5 et 10 qui abordent l'aspect écologique ;
- document 6 ;
- document 2 ;
- document 14 ;
- documents 1 et 4 car il faut toujours laisser l'étude des textes littéraires et des images en fin de prise de notes.

2. LA PRISE DE NOTES

Document 7	Le consumérisme est né en Occident mais se heurte aux pratiques. Consumérisme : acquisition de biens au-delà des besoins essentiels. Cette pratique est née dans les grands magasins, à Paris. Elle séduit les populations. Mais elle est attaquée : elle est vue comme superficielle et non écologique ; elle corrompt les autres cultures. Elle est née aux XVIIe et XVIIIe siècles, avant la révolution industrielle. Origine du consumérisme : croissance économique et romans, et surtout possibilité d'affirmer son identité. Elle est actuellement ciment de la société.
Document 12	Consumérisme : consommation insatiable. Consommer pour consommer. C'est une drogue. Pour le consommateur, consommer a une signification sociale et culturelle ; il s'agit de se distinguer. Cette logique sociale va de pair avec une logique capitaliste.

Document 3	Pour lutter contre la société de consommation, il faut vivre avec 100 objets. Il s'agit de se libérer du poids des objets inutiles. C'est une philosophie ancienne, car le matérialisme a toujours engendré cette réaction de rejet. L'humain est aussi un produit de consommation dans une société consumériste.
Document 9	Obsolescence programmée. Elle est due à l'éternelle recherche de nouveauté. Les innovations sont une obligation pour les sociétés surtout pour les gadgets techniques. Ils sont toujours plus futiles.
Document 13	Obsolescence technique : déclassement dû à l'innovation. Obsolescence programmée : vieillissement prématuré car le produit ne correspond plus à la demande. Il existe de nombreuses techniques qui manipulent le consommateur pour le convaincre de changer, d'acquérir de nouveaux modèles.
Document 11	Consommer, c'est nous consoler par des objets. Il est possible de vivre avec bonheur autrement. Philosophie de vie basée sur le don (et le contre don) et la gratuité, ce qui crée du lien social.
Document 8	Economie collaborative : privilégier l'usage plus que la possession. Cela engendre un lien de confiance entre les personnes. C'est consommer plus intelligemment. Cela développe un aspect « communautaire » entre les individus qui partagent le même objet.
Document 5	Année 2014 : année de la lutte contre le gaspillage alimentaire. 1/3 des produits partent à la poubelle. La consommation de masse banalise les marchandises. C'est la logique du hard discount. Dans une société d'abondance, les produits sont faits pour être rapidement démodés et remplacés par d'autres.

Document 10	La croissance démographique mondiale se stabilise. Le danger vient de la croissance de la consommation, qui, elle, continue de croître. La surconsommation est le plus grand risque pour la planète.
Document 6	Le consumérisme prend la place de la religion. La nouvelle religion est, à la fois, athée et consumériste.
Document 2	Plaidoyer pour le travail dominical. Dimanche, c'est le jour où les gens ne travaillent pas. Faire les magasins est présenté comme un loisir, un but en soi. Cela prouve la réussite du consumérisme.
Document 14	Installation de Carrefour dans une province reculée de la Chine. Succès car les achats procurent un statut social.
Document 1	*Au Bonheur des Dames* – Zola. Le magasin est un temple. Extrait qui illustre l'achat-plaisir, et non pour combler un besoin.
Document 4	Tableau de Warhol exposé au musée. Boîtes de soupes industrielles qui représentent la société de consommation.

3. L'ELABORATION DU PLAN

Le document 8, qui propose un autre mode de consommation, peut être utilisé en conclusion.

La critique du consumérisme, les réactions négatives qu'il provoque, peuvent constituer une partie.

Pour ce faire, il faut utiliser les documents 3, 9, 11, 10, 5 et 13.

Avant cette « critique du consumérisme », il faut expliquer ce qu'est le consumérisme, comment il est apparu et quelle est sa place dans la société. Cela peut constituer la première partie de la synthèse en utilisant les textes 7, 12, 1, 2, 6 et 14.

Le document 4, le dessin, est utilisé comme accroche pour l'introduction.

Le plan sera donc le suivant :

Introduction ***En 3 phases***	**Document 4 :** accroche par le tableau de Warhol. Problématique : l'homme peut-il échapper au consumérisme ? Annonce de plan.
Première partie	La place importante du consumérisme : **Texte 7 :** comment il est apparu. **Texte 1 :** exemple des grands magasins de Zola (qui illustre le texte 7). **Texte 12 :** sa fonction dans la société actuelle. **Texte 14 :** l'exemple de Carrefour en Chine (qui illustre le texte 12). **Texte 2 :** le triomphe du consumérisme par la remise en cause du repos dominical. **Texte 6 :** le consumérisme est la nouvelle religion.
Deuxième partie	Le rejet du consumérisme : **Texte 7 :** façon de vivre occidentale, superficielle est non-écologique. **Texte 9 :** obligation d'innover. **Texte 11 :** l'obsolescence programmée. **Texte 5 :** le gaspillage alimentaire. **Texte 13 :** les techniques de manipulation des consommateurs. **Texte 3 :** le rejet des objets (vivre avec 100 objets). **Texte 10 :** la surconsommation qui menace le monde. **Texte 11 :** le don et le contre don.
Conclusion	**Texte 8 :** l'économie collaborative.

4. LA REDACTION

Voici, pour finir, la copie rédigée :

Andy Warhol a transformé des boîtes de soupes industrielles, symbole de la société de consommation, en œuvres d'art. Dès lors, est-il possible d'échapper au consumérisme ? Consommer pour consommer semble être la devise de l'époque, mais ce mode de vie provoque des réactions de rejet.

Le consumérisme* ou le fait d'acquérir des biens au-delà des besoins essentiels, apparaît au XVIIe siècle en Occident grâce à la croissance économique et aux romans. Antérieur à la révolution industrielle, il offre la possibilité d'affirmer son identité, d'où son succès. Sont alors créés les grands magasins, temples* de la tentation, décrits par Zola et la publicité accompagne son essor. Actuellement, consommer pour consommer est devenu un mode de vie qui permet d'afficher une réussite sociale. D'ailleurs, lorsque Carrefour s'implante dans une province chinoise reculée, les produits offrent le statut social recherché. Le consumérisme va* de pair avec la logique capitaliste, menaçant même le repos dominical : puisque le magasin a remplacé la mosquée, il est normal de consommer le dimanche.

Ce consumérisme se heurte cependant à de fortes réticences. Cette façon de vivre occidentale, superficielle et non écologique fonctionne grâce à l'éternelle recherche de* nouveautés. Elles sont donc une nécessité, surtout dans les domaines technologiques : l'obsolescence programmée permet ainsi le renouvellement. Le consumérisme engendre aussi le gaspillage alimentaire car la logique du *hard discount* banalise les marchandises. Mais certains se lassent et, à contre courant, tentent de se libérer du poids des objets* inutiles. Ainsi, le rejet du matérialisme prend une forme nouvelle : vivre avec cent objets seulement. Cette diète technique va de pair avec des préoccupations écologiques, voire philosophiques car, au final, le consumérisme réduit l'humain à un produit. La terre est menacée par la surconsommation. Pour inverser la tendance, certains* prônent le retour au don et au contre don, générateur de lien social.

Pour sortir de cette logique, l'économie collaborative privilégie l'usage et non la possession. Cette consommation intelligente donne aux utilisateurs le sentiment de faire partie d'une communauté et, grâce aux objets, ils recréent du lien*.

350 mots

Cette copie respecte scrupuleusement toutes les consignes, tant sur le fond que dans la forme.

II. L'EPREUVE DE RAISONNEMENT LOGIQUE ET MATHEMATIQUES

Scannez

Mes conseils pour réussir cette épreuve

Je vous livre dans cette vidéo quelques conseils essentiels pour bien préparer et réussir la difficile épreuve de raisonnement logique et mathématiques du concours Accès.

Suivez-moi **sur Instagram**

Vous avez des questions sur cette épreuve ? Scannez ce code et écrivez-moi sur WhatsApp !

I. PRESENTATION DE L'EPREUVE

1. LE CONCOURS ACCES

L'objectif de l'épreuve *Raisonnement logique et mathématiques* est double :

- Evaluer l'aptitude des candidats à manipuler les concepts et outils mathématiques enseignés durant leurs études secondaires ; aussi bien celles acquises au collège – arithmétique, moyennes, pourcentages, opérations usuelles, géométrie – qu'au lycée : analyse, algèbre, probabilités ;
- Proposer aux candidats des situations mathématiques de la vie courante pour déceler leur capacité à étudier les disciplines étudiées en école de commerce et de management : marketing, finance, gestion, ressources humaines, stratégie d'entreprise, etc.

L'épreuve est composée de 3 parties distinctes, chacune composée de 5 exercices. Ce qui nous donne au total 15 exercices à traiter en 2 heures et 30 minutes.

Partie 1 : raisonnement logique

Cette première partie est composée de 5 exercices de nature très variée indépendants les uns des autres. Les notions abordées s'appuient principalement sur des notions de niveau collège. Vous devrez être très polyvalent et ne pas redouter de travailler sur un exercice qui traite tantôt de raisonnement logique avec son lot d'implications, de lois de Morgan et de contraposées ; tantôt de théorèmes de Pythagore ou Thalès.

Partie 2 : raisonnement mathématique

Cette partie vous sera très familière du fait de son contenu. Elle puise en effet ses sources dans les programmes de mathématiques des filières générales du baccalauréat. Disons, pour clore le débat sur le niveau de cette sous-partie (le concours ACCES étant avare en informations à ce sujet) qu'il s'agit principalement d'exercices de niveau assez difficile à difficile portant sur le programme de mathématique de terminale ES.

Au programme : analyse fonctionnelle, suites numériques, systèmes d'équations, dénombrement et probabilités, etc. Comme pour la première partie, les exercices sont indépendant les uns des autres.

Partie 3 : problème mathématique

Les exercices de cette troisième partie s'appuient sur un problème mathématique exposé en début de partie. Les exercices peuvent parfois être dépendants les uns des autres. Vous pourrez donc exploiter les résultats obtenus précédemment pour répondre aux questions suivantes. Au niveau des notions abordées dans le problème, rien d'inquiétant : du calcul numérique de niveau collège et des notions de mathématiques de niveau lycée.

Important : vous n'aurez jamais le droit à la calculatrice.

2. SYSTEME DE NOTATION

Retenez qu'en termes de coefficients, cette épreuve est celle qui pèse le plus lourd : coefficient 7 ou 8 pour un total de 20.

Pour ce qui est de la notation, il faut d'abord savoir que chaque exercice est composé d'un énoncé et de 4 *items*. Pour chacun de ces *items*, vos devrez dire s'il est vrai ou s'il est faux. Ainsi, pour un exercice, tous les *items* peuvent être vrais ou tous peuvent être faux. Mais vous pouvez aussi avoir tous les cas intermédiaires : VVVF, FFFV, FFVF, FVFV, VFFV, etc.

Vous reporterez vos réponses sur une grille dédiée et ne serez pas obligés de mettre V ou F pour tous les *items*.

Le barème de cette épreuve est un mystère pour tous mais voici comment cela fonctionne. Vous démarrez l'épreuve avec un capital, disons, de 100 points – ces 100 points correspondant à la note maximale. Imaginons que pour le premier exercice la réponse juste est : **FFVV**. Plusieurs cas se présentent à vous :

- Si vous répondez FFV_, autrement dit vous ne mettez rien pour le dernier *item*, alors vous perdez X points ;
- Si vous répondez FF_ _, autrement dit, vous ne mettez rien ni pour le 3e ni pour le dernier *item*, alors vous perdez logiquement 2X points ;
- Si vous répondez à présent FFVF, autrement dit vous répondez faux au dernier *item*, alors là vous perdez Y points et bien sûr Y > X ;
- Si vous répondez FFFF, autrement dit vous répondez faux au 3e et au dernier *items*, alors là vous perdez 2Y points et bien sûr 2Y > 2X ;
- Enfin, si vous répondez parfaitement aux 4 *items*, autrement dit : FFVV, alors cette fois-ci vous gagnez Z points (bonus) ! Et il n'est donc pas rare que certains étudiants brillants qui ont répondu juste obtiennent 20 à l'épreuve (alors qu'en réalité leur note est plutôt de 22 ou 23 sur 20 !).

Retenez donc que si vous hésitez sur un seul des 4 *items*, répondez au hasard cela vous permettra ainsi de décrocher peut-être le bonus de Z points.

Ce système de notation s'applique de façon analogue aux épreuves de langue et d'ouverture culturelle.

3. NOS CONSEILS POUR REUSSIR L'EPREUVE

1. Commencez par la seconde partie et consacrez-y 50 minutes. Pas une de plus. Cette partie ressemble à ce que vous aurez au baccalauréat. Privilégiez les thématiques qui vous sont familières (probabilités, suites etc.) et donnez-vous comme premier objectif de réussir 4 questions sur les 5.

2. Passez à la première partie et consacrez-y 40 minutes. Pas une de plus. L'expérience montre qu'il est même possible de terminer cette partie en 30 ou 35 minutes.

3. Terminez enfin par le problème et s'il vous reste du temps, reprenez alors les exercices que vous n'aurez pas eu le temps de traiter dans le cadre des première et seconde parties.

II. QUINZE FICHES DE COURS ET APPLICATIONS CLES

Voici 15 fiches de cours et de méthodes qui vous aideront à résoudre l'ensemble des questions sur lesquelles vous devrez plancher aux concours.

FICHE 1 : Arithmétique

[1. Rappels sur les nombres]

1. Chiffres ou nombres ?

Il n'existe que dix chiffres : **0, 1, 2, 3, 4, 5, 6, 7, 8 et 9.**

En revanche, on dit qu'il existe une infinité de nombres (124, 67 615 273 ou encore 17 387 837 929). Les nombres s'écrivent donc avec un ou plusieurs chiffres et vous aurez donc compris que si les chiffres sont considérés comme des nombres (ainsi 3 est un chiffre mais aussi un nombre), les nombres, eux, ne sont pas tous des chiffres !

2. Entiers naturels

Il s'agit de l'ensemble des nombres entiers positifs, 0 inclus : 0, 1, 2, 3, 4… 100 050, 185 175 719 617, etc. ; il y en a une infinité ! C'est avec l'ensemble des entiers naturels que nous avons tous appris à compter.

3. Entiers relatifs

L'ensemble des nombres entiers relatifs contient l'ensemble des nombres entiers naturels ***plus*** l'ensemble des nombres entiers naturels précédés du signe « – » (ce sont des nombres entiers *négatifs*).

Exemples : 918 ; –12 ; –2 232 ; –11 ; 176 516 ; –10 013 303 ; etc. Là encore, il en existe une infinité.

4. Nombres décimaux

Un nombre décimal est un nombre possédant un développement décimal **limité (*i.e.* que le nombre éventuel de chiffres après la virgule est limité)** et pouvant s'écrire sous la forme $a \times 10^p$ (où a et p sont des entiers relatifs).

Ainsi, des nombres comme –12,87 ; 1,783 ; 8,819716517 ou tout simplement 10 003 sont des nombres décimaux.

⚠ ATTENTION Le nombre *pi* n'est pas un nombre décimal car il possède un développement décimal illimité. En revanche, il existe des approximations dites décimales de *pi* telles que 3,14 ; 3,14159 ou encore 3,1415926.

5. Nombres rationnels

Il s'agit de l'ensemble des nombres qui s'écrivent sous forme fractionnaire *p*/*q* avec *p* et *q* des entiers relatifs, *q* étant naturellement toujours différent de 0. Ces nombres admettent un développement décimal **illimité.**

Ainsi : 1/3, 3/4, 2/7, ou encore –12/11 sont des nombres rationnels.

Remarque : les nombres rationnels présentent une particularité qui vous est peut-être déjà familière, à savoir que leur écriture sous la forme de nombres décimaux donne après la virgule une séquence finie de chiffres se répétant continuellement. Ainsi, si vous prenez par exemple la fraction 2/7, vous remarquerez que son écriture décimale donne : 0,285714**285714**28571428… et qu'ici la séquence finie de chiffres qui se répètent continuellement est précisément 285714.

6. Nombres irrationnels

Il s'agit de l'ensemble des nombres **que l'on ne peut écrire** sous la forme fractionnaire *p*/*q* avec *p* et *q* des entiers relatifs (*q* étant différent de 0).

Les premiers nombres irrationnels découverts sont les racines carrées des entiers qui ne sont pas des carrés parfaits. Vous noterez ainsi que les racines de 2, de 7 ou encore de 11 sont des nombres irrationnels. Mais ce n'est pas tout. D'autres nombres tels que ***pi*** ou ***e*** (nombre exponentiel) sont également des nombres irrationnels puisqu'ils ne peuvent s'écrire, eux non plus, sous formes de fractions.

7. Nombres réels

L'ensemble des nombres réels est l'ensemble le plus large sur lequel on peut vous demander de travailler aux concours. Cet ensemble contient notamment l'ensemble des nombres entiers naturels et relatifs, des nombres décimaux mais encore l'ensemble des nombres rationnels et irrationnels.

> En résumé :
>
> 1. L'ensemble des **nombres rationnels** contient l'ensemble des **nombres décimaux** qui comprend **l'ensemble des nombres entiers.**
> 2. L'ensemble des **nombres rationnels** et l'ensemble des **nombres irrationnels** ne contiennent aucun élément commun, mais, ensemble, ils forment **l'ensemble des nombres réels.**

8. Les nombres premiers

Un nombre premier est un nombre qui n'est divisible **que par lui-même et par 1.**

⚠ ATTENTION 1 n'est pas considéré comme un nombre premier et 2 est le seul nombre premier pair.

Apprenez par cœur les premiers nombres premiers… jusqu'à 101 : **2, 3, 5, 7, 11, 13, 17, 19, 23, 29, 31, 37, 41, 43, 47, 53, 59, 61, 67, 71, 73, 79, 83, 89, 97, 101.**

[2. Décomposition unique en un produit de facteurs premiers]

Vous venez d'apprendre vos nombres premiers (n'est-ce pas ?) et vous n'allez pas le regretter puisque nous allons aborder ici *le* théorème fondamental de l'arithmétique, à savoir la décomposition de tout nombre entier en un produit unique de facteurs premiers.

Si les nombres premiers sont des nombres entiers incassables, transparents… qui n'ont rien à cacher, les autres nombres entiers ont pour leur part *tous* une histoire à raconter. Et pour connaître leur histoire, il suffit de les décomposer en produits uniques de facteurs premiers.

> **Tout nombre entier peut se décomposer comme un produit <u>unique</u> de facteurs premiers.**

Autrement dit, 91 par exemple, se décompose en 7 × 13 avec 7 et 13 qui sont des nombres premiers.

Si l'on qualifie cette décomposition d'**unique,** c'est parce qu'aucun autre nombre ne peut se décomposer de la même façon. On dit ainsi qu'il existe une **correspondance parfaite** entre [7 × 13] et 91. Pour utiliser une jolie image, on pourrait dire que 7 × 13 représente le noyau, l'ADN… l'oxygène de 91.

[3. Divisibles par… et multiples de…]

> **Si A est divisible par B alors A est un multiple de B.**

Prenons à présent le nombre 42. Si l'on décompose 42 en un produit unique de facteurs premiers, cela nous donne : **42 = 2 × 3 × 7** avec 2, 3 et 7 des nombres premiers.

Comme vous l'aurez deviné, il y a d'autres façons d'écrire 42 en un produit de nombres entiers, mais *une seule* en un produit de nombres premiers. Voici toutes les façons d'écrire 42 comme un produit de nombres entiers :

(1) $42 = 1 \times 42$	(3) $42 = 2 \times 21$	(5) $42 = 3 \times 14$
(2) $42 = 6 \times 7$	(4) $42 = 2 \times 3 \times 7$	

Si l'on dresse à présent la liste de tous les nombres qui permettent de décomposer 42 en un produit de nombres entiers, cela nous donne : **1, 2, 3, 6, 7, 14, 21 et 42.**

On dira alors que 42 **est divisible par** 1, 2, 3, 6, 7, 14, 21 et 42 puisque la division de 42 par l'un de ces nombres donne un nombre entier.

On dira également que 42 **est un multiple de** 1, 2, 3, 6, 7, 14, 21 et 42 puisqu'il est possible d'écrire 42 comme le produit de l'un des nombres « 1, 2, 3, 6, 7, 21, 42 » par un autre nombre entier.

En règle générale, on dit qu'**un nombre entier A est un multiple d'un nombre entier B s'il existe un entier C tel que A = B × C**.

On dit également qu'**un nombre entier A est divisible par un nombre entier B si le reste de la division de A par B donne un quotient entier et un reste nul.** Cette dernière règle constitue une excellente transition pour notre prochain point : la division euclidienne.

[4. Division euclidienne]

Si A et B sont deux entiers naturels, B différent de 0, il existe des entiers Q et R déterminés de manière unique par les conditions suivantes :

$$A = B \times Q + R \text{ avec } R \text{ compris entre } 0 \text{ et } B - 1$$

Q s'appelle le quotient de la division de A par B et R s'appelle le reste de cette division. Si le reste est nul, cela signifie qu'il existe un entier Q tel que $A = B \times Q$. On dit alors que B divise A, ou encore que A est un multiple de B.

[5. PPCM]

Le Plus Petit Commun Multiple (PPCM) de deux entiers naturels A et B est le plus petit entier naturel qui soit à la fois multiple de A <u>**et**</u> de B.

Exemple 1 : quel est le PPCM de 30 et 84 ?

Prenons les nombres 30 et 84 et décomposons-les en produits de facteurs premiers. Cela nous donne : $30 = \mathbf{2 \times 3 \times 5}$ et $84 = 2 \times 2 \times 3 \times 7 = \mathbf{2^2 \times 3 \times 7}$

Pour calculer le PPCM de ces deux nombres, **nous allons sélectionner les facteurs qui figurent au moins une fois dans l'un des produits. Si ces facteurs figurent avec des exposants, nous leur attribuerons leur plus grand exposant et nous effectuerons alors le produit de tous ces nombres.**

Pour le nombre premier 2, le plus grand exposant est 2. Pour les nombres premiers 3, 5 et 7, le plus grand exposant est 1.

On trouve alors PPCM $[30, 84] = 2^2 \times 3 \times 5 \times 7 = 420$

Exemple 2 : quel est le PPCM 72 et 132 ?

Prenons nos deux nombres et décomposons-les en produits de facteurs premiers. Cela nous donne : $72 = 2 \times 2 \times 2 \times 3 \times 3 = \mathbf{2^3 \times 3^2}$ et $132 = 2 \times 2 \times 3 \times 11 = \mathbf{2^2 \times 3^1 \times 11^1}$

Pour le nombre premier 2, le plus grand exposant est 3. Pour le nombre premier 3, le plus grand exposant est 2 ; et pour le nombre premier 11, le plus grand exposant est 1.

On trouve alors : PPCM $[72, 132] = 2^3 \times 3^2 \times 11 = 8 \times 9 \times 11 = 792$

Entraînez-vous à présent à trouver le PPCM des nombres suivants :
[36 et 24] ; [100 et 12] ; [144 et 81] puis [18 et 16]

Réponses : [36 et 24] : 72 ; [100 et 12] : 300 ; [144 et 81] : 1 296 ; [18 et 16] : 144

[6. PGCD]

Le Plus Grand Commun Diviseur (PGCD) de deux entiers naturels A et B est le plus grand entier naturel qui divise à la fois A <u>**et**</u> B.

[Exemple : quel est le PGCD de 72 et 132 ?]

La décomposition de ces deux nombres en produits de facteurs premiers nous donne :
$72 = 2 \times 2 \times 2 \times 3 \times 3 = \mathbf{2^3 \times 3^2}$ et $132 = 2 \times 2 \times 3 \times 11 = \mathbf{2^2 \times 3^1 \times 11^1}$

Pour calculer le PGCD de ces deux nombres, **nous allons sélectionner les facteurs communs (*i.e.* présents dans les deux produits). S'ils figurent avec des exposants, nous leur attribuerons leur plus petit exposant et nous effectuerons alors le produit de tous ces nombres.**

On trouve alors : PGCD [72, 132] = $2^2 \times 3^1 = 4 \times 3 = 12$

Entraînez-vous à présent à trouver le PGCD des nombres suivants :
[36 et 24] ; [100 et 12] ; [144 et 81] puis [18 et 16]

Réponses : [36 et 24] : 12 ; [100 et 12] : 4 ; [144 et 81] : 9 ; [18 et 16] : 2

[7. Critères de divisibilité]

Vous devez savoir que les épreuves de **calcul** et de **conditions minimales** font largement appel à votre maîtrise parfaite du calcul mental : vous serez en effet souvent amenés à faire des calculs simples mais rapides de tête (additions, multiplications, puissances, simplification de fractions). Souvenez-vous que vous n'avez jamais le droit à la calculatrice et que vous serez condamnés à identifier rapidement si tel nombre est divisible par 4 ou si tel autre est divisible par 6.

Connaître vos critères de divisibilité est également un prérequis nécessaire si vous souhaitez décomposer rapidement un nombre en un produit de facteurs premiers ou si vous souhaitez simplifier une fraction. Sachez enfin que reconnaître en **logique** une série composée de nombres qui sont tous divisibles par 9 ou 11 vous permettra de gagner très facilement des points ô combien précieux aux concours.

1. Critère de divisibilité par 2

Un nombre N est divisible par 2 si, et seulement si, il se termine par les chiffres 0, 2, 4, 6 ou bien 8… Autrement dit, si, et seulement si, il est pair.

Exemples de nombres divisibles par 2 : **0, 14, 898, 123 456**

2. Critère de divisibilité par 3

Un nombre N est divisible par 3 si, et seulement si, la somme de ses chiffres est divisible par 3.

Exemples de nombres divisibles par 3 : **0, 12, 45, 99, 111, 189, 768, 123 456**

3. Critère de divisibilité par 4

Un nombre N est divisible par 4 si, et seulement si, il se termine par 2 chiffres AB constituant un nombre divisible par 4.

Exemples de nombres divisibles par 4 : **0, 12, 96, 144, 2 028, 162 536, 7 115 308**

4. Critère de divisibilité par 5

Un nombre N est divisible par 5 si, et seulement si, il finit par 0 ou 5.

Exemples de nombres divisibles par 5 : **0, 10, 125, 121 175, 1 971 860**

5. Critère de divisibilité par 6

Un nombre N est divisible par 6 si, et seulement si, il est divisible par 2 et par 3.

Exemples de nombres divisibles par 6 : **0, 42, 54, 114, 594, 612, 6 172 194**

6. Critère de divisibilité par 9

Un nombre N est divisible par 9 si, et seulement si, la somme de ses chiffres est divisible par 9.

Exemples de nombres divisibles par 9 : **0, 18, 54, 117, 234, 504, 927, 617 891 751**

7. Critère de divisibilité par 10

Un nombre N est divisible par 10 si, et seulement si, il se termine par 0.

Exemples de nombres divisibles par 10 : **0, 10, 110, 278 270**

8. Critère de divisibilité par 11

Critère général : un nombre N est divisible par 11 si, et seulement si, la différence entre la somme de ses chiffres de rang impair et celle de ses chiffres de rang pair est un multiple de 11 (0, 11, 22, etc.). Ainsi, le nombre 1 485 est divisible par 11 puisque que l'on a bien $(1 + 8) - (4 + 5) = 9 - 9 = 0$.

Exemples de nombres divisibles par 11 : **0, 22, 88, 99, 275, 451, 704, 814, 72 556**

Attention ! Erreur fréquente : 111 et 333 ne sont pas divisibles par 11.

[8. Pair ou impair ?]

Un nombre pair est un entier positif qui se termine par 0, 2, 4, 6 ou 8.

Un nombre impair est un entier positif qui se termine par 1, 3, 5, 7 ou 9.

1. Addition de nombres pairs/impairs

Soit P un nombre pair et I un nombre impair ; on a :

$P + P = P$ $\quad$ $P + I = I$ $\quad$ $I + I = P$

2. Multiplication de nombres pairs/impairs

Soit P un nombre pair et I un nombre impair ; on a :

$P \times P = P$ $P \times I = P$ $I \times I = I$

[9. Nombres consécutifs]

On dit que deux nombres entiers sont consécutifs s'ils… se suivent ! Ainsi : 3 et 4 sont consécutifs, de même que 167 et 168.

On dit également que 9, 10, 11 et 12 sont des **nombres entiers consécutifs croissants,** tandis que 19, 18, 17, 16 et 15 sont des **nombres entiers consécutifs décroissants.**

On dit enfin que 22, 24, 26, 28 et 30 sont des **nombres entiers pairs consécutifs croissants** et que 87, 85, 83 et 81 sont des **nombres entiers impairs consécutifs décroissants.**

Concernant les nombres consécutifs, nous vous invitons à connaître les propositions suivantes qui pourront vous être utiles aux concours :

(1) La somme de deux nombres entiers consécutifs (croissants ou décroissants) est toujours **impaire.** Ainsi, 16 + 17 = 33 et 224 + 223 = 447. **Rappel : P + I = I.**

(2) La somme de quatre nombres entiers consécutifs (croissants ou décroissants) est toujours **paire.** Ainsi, 2 + 3 + 4 + 5 = 14.

(3) La moyenne de trois nombres entiers consécutifs (croissants ou décroissants) est égale au deuxième d'entre eux. Ainsi, la moyenne des nombres 3, 4 et 5 est égale à 4 et la moyenne de 98, 97 et 96 est égale à 97.

(4) Le produit de deux nombres entiers consécutifs (croissants ou décroissants) est toujours **pair. Rappel : P × I = P.**

[10. Jargon arithmétique]

Dans certains énoncés, vous aurez affaire à du jargon arithmétique qui pourra parfois s'avérer quelque peu déstabilisant.

Si vous savez en effet ce que signifie « le double de », « le triple de » ou « le quadruple de », vous hésitez parfois sur la signification des mots « quintuple », « nonuple » ou « décuple ».

Petit rappel donc :

– Quadruple	4 fois
– Quintuple	5 fois
– Sextuple	6 fois
– Septuple	7 fois
– Octuple	8 fois
– Nonuple	9 fois
– Décuple	10 fois
– Dodécuple ou Duodécuple	12 fois
– Centuple	100 fois

[11. Tables de multiplication, de carrés et de cubes]

Aussi bizarre que cela puisse vous paraître, vous devez absolument connaître par cœur vos carrés de 1 à 20 et vos cubes de 1 à 10, absolument par cœur ! **Et oui, que ce soit en calcul, en conditions minimales ou en logique, vous devrez dans de nombreux cas faire appel à eux pour gagner en rapidité et en efficacité.**

Astuce 1 : calculer les carrés de nombres qui se terminent par 5

Pour calculer le carré d'un nombre qui se termine par **5,** il suffit dans un premier temps d'isoler le chiffre ou le nombre qui se trouve avant le dernier chiffre (5, donc) et de le multiplier par son suivant. Et il suffit ensuite d'associer au résultat obtenu le nombre 25.

Premier exemple : si vous désirez calculer 25^2, il suffit de multiplier le premier chiffre (qui vaut 2) par son suivant (qui vaut 3) : $2 \times 3 = \underline{6}$ puis d'associer **25** à $\underline{6}$ pour obtenir $\underline{6}$**25**. Ainsi, 25 au carré est égal à 625.

Deuxième exemple : calculons 115^2 (pourquoi pas !) Pour cela, on multiplie 11 par son suivant (12) pour obtenir $11 \times 12 = 132$ et on associe ensuite 25 à 132 soit 13 225 et on trouve donc que le carré de 115 est égal à 13 225.

Astuce 2 : calculer des carrés consécutifs

Si vous connaissez le carré d'un entier ***N***, il suffit d'**ajouter 2*N* + 1** à ce carré pour trouver la valeur du carré de l'entier suivant.

Ainsi, si vous connaissez le carré de 20 (soit $N = 20$ et $N^2 = 400$) alors il est très facile de trouver le carré de 21 qui vaut $400 + (\mathbf{2 \times 20 + 1}) = 441$.

Astuce 3 : jouer les écarts !

Cette astuce est absolument géniale !

En fait, lorsque vous connaissez vos carrés par cœur, il devient très facile de calculer certains produits de nombres entiers.

Exemple 1 : si vous connaissez par exemple le carré de 12, alors 12×13 ne doit plus avoir de secret pour vous puisqu'il suffit d'ajouter 12 au carré de 12. En effet : $12 \times 13 = 12 \times (12 + 1) = 12^2 + 12 = 144 + 12 = 156$. Mais ce n'est pas tout.

Exemple 2 : disons que vous souhaitiez calculer à présent 13×17.

Dans ce cas, vous devez constater que 13 comme 17 sont « écartés » de 15 de façon égale ($17 = \mathbf{15} + 2$ et $13 = \mathbf{15} - 2$) pour conclure que $13 \times 17 = 221$. Il suffit en effet de constater simplement que $13 \times 17 = (15 - 2) \times (15 + 2) = 15^2 - 2^2 = 225 - 4 = 221$.

Exemple 3 : calculons à présent 19×21.

19 et 21 sont « écartés » de 20 de façon égale. On peut donc appliquer l'astuce des écarts puisque $19 \times 21 = (20 - 1) \times (20 + 1) = 20^2 - 1^2 = 400 - 1 = 399$.

Quelques applications pour terminer **(rappel : $A^2 - B^2 = (A - B)(A + B)$)** :

13×14

$13 \times 14 = 13^2 + 13 = 169 + 13 = 182$

12×16

$12 \times 16 = 14^2 - 4 = 196 - 4 = 192$

23×27

$23 \times 27 = 25^2 - 4 = 625 - 4 = 621$

26×34

$26 \times 34 = 30^2 - 16 = 900 - 16 = 884$

97×103

$97 \times 103 = 100^2 - 9 = 10\,000 - 9 = 9\,991$

17×19

$17 \times 19 = 18^2 - 1 = 324 - 1 = 323$

Tables de multiplication, carrés et premiers nombres premiers

	1	2	3	4	5	6	7	8	9	10	11	12	13	14	15	16	17	18	19	20
1	1	2	3	4	5	6	7	8	9	10	11	12	13	14	15	16	17	18	19	20
2	2	4	6	8	10	12	14	16	18	20	22	24	26	28	30	32	34	36	38	40
3	3	6	9	12	15	18	21	24	27	30	33	36	39	42	45	48	51	54	57	60
4	4	8	12	16	20	24	28	32	36	40	44	48	52	56	60	64	68	72	76	80
5	5	10	15	20	25	30	35	40	45	50	55	60	65	70	75	80	85	90	95	100
6	6	12	18	24	30	36	42	48	54	60	66	72	78	84	90	96	102	108	114	120
7	7	14	21	28	35	42	49	56	63	70	77	84	91	98	105	112	119	126	133	140
8	8	16	24	32	40	48	56	64	72	80	88	96	104	112	120	128	136	144	152	160
9	9	18	27	36	45	54	63	72	81	90	99	108	117	126	135	144	153	162	171	180
10	10	20	30	40	50	60	70	80	90	100	110	120	130	140	150	160	170	180	190	200
11	11	22	33	44	55	66	77	88	99	110	121	132	143	154	165	176	187	198	209	220
12	12	24	36	48	60	72	84	96	108	120	132	144	156	168	180	192	204	216	228	240
13	13	26	39	52	65	78	91	104	117	130	143	156	169	182	195	208	221	234	247	260
14	14	28	42	56	70	84	98	112	126	140	154	168	182	196	210	224	238	252	266	280
15	15	30	45	60	75	90	105	120	135	150	165	180	195	210	225	240	255	270	285	300
16	16	32	48	64	80	96	112	128	144	160	176	192	208	224	240	256	272	288	304	320
17	17	34	51	68	85	102	119	136	153	170	187	204	221	238	255	272	289	306	323	340
18	18	36	54	72	90	108	126	144	162	180	198	216	234	252	270	288	306	324	342	360
19	19	38	57	76	95	114	133	152	171	190	209	228	247	266	285	304	323	342	361	380
20	20	40	60	80	100	120	140	160	180	200	220	240	260	280	300	320	340	360	380	400

Table de carrés

CARRES									
1^2	1	6^2	36	11^2	121	16^2	256	21^2	441
2^2	4	7^2	49	12^2	144	17^2	289	22^2	484
3^2	9	8^2	64	13^2	169	18^2	324	23^2	529
4^2	16	9^2	81	14^2	196	19^2	361	24^2	576
5^2	25	10^2	100	15^2	225	20^2	400	25^2	625

Table de cubes

CUBES			
1^3	1	7^3	343
2^3	8	8^3	512
3^3	27	9^3	729
4^3	64	10^3	1 000
5^3	125	11^3	1 331
6^3	216	12^3	1 728

FICHE 2 : Opérations usuelles

[1. Puissances]

Soit n un entier naturel supérieur ou égal à deux et A un nombre réel.

$$A^n = A \times A \times \ldots \times A \text{ } (n \text{ fois})$$

A^n est lu « A puissance n » ou « A exposant n ». En particulier, le **carré** et le **cube** sont des puissances d'exposant 2 et 3 respectivement.

Manipulations fondamentales

Soient A, B et C des nombres réels non nuls ; soient n et p des entiers naturels.

(1) $A^0 = 1$

(2) $A^{-n} = \dfrac{1}{A^n}$

(3) $A^n \times A^p = A^{n+p}$

(4) $\dfrac{A^n}{A^p} = A^{n-p}$

(5) $(A^n)^p = A^{n \times p}$

(6) $\dfrac{A^n}{B^n} = \left(\dfrac{A}{B}\right)^n$

(7) $\sqrt{A} = A^{\frac{1}{2}}$ (A positif)

(8) $A^n \times B^n \times C^n = (A \times B \times C)^n$

(9) $A^n \times A^{-n} = 1$

Identités remarquables

Trois petites égalités à connaître par cœur !

Soient A et B des nombres réels.

(1) $(A+B)^2 = A^2 + B^2 + 2AB$ (2) $(A-B)^2 = A^2 + B^2 - 2AB$

(3) $(A-B)(A+B) = A^2 - B^2$

[2. Fractions]

A retenir !

Dans la fraction $\frac{a}{b}$, a est appelé **numérateur** et b est appelé **dénominateur.**

Soient a, b, c et d des nombres entiers non nuls, alors :

$$\frac{a}{b} = \frac{c}{d} \Leftrightarrow a \times d = b \times c$$

Soient a, b et x des nombres entiers non nuls, alors :

$$x = a \times b \Leftrightarrow a = \frac{x}{b} \Leftrightarrow b = \frac{x}{a} \Leftrightarrow \frac{a}{x} = \frac{1}{b} \Leftrightarrow \frac{b}{x} = \frac{1}{a}$$

Manipulations fondamentales

Soient a, b, x et y des nombres entiers non nuls.

(1) $\frac{a}{b} + \frac{x}{y} = \frac{a \times y + b \times x}{b \times y}$ (2) $a \times \frac{x}{y} = \frac{a \times x}{y}$ (3) $\frac{a}{b} \times \frac{x}{y} = \frac{a \times x}{b \times y}$

(4) $\frac{1}{\frac{1}{a}} = a$ (5) $\frac{\frac{a}{b}}{x} = \frac{a}{b \times x} = \frac{a}{b} \times \frac{1}{x}$ (6) $\frac{\frac{a}{b}}{\frac{x}{y}} = \frac{a}{b} \times \frac{y}{x}$

Simplifier une fraction

Simplifier une fraction consiste à transformer une fraction en une autre **avec un numérateur et un dénominateur qui sont les plus petits possibles.**

Si les fractions 2/3 ou 13/7 ne sont pas simplifiables (2 et 3 comme 13 et 7 n'ont pas de facteur commun), des fractions comme 14/4 ou 21/105 en revanche le sont !

Pour simplifier une fraction, on utilise le principe suivant :

> **On ne change pas la valeur d'une fraction si l'on divise ou multiplie le numérateur et le dénominateur par un même nombre non nul.**

$$\frac{14}{4} = \frac{\cancel{2} \times 7}{\cancel{2} \times 2} = \frac{7}{2} \text{ et } \frac{21}{105} = \frac{\cancel{7} \times 3}{\cancel{7} \times 15} = \frac{3}{15} = \frac{\cancel{3} \times 1}{\cancel{3} \times 5} = \frac{1}{5}$$

7/2 et 1/5 sont appelées **fractions irréductibles,** *i.e.* on ne peut simplifier davantage.

[3. Racines carrées]

La racine carrée d'un nombre réel positif A est le nombre positif dont le carré vaut A.

Manipulations fondamentales

Soient A et B deux nombres réels positifs non nuls et C un nombre réel quelconque.

(1) $\sqrt{C^2} = C$ si C est positif ou $-C$ si C est négatif

(2) $\sqrt{A} = A^{\frac{1}{2}}$ (3) $\sqrt{A} \times \sqrt{B} = \sqrt{A \times B}$ (4) $\dfrac{\sqrt{A}}{\sqrt{B}} = \sqrt{\dfrac{A}{B}}$

(5) $(\sqrt{A})^n = A^{\frac{n}{2}}$ (6) $\sqrt{A+B} < \sqrt{A} + \sqrt{B}$

Quelques approximations pour terminer :

$\sqrt{2} \approx 1{,}414$ $\sqrt{3} \approx 1{,}732$ $\sqrt{5} \approx 2{,}236$ $\sqrt{7} \approx 2{,}646$ $\sqrt{10} \approx 3{,}162$

[4. Quantité (ou partie) conjuguée]

La quantité conjuguée de « $a - b$ » est « $a + b$ ». On multiplie souvent un quotient par la quantité conjuguée au numérateur et au dénominateur pour supprimer les racines carrées au dénominateur grâce à l'identité remarquable : $(a - b)(a + b) = a^2 - b^2$.

Ex. : $\dfrac{2}{\sqrt{2}-2} = \dfrac{2}{\sqrt{2}-2} \times \dfrac{(\sqrt{2}+2)}{(\sqrt{2}+2)} = \dfrac{2(\sqrt{2}+2)}{-2} = -2 - \sqrt{2}$

[5. Logarithme]

$\ln(a \times b) = \ln(a) + \ln(b)$

$\ln\left(\frac{a}{b}\right) = \ln(a) - \ln(b)$

$\ln(a^n) = n \times \ln(a)$

[6. Exponentielle]

$e^{a+b} = e^a \times e^b$

$e^{a-b} = \frac{e^a}{e^b}$

$(e^a)^b = (e^b)^a = e^{ab}$

FICHE 3 : Pourcentages

[1. Les trois définitions du pourcentage]

1. Un pourcentage est une fraction

Un pourcentage permet d'exprimer un nombre comme une fraction de cent, généralement en utilisant le signe « % ». Un pourcentage permet alors de comparer une quantité par rapport à la quantité de référence 100 :

$$X\ \% = X/100$$

Ainsi, n'oubliez jamais qu'un pourcentage est d'abord une fraction. Justement, transformez donc **80 %, 72 %, 36 %, 44 %** en fractions irréductibles (*i.e.* en fractions qui ne peuvent pas être simplifiées davantage).

$80\ \% = 80/100 = (4 \times 4 \times 5)/(4 \times 5 \times 5) = 4/5$

$72\ \% = 72/100 = (9 \times 2 \times 4)/(5 \times 5 \times 4) = 18/25$

$36\ \% = 36/100 = (4 \times 9)/(4 \times 25) = 9/25$

$44\ \% = 44/100 = (4 \times 11)/(4 \times 25) = 11/25$

2. Un pourcentage est une part

Le pourcentage représente une proportion, une part d'un ensemble.

Le total est en fait ramené à 100 et le pourcentage représente donc le rapport d'un *sous-ensemble* à son ensemble :

$$\text{Pourcentage} = [(\text{Part}/\text{Total}) \times 100]\ \%$$

Exemple :

> Une galette des rois est coupée en 16 parts. Joe prend 2 parts de galette. Quel pourcentage de la galette Joe a-t-il mangé ?
>
> Réponse : 2 parts = (2/16) × 100 % = (1/8) × 100 % = 12,5 %
>
> Dans une classe de 30 élèves, il y a 12 garçons. Quel pourcentage de la classe, les garçons représentent-ils ?
>
> Réponse : part des garçons = 12/30 × 100 % = 40 %

3. Un pourcentage est un nombre décimal

Le pourcentage est un **nombre décimal** compris entre 0 et 1 lorsque le pourcentage est inférieur à 100 %, et au-dessus de 1 lorsque le pourcentage est supérieur à 100 %.

Exemple :

> Transformez 25 % ; 112 % ; 72 % ; 0,5 % en nombres décimaux.
>
> Réponse : 25 % = 0,25 ; 112 % = 1,12 ; 72 % = 0,72 ; 0,5 % = 0,005.

[2. Tableau fondamental de correspondances]

Voici les principales correspondances pourcentages / fractions / nombres décimaux que vous devez absolument connaître sur le bout des doigts et entre lesquelles vous serez amenés à jongler régulièrement en calcul !

N'oubliez jamais qu'un bon candidat est un candidat qui sait en une fraction de seconde que 1/8 est égal à 12,5 % et que 80 % est égal à 4/5 ! C'est à ce prix que l'on devient une « bête » dans les épreuves de calcul des concours.

1 % = 1/100 = 0,01	2 % = 1/50 = 0,02	4 % = 1/25 = 0,04
5 % = 1/20 = 0,05	10 % = 1/10 = 0,1	12,5 % = 1/8 = 0,125
16,66 % ≈ 1/6 ≈ 0,166	20 % = 1/5 = 0,2	25 % = 1/4 = 0,25
33,33 % ≈ 1/3 ≈ 0,333	40 % = 2/5 = 0,4	50 % = 1/2 = 0,5
60 % = 3/5 = 0,6	66,6 %… = 2/3 = 0,66…	70 % = 7/10 = 0,7
75 % = 3/4 = 0,75	80 % = 4/5 = 0,8	100 % = 1
200 % = 2	250 % = 2,5	1 000 % = 10

Doubler revient à multiplier par **2** ou à ajouter **100 %.**
Tripler revient à multiplier par **3** ou à ajouter **200 %.**
Quadrupler revient à multiplier par **4** ou à ajouter **300 %.**
Décupler revient à multiplier par **10** ou à ajouter **900 %.**
Augmenter du **cinquième** revient à ajouter **20 %** ou à multiplier par **1,2.**
Diminuer du **cinquième** revient à baisser de **20 %** ou à multiplier par **0,8.**
Augmenter du **quart** revient à ajouter **25 %** ou à multiplier par **1,25.**
Diminuer du **quart** revient à baisser de **25 %** ou à multiplier par **0,75.**

[3. Les grands classiques des concours]

1. Appliquer une augmentation ou une baisse en pourcentage

Si on **augmente** X (ex. : un prix) de *a* %, alors on obtient une valeur X^+ telle que :

$$X^+ = (1 + a/100) \times X$$

X^+ signifie que l'on a fait subir à X une augmentation en pourcentage.

Retenez ainsi par exemple qu'augmenter X de 35 % revient à multiplier X par 1,35 et qu'augmenter X de 12,8 % revient à multiplier X par 1,128.

Si on **diminue** X (ex. : un prix) de *a* %, alors on obtient une valeur X^- telle que :

$$X^- = (1 - a/100) \times X$$

X^- signifie que l'on a fait subir à X une baisse en pourcentage.

Retenez ainsi par exemple que diminuer X de 35 % revient à multiplier X par 0,65 et que diminuer X de 12,8 % revient à multiplier X par 0,872.

Exemple :

> L'action d'une entreprise cotée à 42 € en ouverture du marché gagne 5 % lors de la séance. Quelle est la côte de l'action à la clôture ?
>
> Réponse : 42 € + 5 % × 42 € = 42 € × 1,05 = 42 € + 2,1 € = 44,1 €

2. Appliquer des augmentation(s)/baisse(s) successives en pourcentages

Lors d'augmentations ou de baisses successives en pourcentages, **les pourcentages se multiplient entre eux, mais ne s'ajoutent pas !**

Augmentations successives :

Si on **augmente** X de *a* % et qu'on **augmente** ensuite la quantité obtenue de *b* %, alors on obtient une valeur X^{++} telle que :

$$X^{++} = (1 + a/100) \times (1 + b/100) \times X$$

Baisses successives :

Si on **diminue** X de *a* % et qu'on **diminue** ensuite la quantité obtenue de *b* %, alors on obtient une valeur X^{--} telle que :

$$X^{--} = (1 - a/100) \times (1 - b/100) \times X$$

Augmentation et baisse successives :

Si on **augmente** X de *a* % et qu'on **diminue** ensuite la quantité obtenue de *b* %, alors on obtient une valeur X^{+-} telle que :

$$X^{+-} = (1 + a/100) \times (1 - b/100) \times X$$

Si on applique à X une **augmentation** de *a* % suivie d'une **baisse** de *b* %, suivie d'une **baisse** de *c* %, suivie d'une **hausse** de *d* %, alors on obtient une valeur X^{+--+} telle que :

$$X^{+--+} = (1 + a/100) \times (1 - b/100) \times (1 - c/100) \times (1 + d/100) \times X$$

Remarque : dans des augmentations/baisses successives en pourcentages, l'ordre des variations n'importe pas. Cela revient ainsi strictement au même d'appliquer une hausse de *a* % suivie d'une hausse de *b* % que l'inverse (*i.e.* une hausse de *b* %, puis une hausse de *a* %). Aussi, cela revient strictement au même d'appliquer une baisse de *a* % suivie d'une hausse de *b* % que l'inverse (*i.e.* une hausse de *b* % suivie d'une baisse de *a* %).

Par exemple, si vous effectuez une hausse de 10 % suivie d'une baisse de 20 % en partant d'une valeur égale à 100, alors les deux ordres possibles sont :

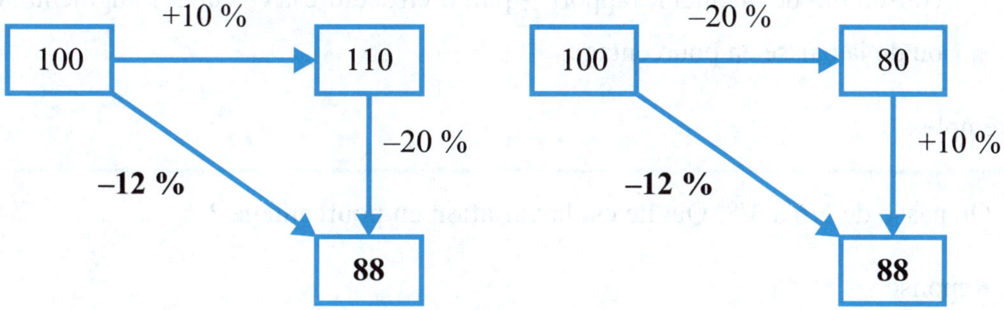

3. Trouver un pourcentage d'augmentation ou de baisse

Un problème classique aux concours consiste à vous demander de calculer l'évolution en pourcentage d'une valeur. La variation en pourcentage d'une valeur est égale à :

$$\left[\frac{Vf - Vi}{Vi} \times 100\right] \%$$

Avec ***Vf*** **la valeur finale** (après la baisse ou l'augmentation en pourcentage) et ***Vi*** **la valeur initiale** (avant la baisse ou l'augmentation en pourcentage).

Si $Vf > Vi$ alors on trouvera un pourcentage d'augmentation.

Si $Vf < Vi$ alors on trouvera un pourcentage de baisse.

Exemple :

Hier, le prix du litre d'essence à la pompe était égal à 1,40 €. Aujourd'hui, il est égal à 1,428 €. Quel est le pourcentage d'augmentation du prix du litre d'essence entre hier et aujourd'hui ?

Réponse : ici, $Vf = 1{,}428$ et $Vi = 1{,}4$.

Le pourcentage d'augmentation est donc égal à :

$$\left[\frac{1{,}428 - 1{,}4}{1{,}4} \times 100\right] \% = \left[\frac{0{,}028}{1{,}4} \times 100\right] \% = \frac{2{,}8}{1{,}4} \% = 2 \%$$

> **Astuce !**
> Lorsque vos valeurs finale et initiale Vf et Vi sont des fractions, nous vous conseillons de calculer le rapport $\frac{Vf}{Vi}$ puis d'en déduire la valeur de l'augmentation ou de la baisse en pourcentage.

Exemple :

On passe de 5/6 à 3/8. Quelle est la variation en pourcentage ?

Réponse : – 55 %.

En effet : $\frac{Vf}{Vi} = \frac{\frac{3}{8}}{\frac{5}{6}} = \frac{3}{8} \times \frac{6}{5} = \frac{18}{40} = \frac{9}{20} = 1 - \frac{11}{20} = 1 - 55\ \%$

Rappel : si 1/20 = 5 %, alors 11/20 = 55 %.

4. Retrouver une quantité d'origine

Nous attirons ici votre attention sur une erreur terrible que nous continuons de rencontrer régulièrement en tant que professeurs. Cette erreur consiste à penser curieusement que si l'on diminue X de *a* % et que l'obtient alors une valeur Y, alors il suffit d'augmenter Y de *a* % pour retrouver la valeur X.

Cette erreur n'est pas acceptable ! Imaginez en effet que vous perdiez **50 %** des 100 € que vous possédez, alors il vous reste 50 €, n'est-ce pas ? A présent, augmentez ces 50 € de **50 %,** quelle somme retrouvez-vous ? Vous ne retrouvez certainement pas les 100 € que vous aviez au départ, mais la somme de 75 € puisque 50 € + 50 % × 50 € = 1,5 × 50 € = 75 €. Attention donc à ne pas tomber dans ce vieux piège.

Une jolie astuce :

- Si vous retranchez $\frac{1}{N}$ à une valeur, alors vous devez rajouter $\frac{1}{N-1}$ pour retrouver la valeur d'origine. (N étant ici un entier naturel strictement plus grand que 1)
- Si vous ajoutez $\frac{1}{N}$ à une valeur, alors vous devez retrancher $\frac{1}{N+1}$ pour retrouver la valeur d'origine. (N étant ici un entier naturel strictement plus grand que 1)

Exemple :

Une action perd 25 % à la clôture ce mardi. Combien l'action devra-t-elle gagner mercredi en pourcentage pour effacer ses pertes de la veille ?

Réponse : vous avez appris grâce au tableau fondamental de correspondances que 25 % est égal à 1/4. Autrement dit, l'action a perdu 1/4 de sa valeur. Aussi, pour effacer ses pertes, l'action devra regagner 1/(4 – 1) = 1/3 de sa valeur, autrement dit environ 33,33 %. Vous l'avez compris, dans cet exemple : $N = 4$.

Le problème maintenant c'est lorsqu'une action perd 23,2 % par exemple, il ne nous est plus possible d'appliquer l'astuce vue précédemment. En effet, cette dernière s'applique avec efficacité lorsque l'on est en mesure de transformer un pourcentage en fraction dont le numérateur est 1. (ex. : 20 % = 1/5 ou 10 % = 1/10 etc.)

Voici donc comment nous ferons avec les pourcentages qui ne figurent pas dans le tableau fondamental de correspondances :

Soit X le prix initial et Y le prix final (*i.e.* après la baisse ou l'augmentation de a %).

L'énoncé vous donne les valeurs de a et de Y. Vous résoudrez alors les équations :

$$X = \frac{Y}{\left(1 - \frac{a}{100}\right)}$$ dans le cas où X a subi une baisse en pourcentage.

$$X = \frac{Y}{\left(1 + \frac{a}{100}\right)}$$ dans le cas où X a subi une augmentation en pourcentage.

Exemple :

Après une **baisse** de 15 %, un produit coûte 89,70 €. Quel était son prix initial ?

Réponse : soit X le prix initial, $Y = 89{,}70$ et $a\ \% = 15\ \% = 0{,}15$.

On pose $$X = \frac{Y}{\left(1 - \frac{a}{100}\right)} = \frac{89{,}70}{1 - 0{,}15} = \frac{89{,}70}{0{,}85} = \frac{8\,970}{85} = 105{,}53$$

5. Calculer des pourcentages de pourcentages

Exemple :

15 % de la population française habite en Ile-de-France. Parmi les habitants d'Ile-de-France, 20 % habitent Paris intra-muros. Quel est le pourcentage de la population française qui habite Paris intra-muros ?
Réponse : le pourcentage de Français franciliens est égal à 20 % de 15 %, soit : 20 % × 15 % = 1/5 × 15 % = 15 %/5 = 3 % (facile non, quand on connaît son tableau de correspondances ?)

FICHE 4 : Equation du second degré

Voici ce que vous devez savoir :

1. Soit A un nombre réel positif tel que : $X^2 = A$. On a alors : $X = \sqrt{A}$ ou $-\sqrt{A}$.

Exemple : Si $X^2 = 4$, alors $X = \sqrt{4}$ ou $-\sqrt{4}$, soit encore $X = 2$ ou -2.

2. Soient a, b et c, trois nombres réels. L'équation : $aX^2 + bX + c = 0$ est appelée équation du second degré.

Pour résoudre cette équation, vous devez d'abord calculer son discriminant $\boldsymbol{D}$, qui est égal à : $D = b^2 - 4 \times a \times c$.

Trois cas se présentent alors à vous :

(1) : $\boldsymbol{D < 0}$
Dans ce cas, l'équation $aX^2 + bX + c = 0$ n'admet **aucune solution réelle.**

(2) : $\boldsymbol{D = 0}$
Dans ce cas, l'équation $aX^2 + bX + c = 0$ admet une **solution** réelle **unique.**
Cette solution unique vaut : $\dfrac{-b}{2a}$.

(3) : $D > 0$

Dans ce cas, l'équation $aX^2 + bX + c = 0$ admet **deux solutions réelles distinctes.**

La première solution vaut : $\frac{-b + \sqrt{D}}{2a}$.

Et la seconde solution vaut : $\frac{-b - \sqrt{D}}{2a}$.

FICHE 5 : Moyennes

[1. Définition de la moyenne arithmétique]

La **moyenne arithmétique** est la moyenne « ordinaire », c'est-à-dire, par définition, la somme des valeurs numériques divisée par le nombre de ces valeurs numériques :

Moyenne arithmétique = somme des termes/nombre de termes

Exemple :

Trois amies vont faire du shopping : la première dépense 50 €, la deuxième 70 € et la troisième 120 €. Combien ces trois amies ont-elles dépensé en moyenne ?

Réponse : ici, on vous demande de calculer une moyenne arithmétique. La somme des dépenses est égale à 50 + 70 + 120 = 240. La dépense moyenne (moyenne arithmétique) est donc égale à : (50 + 70 + 120) / 3 = 80 €.

[2. Deux corollaires de la moyenne arithmétique à connaître par cœur !]

Somme des termes = moyenne arithmétique × nombre de termes
Nombre de termes = somme des termes/moyenne arithmétique

Exemple :

La moyenne des âges des frères de David est 23 ans. David a trois frères. Quelle est la somme des âges des frères de David ?

Réponse : pour trouver la somme des âges des frères de David, il suffit d'appliquer le corollaire de la moyenne arithmétique suivant :
Somme des âges = moyenne × nombre de frères = 23 × 3 = 69

[3. Définition de la moyenne pondérée]

Soient N termes $T_1, T_2, T_3... ,T_N$, auxquels on associe des poids respectifs $P_1, P_2, P_3...$ P_N. Alors la moyenne (M) pondérée des N termes est égale à :

$$M = \frac{T_1 \times P_1 + T_2 \times P_2 + T_3 \times P_3 + ... + T_N \times P_N}{P_1 + P_2 + P_3 + ... + P_N}$$

Exemple :

Au cours du dernier trimestre, Frédéric a obtenu la moyenne de 12 en maths, 11 en français, 11 en histoire et 15 en anglais. Sachant que les coefficients des matières sont respectivement 6, 4, 2 et 2 en maths, français, histoire et anglais, quelle est la moyenne générale de Frédéric au dernier trimestre ?

Réponse :
Moyenne = (12 × 6 + 11 × 4 + 11 × 2 + 15 × 2) / (6 + 4 + 2 + 2) = 168 / 14 = 12

[4. L'approche par la notion de barycentre]

En géométrie, la moyenne pondérée prend le nom de **barycentre. Le barycentre est le centre de gravité de plusieurs points auxquels des poids différents ont été associés.**

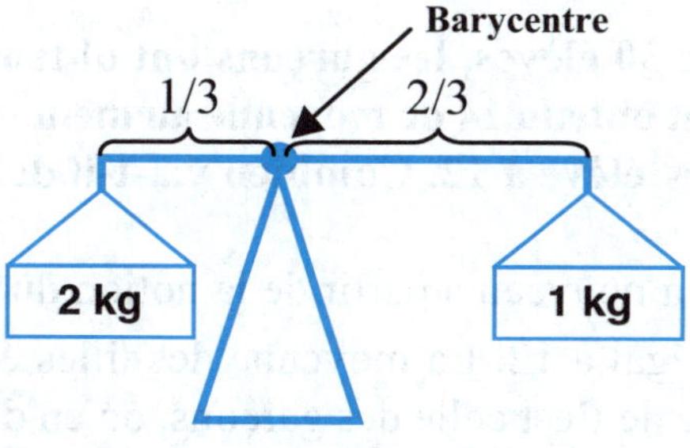

Comme vous le voyez sur ce schéma, le barycentre (appelé aussi point d'équilibre ou point moyen) est situé à 1/3 de la distance du poids de 2 kg et 2/3 de la distance du poids de 1 kg. En d'autres termes, pour atteindre le point d'équilibre, le poids de 1 kg doit compenser le poids de 2 kg par un écart de distance au point d'équilibre deux fois plus grand.

Par une approche analogue, le barycentre permet de trouver une moyenne pondérée grâce aux écarts à la moyenne de chaque terme et en comparant les poids des termes entre eux.

Exemple :

1. Dans une classe de 42 élèves, les garçons ont obtenu 12 de moyenne à un contrôle et les filles ont obtenu 15 de moyenne au même contrôle. La moyenne générale de la classe s'élève à 14. Combien y a-t-il de filles dans la classe ?

Réponse : raisonnons à partir de la notion du barycentre.

Le barycentre est ici égal à 14 (c'est la moyenne générale, **le point d'équilibre** de la classe pour ce qui concerne ce contrôle). La moyenne des filles étant plus proche de la moyenne générale que ne l'est celle des garçons, on en déduit que les filles seront plus nombreuses que les garçons. Plus précisément, elles seront **deux fois plus nombreuses** que les garçons. **En effet, comme elles sont deux fois plus proches de la moyenne générale que ne le sont les garçons, elles sont donc deux fois plus nombreuses** (elles pèsent deux fois plus « lourd » que les garçons !). En d'autres termes, **il faut deux filles pour un garçon,** soit : **28 filles et 14 garçons.** Pour trouver 28 et 14, on a simplement multiplié 2 (filles) et 1 (garçon) par 14… Le but étant d'arriver à un nombre total d'élèves égal à 42 !

2. Dans une classe de 30 élèves, les garçons ont obtenu 9 de moyenne à un contrôle et les filles ont obtenu 14 de moyenne au même contrôle. La moyenne générale de la classe s'élève à 12. Combien y a-t-il de filles dans la classe ?

Réponse : raisonnons à nouveau à partir de la notion du barycentre.

Le barycentre est ici égal à 12. La moyenne des filles étant plus proche de la moyenne générale que ne l'est celle des garçons, on en déduit là encore que **les filles seront plus nombreuses que les garçons.** Etant donné que la moyenne des filles est à 2 points de la moyenne générale (**14** *vs* 12) et que celle des garçons est à 3 points de la moyenne générale (**9** *vs* 12), on comprend qu'**il va falloir 3 filles pour 2 garçons** pour que le barycentre soit bien à 12. En conclusion, **la classe est composée de 18 filles et de 12 garçons.** Pour trouver 18 et 12, on a simplement multiplié 3 (filles) et 2 (garçons) par 6… Le but étant d'arriver à un nombre total d'élèves égal à 30 !

FICHE 6 : Géometrie

[1. Cercle]

Courbe formée de points situés à la même distance r (appelée « rayon ») d'un point nommé « centre ». La longueur $2r$ est appelée « diamètre du cercle ». Un arc de cercle est la portion d'un cercle, définie par un angle.

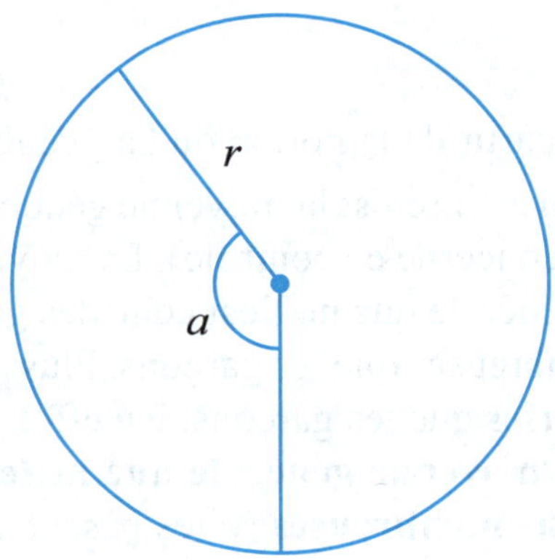

[2. Triangle]

Figure à 3 côtés.

- **Triangle rectangle :** triangle possédant un angle droit.
- **Triangle isocèle :** triangle possédant 2 côtés égaux.
- **Triangle équilatéral :** triangle ayant 3 côtés et 3 angles égaux.

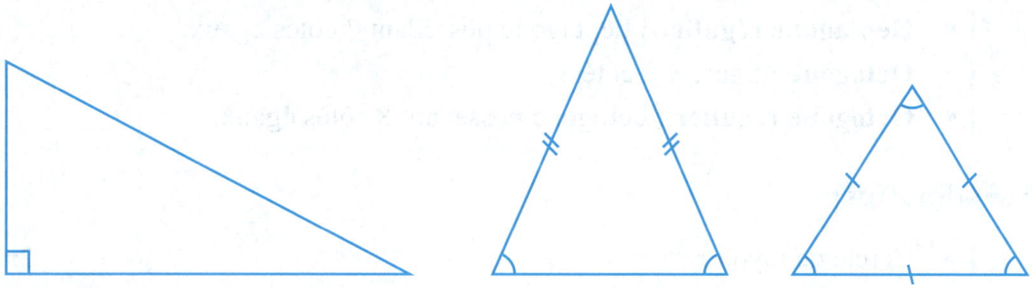

[3. Quadrilatère]

Figure à 4 côtés.

- **Trapèze :** quadrilatère possédant 2 côtés opposés parallèles.
- **Parallélogramme :** quadrilatère dont les côtés opposés sont parallèles deux à deux. Les diagonales du parallélogramme se coupent en leur milieu.
- **Losange :** parallélogramme dont les diagonales sont perpendiculaires.
- **Rectangle :** quadrilatère qui possède quatre angles droits.
- **Carré :** rectangle dont les 4 côtés sont égaux. *Nota bene* : un carré est à la fois un rectangle ET un losange.

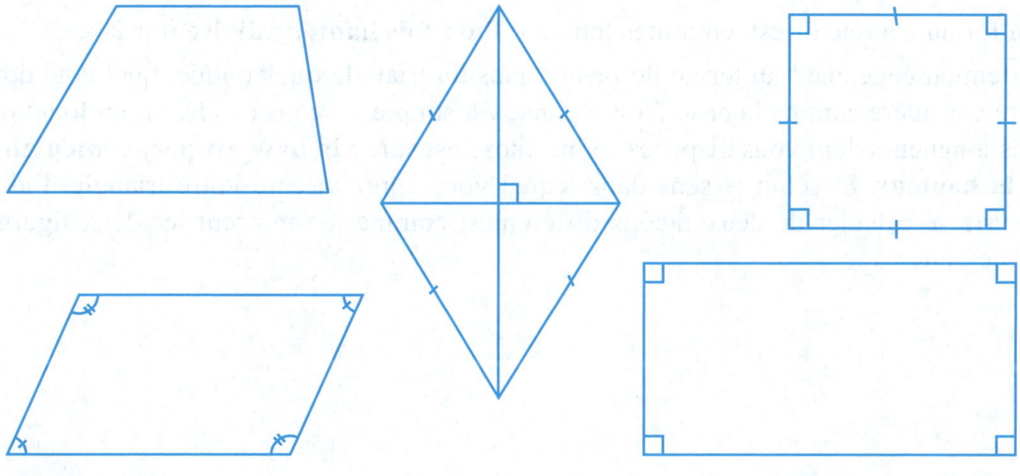

[4. Autres figures]

- **Pentagone :** figure à 5 côtés.
- **Pentagone régulier :** pentagone possédant 5 côtés égaux.
- **Hexagone :** figure à 6 côtés.
- **Hexagone régulier :** hexagone possédant 6 côtés égaux.
- **Heptagone :** figure à 7 côtés.
- **Heptagone régulier :** heptagone possédant 7 côtés égaux.
- **Octogone :** figure à 8 côtés.
- **Octogone régulier :** octogone possédant 8 côtés égaux.

[5. Périmètres]

- Cercle de rayon r : $\mathbf{2\pi r}$
- Arc de cercle de rayon r et d'angle a : $\mathbf{2\pi r \times \frac{a}{360}}$
- Triangle isocèle de base b et de côté c : $\mathbf{b + 2c}$
- Triangle équilatéral de côté c : $\mathbf{3c}$
- Parallélogramme de largeur l et de longueur L : $\mathbf{2 \times (l + L)}$
- Losange de côté c : $\mathbf{4c}$
- Rectangle de largeur l et de longueur L : $\mathbf{2 \times (l + L)}$
- Carré de côté c : $\mathbf{4c}$

[6. Aires]

1. Les triangles

La formule à retenir est, en toutes lettres **« Base fois hauteur divisé par 2 ».**

Attention cependant au terme de **base** : dans un triangle quelconque, quel côté doit être considéré comme la base ? La réponse est simple : à vous de choisir en fonction des longueurs dont vous disposez ! Une chose est sûre : **la base est perpendiculaire à la hauteur.** Et selon le sens dans lequel vous aurez orienté votre triangle, l'aire pourra se calculer de deux façons différentes, comme le montrent les deux figures ci-dessous :

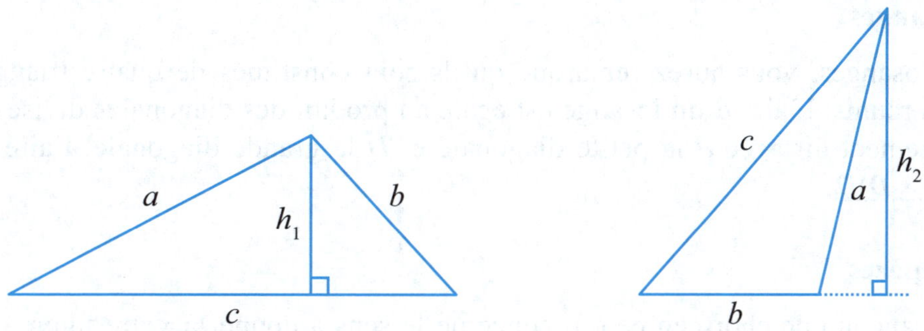

Base choisie : c
Aire = $(h_1 \times c)/2$

Base choisie : b
Aire = $(h_2 \times b)/2$

Les cas particuliers des triangles rectangle et isocèle sont remarquables :

- Dans un **triangle rectangle,** la hauteur est confondue avec l'un des deux côtés de l'angle droit, l'autre jouant le rôle de base. Vous pouvez également remarquer qu'un triangle rectangle est la moitié d'un rectangle et retrouver ainsi le résultat.
- Dans un **triangle isocèle,** à condition de choisir la bonne base (aucun des deux côtés égaux), la hauteur sera également la bissectrice, la médiane et la médiatrice de la base. Cela peut servir.

2. Les parallélogrammes

L'aire d'un parallélogramme se calcule de diverses manières : tout dépend une fois de plus des longueurs dont vous disposez. Le plus simple est de remarquer qu'un parallélogramme peut se séparer en deux triangles égaux en coupant le long de la diagonale. Il suffit alors de choisir une base (la diagonale ou l'un des deux côtés) et de calculer la hauteur correspondante.

La formule qui en découle est alors **Base × Hauteur**.

Cette formule vient de [2 × (Base × Hauteur)]/2 car le parallélogramme est formé de deux triangles égaux comme nous l'avons déjà fait remarquer.

3. Les rectangles

Un rectangle de longueur L et de largeur l est certes un parallélogramme, mais le fait qu'il possède des angles droits permet de calculer encore plus facilement son aire à l'aide de la formule $\underline{L \times l}$.

On peut bien évidemment la retrouver en considérant qu'un rectangle est formé de deux triangles rectangles de base L et de hauteur l.

4. Les losanges

Pour les losanges, vous aurez remarqué qu'ils sont constitués de quatre triangles rectangles réunis. L'aire d'un losange est égale au produit des diagonales divisé par deux, autrement dit avec *d* la petite diagonale et *D* la grande diagonale, l'aire est égale à **$(d \times D)/2$.**

5. Les trapèzes

Ici, pas beaucoup de choix en ce qui concerne le sens à donner à votre figure : un trapèze aura toujours une petite base *b* et une grande base *B*, qui sont les deux côtés parallèles. La formule de l'aire d'un trapèze est **: $[h \times (b + B)]/2$.**

6. Les disques et portions de disques

L'aire d'un disque de rayon *r* est égale à πr^2 tandis que l'aire d'une portion de disque de même rayon et d'angle *a* est donnée par la formule $\pi r^2 \times \dfrac{a}{360}$.

[7. Volumes et aires latérales]

Si vous savez ce qu'est un « volume », vous ignorez parfois ce qu'est l'aire latérale d'une figure. L'**aire latérale** d'une figure est égale à la somme des aires de tous les côtés de la figure.

1. Parallélépipède rectangle (pavé droit)

Volume = $L \times l \times h$
Aire latérale = $2 \times (L \times l + l \times h + L \times h)$

2. Cône

Volume = $1/3 \times \pi r^2 h$

3. Sphère

Volume = $4/3 \times \pi r^3$
Aire latérale = $4\pi r^2$

4. Cylindre

Volume = $\pi r^2 h$
Aire latérale = $2\pi r(r + h)$

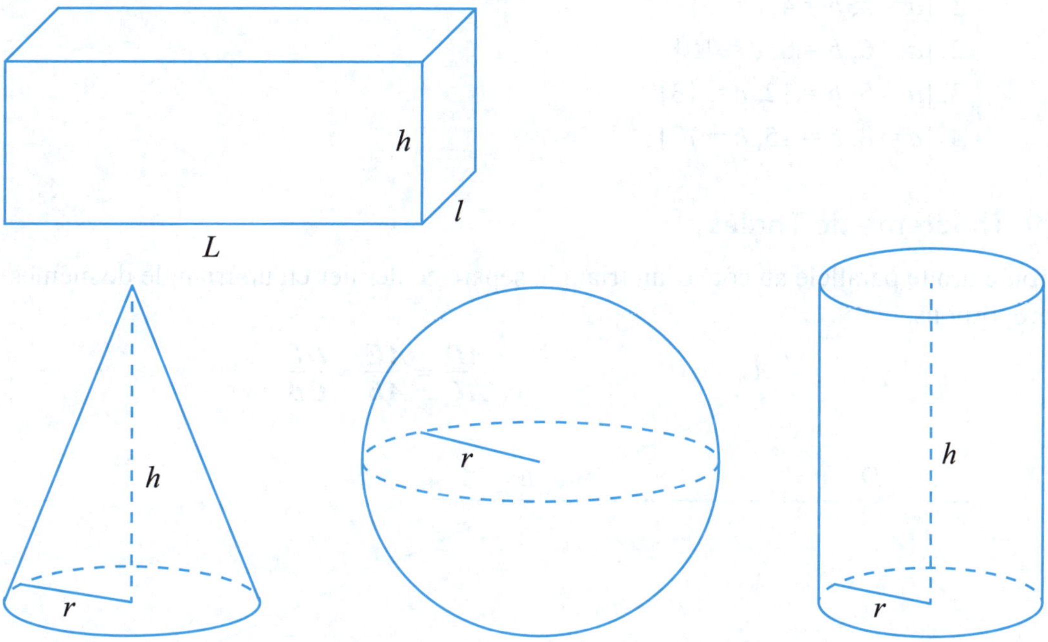

[8. Théorème de Pythagore et triangles pythagoriciens]

Dans un triangle rectangle, la somme des carrés des côtés de l'angle droit est égale au carré de l'hypoténuse. Autrement dit : $\boldsymbol{a^2 + b^2 = c^2}$.

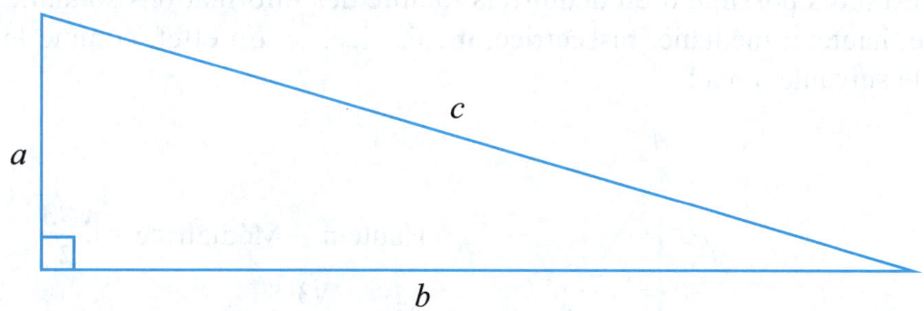

Triangles pythagoriciens

Les triangles pythagoriciens sont des triangles dont les longueurs des côtés sont des entiers naturels.

Les 4 triangles pythagoriciens à connaître par cœur sont les suivants :

1. [$a = 3$, $b = 4$, $c = 5$]
2. [$a = 6$, $b = 8$, $c = 10$]
3. [$a = 5$, $b = 12$, $c = 13$]
4. [$a = 8$, $b = 15$, $c = 17$]

[9. Théorème de Thalès]

Toute droite parallèle au côté d'un triangle sépare ce dernier en un triangle de mêmes proportions.

$$\frac{AD}{AC} = \frac{AE}{AB} = \frac{DE}{CB}$$

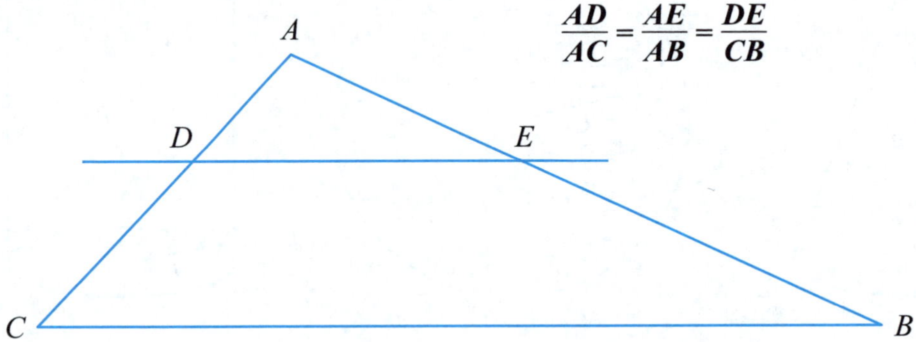

[10. Pythagore et les triangles équilatéraux]

Sachez qu'un triangle équilatéral est totalement défini par la longueur de l'un de ses côtés. Il est alors possible d'en déduire la totalité des informations souhaitées (aire, périmètre, hauteur, médiane, bissectrice, médiatrice…). En effet, comme le montre la formule suivante, on a :

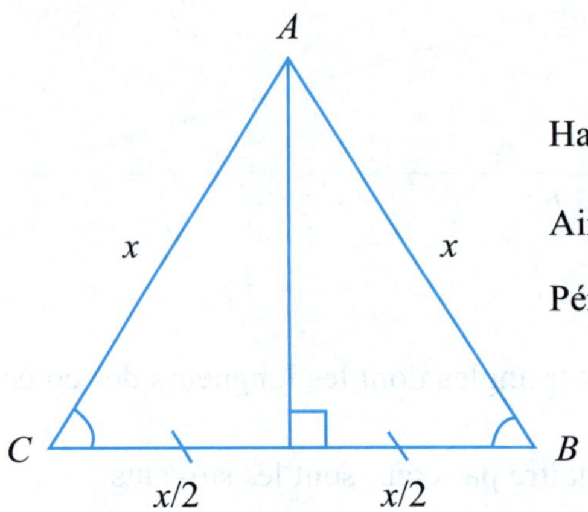

Hauteur = Médiatrice = $\frac{x\sqrt{3}}{2}$

Aire = $\frac{\sqrt{3}}{4} = x^2$

Périmètre = $3x$

[11. Angles]

Les angles alternes internes

Si deux droites parallèles sont toutes deux coupées par une même autre droite, les angles formés sont égaux deux à deux.

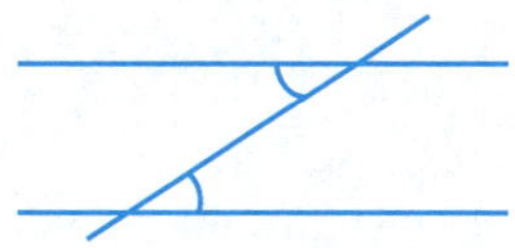

Les angles opposés par le sommet

Lorsque deux droites se croisent, elles forment des angles opposés par le sommet égaux deux à deux. On peut le voir sur la figure :

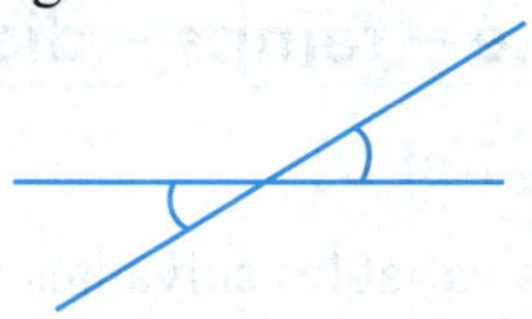

La somme des angles d'un **triangle** vaut toujours **180°.**
La somme des angles d'un **quadrilatère** vaut toujours **360°.**
D'un point à l'autre d'un **cercle**, on parcourt **360°.**

[12. Cosinus, Sinus, Tangente]

Les formules de cosinus, sinus et tangente figurent au programme de la classe de Troisième et peuvent donc faire l'objet de questions aux concours.

Soit un triangle rectangle ABC rectangle en A.

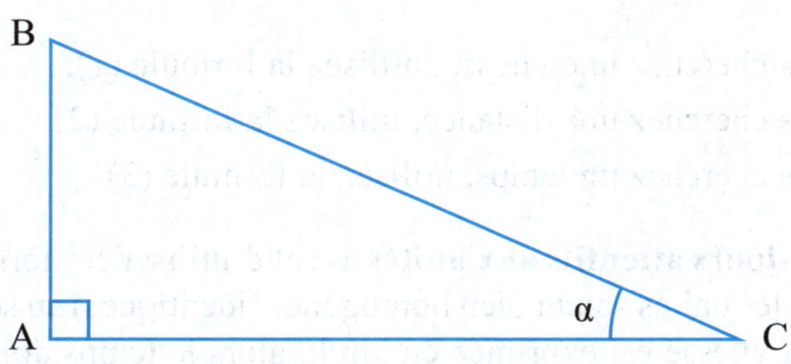

Soit α l'angle ACB.

On a :

$$\cos \alpha = \frac{AC}{BC}$$

$$\sin \alpha = \frac{AB}{BC}$$

$$\tan \alpha = \frac{AB}{AC}$$

Retenez bien que ces formules ne s'appliquent que dans le cadre d'un triangle rectangle.

FICHE 7 : Vitesse – temps – distance

[1. Trois lettres : V, T et D]

On considère les trois variables suivantes :

- **V**, la vitesse d'un objet pendant une durée **T** pour parcourir une distance **D**.
- **T**, le temps/la durée mis par l'objet pour parcourir une distance **D** à la vitesse **V**.
- **D**, la distance parcourue par objet à une vitesse **V** pendent un temps/une durée **T**.

Les problèmes VTD s'appuient sur **les trois formules suivantes** :

(1) V = D/T (2) D = V × T (3) T = D/V

Dans chaque problème, posez-vous d'abord la question suivante : quelle est précisément la variable que je cherche ?

- Si vous cherchez une vitesse, utilisez la formule (1).
- Si vous cherchez une distance, utilisez la formule (2).
- Si vous cherchez un temps, utilisez la formule (3).

Ensuite, **soyez toujours attentifs aux unités** avant d'utiliser ces formules, et assurez-vous toujours que les unités soient bien homogènes (identiques) au sein de la formule. Par exemple, si la vitesse est exprimée en km/h, alors le temps doit être exprimé en heures et la distance en kilomètres.

Exemples :

1. Un avion reliant Paris à New York a parcouru la distance de 5 200 km en 6 heures et 30 minutes. Quelle a été sa vitesse de vol ?

Réponse : ici, vous cherchez une vitesse et vous devez donc bien sûr appliquer la formule : V = D/T = 5 200 km / 6,5 h = 800 km/h. (Attention ! 6 h 30 = 6,5 h… Pas 6,3 h (erreur fréquente)).

2. Un marcheur parcourt 13 km à la vitesse de 4 km/h. Combien de temps a-t-il mis pour parcourir cette distance ?

Réponse : on remplace tout simplement la distance et la vitesse dans la formule : T = D/V = 13 km / 4 km/h = 3,25 h = 3 h 15 min.

3. Une voiture roule pendant 2 h 20 min à 90 km/h. Quelle distance a-t-elle parcourue ?

Réponse : vous devez convertir les minutes en heures (ici 2 h 20 = 7/3 h) puis appliquer la formule : D = V × T = 7/3 h × 90 km/h = 210 km.

[2. Conversion des km/h en m/s]

Voici une astuce très utile :

> Pour passer des m/s aux km/h, on multiplie les m/s par le coefficient 3,6.
> Pour passez des km/h aux m/s, on divise les m/s par le coefficient 3,6.

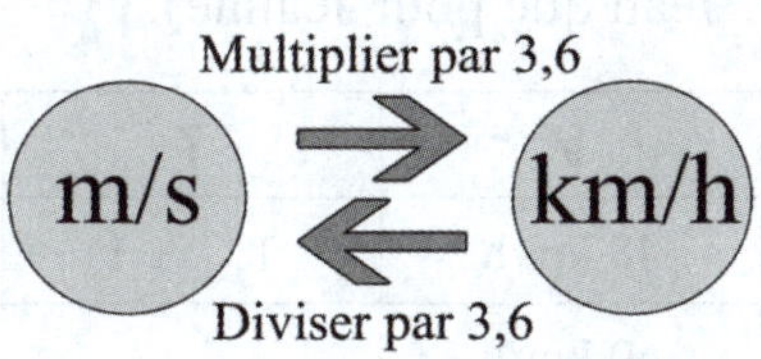

[3. Le tableau VTD]

Le tableau VTD est un outil très utile pour simplifier la compréhension d'un énoncé. Il n'est pas obligatoire pour résoudre une question, mais il s'avère souvent utile pour celles et ceux qui ont besoin de « tout mettre à plat ». Voici ce tableau :

	V	**T**	**D**
Acteur 1	V_1	T_1	D_1
Acteur 2	V_2	T_2	D_2

[4. Le cas de rattrapage]

Deux objets quittent le même lieu à deux moments différents et avec deux vitesses différentes. Ils se dirigent vers le même endroit. L'un des objets est parti en avance et le second rattrape le premier, grâce à une vitesse supérieure. **Dans un cas de rattrapage, vous devez appliquer l'équation clé :**

$$D_1 = D_2$$

Exemple :

Jeanne part en voiture de la ville A en direction de la ville B à 12 h à la vitesse de 48 km/h. A 13 h, Jean part de la ville A en direction de la ville B à la vitesse de 60 km/h. A quelle heure Jean va-t-il rattraper Jeanne ?

Utilisons dans un premier temps un tableau VTD.

On applique l'égalité $D_1 = D_2$. On sait en outre que comme Jean part avec une heure de retard par rapport à Jeanne : $T_{Jean} = T_{Jeanne} - 1$. En effet Jean dispose d'une heure de moins que Jeanne pour parcourir la distance qui la sépare du point de rencontre (cette distance étant la même pour Jean que pour Jeanne).

	V	**T**	**D**
Jeanne	48 km/h	$T_{Jean} + 1$	$D_{rattrapage}$
Jean	60 km/h	T_{Jean}	$D_{rattrapage}$

Pour trouver T_{Jeanne}, on applique l'égalité suivante :

$D_{Jean} = D_{Jeanne} \Leftrightarrow V_{Jean} \times T_{Jean} = V_{Jeanne} \times T_{Jeanne} \Leftrightarrow \mathbf{60T_{Jean} = 48(T_{Jean} + 1)}$

Par conséquent, $T_{Jean} = 4$ h et $T_{Jeanne} = 5$ h.

Astuce : vous auriez pu également raisonner autour de la vitesse de rattrapage.
Jean va à la vitesse de 60 km/h et Jeanne à la vitesse de 48 km/h. Par conséquent, la vitesse de rattrapage est de 12 km/h (60 – 48 = 12). Cela signifie qu'en 1 heure, Jean rattrape Jeanne de 12 km. Etant donné que Jeanne a 48 km d'avance sur Jean (la distance parcourue par Jeanne à la vitesse de 48 km/h pendant 1 heure), il faut 4 heures (48/4 = 12) à Jean pour rattraper Jeanne. Jean rattrape donc bien Jeanne à 17 h.

[5. Le cas croisement]

Deux acteurs partent de deux endroits éloignés d'une distance D_{Total}.
Dans un cas de croisement, vous devez résoudre l'équation clé suivante :

$$D_{Total} = D_1 + D_2$$

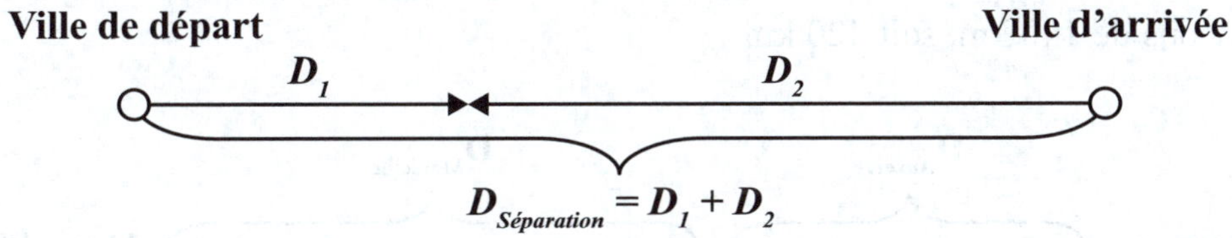

Exemple :

> Un train part d'Auxerre à 10 h et roule à la vitesse de 200 km/h. A la même heure, un train part de Marseille et roule à 300 km/h. A quelle distance de Marseille les trains se croisent-ils, sachant que les deux villes sont éloignées de 700 km ?

Vous cherchez ici la distance entre le point de rencontre des deux trains et la ville de Marseille, soit la distance $D_{Marseille}$. Utilisez là encore un tableau VTD :

	V	*T*	*D*
Auxerre	200 km/h	$T_{Auxerre}$	$700 - D_{Marseille}$
Marseille	300 km/h	$T_{Marseille}$	$D_{Marseille}$

Les deux trains se croisent au même moment, soit $T_{Auxerre} = T_{Marseille}$, ou encore :

$D_{Auxerre} / V_{Auxerre} = D_{Marseille} / V_{Marseille} \Leftrightarrow (700 - D_{Marseille}) / 200 = D_{Marseille} / 300$

Après résolution, vous obtenez $D_{Marseille} = 420$ km.

Astuce : vous pouviez également raisonner à partir du rapport des vitesses (la notion utilisée étant celle du barycentre, étudiée dans le chapitre consacré aux Moyennes).

Le train d'Auxerre roule à 200 km/h et le train de Marseille roule à 300 km/h. Par conséquent, le rapport est de 2 pour 3. Entre autres, quand le train d'Auxerre parcourt 200 km en 1 heure, le train de Marseille parcourt 300 km. Ou encore, quand le train de Marseille parcourt 3 tronçons, le train d'Auxerre parcourt 2 tronçons (voir schéma ci-dessous). Donc, si l'on divise la distance de séparation en 5 tronçons de même distance, alors chaque tronçon est égal à 140 km. Le train de Marseille doit parcourir 3 tronçons de 140 km, soit 420 km.

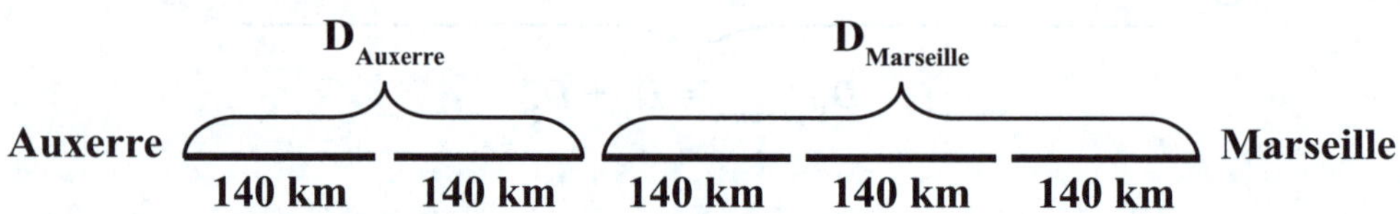

[6. Le cas aller-retour]

On considère un objet effectuant l'aller d'un parcours à une vitesse V_1, puis le retour du même parcours à la vitesse V_2.

Alors la vitesse moyenne de l'objet sur l'aller-retour est donnée par :

$$\text{Vitesse moyenne} = H = \frac{2 \times V_1 \times V_2}{V_1 + V_2}$$

Cette vitesse moyenne est également appelée **moyenne harmonique.**

Exemple :

Un coureur part de Paris pour aller à Versailles, puis revient par le même chemin. Il effectue l'aller à 8 km/h et le retour à 14 km/h. Quelle est la vitesse moyenne du coureur sur l'ensemble du parcours ?

Réponse : la vitesse moyenne du coureur l'aller-retour Paris Versailles est égale à :

$$\textit{Vitesse moyenne} = \frac{2 \times 8 \times 14}{8 + 14} \approx 10{,}2\ km/h$$

FICHE 8 : Logique de raisonnement

Vocabulaire

Soit P et Q deux propositions.

- « Si P est vraie alors Q est vraie » s'écrit « $P \Rightarrow Q$ ».
- « P est vraie si et seulement si Q est vraie » signifie « $P \Rightarrow Q$ » et « $Q \Rightarrow P$ » et s'écrit « $P \Leftrightarrow Q$ ». On dit aussi P équivalent à Q.
- « P et Q sont vraies » s'écrit « $P \wedge Q$ ».
- « P est vraie ou Q est vraie » s'écrit « $P \vee Q$ » et signifie « P est vraie ou Q est vraie ou P et Q sont tous les deux vraies » : on parle de « ou non exclusif ».
- La contraposée d'une proposition P se note $\overline{P}$ et représente le contraire de la proposition. Ex. : « J'ai chaud » a pour contraposée « Je n'ai pas chaud » (et non pas « j'ai froid »…).

Règles logiques

La contraposée de « $P \Rightarrow Q$ » est « $\overline{Q} \Rightarrow \overline{P}$ ».

Ex. : « Si j'ai gagné au loto alors je suis riche » a pour contraposée « si je ne suis pas riche alors je n'ai pas gagné au loto » (et non pas « si je n'ai pas gagné au loto alors je ne suis pas riche »).

Propriété : « $P \Rightarrow Q$ » est équivalent à « $\overline{Q} \Rightarrow \overline{P}$ ».

Loi de Morgan :

- $\overline{P \vee Q} = \overline{P} \wedge \overline{Q}$
- $\overline{P \wedge Q} = \overline{P} \vee \overline{Q}$

Transitivité : si « P ⇒ Q » et « Q ⇒ R » alors « P ⇒ R ».

Démonstration par l'absurde : pour montrer qu'une proposition P est vraie, on la suppose fausse et on montre par déductions successives qu'on aboutit à une contradiction (ou absurdité). Ainsi P est vraie.

FICHE 9 : Analyse combinatoire

[1. Cardinal d'un ensemble]

Définition

Soit E un ensemble fini de *n* éléments. On appelle cardinal de l'ensemble E, noté Card(E), le nombre d'éléments de E.

Propriétés

– Si E et F sont deux ensembles finis, alors :
$$\text{Card}(E \cup F) = \text{Card}(E) + \text{Card}(F) - \text{Card}(E \cap F)$$

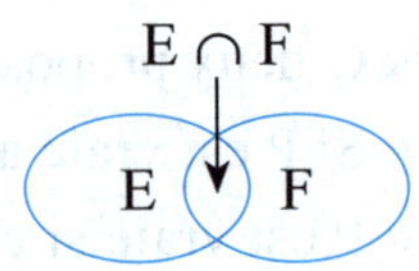

– Si E et F sont des ensembles finis disjoints, alors :
$$\text{Card}(E \cup F) = \text{Card}(E) + \text{Card}(F)$$

Application :

Dans une classe de 35 étudiants auxquels on a proposé de faire du sport (choix possibles : judo et karaté), 10 ont choisi de pratiquer le judo, 18 du karaté et 14 ont choisi de pratiquer les deux sports.

Combien d'étudiants ont choisi de ne pratiquer aucun sport ?

A. 25 B. 21 C. 19 D. 17 E. 12

Soit E l'ensemble fini des étudiants ayant choisi de pratiquer le judo et F l'ensemble fini des étudiants ayant choisi de pratiquer le karaté. D'après l'énoncé :

$\text{Card}(E) = 10$, $\text{Card}(F) = 18$ et $\text{Card}(E \cap F) = 14$

Commençons par calculer $\text{Card}(E \cup F)$, c'est-à-dire le nombre d'étudiants qui font du sport. On pourra ainsi en déduire le nombre d'étudiants qui ont choisi de ne rien faire car leur nombre sera égal à : <u>tous les étudiants *moins* ceux qui font du sport</u>.

$\text{Card}(E \cup F) = \text{Card}(E) + \text{Card}(F) - \text{Card}(E \cap F) = 10 + 18 - 14 = 14$

Par conséquent, le nombre d'étudiants qui ont décidé de ne pratiquer <u>**aucun**</u> sport est égal à 35 – 14 c'est-à-dire 21. **Réponse B.**

Dans toute la suite du cours de combinatoire, on désignera par E_n, un ensemble fini de n éléments.

[2. *p*-listes]

Définition

Soit *p*, un entier naturel non nul.

On appelle *p*-liste d'éléments de E_n, une liste ordonnée de *p* éléments de E_n, avec répétition possible (*i.e.* qu'une *p*-liste peut contenir plusieurs fois le même élément).

Nombre de *p*-listes

Soit *n* et *p*, des entiers naturels non nuls. Le nombre de *p*-listes d'éléments de E_n est égal à $\boldsymbol{n^p}$.

Application :

Combien y a-t-il de nombres de 7 chiffres ne comportant aucun 0 ?

A. 4 782 969 B. 4 799 563 C. 4 893 675 D. 4 981 654 E. 4 999 990

Un nombre de 7 chiffres ne comportant aucun zéro est une 7-liste d'éléments de : E = {1, 2, 3, 4, 5, 6, 7, 8, 9}.

Card(E) = 9 et il y a donc 9^7 = 4 782 969 nombres de 7 chiffres ne comportant aucun zéro. **Réponse A.**

Astuce : ne vous amusez surtout pas à calculer précisément la valeur de 9^7, vous perdriez trop de temps ! Ecrivez juste que $9^7 = 9^2 \times 9^2 \times 9^2 \times 9 = 81 \times 81 \times 81 \times 9$ et déduisez-en que le nombre résultat sera un nombre qui terminera nécessairement par 9 ! (8**1** × 8**1** × 8**1** × **9**) Et seule la réponse A donne un nombre dont le dernier chiffre est 9 et c'est donc la bonne réponse ! Ne cherchez pas plus loin : **Réponse A.**

[3. Permutations]

Définition

On appelle permutation de E_n tout arrangement de n éléments de E_n.

Attention ! On parle aussi d'« anagramme » aux concours pour désigner une permutation.

Ainsi, les anagrammes ou permutations de AIMER sont : MARIE, ARIME, AREMI, EIMAR, etc.

Propriété

Le nombre de permutations de E_n est noté $n!$ et est égal à :

$$n! = n \times (n-1) \times \ldots \times 2 \times 1$$

Application :

Combien d'anagrammes au total (ayant un sens ou non) peut-on former avec les lettres du mot CLAMER ?

A. 360 B. 520 C. 640 D. 680 E. 720

CLAMER est un mot de 6 lettres. Une anagramme est une permutation des 6 lettres qui composent ce mot soit : $6! = 6 \times 5 \times 4 \times 3 \times 2 = 720$. **Réponse E.**

[4. Arrangements]

Définition

Soit p, un entier naturel non nul, tel que p soit inférieur ou égal à n.

On appelle arrangement de p éléments de E_n une p-liste d'éléments de E_n *<u>où les éléments de la</u>* <u>p</u>*<u>-liste sont deux à deux distincts</u>*.

Nombre d'arrangements

Le nombre d'arrangements de p éléments de E_n, noté A_n^p, est tel que :

$$A_n^p = \frac{n!}{(n-p)!} = n \times (n-1) \times (n-2) \times \ldots \times (n-p+1)$$

Application :

Combien y a-t-il de nombres de 7 chiffres ne comportant aucun zéro *et* ayant 7 chiffres différents ?

A. 185 875 B. 181 444 C. 187 764 D. 167 872 E. 181 440

Un nombre de 7 chiffres ne comportant aucun zéro et ayant 7 chiffres différents est un arrangement de 7 éléments de $E = \{1, 2, 3, 4, 5, 6, 7, 8, 9\}$. Il y a donc :

$A_9^7 = \frac{9!}{2!} = \frac{9 \times 8 \times 7 \times 6 \times 5 \times 4 \times 3 \times 2 \times 1}{2 \times 1} = 9 \times 8 \times 7 \times 6 \times 5 \times 4 \times 3 = 181\,440$ nombres qui répondent aux contraintes énoncées dans la question. **Réponse E.**

<u>Astuce</u> : il faut remarquer ici que le produit $9 \times 8 \times 7 \times 6 \times 5 \times 4 \times 3$ donne un nombre qui finit nécessairement par 0 puisque le sous-produit **5 × 4** est égal à 20 et que tout multiple de 20 donne un nombre qui finit par 0.

Application :

De combien de façons peut-on former un comité de direction composé d'un Directeur général, d'un Directeur marketing et d'un Directeur commercial sachant que 14 personnes sont aptes à pourvoir un de ces postes et que l'on ne peut bien entendu pas cumuler les fonctions ?

A. 3 200 B. 2 002 C. 1 960 D. 320 E. 4 014

On veut former un comité composé de 3 personnes à choisir parmi 14 personnes. Pour ce faire, il faut compter le nombre d'arrangements possibles, soit :
$A_{14}^{3} = \frac{14!}{11!} = \frac{14 \times 13 \times 12 \times 11!}{11!} = 14 \times 13 \times 12 = 2\ 002$ arrangements possibles pour former ce comité de direction. **Réponse B.**

[5. Combinaisons]

Définition

Soit p un entier naturel, tel que p soit inférieur ou égal à n. On appelle combinaison de p éléments de E_n un sous ensemble de p éléments **(2 à 2 distincts)** de E_n.

Propriété

Le nombre de combinaisons de p éléments de E_n, noté C_n^p est égal à :

$$C_n^p = \frac{n!}{p!(n-p)!}$$

Application :

On désire constituer un jury composé de 2 experts-comptables et 5 avocats. On peut choisir les membres du jury parmi 6 experts comptables et 7 avocats. De combien de façons peut-on constituer le jury en sachant que n'importe quel expert-comptable et n'importe quel avocat peut être choisi ?

A. 420 B. 380 C. 315 D. 210 E. 180

Il y a C_6^2 combinaisons de 2 experts-comptables pris parmi 6, puis pour chacune de ces combinaisons, C_7^5 combinaisons de 5 avocats pris parmi 7… soit : $C_6^2 \times C_7^5$ façons de constituer un jury composé de 2 experts-comptables et 5 avocats. Ce qui donne : $\frac{6!}{2!\,4!} \times \frac{7!}{5!\,2!} = \frac{6 \times 5}{2} \times \frac{7 \times 6}{2} = 3 \times 5 \times 7 \times 3 = 15 \times 21$ = 315 combinaisons. **Réponse C.**

[6. Modèles d'urnes]

Imaginons une urne contenant n boules numérotées de 1 à n (chacune des boules s'interprète comme un élément de E_n) et supposons que nous tirons p boules dans cette urne. Voici les 3 modèles d'urnes les plus classiques :

Tirages successifs et avec remise

On tire au hasard une boule dans l'urne, puis on la remet dans l'urne avant d'opérer le tirage suivant. Si on effectue p tirages avec remise entre chaque tirage, le résultat global s'interprète comme une p-liste et il y a donc n^p tirages avec remise (de p éléments) possibles.

Tirages successifs et sans remise

On tire au hasard une boule dans l'urne que l'on conserve : la boule n'est donc pas remise dans l'urne qui contient ainsi après chaque tirage une boule de moins. Si on effectue ainsi p tirages sans remise (p inférieur ou égal à n), le résultat global s'interprète comme une p-liste d'éléments deux à deux distincts ou encore comme un arrangement de p éléments de E_n. Il y a donc A_n^p tirages sans remise (de p éléments) possibles.

Tirages simultanés

On tire simultanément p boules de l'urne (l'ordre de tirages des boules est donc sans importance). Un tel tirage s'interprète comme un sous-ensemble de E_n et donc comme une combinaison de p éléments de E_n. Il y a donc C_n^p tirages simultanés (de p éléments) possibles.

FICHE 10 : Probabilités

Calcul d'une probabilité en situation d'équiprobabilité

$$\text{P(événement)} = \frac{\text{nombre des cas favorables}}{\text{nombre des cas total}}$$

Formule des probabilités conditionnelles

$P(A \cap B) = P(A) \times P_A(B)$ si $P(A) \neq 0$

$P(A \cap B) = P(B) \times P_B(A)$ si $P(B) \neq 0$

Formule du Crible

$P(A \cup B) = P(A) + P(B) - P(A \cap B)$

$= P(A) + P(B)$ si $P(A \cap B) = 0$

(événements dits « incompatibles »)

Formule des probabilités totales

$P(A) = P(B) \times P_B(A) + P(\overline{B}) \times P_{\overline{B}}(A)$

Loi de Morgan appliquée aux probabilités

$P(\overline{A_1 \cup A_2 \ldots \cup A_n}) = P(\overline{A_1} \cap \overline{A_2} \ldots \cap \overline{A_n})$

Quelques règles supplémentaires utiles :

- $P(A) = P(B)\ 1 - P(\overline{A})$;
- Soit A et B deux événements. Si $A \Rightarrow B$ alors $A \subset B$ et donc $P(A) \leq P(B)$
  Et en particulier, si $A \Rightarrow B$ avec $A \neq B$ alors $A \subset B$ et $P(A) < P(B)$.

FICHE 11 : Etude de fonction – limites

Domaine de définition d'une fonction

Soit une fonction numérique f, le domaine de définition noté D_f est l'ensemble des valeurs de x pour lesquelles $f(x)$ prend une valeur donnée finie.

Parité d'une fonction

Soit f dont le domaine de définition D_f est centré en zéro.

- Si pour tout x de D_f, $f(-x) = f(x)$ alors la fonction f est paire.
- Si pour tout x de D_f, $f(-x) = -f(x)$ alors la fonction f est impaire.

Opérations sur les limites

Soit f et g deux fonctions définies au voisinage d'une partie D de $\mathbb{R}$ dans $\mathbb{R}$, définies au voisinage de a réel ou infini et soit k un réel. Si $\lim_a f = l$ et $\lim_a g = m$, alors :

(1) $\lim_a (f + g) = l + m$ (2) $\lim_a (f \times g) = l \times m$ (3) $\lim_a (k.f) = kl$

(4) Si m est non nul, $\frac{f}{g}$ est définie au voisinage de a et $\lim_a \left(\frac{f}{g}\right) = \frac{l}{m}$

Limites des fonctions usuelles

Logarithme

(1) $\lim_{\substack{x \to 0 \\ x > 0}} (\ln x) = -\infty$ (2) $\lim_{x \to +\infty} (\ln x) = +\infty$ (3) $\lim_{\substack{x \to 0 \\ x > 0}} x.\ln x = 0$ (4) $\lim_{x \to +\infty} \frac{\ln(x)}{x} = 0$

Si a et $b > 0$, on a :

$$\lim_{\substack{x \to 0 \\ x > 0}} x^a |\ln x|^b = 0 \qquad \lim_{x \to +\infty} \frac{(\ln x)^b}{x^a} = 0$$

Exponentielle

(1) $\lim_{x \to -\infty} e^x = 0$ (2) $\lim_{x \to +\infty} e^x = +\infty$ (3) $\lim_{x \to -\infty} x.e^x = 0$ (4) $\lim_{x \to +\infty} \frac{e^x}{x} = +\infty$

Si a et $b > 0$, on a :

$$\lim_{x \to -\infty} |x|^b \exp(ax) = 0 \qquad \lim_{x \to +\infty} \frac{\exp(ax)}{x^b} = +\infty$$

Quotient de polynômes

$\lim_{x \to \pm\infty} \frac{a + bx + \ldots + cx^n}{a + ex + \ldots + fx^p} = \lim_{x \to \pm\infty} \frac{cx^n}{fx^p}$ (autrement dit, la limite en $\pm\infty$ d'un quotient de polynômes est égale à la limite du quotient des monômes de plus haut degré)

Continuité

Si f et g deux fonctions continues sur l'ensemble A. On sait alors que :

$f + g, f \times g, f^n$ et g^n, $n \in \mathbb{N}$ sont continues sur A.

$\frac{f}{g}$ est continue sur A, si $\forall x \in$ A, $g(x) \neq 0$.

Asymptote

- *Asymptote horizontale :*
  - On trouve des asymptotes horizontales en $\pm\infty$, lorsque la fonction f contient une limite du type $\lim\limits_{x \to \pm\infty} f(x) = l$ avec l un réel.
  - Si $\lim\limits_{x \to \pm\infty} f(x) = l$, la courbe représentative de f admet une asymptote horizontale en $\pm\infty$ d'équation $y = l$.
- *Asymptote verticale :*
  - On trouve des asymptotes verticales au point d'abscisse x_1, lorsque la fonction f contient une limite du type $\lim\limits_{x \to x_1} f(x) = \pm\infty$.
  - Si $\lim\limits_{x \to x_1} f(x) = \pm\infty$, la courbe représentative de f admet une asymptote verticale au point d'abscisse x_1, d'équation $x = x_1$.
- *Asymptote oblique :*
  - On trouve des asymptotes obliques $\pm\infty$, lorsqu'il existe un réel a **non nul** tel que $\lim\limits_{x \to \pm\infty} \left(f(x) - ax\right) = b$ avec b un réel.
  - Si $\lim\limits_{x \to \pm\infty} \left(f(x) - ax\right) = b$, la courbe représentative de f admet une asymptote oblique en $\pm\infty$ d'équation $y = ax + b$.

FICHE 12 : Dérivation

Dérivation et sens de variation d'une fonction

Soit f une fonction dérivable sur I, soit J un intervalle tel que $J \subset I$.

$f'(x) \geq 0$, $\forall x \in J \Leftrightarrow$ la fonction f est croissante sur J.

$f'(x) \leq 0$, $\forall x \in J \Leftrightarrow$ la fonction f est décroissante sur J.

$f'(x) = 0$, $\forall x \in J \Leftrightarrow$ la fonction f est constante sur J.

$f'(x) > 0$, $\forall x \in J \Rightarrow$ la fonction f est strictement croissante sur J.

$f'(x) < 0$, $\forall x \in J \Rightarrow$ la fonction f est strictement décroissante sur J.

Dérivation et extremum

Soit f une fonction dérivable sur I, et $x \in I$ n'étant pas une borne. Si la fonction admet un extremum (maximum ou minimum) en ce point alors $f'(x) = 0$.

Inégalité des accroissements finis

Soit a et b des réels vérifiant $a < b$ ainsi qu'une fonction f continue sur $[a\ ;\ b[$ et dérivable sur $]a\ ;\ b]$. S'il existe des réels m et M vérifiant : $\forall x \in\ ]a\ ;\ b[,\ m \leq f'(x) \leq M$, alors on a : $m(b-a) \leq f(b) - f(a) \leq M(b-a)$.

Dérivées usuelles

Fonction f(x) =	Fonction dérivée f'(x) =	Conditions
A	0	$x \in \mathbb{R}$
x	1	$\mathbb{R}$
x^n	$n.x^{n-1}$	$n \in \mathbb{N}^*, x \in \mathbb{R}$
x^n	$n.x^{n-1}$	$n \in \mathbb{Z} - \mathbb{N}, x \in \mathbb{R}^*$
$\frac{1}{x}$	$-\frac{1}{x^2}$	$x \in \mathbb{R}^*$
$\sqrt{x}$	$\frac{1}{2\sqrt{x}}$	$]0\ ;\ +\infty[$
e^x	e^x	$\mathbb{R}$
a^x	$a^x \ln a$	$a \in \mathbb{R}_+^*, x \in \mathbb{R}$
$\ln\lvert x\rvert$	$\frac{1}{x}$	$x \in \mathbb{R}^*$

Dérivation : opérations sur les fonctions dérivables

Si f et g deux fonctions définies et dérivables sur I, ainsi qu'un réel k, alors :

1. La fonction $f + g$ est dérivable sur I et $(f+g)' = f' + g'$.
2. La fonction fg est dérivable sur I et $(fg)' = f'g + fg'$.
3. La fonction kf est dérivable sur I et $(kf)' = kf'$.
4. La fonction f^n, $n \in \mathbb{Z}^*$ est dérivable sur I, $(f^n)' = n.f^{n-1} \times f'$.

f est une fonction définie et dérivable sur I ne s'annulant pas sur cet intervalle, alors la fonction $\frac{1}{f}$ est dérivable et $\left(\frac{1}{f}\right)' = -\frac{f'}{f^2}$.

Si f et g deux fonctions définies et dérivables sur un intervalle I. Si g ne s'annule pas sur I, alors la fonction $\frac{f}{g}$ est dérivable et $\left(\frac{f}{g}\right)' = -\frac{f'g - fg'}{g^2}$.

Soit I et J deux intervalles, f est une fonction dérivable de I dans J et g une fonction dérivable sur J, alors $g\,f$ est dérivable sur I et $(gf)' = (g'f) \times f'$.

Tangente à une courbe en un point

Soit f une fonction et C sa courbe représentative. L'équation de la tangente à C au point d'abscisse a est :

⊠ : $y = f'(a)(x - a) + f(a)$

FICHE 13 : Intégration

Définition

Soit f est une fonction continue de l'intervalle I dans $\mathbb{R}$ ainsi que a et b deux points de I.

- Si F est une primitive de f sur I, on a :

$$\int_a^b f(x)dx = \mathrm{F}(b) - \mathrm{F}(a)$$

- On a également :

$$\int_a^b f(t)dt = -\int_b^a f(t)dt$$

Linéarité et relation de Chasles

Si f et g sont deux fonctions continues sur I ainsi que a et b deux points de I, et λ et μ deux réels quelconques, on a :

$$\int_a^b (\lambda f + \mu g)(t)dt = \lambda \int_a^b f(t)dt + \mu \int_a^b g(t)dt$$

Si f est une fonction continue sur I ainsi que a, b et c trois points de I, on a :

$$\int_a^c f(t)dt = \int_a^b f(t)dt + \int_b^c f(t)dt$$

Intégration par parties

Si u et v sont deux fonctions dérivables sur $[a\,;\,b]$ et dont les fonctions dérivées u' et v' sont continues sur $]a\,;\,b[$, on a :

$$\int_a^b u(t)v'(t)dt = u(b)v(b) - u(a)v(a) - \int_a^b u'(t)v(t)dt$$

Primitives usuelles

Fonction *f*(*x*) =	Primitives *F*(*x*) =	Conditions
x^n	$\begin{cases} \dfrac{x^{n+1}}{n+1}, n \neq -1 \\ \ln\|x\|, n = -1 \end{cases}$	$n \in \mathbb{Z}, x \in \mathbb{R}^*$
$x^\alpha, \alpha \in \mathbb{R} \setminus \{-1\}$	$\dfrac{x^{\alpha+1}}{\alpha+1}$	$x \in \mathbb{R}_+^*$
$\ln\|x\|$	$x \ln\|x\| - x$	$x \in \mathbb{R}^*$
$\exp(x)$	$\exp(x)$	$\mathbb{R}$

FICHE 14 : Suites

Suite arithmétique

Une suite arithmétique est déterminée par deux éléments, son terme initial u_0 et sa raison r. Elle est définie par la relation de récurrence suivante : $\forall n \in \mathbb{N}, u_{n+1} = u_n + r$.

Sachant que $(u_n)_{n\in\mathbb{N}}$ est une suite arithmétique de terme initial u_0 et de raison r, son terme général est $u_n = u_0 + n \times r$.

On peut en déduire l'égalité suivante pour n_0 quelconque $u_n = u_{n_0} + (n - n_0) \times r$.

Somme des n premiers termes d'une suite arithmétique =
$\frac{1}{2} \times$ (nombre de termes) $\times$ (premier terme + dernier terme)

Suite géométrique

Une suite géométrique est déterminée par sont terme initial u_0 et sa raison q. Elle est définie par la relation de récurrence suivante : $\forall n \in \mathbb{N}, u_{n+1} = q \times u_n$.

Si $(u_n)_{n\in\mathbb{N}}$ est une suite géométrique de terme initial u_0 et de raison q, son terme général est $u_n = q^n \times u_0$.

On peut en déduire l'égalité suivant pour n_0 quelconque $u_n = q^{n-n_0} \times u_{n_0}$.

Somme des n premiers termes d'une suite géométrique =
premier terme $\times \left(\frac{1-(\text{raison})^{\text{nombre de termes}}}{1-\text{raison}}\right)$

Quelques sommes à connaître :

$$S_n = 1 + 2 + \ldots + n = \frac{n(n+1)}{2}$$

$$S'_n = 1 + 2^2 + 3^2 + \ldots + n^2 = \frac{n(n+1)(2n+1)}{6}$$

FICHE 15 : Temps de travail

Pour connaître le temps T que vont mettre N personnes **ensemble** pour réaliser un travail, il vous suffit d'appliquer la formule suivante :

$$\frac{1}{T} = \sum_{k=1}^{N} \frac{1}{T_k} = \frac{1}{T_1} + \frac{1}{T_2} + \ldots + \frac{1}{T_N}$$

Avec T_1, T_2,..., T_N sont les temps respectifs mis par les N personnes pour réaliser ce même travail, **mais** seules.

Voici un exemple pour illustrer tout cela :

Sacha doit ranger sa chambre. Il sait que tout seul, cela lui prendra 3 h. Son ami Jonas, qui vient l'aider, est capable de ranger la chambre en 2 h sans l'aide de personne. S'ils s'y mettent ensemble, la formule vous indique qu'ils mettront un temps total T de :

$$\frac{\mathbf{1}}{\boldsymbol{T}} = \frac{1}{3} + \frac{1}{2} = \frac{2}{6} + \frac{3}{6} = \frac{\mathbf{5}}{\mathbf{6}}$$

Soit : $T = 6/5 = 1{,}2$ h = 1 h 12

Attention à ne pas vous dire que si l'un met 2 h et l'autre 3 h, alors ensemble ils mettront 2 h 30, soit plus de temps que Jonas tout seul !

Ainsi, si vous connaissez le temps mis indépendamment par chacun des membres du groupe pour réaliser la tâche, vous pouvez en déduire le temps total mis par le groupe s'ils la réalisent tous ensemble. Et réciproquement, vous pouvez déduire le temps mis seul par une personne parmi le groupe à condition de connaître le temps de tous les autres membres, ainsi que le temps total mis par le groupe.

III. CINQ EXERCICES INCONTOURNABLES DU CONCOURS ACCES

Exercice type n° 1 : Problème d'effectifs

Enoncé :

Un institut d'étude a réalisé récemment un sondage sur les pratiques alimentaires des Français et plus spécifiquement sur l'achat hebdomadaire de trois produits de base : la viande, le poisson et les œufs. Pour 1 000 personnes interrogées, on a les renseignements suivants :

- 100 personnes achètent de la viande et des œufs ;
- on a 10 fois plus d'acheteurs de viande uniquement que d'œufs exclusivement ;
- 25 % des personnes interrogées n'achètent que du poisson ;
- 700 personnes ont répondu acheter du poisson, 360 des œufs et 400 de la viande ;
- 50 % des acheteurs de viande en profitent pour acheter aussi du poisson.

A) 90 personnes n'achètent aucun de ces produits.
B) On ne peut savoir combien de personnes achètent les 3 produits.
C) 150 personnes n'achètent que de la viande.
D) 450 personnes achètent au moins deux produits.

Correction détaillée :

Nous voici en présence d'un type d'exercice cruel et discriminatoire ! Sans méthode, le candidat se lance dans des schémas sans fin, des arborescences complexes, des supputations vaines… L'horreur. Avec la méthode que l'on va mettre en place, le succès est quasi garanti ! A vos crayons !

L'astuce ici consiste à représenter les achats des trois produits par trois cercles découpés en zones que l'on code arbitrairement comme suit :

Ensemble des personnes interrogées (= 1 000)

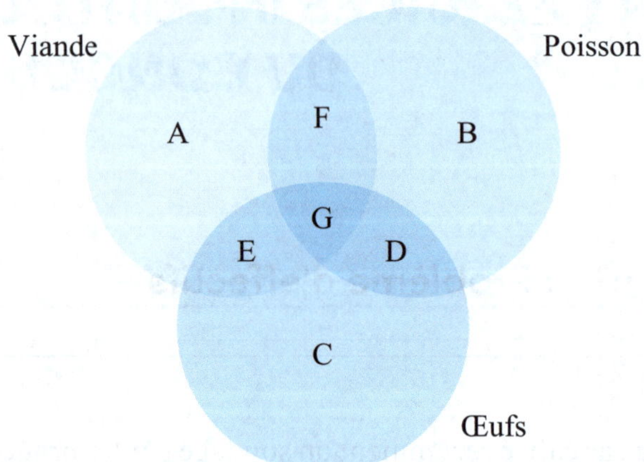

Ce schéma présente alors simplement les différentes catégories de clients de l'enquête :

- Les zones A, B, C : ce sont les clients n'achetant qu'un seul produit :
  - La zone A représente les clients qui n'achètent que de la viande ;
  - La zone B représente les clients qui n'achètent que du poisson ;
  - La zone C représente les clients qui n'achètent que des œufs.
- Les zones D, E, F : ce sont les clients achetant <u>exactement</u> deux produits :
  - La zone D regroupe les clients ayant acheté du poisson et des œufs ;
  - La zone E regroupe les clients ayant acheté de la viande et des œufs ;
  - La zone F regroupe les clients ayant acheté de la viande et du poisson.
- Enfin, la zone G regroupe les chanceux qui s'offrent à la fois de la viande, du poisson et des œufs.

Une fois le cadre posé, il s'agit de traduire les données de l'énoncé par un système d'équations en évitant deux embûches :

- L'information « 100 personnes achètent de la viande et des œufs » n'est pas l'information : « 100 personnes n'achètent que de la viande et des œufs ». En d'autres termes, cette population inclut également les clients qui achètent les trois produits (la zone G).
- Dans le même style, l'information « 50 % des acheteurs de viande en profitent pour acheter du poisson » inclut également les « tri-acheteurs ».

On obtient alors, sans trop souffrir :

$$\begin{cases} E + G = 100 \\ A = 10C \\ B = 25\ \% \times 1\,000 = 250 \\ B + F + G + D = 700 \\ C + D + E + G = 360 \\ A + E + F + G = 400 \\ F + G = 50\ \% \times (A + E + F + G) = 50\ \% \times 400 = 200 \end{cases}$$

Voici un système de 7 équations à 7 inconnues qui, avec un peu de méthode, de pratique et de recul, se résout assez rapidement.

Pour commencer, on remplace toutes les lettres ou petits groupes de lettres dont on connaît la valeur et que l'on retrouve dans au moins deux équations. Ici, on connaît la valeur de B (250), celle de E + G (100) et celle de F + G (200). Remplaçons donc ces lettres et groupes de lettres par leur valeur correspondante dans les autres équations. Cela donne :

$$\begin{cases} E + G = 100 \\ A = 10C \\ B = 250 \\ 250 + 200 + D = 700 \\ C + D + 100 = 360 \\ A + E + 200 = 400 \\ F + G = 200 \end{cases}$$

Ensuite, nos souvenirs de collège nous rappellent que pour résoudre une équation, on met toujours d'un côté les inconnues, de l'autre les valeurs, c'est-à-dire :

$$\begin{cases} E + G = 100 \\ A - 10\,C = 0 \\ B = 250 \\ D = 700 - 250 - 200 = 250 \\ C + D = 360 - 100 \\ A + E = 400 - 200 \\ F + G = 200 \end{cases}$$

On remplace la valeur de D dans la 5e équation, on trouve alors C, puis A (à l'aide de la 2e équation) et de fil en aiguille, on conclut :

$$\begin{cases} A = E = 100 \\ B = D = 250 \\ C = 10 \\ F = 200 \\ G = 0 \end{cases}$$

Nous pouvons alors nous attaquer aux assertions proposées.

Proposition A)

Pour connaître le nombre de personnes n'achetant aucun produit, il suffit de calculer le nombre total de clients achetant des produits que l'on retranchera du nombre de clients total. On remarque alors que le nombre d'acheteurs est égal à A + B + C + D + E + F + G et vaut donc, par addition, 910. Les personnes interrogées sont au nombre de 1 000 donc, par soustraction, on conclut qu'il y bien 90 personnes n'ayant rien acheté.

Réponse : VRAI

Proposition B)

Les personnes achetant les trois produits sont regroupées dans G et G = 0 donc la proposition est fausse.

Réponse : FAUX

Proposition C)

Les personnes n'achetant que de la viande sont regroupées dans A et A = 100. La proposition est donc fausse.

Réponse : FAUX

Proposition D)

Les personnes achetant au moins deux produits sont celles achetant exactement deux produits (D + E + F) et celles achetant exactement 3 produits (G). Par addition, on trouve 550 clients concernés. La proposition est donc fausse.

Réponse : FAUX

EN RESUME

Méthode :

- On schématise par des cercles et on code les différentes parties par des lettres
- On traduit l'énoncé par des équations
- On résout le système
- On répond aux questions

Savoir-faire mobilisé :

- Traduire un énoncé sous forme de schéma et de système d'équations
- Savoir résoudre un système de n équations à n inconnues

A pratiquer avec une démarche analogue :

- ACCES 2004 exercice n° 13
- ACCES 2005 exercice n° 10
- ACCES 2006 exercice n° 11
- ACCES 2007 exercice n° 13
- ACCES 2008 exercice n° 9
- ACCES 2009 exercice n° 9

Exercice type n° 2 : logique pure

Enoncé :

Au restaurant, Elsa donne les informations suivantes à Etienne :

- Si je fais de l'escalade, alors je ne fais pas d'aérobic ;
- Si je ne fais pas d'escalade alors je fais du volley-ball ;
- Je fais de l'aérobic ou je fais du snowboard ;
- Je ne fais pas de volley-ball.

A) Elsa fait de l'escalade.
B) Elsa fait de l'aérobic.
C) Elsa ne fait pas de snowboard.
D) Si Elsa ne fait pas du snowboard alors elle fait de l'escalade.

Correction détaillée :

On repère en tout premier lieu l'élément déclencheur : « *je ne fais pas de volley-ball* ».

RAPPEL DE COURS

La contraposée de « Si A, alors B » (A ⇒ B) est « Si NON B alors NON A » (NON B ⇒ NON A).

Ou encore, dit autrement : la contraposée de « P ⇒ Q » est « $\overline{Q} \Rightarrow \overline{P}$ ».

En appliquant ce rappel de cours à la deuxième proposition d'Elsa, on a alors : « *Je ne fais pas de volley-ball* » ⇒ « *je fais de l'escalade* ». On poursuit le raisonnement avec la 1re proposition : Elsa fait de l'escalade donc elle ne fait pas d'aérobic.

Récapitulons tout ceci sur une ligne que l'on nomme L1 :

L1 : « Pas de volley-ball » ⇒ « Escalade » ⇒ « Pas d'aérobic »

Remarque : dans les phrases du type « A ou B », on considèrera toujours que le « ou » est non exclusif, c'est-à-dire que soit A est réalisé, soit B, soit les deux en même temps.

Ce travail préparatoire nous permet de nous attaquer plus sereinement à l'analyse des propositions.

Proposition A)

Puisqu'Elsa ne fait pas de volley-ball, elle fait de l'escalade d'où :

Réponse : VRAI

Proposition B)

Elle fait de l'escalade donc elle ne fait pas d'aérobic.

Réponse : FAUX

Proposition C)

Supposons qu'Elsa ne fasse pas de snowboard. Dans ce cas, elle fait nécessairement de l'aérobic puisque Elsa fait de l'aérobic ou du snowboard. Or, elle ne fait pas d'aérobic d'après ce que l'on a dit en B. La proposition est donc absurde.

Réponse : FAUX

Proposition D)

Un peu comme au C, supposons qu'Elsa ne fasse pas de snowboard. Dans ce cas, elle fait nécessairement de l'aérobic. Il nous faut alors considérer la contraposée de la ligne *L1* mentionnée plus haut. Le rappel de cours nous permet d'obtenir :

L2 : « Aérobic » ⇒ « Pas escalade » ⇒ « Volley-ball »

Elsa fait de l'aérobic, donc, d'après L2, on conclut qu'elle ne fait pas d'escalade.
Réponse : FAUX

Conseils : nous vous conseillons sur ce type d'exercice de faire d'abord tout le travail de logique avant de répondre aux questions. L'expérience nous a permis de constater que les candidats qui répondaient aux questions au fur et à mesure de l'évolution du raisonnement avaient une tendance à se déconcentrer entre chaque réponse et, par conséquent, n'optimisaient pas leur temps.

EN RESUME

Méthode :

- Repérer l'élément déclencheur
- Utiliser les outils logiques pour établir la vérité
- Vérifier, pour conclure, la validité ou invalidité des phrases proposées

Savoir-faire et astuces mobilisés :

- Traduire un énoncé en proposition du type A ⇒ B
- Se souvenir que la contraposée de (A ⇒ B) est (NON B ⇒ NON A)
- savoir utiliser intelligemment les démonstrations par l'absurde

A pratiquer avec une démarche analogue :

- ACCES 2004 exercice n° 4
- ACCES 2005 exercices n° 5 et 14
- ACCES 2008 exercice n° 7
- ACCES 2009 exercice n° 6

Exercice type n° 3 : Equations, inéquations, pourcentages, fractions, puissances, logarithmes, suites

Nota Bene : entendons-nous bien : le problème qui suit est volontairement tarabiscoté et regroupe un vaste champ de compétences afin de bien vous faire comprendre que, dans votre phase d'entraînement, vous devrez être capables de tout mobiliser en même temps. Il ne s'agira donc pas de faire pendant une semaine que des pourcentages, la semaine qui suit que des fractions… Au contraire, on privilégiera la variété des savoir-faire. En voici une illustration : bon courage !

Au début de l'année 2008, Karim place un capital de C au taux fixe de 4 % annuel. Chaque année, les intérêts perçus sont réinvestis également au taux de 4 % annuel. De son côté, Pascal, plus téméraire, investit en bourse un capital K sur l'action. Début 2009, il constate que son capital a décru de 2 % tandis qu'en 2010, son capital enregistre une hausse de 10 % par rapport à 2009. Ce schéma se reproduit à l'identique tous les deux ans (baisse de 2 % la première année, hausse de 10 % la deuxième).

A) Si $C = 10\,000$ €, le capital de Karim aura doublé dans ln(0,5)/ln(1,04) années.

B) Si $K = 3/4\,C$, le capital de Pascal dépassera le capital de Karim dans moins de 2 ans.

C) Si, à la fin de l'année 2011, le capital de Pascal s'élève à 10 000 €, alors $K = \dfrac{10^6}{(22)^2} \times \left(\dfrac{10}{7}\right)^4$ €.

D) Si $C = 10\,000$ euros et si, au bout de 2 ans, Karim et Pascal ont le même capital alors $K = \dfrac{10\,816 \times 10^3}{1\,078}$ €.

Correction détaillée :

Proposition A)

Ici l'inconnue est le nombre d'années nécessaires pour que Karim voie son capital doubler. Notons n ce nombre d'années. La difficulté consiste alors à traduire l'énoncé en équations. En premier lieu, il s'agit de savoir comment exprimer en fonction de n le capital détenu par Karim à l'issue des n années. Deux méthodes peuvent être mobilisées ici, l'une plus artisanale que l'autre.

1re méthode : par conjecture

Pour simplifier la démarche, on considère tout d'abord que 2008 représente l'année 0.

Au bout d'un an, Karim a gagné 4 % sur son capital de C €, c'est-à-dire qu'au début de l'année 1 (l'année 2009 donc), il détient $C + 4\ \%\ C$ €, soit encore $C(1{,}04)$ €. La deuxième année, ce schéma se reproduit et donc cette fois ci, les 4 % d'intérêts sont applicables à $C(1{,}04)$ € puisque l'énoncé précise que les intérêts perçus chaque année sont réinvestis au taux de 4 %. Ainsi au bout de deux années de placement, Karim détient $C(1{,}04)(1{,}04)$ c'est-à-dire $C(1{,}04)^2$ €. En conjecturant cette démarche (c'est-à-dire en extrapolant ce procédé), Karim détiendra au bout de n années un capital de $C(1{,}04)^n$ €. Ce que l'on peut résumer dans le tableau suivant :

En euros	Capital début de période	Intérêts perçus pendant la période	Capital fin de période
Année 0	C	$0{,}4C$	$C(1{,}04)$
Année 1	$C(1{,}04)$	$C(1{,}04) \times 0{,}04$	$C(1{,}04)^2$
…			
Année n-1	$C(1{,}04)^{n-1}$	$C(1{,}04)^{n-1} \times 0{,}04$	$C(1{,}04)^n$

NB : la fin de l'année $n - 1$ (et non pas n) correspond à n années de placement puisque l'on démarre de l'année 0.

2e méthode : par l'utilisation du cours sur les suites

En notant U_n le capital de Karim au bout de n années, on a la relation géométrique suivante :

$$\text{pour tout } n \geq 0,\ U_{n+1} = 1{,}04U_n$$

RAPPEL DE COURS

Suite géométrique de raison *q*

Si pour tout $n \geq 0$, $U_{n+1} = qU_n$ alors pour tout $n \geq 0$, $U_n = q^n U_0$.

De même : si pour tout $n \geq k$, $U_{n+1} = qU_n$ alors pour tout $n \geq k$, $U_n = q^{n-k}U_k$.

Nous reconnaissons ici une suite géométrique de raison 1,04 et de premier terme $U_0 = C$ donc on conclut : $U_n = (1{,}04)^n$.

On rejoint bien le résultat de la 1re méthode.

Une fois cette étape achevée, il s'agit alors de traduire la proposition A sous forme d'équation d'inconnue n, en remplaçant C par 10 000. Cela nous donne :

$$10\,000(1{,}04)^n = 20\,000$$
$$\Leftrightarrow (1{,}04)^n = 2$$

STOP – ASTUCE !

Quand l'inconnue d'une équation est en puissance, l'utilisation de la fonction *ln* permet de faire redescendre l'inconnue en vertu de la règle :

$$\ln(a^n) = n \times \ln(a)$$

Cela nous donne finalement : $n \times \ln(1{,}04) = \ln(2)$ c'est-à-dire : $n = \dfrac{\ln(2)}{\ln(1{,}04)}$ années.

Réponse : FAUX

Proposition B)

Plus facile cette fois : il suffit de faire un tableau sur 2 ans pour comparer les capitaux des deux protagonistes. Nous vous suggérons le tableau suivant :

En euros	Capital de départ	Capital au bout d'un an	Capital au bout de deux ans
Karim	C	$(1{,}04)C$	$(1{,}04)^2C$
Pascal	$3/4\,C$	$3/4\,(0{,}98)C$	$3/4\,(0{,}98)(1{,}1)C$

Il suffit alors de résoudre l'inéquation : $C(1{,}04)^2 < 3/4\,(0{,}98)(1{,}1)C$.

Les C se simplifient et, par le calcul, on arrive à l'aberration $1{,}0816 < 0{,}8085$.

La proposition était donc fausse. Les plus agiles en calcul de fractions ont dû le pressentir aisément puisqu'on a : $3/4\,(0{,}98)(1{,}1) = \dfrac{3 \times 98 \times 11}{4 \times 100 \times 10} < \dfrac{4\,000}{4\,000} = 1 < (1{,}04)^2$.

Réponse B) FAUX

Proposition C)

La logique reste la même : à la fin de l'année 2011, Pascal bénéficie d'un capital égal à $K(0{,}98 \times 1{,}1)^2$ et qui, d'après l'énoncé proposé, représente 10 000 €. On résout alors l'équation suivante : $K(0{,}98 \times 1{,}1)^2 = 10\,000$ soit encore :

$$K = \frac{10\,000}{(0{,}98 \times 1{,}1)^2}$$

Il est alors impératif de faire un petit rappel de cours sur les fractions et les puissances.

RAPPEL DE COURS

Fractions

$$\frac{a}{b} \times \frac{c}{d} = \frac{a \times c}{b \times d} \text{ et } \frac{a}{\frac{b}{c}} = \frac{a \times c}{b}$$

Puissances

$$(ab)^c = a^c \times b^c \ ; \ (a^b)^c = a^{bc} \ ; \ \frac{1}{a^b} = a^{-b}$$

Fort de ce rafraîchissement, on poursuit le calcul et on a :

$$K = \frac{10\,000}{(0{,}98 \times 1{,}1)^2} = \frac{10\,000}{\left(\frac{98}{100} \times \frac{11}{10}\right)^2} = \frac{10\,000 \times (1\,000)^2}{(2 \times 49 \times 11)^2} = \frac{10^4 \times (10^3)^2}{2^2 \times (7^2)^2 \times 11^2}$$

Et par les règles rappelées ci-dessus, on conclut :

$$K = \frac{10^4 \times 10^6}{(7^2)^2 \times (2 \times 11)^2} = \frac{10^6}{(22)^2} \times \left(\frac{10}{7}\right)^2$$

Réponse : VRAI

Proposition D)

Nous pouvons aller plus vite à présent. Au bout de deux ans, on sait que Karim bénéficie de $C(1{,}04)^2$ € tandis que Pascal jouit de $K(0{,}98 \times 1{,}1)$ €. Puisque $C = 10\,000$ €, il suffit alors de résoudre l'équation suivante :

$$K(0{,}98 \times 1{,}1) = 10\,000(1{,}04)^2$$

Et, par le calcul et les règles vues précédemment, on trouve bien : $K = \frac{10\,816 \times 10^3}{1\,078}$ €.

Réponse D) VRAI

EN RESUME

Méthode :

- Nommer les inconnues recherchées
- Traduire les hypothèses de l'énoncé sous forme d'équations et/ou de tableaux
- Traduire les propositions sous forme d'équations/inéquations/tableaux
- Confronter les résultats
- Valider ou invalider une proposition

Savoir-faire et astuces mobilisés :

- Résolution d'équations/inéquations
- Utilisation des règles des règles de calcul (puissances, pourcentages, fractions, logarithme…)
- Utilisation des propriétés sur les suites usuelles (géométriques, arithmétiques…)

A pratiquer avec une démarche analogue :

- ACCES 2004 exercices n° 3 et 8
- ACCES 2005 exercices n° 2, 4 et 13
- ACCES 2006 exercices n° 2, 5 et 7
- ACCES 2007 exercices n° 4, 7 et 14
- ACCES 2008 exercices n° 1, 8 et 11
- ACCES 2009 exercices n° 5, 7, 13, 14

Exercice type n° 4 : probabilités

Fréquence : tous les ans

Difficulté : moyenne

La plupart des élèves redoute cette discipline que l'on n'aborde que tardivement : les probabilités. Pourtant avec de la méthode, une bonne connaissance du cours et surtout une priorité donnée au raisonnement, on s'en sort à tous les coups. Voici la trame qu'il faudra respecter dans la quasi-totalité des exercices de probabilité :

1. Raisonner
2. Nommer des événements
3. Traduire l'énoncé et ses propositions à l'aide de ces événements
4. Raisonner
5. Appliquer une formule, le cas échéant
6. Raisonner
7. Calculer et conclure

J'attire l'attention sur la très grande tendance qu'ont les élèves à systématiquement vouloir appliquer une formule avant même d'avoir raisonné. Je le répète, en probabilité, le raisonnement doit précéder l'application d'une formule. Par exemple, il sera parfois plus facile de calculer $P(A \cap B)$ plutôt que $P(A) \times P_A(B)$.
Place à l'exercice à présent.

Enoncé :

Une banque a ouvert un guichet automatique d'un type particulier qui distribue des billets de banque de 10 euros. Les clients qui possèdent une carte magnétique se sont vu attribuer un code secret X compris entre 0000 et 9999. Chaque client se présentant au guichet doit présenter sa carte et proposer son code secret. Si le numéro composé est exacte, le client peut retirer de l'argent en coupure de 10 euros ; dans le cas contraire, il dispose de deux essais supplémentaires pour retrouver le code X. A l'issue de trois essais consécutifs infructueux, le guichet conserve sa carte.

A) Le client Tartempion se présente à ce guichet et hésite entre 4 codes possibles : 6866, 6668, 8666 ou 6686. La probabilité pour que le client compose son code X au deuxième essai est de 1/4.
B) Dans les mêmes conditions qu'en A, la probabilité pour que Tartempion réussisse au plus tard au deuxième essai est de 1/4.
C) Le client Lambda se présente à ce même guichet alors qu'il ne se souvient plus du tout de son code X. La probabilité pour qu'il réussisse à retirer de l'argent est de 3/10 000.
D) Sachant que l'on estime à 1/10 000 la proportion de personnes susceptibles de tenter leur chance auprès de ce guichet automatique avec une carte trouvée ne leur appartenant pas, la probabilité pour que le client Alfred, qui a perdu sa carte, voit son compte débité contre son gré est de 3/10 000.

Correction détaillée :

Appliquons la démarche à chacune des propositions.

Proposition A)

<u>1re étape</u> : nommons d'abord les événements

X_2 : « Le client compose son code X au 2e essai »

En réfléchissant quelque peu, on se rend compte que, pour composer le bon code au 2e essai, il faut avoir composé un mauvais code au 1er essai. On a alors l'idée de poser un 2e événement :

X_1 : « le client compose son code X au 1er essai »

2e étape : on traduit la proposition de l'énoncé à l'aide de nos événements

L'énoncé suggère que : $P(X_2) = P(\overline{X_1} \cap X_2) = 1/4$.

Calculons alors $P(\overline{X_1} \cap X_2)$.

3e étape : on utilise la formule des probabilités conditionnelles

RAPPEL DE COURS

$$P(A \cap B) = P(A) \times P_A(B) \text{ si } P(A) \neq 0$$

$$P(A \cap B) = P(B) \times P_B(A) \text{ si } P(B) \neq 0$$

Après réflexion, puisque l'événement X_2 dépend de ce qui se passe lors du 1er code composé, on utilise la formule des probabilités conditionnelles et on a :

$$P(\overline{X_1} \cap X_2) = P(\overline{X_1}) \times P_{\overline{X_1}}(X_2)$$

4e étape : on calcule chacune des probabilités

RAPPEL DE COURS

$$P(\text{événement}) = \frac{\text{nombre des cas favorables}}{\text{nombre des cas total}}$$

3 codes sont faux sur 4 codes possibles donc $P(\overline{X_1}) = 3/4$.

Sachant que le client a déjà composé un code, il lui reste trois codes possibles dont un seul juste donc $P_{\overline{X_1}}(X_2) = 1/3$.

Par multiplication, on conclut : $P(\overline{X_1} \cap X_2) = 1/4$.

Réponse : VRAI

Proposition B)

Nous pouvons résoudre le problème de trois façons. A vous de faire votre choix.

<u>*1re méthode*</u> : en utilisant sa logique intuitive

Souvenons-nous, le raisonnement doit précéder l'action. On constate ici que l'événement « Tartempion réussit au plus tard au 2e essai » est l'événement « Tartempion réussit soit au premier, soit au 2e essai ». Puisque l'on vient de voir que la probabilité qu'il réussisse <u>exactement</u> au 2e essai est de 1/4, on conclut que la probabilité recherchée est nécessairement plus grande que 1/4.

<u>*2e méthode*</u> : en utilisant les règles de logique

Cette méthode consiste à traduire mathématiquement la logique intuitive vue ci-dessus.

RAPPEL DE COURS

Règle sur l'inclusion de deux événements

Soit A et B deux événements.

$$\text{Si } A \Rightarrow B \text{ alors } A \subset B \text{ et donc } P(A) \leq P(B)$$

Et en particulier,

$$\text{Si } A \Rightarrow B \text{ avec } A \neq B \text{ alors } A \subset B \text{ et } P(A) < P(B)$$

Nous vous rappelons que $A \Rightarrow B$ signifie « Si A est réalisé, alors B est réalisé ».

Dans notre cas, si le client a réussi son code au 2e essai, il l'a *a fortiori* réussi au plus tard au 2e essai ! On a donc bien :

« Tartempion réussit au 2e essai » $\Rightarrow$ « Tartempion réussit au plus tard au 2e essai ».

Et, de plus, « Tartempion réussit au 2e essai » $\neq$ « Tartempion réussit au plus tard au 2e essai ».

Donc P(« Tartempion réussit au 2e essai ») < P(« Tartempion réussit au plus tard au 2e essai »).

Or d'après A, P(« Tartempion réussit au 2e essai ») = 1/4

Par conséquent, P(« Tartempion réussit au plus tard au 2e essai ») > 1/4

<u>*3e méthode*</u> : en utilisant la démarche habituelle

Avec la démarche habituelle, on raisonne, on exprime ce que l'on cherche par les événements et on constate que l'on veut calculer $P(X_1 \cup X_2)$.

RAPPEL DE COURS

Formule du Crible

$$P(A \cup B) = P(A) + P(B) - P(A \cap B)$$
$$= P(A) + P(B) \text{ si } P(A \cap B) = 0$$

(événements dits « incompatibles »)

Les événements sont ici incompatibles puisqu'on ne peut pas avoir X_1 et X_2 réalisés (si X_1 est réalisé, c'est-à-dire si le bon code est trouvé au 1er essai, X_2 ne l'est pas puisque dans ce cas le client n'effectue pas de 2e essai !)

On a alors $P(X_1 \cup X_2) = P(X_1) + P(X_2) = \frac{1}{4} + \frac{1}{3} = \frac{3}{12} + \frac{4}{12} = \frac{7}{12} \neq \frac{1}{4}$

Les deux méthodes aboutissent ainsi à la même conclusion.

Réponse : FAUX

Proposition C)

STOP – ASTUCE !

Très souvent, lorsque la probabilité d'un événement A paraît complexe, il suffit de raisonner à l'aide de l'événement complémentaire $\overline{A}$ et on applique alors la formule du cours :

$$P(A) = 1 - P(\overline{A})$$

Ici, les deux méthodes étaient de difficultés comparables mais appliquons toutefois la méthode utilisant le complémentaire, pour stimuler notre logique. Notre démarche habituelle nous conduit alors aux étapes suivantes :

1re étape : nommons les événements

R : « réussir à retirer de l'argent »

X_1 : « le client trouve son code au 1er essai »

X_2 : « le client trouve son code au 2e essai »

X_3 : « le client trouve son code au 3e essai »

2e étape : traduisons ce que suggère l'énoncé

« Réussir à retirer de l'argent » est finalement l'événement « retirer de l'argent dès le 1er essai, OU après 2 essais OU après trois essais ».

Ainsi : $R = X_1 \cup X_2 \cup X_3$

RAPPEL DE COURS

Loi de Morgan : « NON (P ou Q) » équivaut à « NON(P) et NON(Q) »

Loi de Morgan appliquée aux probabilités :

$$P(\overline{A_1 \cup A_2 \dots \cup A_n}) = P(\overline{A_1} \cap \overline{A_2} \dots \cap \overline{A_n})$$

L'énoncé affirme : $P(R) = \dfrac{3}{10\,000}$

Par utilisation de la loi de Morgan (ou par raisonnement logique), on a alors :

$P(\overline{R}) = P(\overline{X_1 \cup X_2 \cup X_3}) = P(\overline{X_1} \cap \overline{X_2} \cap \overline{X_3})$

On utilise alors la formule des probabilités conditionnelles et on a :

$P(\overline{R}) = P(\overline{X_1}) \times P_{\overline{X_1}}(\overline{X_2}) \times P_{\overline{X_1} \cap \overline{X_2}}(\overline{X_3})$

C'est-à-dire, en dénombrant les cas favorables et les cas possibles :

$P(\overline{R}) = \dfrac{9\,999}{10\,000} \times \dfrac{9\,998}{9\,999} \times \dfrac{9\,997}{9\,998} = \dfrac{9\,997}{10\,000}$

Finalement, on conclut :

$P(R) = 1 - P(\overline{R}) = 1 - \dfrac{9\,997}{10\,000} = \dfrac{3}{10\,000}$

Réponse : VRAI

Proposition D)

1re méthode : très rapide mais nécessitant un esprit logique entraîné

Comme pour le B, prenons du recul, utilisons la logique (le raisonnement précède l'action, *don't forget!*) et faisons confiance à notre intuition (que vous développerez avec le temps par le travail et la répétition). Il s'agit, en clair, de calculer la probabilité que la personne trouvant la carte du client Alfred tente sa chance et parvienne à trouver le code. Or, on vient de démontrer dans le C qu'une personne qui ne connaît pas le code a 3 chances sur 10 000 de réussir à retirer de l'argent. La probabilité que le client Alfred voit son compte débité est alors bien plus faible que 3/10 000 puisque pour se faire, la carte doit être entre les mains d'un esprit malintentionné (1 chance sur 10 000) qui, de surcroît, aura l'immense chance de trouver le bon code (3 chances sur 10 000).

2e méthode : la même chose que la 1re méthode mais en langage probabiliste

En reprenant la même démarche que pour invalider la proposition B, on montre que :

Si « le client voit son compte débité contre son gré » est réalisé alors « le code a été trouvé » est réalisé. En notant A, le premier de ces événements et B le second, on aura alors $A \Rightarrow B$ avec $A \neq B$ et donc $P(A) < P(B)$ d'après la règle énoncée en B.

Or, $P(B) = 3/10\,000$ d'après C. Donc $P(A) < 3/10\,000$.

3e méthode : avec la démarche habituelle, sans trop réfléchir

Pour ceux qui ne sont pas encore sûrs à 100 % de la validité de leur logique, on déroule la démarche vue précédemment en nommant d'abord les événements suivants :

T : « la personne trouvant la carte tente sa chance au guichet »

Z : « le client Alfred voit son compte débité »

On traduit l'hypothèse de l'énoncé :

$$P(T) = \frac{1}{10\,000}$$

On traduit également la proposition de l'énoncé :

$$P(Z) = \frac{3}{10\,000}$$

On réfléchit et on constate que pour calculer la probabilité de Z, à l'aide de T, on peut appliquer la formule des probabilités totales à l'aide de $(T\,;\,\overline{T})$.

RAPPEL DE COURS

Formule des probabilités totales :

$P(A) = P(B) \times P_B(A) + P(\overline{B}) \times P_{\overline{B}}(A)$

Par application directe de la formule, on obtient :

$P(Z) = P(T) \times P_T(Z) + P(\overline{T}) \times P_{\overline{T}}(Z)$

Or, $P_T(Z)$ est finalement la probabilité qu'une personne ne connaissant pas le code puisse retirer de l'argent. D'après le C, cette probabilité vaut $\frac{3}{10\,000}$. Par ailleurs, $P_{\overline{T}}(Z)$ est clairement égale à 0. On conclut alors :

$$P(Z) = \frac{1}{10\,000} \times \frac{3}{10\,000} \neq \frac{3}{10\,000}$$

Les trois méthodes conduisent à la même conclusion.

Réponse : FAUX

EN RESUME

Méthode :

- Raisonner
- Nommer les événements
- Traduire l'énoncé à l'aide des événements
- Raisonner de nouveau
- Utiliser une formule classique, si besoin
- Conclure, par un calcul ou un raisonnement logique

Savoir-faire et astuces mobilisés :

- Maîtrise de toutes les formules classiques : probabilités conditionnelles, probabilités totales, formule du crible, probabilité d'un complémentaire
- Penser au complémentaire d'un événement lorsque le calcul direct est compliqué
- Savoir, dans certains cas, trouver des relations d'inclusion entre deux événements
- Raisonner toujours avant d'agir. Un simple raisonnement logique permet parfois d'éviter les calculs

A pratiquer avec une démarche analogue :

- ACCES 2004 exercice n° 21
- ACCES 2005 exercice n° 16
- ACCES 2006 exercice n° 22
- ACCES 2007 exercice n° 21
- ACCES 2008 exercice n° 22
- ACCES 2009 exercice n° 21

Exercice type n° 5 : Trinôme du second degré, paramètres

Enoncé :

Considérons la fonction et l'équation suivantes :

$f_m(x) = mx^2 + 2mx - m - 4$ et (E) : $f_m(x) = 0$

T

A) Si m appartient à $]-2\ ;\ 0[$, $f_m(x)$ est négatif.

B) Pour $m = -2$, (E) admet une solution unique égale à 1.

C) Si $m < -4$ alors (E) admet deux racines distinctes dont le produit vaut : $-\left(1 + \frac{1}{m}\right)$.

D) Si (E) admet deux racines distinctes x_1 et x_2 telles que $x_1 < x_2$, alors : $f_m(x) \leq 0$ sur $[x_1\ ;\ x_2]$.

Correction détaillée :

Ce type d'exercice est redouté des candidats qui souvent font la confusion entre l'inconnue (x) et le paramètre (m). Entendons-nous bien, m est ici un paramètre : selon sa valeur, l'équation aura soit aucune, soit une, soit deux solutions distinctes. Avant de rentrer dans le vif du sujet, rappelons de façon synthétique le cours.

RAPPEL DE COURS

Considérons : $f(x) = ax^2 + bx + c$ et (E) : $f(x) = 0$ $\Delta = b^2 - 4ac$

<u>1er cas</u> : si $\Delta < 0$

- (E) n'admet pas de solution réelle
- $f(x)$ est du même signe que a

<u>2e cas</u> : si $\Delta = 0$

- (E) admet une racine double $x_0 = -\dfrac{b}{2a}$
- $f(x)$ est du même signe que a

<u>3e cas</u> : si $\Delta > 0$

- (E) admet deux racines distinctes $x_1 = \dfrac{-b-\sqrt{\Delta}}{2a}$; $x_2 = \dfrac{-b+\sqrt{\Delta}}{2a}$
- $f(x)$ est du même signe que a à l'extérieur des racines
- $x_1 + x_2 = \dfrac{-b}{a}$ et $x_1x_2 = \dfrac{c}{a}$

Attaquons à présent ! On constate d'abord que lorsque $m = 0$, l'équation n'a pas de sens. Calculons à présent le discriminant :

$$\Delta = (2m)^2 - 4m(-m-4) = 8m^2 + 16m = 8m(m+2)$$

Pour étudier le signe du discriminant, on fait un tableau de signe :

m	$-\infty$		-2		0		$+\infty$
$8m$		$-$		$-$	0	$+$	
$m+2$		$-$	0	$+$		$+$	
Δ		$+$	0	$-$	‖	$+$	

On peut à présent distinguer 3 cas, comme le rappel nous le suggère.

<u>1er cas</u> : si $m \in\,]-2\,;\,0[$

Dans ce cas, le discriminant est négatif, (E) n'admet pas de solution et $f_m(x)$ est du même signe que m c'est-à-dire négatif puisque $m \in\,]-2\,;\,0[$. **La proposition A est donc vraie.**

<u>2e cas</u> : si $m = -2$

Dans ce cas, ⊠ = 0 donc (E) admet une unique solution (racine double) égale à -1. **La proposition B est donc fausse.**

<u>3e cas</u> : si $m \in\ ]-\infty\ ; -2[\ \cup\ ]0\ ; +\infty[$

Dans ce cas, ⊠ > 0 et (E) admet deux racines distinctes x_1 et x_2 et $x_1x_2 = \dfrac{-m-4}{m} = -\left(1 + \dfrac{4}{m}\right)$. Lorsque $m < -4$, $m \in\ ]-\infty\ ; -2[\ \cup\ ]0\ ; +\infty[$ donc **la proposition C est fausse**. Enfin, si (E) admet deux racines distinctes x_1 et x_2 telles que $x_1 < x_2$, alors nécessairement $m \in\ ]-\infty\ ; -2[\ \cup\ ]0\ ; +\infty[$ ce qui signifie d'après le cours que $f_m(x)$ est du signe de m à l'extérieur des racines, donc du signe de $-m$ à l'intérieur des racines c'est-à-dire sur $[x_1\ ; x_2]$. Ainsi $f_m(x) < 0$ si $m > 0$ et $f_m(x) > 0$ si $m < -2$. **La proposition D est donc fausse.**

Bilan : VFFF

EN RESUME

Méthode :

- Vérifier si certaines valeurs du paramètre ne rendent pas le système incohérent (souvent on prend $m = 0$)
- Calculer le discriminant en fonction du m
- Discuter, selon les valeurs de m, du nombre de racines solutions de l'équation

Savoir-faire et astuces mobilisés :

- Connaître parfaitement le cours
- Savoir faire un tableau de signe

A pratiquer avec une démarche analogue :

- ACCES 2004 exercice n° 20
- ACCES 2005 exercice n° 21
- ACCES 2006 exercice n° 20
- ACCES 2007 exercice n° 19
- ACCES 2008 exercice n° 20
- ACCES 2009 exercice n° 20

IV. ENTRAINEMENT SUR 3 SUJETS D'ANNALES

Les trois annales du concours ACCES qui suivent présentent l'avantage de contenir des **exercices fondamentaux que vous devez absolument maîtriser sur le bout des doigts pour arriver fin prêt le jour J**. Ces exercices sont très importants car ils s'appuient sur de grandes méthodes classiques de résolution.

Vous remarquerez que contrairement aux modalités actuelles du concours (3 parties composées de 5 exercices), les deux premières annales sont uniquement composées de 2 parties. Elles ne contiennent en effet pas de problème. C'était ainsi il y a quelques années.

En vous faisant travailler sur ces deux annales, nous avons fait le choix de nous concentrer **sur le raisonnement logique et les mathématiques** car ces deux parties sont celles qui posent le plus de difficultés aux candidats et c'est donc sur ces deux parties que vous pourrez espérer le plus progresser. En effet, même si nous vous conseillons vivement de vous procurer les dernières annales du concours ACCES et de vous exercer sur la 3e partie (le problème), nous vous recommandons de ne pas non plus y passer trop de temps. Les problèmes sont très différents les uns des autres chaque année et il n'est pas démontré que plus vous en ferez, plus vous progresserez. En revanche, l'expérience montre clairement que plus vous vous entraînerez en raisonnement logique et en mathématiques et meilleures seront vos chances de décrocher une très bonne note le jour J.

Bon courage et bonne réussite !

ACCÈS

SESSION 2005

ÉPREUVE DE MATHÉMATIQUES

Lisez attentivement les instructions suivantes avant de vous mettre au travail :

Cette épreuve est composée de deux parties :

→ exercices n° 1 à 15 pondération 1

→ exercices n° 16 à 22 pondération 2

Chaque question comporte quatre propositions, notées **A. B. C. D.**. Pour chaque proposition, vous devez signaler si elle est vraie en l'indiquant sur la grille de réponses en marquant la case sous la lettre V ; ou fausse en l'indiquant sur la grille de réponses en marquant la case sous la lettre F. Une réponse est donc une suite de quatre marques V ou F.

Exemples :

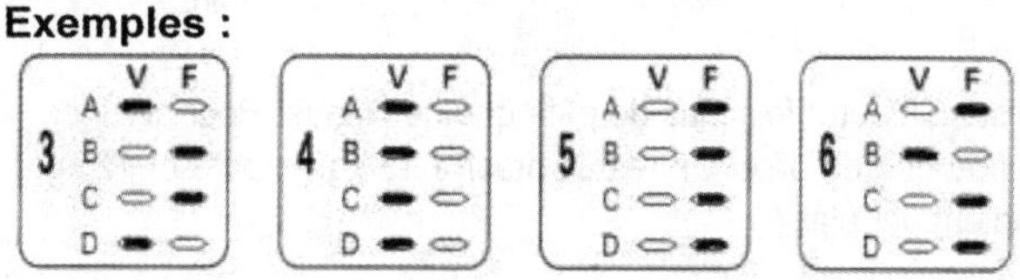

L'absence de marque (V, F) ou la mauvaise marque à une proposition n'entraîne pas de points négatifs.

Vous vous servirez de la feuille jointe pour indiquer vos réponses en noircissant les cases situées à côté des lettres correspondantes.

IMPORTANT :

L'utilisation d'une calculatrice est strictement interdite pour cette épreuve.

Exercices n° 1 à 15 : pondération 1

1) Alice vagabonde dans la forêt de l'amnésie où elle est incapable de se souvenir du jour de la semaine. Elle rencontre le lion et la licorne. Le lion ment toujours les lundi, mardi et mercredi tandis que la licorne ment toujours les jeudi, vendredi et samedi. Tous les autres jours les deux bêtes disent toujours la vérité.

- ✓ « Hier était un jour où je mentais » dit le lion.
- ✓ « Hier était un jour où je mentais » dit la licorne.

A. Le lion et la licorne disent la vérité.
B. Le jour de la semaine est dimanche.
C. Le jour de la semaine est jeudi ou dimanche.
D. Le lion ment.

2) Ci-joint un texte s'inspirant de l'épitaphe de Diophante (mathématicien grec, 325 - ?) :

« Passant, sous ce tombeau repose Diophante.
Ces quelques vers tracés par une main savante
Vont vous faire connaître à quel âge il est mort.
Des jours assez nombreux que lui compta le sort,
Le sixième marqua le temps de son enfance ;
Le douzième fut pris par son adolescence.
Des sept parts égales de sa vie, une encore s'écoula.
Puis, s'étant marié, sa femme lui donna,
Cinq ans après un fils qui, du destin sévère,
Reçut de jours hélas ! la moitié de ceux que son père reçut.
De quatre ans, dans les pleurs, celui-ci survécut. »

A. Diophante a vécu 96 ans.
B. Diophante s'est marié à 33 ans.
C. Diophante a vécu célibataire moins du tiers de sa vie.
D. Lorsque son fils est mort, Diophante avait 80 ans.

3) Pour cuisiner des spaghettis bolognaises, il faut 2 fois plus de pâte que de viande. Pour cuisiner des lasagnes, il faut 2 fois plus de viande que de pâte. Un restaurateur a 15 kg de pâte et 12 kg de viande. Il met 300 grammes d'ingrédient par plat.

A. S'il ne cuisine que des spaghettis, il peut préparer 75 plats.
B. S'il ne cuisine que des lasagnes, il peut préparer 65 plats.
C. Sachant qu'il a déjà cuisiné 50 plats de spaghettis, il peut encore préparer 40 plats de lasagnes.
D. Si le restaurateur utilise l'ensemble des ingrédients disponibles, il aura cuisiné 20 plats de spaghettis de plus que le nombre de plats de lasagnes préparés.

4) Sur la cour de l'école, Aubin donne les informations suivantes à son copain Kamel :

- ✓ Si je fais du vélo alors je fais du tennis.
- ✓ Si je ne fais pas de vélo alors je ne fais pas de foot.
- ✓ Je ne fais pas de tennis ou je fais de la trottinette.
- ✓ Je fais du foot.

A. Aubin fait du vélo.
B. Aubin ne fait pas de tennis.
C. Aubin ne fait pas de trottinette.
D. Si Aubin ne fait pas de trottinette alors il ne fait pas de vélo.

5) Les participants à une course d'orientation reçoivent les consignes suivantes :
« (1) Parcourir 4 km en ligne droite vers le nord. (2) Tourner à droite à 90 ° vers l'est. (3) Continuer pendant 3 km en ligne droite. (4) Tourner à droite à 45 ° vers le sud-est. (5) Parcourir x km, en ligne droite, de manière à se retrouver à 7 km à l'est du point de départ. (6) Tourner à droite à 90 °. (7) Parcourir y km, en ligne droite, jusqu'à se retrouver, à nouveau, à 7 km à vol d'oiseau du point de départ. (8) Tourner à droite à z ° de manière à revenir, en ligne droite, au point départ. »

A. A l'étape (5), x est supérieur à 5 km.
B. A l'étape (7), y est inférieur à 10 km.
C. A l'étape (8), z vaut 90 °.
D. La distance totale à parcourir est supérieure à 35 km.

6) On suspecte Elise, Fred et Gaétan d'avoir commis un vol. Nous avons à leur sujet les informations suivantes :

- ✓ Si Gaétan n'est pas coupable alors Fred est coupable.
- ✓ Si Elise n'est pas coupable alors Gaétan est coupable.
- ✓ Si Gaétan est coupable alors Elise l'est aussi.
- ✓ Si Elise est coupable alors Fred ne l'est pas.

A. Gaétan est coupable.
B. Fred est coupable.
C. Elise ou Fred est coupable.
D. Elise est coupable.

7) Jérémie, Julien, Jacques, Jean et Joseph sont amis et prononcent les phrases suivantes :

- ✓ Jérémie : « Le concours ACCÈS regroupe l'ESSCA, l'IÉSEG et l'ESDES »
- ✓ Julien : « Euler est un mathématicien suisse du 18e siècle »
- ✓ Jacques : « La somme des entiers de 1 à 10 est 55 »
- ✓ Jean : « La phrase prononcée par Julien est fausse »
- ✓ Joseph : « Une seule des phrases précédentes est vraie »

A. Jérémie dit vrai.
B. Exactement deux phrases sont vraies.
C. Jacques dit vrai.
D. Exactement trois phrases sont vraies.

8) Un étudiant possède un capital de x bols (monnaie locale du pays). Durant le 1er semestre de l'année suivante, il dépense 100 bols. Au 2e semestre, il augmente son capital d'un tiers par rapport à la fin du 1er semestre. Il effectue les mêmes opérations (dépense au 1er semestre et augmentation de son capital au 2e) durant les 2 années qui suivent. Au bout des 3 années, il constate que son capital de départ a doublé.

A. Au bout de la 1re année, il a $\frac{4x-400}{3}$ bols.

B. A la fin de la 2e année, il a $\frac{4x-1600}{3}$ bols de plus qu'au début de celle-ci.

C. Au bout des 3 années, il a $\frac{64x-14800}{27}$ bols.

D. L'étudiant avait 1400 bols au départ.

9) Alban, Bernard et Clotaire sont les trois premiers d'un rallye pédestre organisé par une école supérieure de gestion. Ils pratiquent des sports différents (athlétisme, tennis et football) et sont originaires de trois villes différentes (Angers, Lille et Lyon). Nous avons, à leur sujet, les informations suivantes :

- ✓ Clotaire qui pratique le tennis précède immédiatement Bernard.
- ✓ L'amateur de football qui n'est pas lyonnais précède immédiatement celui qui pratique l'athlétisme.
- ✓ Alban est lillois.

A. Alban est arrivé premier.

B. Bernard est angevin.

C. Clotaire est lyonnais.

D. Celui qui pratique l'athlétisme est second.

10) Quatre enfants discutent.

- ✓ Mathilde : « J'ai deux frères de moins que de sœurs »
- ✓ Luc, le frère de Mathilde : « J'ai deux fois plus de sœurs que de frères »
- ✓ Paul dit à Luc et Mathilde : « J'ai autant de frères et sœurs qu'il n'y a d'enfants chez vous »
- ✓ Virginie, la sœur de Paul : « J'ai un frère de plus que de sœurs »

A. Mathilde a 8 sœurs.

B. Il y a 5 garçons dans la famille de Mathilde et Luc.

C. Paul a 7 sœurs.

D. Il y a 13 enfants dans la famille de Paul et Virginie.

11) Nous sommes dans un étrange pays où la coutume veut que les habitants donnent les renseignements par deux : l'un est vrai et l'autre est faux. Cinq habitantes parlent de leurs résultats au concours de confection du meilleur logigoulba, pâtisserie très appréciée dans le pays. Elles occupent les cinq premières places.

- ✓ Amélie : « Delphine était deuxième et moi quatrième »
- ✓ Charlotte : « Delphine était première et j'étais deuxième »
- ✓ Estelle : « J'étais deuxième et Delphine troisième »
- ✓ Delphine : « J'étais dernière et Béatrice a gagné »

A. Delphine était quatrième.

B. Amélie était troisième.

C. Charlotte était seconde.

D. Estelle était cinquième.

12) Un train (T1) quitte la ville A en direction de la ville B à 10 h. Il effectuera le trajet à la vitesse constante de 100 km/h. Un autre train (T2) quitte la ville B en direction de la ville A à 11 h, en empruntant le même parcours. Chacun des trains a une longueur de 300 mètres. Lorsque les 2 trains se rencontrent, le train (T1) a déjà parcouru 200 km. Les trains se croisent pendant 7,2 secondes.

A. Le train (T2) effectue le trajet à une vitesse constante de 300 km/h.

B. Les villes A et B sont distantes de 400 km.

C. Le train (T1) arrivera dans la ville B à 13 h 30.

D. Si les 2 trains avaient chacun une vitesse constante de 100 km/h , ils se seraient croisés pendant 10,6 secondes.

13) Sur la planète Logiland, une enquête a été réalisée sur trois occupations importantes des habitants : mots croisés, échecs et logigrilles. Sur les 1 000 réponses obtenues, nous avons les informations suivantes :

- ✓ 700 personnes font des mots croisés, 400 font des logigrilles et 360 jouent aux échecs.
- ✓ 50 % des personnes qui pratiquent les logigrilles font des mots croisés.
- ✓ Il y a dix fois plus de personnes à s'adonner seulement aux logigrilles que de personnes à s'adonner seulement aux échecs.
- ✓ 100 personnes jouent aux échecs et font des logigrilles.
- ✓ Le quart des personnes qui ont répondu ne pratiquent que les mots croisés.

A. 100 personnes ne pratiquent que les logigrilles.

B. 90 personnes ne pratiquent aucun de ces loisirs.

C. On ne peut pas savoir combien de personnes pratiquent les trois loisirs.

D. 650 personnes pratiquent au moins deux des trois loisirs.

14) Un projectile est lancé. La fonction qui définit sa vitesse est :

$$V(t) = -t^3 + 10t^2$$

avec t, réel positif, représentant le nombre de secondes écoulées depuis le lancer.
La fonction définissant son accélération est la dérivée première de la fonction de vitesse.

A. Le projectile va s'arrêter au bout de 10 secondes.

B. Le projectile atteindra sa vitesse maximale au bout de 10/3 secondes.

C. Le projectile atteindra son accélération maximale au bout de 10/3 secondes.

D. Le projectile aura une accélération nulle au bout de 20/3 secondes.

15) Le génie Portia montre trois coffrets d'or, d'argent et de plomb qui portent chacun une inscription différente. Un seul coffret contient le portrait de Portia. Les inscriptions sont :
- ✓ Inscription portée sur le coffret d'or : « le portrait est dans ce coffret »
- ✓ Inscription portée sur le coffret d'argent : « le portrait n'est pas dans ce coffret »
- ✓ Inscription portée sur le coffret de plomb : « le portrait n'est pas dans le coffret en or »

Portia qui ne ment jamais, affirme qu'une inscription au plus est vraie.

A. L'inscription portée sur le coffret d'or est fausse.

B. Les inscriptions portées sur les coffrets en argent et plomb sont vraies.

C. Le portrait est dans le coffret d'argent.

D. Le portrait est dans le coffret d'or.

Exercices n° 16 à 22 : pondération 2

16) Soit f la fonction définie par $f(x) = -\frac{\ln x}{x} + x$

où ln désigne le logarithme népérien et (C) la courbe représentative de f

A. $\lim_{x\to 0} f(x) = 0$ F

B. $\lim_{x\to +\infty} f(x) = +\infty$ √

C. La droite d'équation $y = x - \frac{1}{e}$ est une tangente à la courbe (C) au point d'abscisse e

D. L'intégrale $\int_1^a f(x)dx$, $a > 1$, vaut $-\frac{1}{2}(\ln a)^2 + \frac{1}{2}a^2 - \frac{1}{2}$ √

17) On pose $f(t) = \frac{1}{e^t + 1}$ et F une fonction primitive de f sur IR

A. Une autre expression de $f(t)$ est $\frac{e^{-t}}{e^{-t}+1}$ √

B. $f'(t)$ est égale à $\frac{-1}{e^t + e^{-t} + 2}$ où f' est la fonction dérivée de f √

C. $F(t) = \ln(e^{-t} + 1)$ où ln désigne le logarithme népérien F

D. F est une fonction strictement croissante sur IR F

18) Soit $h : x \mapsto h(x) = 2e^{-x}\sqrt{x}$
et (H) la courbe représentative de h

A. L'ensemble de définition de h **est** $[\,0;+\infty\,[$

B. $\lim\limits_{x \to +\infty} h(x) = +\infty$

C. $h'(x)$ est égale à $e^{-x}(\dfrac{-2x+1}{\sqrt{x}})$ où h' est la fonction dérivée de h

D. h atteint son maximum pour $x = \dfrac{1}{2}$

19) Soit le système S de 2 équations où x, y sont deux inconnues réelles et

a un paramètre réel non nul.
$$\begin{cases} y + x^2 + 36 = 0 \\ y - a^2 x = 0 \end{cases}$$

C_1 et C_2 les deux courbes représentant respectivement ces deux relations dans le plan

A. La courbe C_2 passe par un point fixe quel que soit a

B. L'axe de symétrie de la courbe C_1 a pour équation $x = 0$

C. Les courbes C_1 et C_2 ont soit 0, 1 ou 2 points en commun, selon la valeur du paramètre a

D. Si $a = \pm 2\sqrt{3}$, les courbes C_1 et C_2 ont un seul point d'intersection

20) On donne la fonction :

$$k : IR \to IR$$
$$x \mapsto k(x) = \frac{(x-1)(x^2+mx+4)}{(x^2+mx+6)}$$

où m désigne un paramètre réel et (C) la courbe représentative de k

A. Pour tout $m \in IR$, $\lim\limits_{x \to +\infty} \dfrac{k(x)}{x} = 1$

B. Si $m < -4$ ou $m > 4$, la fonction k admet 3 racines réelles

C. Pour tout $m \in IR$, la courbe (C) ne présente pas d'asymptote verticale

D. Pour $m = 1$, la tangente à (C) au point d'abscisse $x = 1$ a pour équation $y = \dfrac{3}{4}(x-1)$

21) Deux ateliers T_1 et T_2 d'une usine de vêtements fournissent respectivement 30 % et 70 % de la production de l'usine. Ils produisent, chacun, des pulls et des chemises. Dans la production de l'atelier T_1, il y a 20 % de pulls et 80 % de chemises ; dans celle de l'atelier T_2, 60 % de pulls et 40 % de chemises. On prélève au hasard un article de la production d'une journée.

A. La probabilité que l'article provienne de T_2 est de 0,7

B. La probabilité que l'article soit une chemise et provienne de T_2 est de 0,5

C. La probabilité que l'article soit un pull sachant qu'il provient de T_1 est de 0,2

D. La probabilité que l'article soit un pull est de 0,48

22) On considère la suite de nombres $u_0, u_1, u_2, ..., u_n, ...$ définie sur IN, ensemble des entiers naturels, par :

$$\begin{cases} u_0 = 2 \\ u_{n+1} = \dfrac{4u_n + 2}{u_n + 5} \end{cases}$$

On définit 2 nouvelles suites par :

$v_n = \dfrac{u_n - 1}{u_n + 2}$ et $w_n = \ln(v_n)$ où ln désigne le logarithme népérien.

A. Le premier terme v_0 de la suite (v_n) vaut 1

B. (w_n) est une suite arithmétique de raison $\ln\left(\dfrac{1}{2}\right)$

C. Si $S_n = v_0 + v_1 + v_2 + ... + v_n$ alors $S_n = \dfrac{1}{2} - \left(\dfrac{1}{2}\right)^{n+2}$

D. $u_n = \dfrac{2^{n+2} + 2}{2^{n+2} - 1}$

CORRIGES COMMENTES DE L'ANNALE 2006

1. FFVF

Les seuls jours où le **lion** peut dire « j'ai menti hier » sont les Lundis et les Jeudis. Quant aux seuls jours où la **licorne** peut dire « j'ai menti hier », ce sont les Jeudis et les Dimanches.

On en déduit que le seul jour où le **lion** et la **licorne** peuvent dire ensemble « hier était un jour où je mentais » est le Jeudi.

➔ A est faux ; B est faux (c'est Jeudi !) ; C est vrai et D est faux.

2. FVFV

Diophante a vécu Y années.

Evénement	Durée événement	Age de Diophante	Age du fils
Enfance	$\frac{1}{6}Y$	$\frac{1}{6}Y$	Pas né
Adolescence	$\frac{1}{12}Y$	$\left(\frac{1}{6}+\frac{1}{12}\right)Y$	Pas né
Jeune Homme	$\frac{1}{7}Y$	$\left(\frac{1}{6}+\frac{1}{12}+\frac{1}{7}\right)Y$	Pas né
Début de mariage	5	$\left(\frac{1}{6}+\frac{1}{12}+\frac{1}{7}\right)Y+5$	0
Mort du fils	$\frac{1}{2}Y$	$\left(\frac{1}{6}+\frac{1}{12}+\frac{1}{7}\right)Y+5+\frac{1}{2}Y$	$\frac{1}{2}Y$
Survivance de Diophante avant sa mort	4	$\left(\frac{1}{6}+\frac{1}{12}+\frac{1}{7}\right)Y+5+\frac{1}{2}Y+4=Y$	Mort

On résout l'équation en Y :

$$\left(\frac{1}{6}+\frac{1}{12}+\frac{1}{7}\right)\times Y+5+\frac{1}{2}\times Y+4=Y \Leftrightarrow \frac{11}{28}\times Y+\frac{1}{2}\times Y+9=Y$$

$$\Leftrightarrow \frac{25}{28}Y+9=Y \Leftrightarrow 9=\frac{3}{28}Y \Leftrightarrow Y=84$$

Cette équation nous donne $Y = 84$.

Autre méthode :

On aurait très bien pu trouver Y en utilisant le « PPCM » c'est-à-dire le plus petit commun multiple.

On sait en effet que l'âge de Diophante est divisible par 6 par 12 et par 7.

D'où la question : quel est le plus petit nombre qui est à la fois divisible par 6, 7 et 12 ?

Pour répondre à cette question, il suffit de décomposer les facteurs 6, 7 et 12 en produits uniques de facteurs premiers. Soit :

$6 = 3 \times 2$

$7 = 7 \times 1$

$12 = 3 \times 2 \times 2$

Le plus petit commun multiple de 6, 7 et 12 est donc : $3 \times 2 \times 2 \times 7 \times 1 = 84$.

A

Diophante a vécu 96 années.

➔ A est faux.

B

Diophante s'est marié lorsqu'il avait :

$$\left(\frac{1}{6} + \frac{1}{12} + \frac{1}{7}\right) \times Y \text{ ans} = \left(\frac{14}{84} + \frac{7}{84} + \frac{12}{84}\right) \times 84 = 33 \text{ ans.}$$

➔ B est vrai.

C

Diophante s'est marié à 33 ans… c'est qu'il est donc resté célibataire 33 ans !

$\frac{33}{84} > \frac{33}{99}$ soit $\frac{33}{84} > \frac{1}{3}$.

Conséquence : Diophante est resté célibataire plus d'un tiers de sa vie.

➔ C est faux.

<u>**D**</u>

Le fils de Diophante est mort 4 ans avant sa propre mort.

Ainsi lorsque son fils est mort Diophante avait $Y-4$ ans.

Or $Y = 84$ donc Diophante avait 80 ans lorsque son fils est mort.

➔ D est vrai.

3. VFFF

Soit P la quantité de pâte nécessaire à la préparation d'un plat.

Soit V la quantité de viande nécessaire à la préparation d'un plat.

<u>**A**</u>

Si le cuisinier ne cuisine que des spaghettis, alors il a besoin tout au long de sa préparation de deux fois plus de pâte que de viande.

La quantité maximale de pâte dont il dispose étant de 15 kg, on en déduit naturellement qu'il n'utilisera que 7,5 kg de viande (sur les 12 kg qu'il tient effectivement à sa disposition).

Il convient de noter que la quantité maximale de plats que le cuisinier pourra préparer sera conditionnée par l'ingrédient qui se trouve être en plus petite quantité, *i.e.* la viande ici.

Il convient de noter également que pour chaque plat de 300 g de spaghettis préparé, le cuisinier incorporera dans sa recette 100 g de viande et 200 g de pâte.

<u>Conclusion</u> :

S'il ne cuisine que des spaghettis, le cuisinier pourra cuisiner $\frac{7\,500}{100} = 75$ plats.

➔ A est vrai.

<u>**B**</u>

Conduisons un raisonnement identique pour connaître la quantité de plats de lasagnes que le cuisinier peut préparer.

Il lui fait deux fois plus de viande que de pâte.

Il a donc à sa disposition : 12 kg de viande et 6 kg de pâte pour préparer ses lasagnes.

Pour chaque plat de 300 g de lasagnes préparé, le cuisinier incorporera dans sa recette 200 grammes de viande et 100 g de pâte.

Conclusion :

S'il ne cuisine que des lasagnes, le cuisinier pourra cuisiner $\frac{6\,000}{100} = 60$ plats.

➔ B est faux.

C

Si le cuisinier a déjà préparé 50 plats de spaghettis, alors cela signifie qu'il a utilisé 50 × 100 grammes = 5 kg de viande et par conséquent 10 kg de pâte.

Il lui reste donc 7 kg (12 – 5) de viande et 5 kg (15 – 10) de pâte pour préparer ses plats de lasagnes.

S'il utilise les 7 kg de pâte qu'il lui reste pour ses lasagnes, il devra alors utiliser 3,5 kg de pâte.

Pour chaque plat de 300 g de lasagnes préparé, le cuisinier incorpore dans sa recette 200 grammes de viande et 100 g de pâte.

Conclusion :

S'il a déjà cuisiné 50 plats de spaghettis, le cuisinier pourra cuisiner encore :

$\frac{7\,000}{200} = 35$ plats de lasagne.

➔ C est faux.

D

On a vu avec les questions A et B, qu'en utilisant l'ensemble des ingrédients disponibles, le cuisinier pouvait préparer 75 plats de spaghettis / 60 plats de lasagnes.

Ceci nous donne donc un écart de 15 plats de spaghettis de plus que le nombre de plats de lasagnes préparés… et non 20 !

➔ D est faux.

4. VFFV

Il était aisé ici de repérer **l'élément déclencheur**, à savoir la proposition « Je fais du foot ». Cette proposition est donc vraie.

On en déduit alors successivement que :

- « Je fais du vélo » est vrai (2e phrase)
- « Je fais du tennis » est vrai (1re phrase)
- « Je fais de la trottinette » est vrai (3e phrase)

➔ A est vrai ; B est faux ; C est faux et D est vrai.

5. VVFF

Voici un petit rappel des 4 points cardinaux.

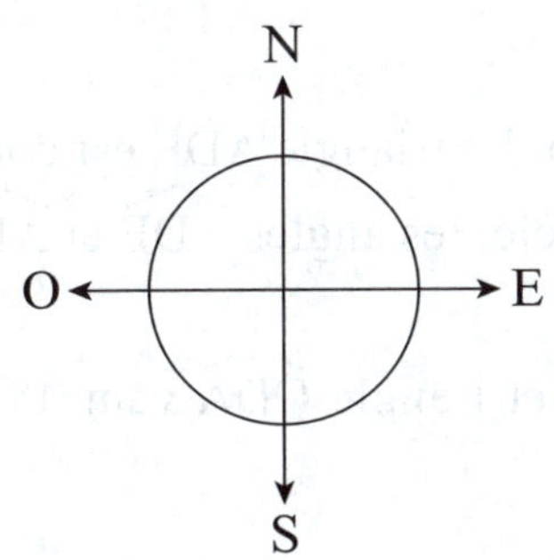

Il est ici absolument indispensable de faire un schéma même si les angles sont complètement approximatifs. Voici le trajet parcouru :

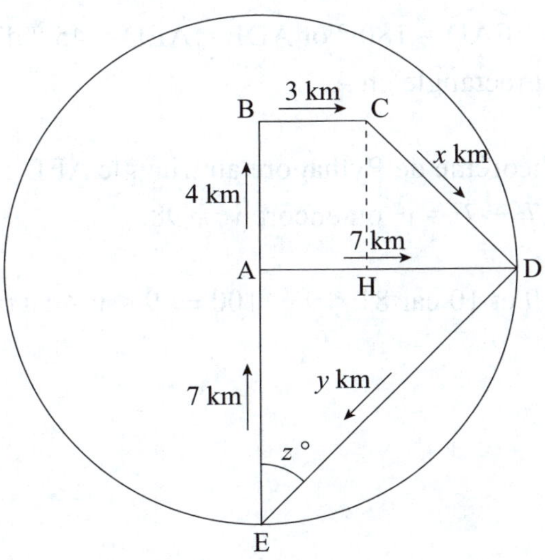

A

On remarque que sur ce schéma, les angles $\widehat{DAB}$, $\widehat{CDE}$ sont rectangles.

En projetant C orthogonalement sur [AD], on obtient le point H et le triangle CHD est rectangle en H.

Or AH = BC = 3 km donc HD = 4 km car AD = 7 km. Et AB = HC = 4 km.

D'après le théorème de Pythagore appliqué au triangle rectangle HCD :

$HD^2 + HC^2 = x^2$ soit $4^2 + 4^2 = x^2$ d'où $x^2 = 32$.

→ x est compris entre 5 et 6. Et $x > 5$ (car $x^2 = 32 > 5^2 = 25$).

➔ A est vrai.

B

Par définition AD = AE = 7 km. Le triangle ADE est donc isocèle en A. Donc d'après la définition d'un triangle isocèle, les angles $\widehat{ADE}$ et $\widehat{AED}$ sont égaux.

Or l'angle $\widehat{CDE}$ est rectangle et l'angle $\widehat{CDA}$ vaut 45 ° → l'angle $\widehat{ADE}$ vaut donc 90 – 45 = 45 °.

Par suite, $\widehat{ADE} = \widehat{AED} = 45$ °.

Dans le triangle AED, la somme des angles vaut 180 °.

Donc ici $\widehat{ADE} + \widehat{AED} + \widehat{EAD} = 180$ ° or $\widehat{ADE} = \widehat{AED} = 45$ ° d'où $\widehat{EAD} = 90$ °.

→ Le triangle AED est rectangle en A.

On peut appliquer le théorème de Pythagore au triangle AED :

$AE^2 + AD^2 = ED^2$ soit $7^2 + 7^2 = y^2$ ou encore $y^2 = 98$.

→ y est compris entre 9 et 10 car $81 < y^2 < 100 \Rightarrow 9 < y < 10$ (y est positif).

➔ B est vrai.

<u>**C**</u>

D'après le dessin, z est l'angle $\widehat{AED}$ de la figure.
Or on a démontré que $\widehat{ADE} = \widehat{AED} = 45°$.

➔ C est faux.

<u>**D**</u>

La distance totale est de $4 + 3 + x + y + 7 = 14 + x + y$.
Or $x < 6$ et $y < 10$. Donc $14 + x + y < 30$.

➔ D est faux.

6. VFVV

Pas d'élément déclencheur ici ! Il va donc falloir que nous forcions les hypothèses.

<u>**A**</u>

Supposons que Gaétan est effectivement coupable.
Si tel est le cas alors on a successivement (par avalanche) :

- Elise est coupable (phrase 2) ;
- Fred est innocent (phrase 4) ;
- Gaétan est coupable (phrase 1).

La boucle est bouclée. Gaétan est bien coupable.

➔ A est vrai.

<u>**B**</u>

Maintenant que l'on a montré que Gaétan est coupable, et bien on sait d'après la phrase 1 que Fred n'est pas coupable.
La contraposée de la proposition « Si Gaétan n'est pas coupable alors Fred est coupable » est « Si Fred est innocent alors Gaétan est coupable ». Or Gaétan est effectivement coupable. On en déduit donc Fred est bien innocent.

➔ B est faux.

C

Elise ou Fred est coupable signifie que l'un ou l'autre des deux protagonistes est coupable. Or on a montré que Fred est innocent, c'est donc que Elise est coupable ce qui est effectivement le cas puisque l'on a montré que Gaétan est coupable (voir alors la phrase 3).

➔ C est vrai.

D

On a montré précédemment que Elise est effectivement coupable.

➔ D est vrai.

7. VFVV

A

Jérémie dit vrai !!! C'était cadeau…

➔ A est vrai.

C

Jacques dit vrai également.

En effet, la somme des entiers compris entre 1 et 10 est égale à : $\frac{10 \times 11}{2} = 55$.

➔ C est vrai.

B

Julien dit vrai. Euler est bien un mathématicien suisse né du XVIIIe siècle.

On en déduit donc qu'il n'y a pas exactement deux phrases qui sont vraies puisque déjà, les phrases dites par Jérémie, Julien et Jacques sont vraies !

➔ B est faux.

D

Jean et Joseph mentent → Il y a bien exactement trois phrases qui sont vraies.

➔ D est vrai.

8. VFVF

Soit A1 : la première année, A2 la seconde année, S1 le premier semestre et S2 le second semestre.

Dressons le bilan des bols au cours du temps :

Semaine Année	Solde précédent	Variation	Nouveau solde
S1 A1	x	-100	$x - 100$
S2 A1	$x - 100$	$+\frac{1}{3}(x - 100)$	$\frac{4}{3}x - \frac{400}{3}$
S1 A2	$\frac{4}{3}(x - 100)$	-100	$\frac{4}{3}x - \frac{400}{3} - 100 = \frac{4}{3}x - \frac{700}{3}$
S2 A2	$\frac{4}{3}x - \frac{700}{3}$	$+\frac{1}{3}\left(\frac{4}{3}x - \frac{700}{3}\right)$	$\frac{4}{3}\left(\frac{4}{3}x - \frac{700}{3}\right) = \frac{16}{9}x - \frac{2\,800}{9}$
S1 A3	$\frac{16}{9}x - \frac{2\,800}{9}$	-100	$\frac{16}{9}x - \frac{2\,800}{9} - 100 = \frac{16}{9}x - \frac{3\,700}{9}$
S2 A3	$\frac{16}{9}x - \frac{3\,700}{9}$	$+\frac{1}{3}\left(\frac{16}{9}x - \frac{3\,700}{9}\right)$	$\frac{4}{3}\left(\frac{16}{9}x - \frac{3\,700}{9}\right) = \frac{64}{27}x - \frac{14\,800}{27}$

L'énoncé dit également qu'à la fin du semestre 2 de l'année 3, la somme obtenue est exactement le double de la somme de départ.

Soit :

$$\frac{64}{27}x - \frac{14\,800}{27} = 2x \Leftrightarrow \left(\frac{64}{27} - 2\right)x = \frac{14\,800}{27} \Leftrightarrow \frac{10}{27}x = \frac{14\,800}{27} \Leftrightarrow 10x = 14\,800$$

$$\frac{64}{27}x - \frac{14\,800}{27} = 2x \Leftrightarrow x = 1\,480$$

L'étudiant possède donc un capital de **1 480 bols** au départ.

A

D'après le tableau le nouveau solde à la fin de l'année 1 est égal à :

$$\frac{4}{3}x - \frac{400}{3} = \frac{4x - 400}{3}.$$

➔ A est vrai.

CORRIGÉS DE L'ÉPREUVE DE LOGIQUE • 1

B

Au début de la deuxième année, il a $\frac{4}{3}(x-100)$, et à la fin $\frac{16}{9}x-\frac{2\,800}{9}$.

Son bénéfice durant l'année est donc égal à :

$$\left(\frac{16}{9}x-\frac{2\,800}{9}\right)-\left(\frac{4}{3}x-\frac{400}{3}\right)=\frac{4}{9}x-\frac{1\,600}{9}=\frac{4x-1\,600}{9}\neq\frac{4x-1\,600}{3}.$$

➔ B est faux.

C

A la fin des trois années on obtient un solde égal à : $\frac{64}{27}x-\frac{14\,800}{27}$.

➔ C est vrai.

D

L'étudiant avait 1 480 bols au départ et non 1 400.

➔ D est faux.

9. FVVF

Plaçons les informations de l'énoncé dans un tableau :

Prénom	Alban	Bernard	Clotaire
Sport			Tennis
Classement		2 ou 3	1 ou 2
Ville	Lille		

A

Méthode de résolution :

Pour pouvoir avancer dans cet exercice il est indispensable de formuler une hypothèse et de vérifier ensuite la validité du raisonnement.

Si on aboutit à une contradiction évidente, l'hypothèse formulée au départ est fausse et par conséquent son contraire est vrai.

En revanche, si tout le raisonnement fonctionne sans problème, l'hypothèse formulée au départ est vraie.

Supposons qu'Alban soit arrivé premier.

Sur la base de cette hypothèse, on peut dresser le tableau suivant :

Prénom	Alban	Bernard	Clotaire
Sport			Tennis
Classement	1	3	2
Ville	Lille		

On remarque alors à ce stade que ce tableau est incompatible avec la proposition : « l'amateur de football qui n'est pas lyonnais précède immédiatement celui qui pratique l'athlétisme ». « Celui qui précède » est Alban ou Clotaire or ce n'est pas Clotaire qui est amateur de tennis, et ce n'est pas Alban non plus qui précède celui qui pratique l'athlétisme.

Ainsi si on suppose qu'Alban est premier, on obtient une contradiction avec l'énoncé.

➔ A est faux.

Alban n'est donc pas premier et c'est par conséquent Clotaire qui a gagné le rallye pédestre.

D'après l'énoncé, Bernard est deuxième et par conséquent Alban est troisième.

Prénom	Alban	Bernard	Clotaire
Sport			Tennis
Classement	3	2	1
Ville	Lille		

Etant donné que « l'amateur de football qui n'est pas lyonnais » précède l'athlète, on en déduit alors que l'amateur de football est soit premier soit deuxième.

Or ce n'est pas Clotaire qui joue au tennis. C'est donc Bernard qui joue au football.

On peut à présent remplir l'intégralité du tableau :

Prénom	Alban	Bernard	Clotaire
Sport	Athlétisme	Football	Tennis
Classement	1	3	2
Ville	Lille	Angers	Lyon

➔ Bernard est angevin → B est vrai.

➔ Clotaire est lyonnais → C est vrai.

➔ Alban, qui pratique l'athlétisme est premier → D est faux.

10. FVVF

Il y a deux familles distinctes :

- Mathilde et Luc qui sont frères et sœurs (famille 1).
- Paul et Virginie qui sont frères et sœurs (famille 2).

Si la famille 1 (Mathilde et Luc) compte a garçons et b filles parmi les enfants, alors : Mathilde a a frères et $(b-1)$ sœurs, et Luc a $(a-1)$ frères et b sœurs.

Si la famille 2 (Virginie et Paul) compte c garçons et d filles parmi les enfants, alors : Virginie a c frères et $(d-1)$ sœurs, et Paul a : $(c-1)$ frères et d sœurs.

- Mathilde dit : $a+2=b-1$
- Luc dit : $b=2(a-1)$
- Paul dit : $(c-1)+d=a+b$
- Virginie dit : $c=(d-1)+1$

Traduisons en langage mathématique :

$$\begin{cases} a+2=b-1 \\ b=2\times(a-1) \\ (c-1)+d=a+b \\ c=d \end{cases} \Leftrightarrow \begin{cases} a+3=b \\ b=2a-2 \\ (c-1)+d=a+b \\ c=d \end{cases} \Leftrightarrow \begin{cases} a+3=2a-2 \\ b=a+3 \\ 2c-1=a+b \\ c=d \end{cases} \Leftrightarrow \begin{cases} a=5 \\ b=8 \\ c=7 \\ d=7 \end{cases}$$

<u>**A**</u>

Mathilde a $(b-1)$ sœurs c'est-à-dire 7 sœurs.

➔ A est faux.

<u>**B**</u>

Le nombre de garçons dans la famille 1 est $a=5$.

➔ B est vrai.

<u>**C**</u>

Paul a *d* sœurs soit 7 sœurs.

➔ C est vrai.

<u>**D**</u>

Dans la famille de Paul et Virginie il y a $c + d$ enfants soit 14 enfants.

➔ D est faux.

11. FFVV

Dans cet exercice, <u>on part des hypothèses</u> et on vérifie que celles-ci sont ou ne sont pas en contradiction avec les dires de chacune des concurrentes, sachant qu'elles disent chacune un mensonge et une vérité.

Il faut bien noter que cinq concurrentes sont classées (Amélie, Béatrice, Charlotte, Delphine) et que seules quatre d'entre elles parlent.

<u>**A**</u>

Supposons effectivement que Delphine est quatrième.

On en déduit alors qu'Amélie ment en disant que Delphine est deuxième, mais qu'elle ment également en disant qu'elle est quatrième.

Elle ment donc deux fois ce qui est impossible → L'hypothèse de départ est donc fausse.

➔ A est faux.

<u>**B**</u>

Supposons qu'Amélie soit troisième.

Amélie ment alors en disant qu'elle est quatrième et elle a donc nécessairement raison de dire que Delphine est deuxième.

Si Delphine est deuxième alors Charlotte ment en disant « j'étais deuxième » et elle devrait alors dire vrai en affirmant que « Delphine était première ». Or ceci est impossible puisque l'hypothèse de départ est que Delphine est deuxième.

→ Il y a une contradiction dans le raisonnement.

➔ B est faux.

C

Supposons que Charlotte soit deuxième.

Charlotte dit donc vrai lorsqu'elle dit « j'étais deuxième » et par conséquent la phrase « Delphine était première » est fausse.

Estelle ment en disant qu'elle était deuxième et par conséquent Delphine est troisième.

De même Delphine ment en affirmant qu'elle est dernière puisque Estelle vient d'affirmer que Delphine était troisième.

Par conséquent la phrase « Béatrice a gagné » est vraie.

Enfin, Amélie ment lorsqu'elle dit que Delphine est deuxième, Amélie est donc quatrième.

On en déduit par élimination qu'Estelle est dernière.

On obtient au final le classement suivant :

1. Béatrice
2. Charlotte
3. Delphine
4. Amélie
5. Estelle

L'affirmation « Charlotte était seconde » fonctionne très bien avec toutes les hypothèses de l'énoncé.

➔ C est vrai.

D'après le classement précédent, qui est le bon, Estelle est cinquième.

➔ D est vrai.

12. FVFF

On note x le lieu de rencontre des deux trains (le point où les deux chauffeurs des deux trains sont les plus proches) compté depuis la ville A, et t_c l'instant auquel se produit ce croisement.

Le temps que roule le train est donné par : $t = t_c - h_d$, avec h_d l'heure de départ du train.

Pour le train (T1) roulant à 100 km/h, on peut écrire : $x = 100 \times (t - 10)$, d'après l'énoncé $x = 200$ km.

Si on appelle D la distance qui sépare les deux villes, alors pour le train (T2), on peut écrire : $D = x = V_2 \times (t - 11)$.

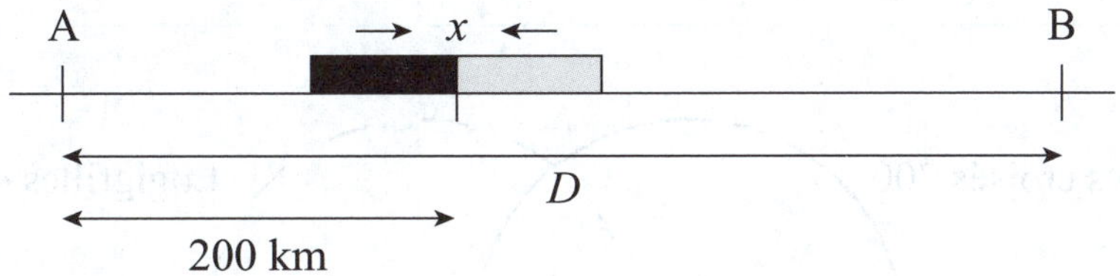

Par composition des vitesses, les deux trains se croisent à $V_2 + 100$ km/h. Toutes les vitesses étant en km/h, il faut préalablement convertir les données.

300 m = 0,3 km et $7{,}2 \text{ s} = \dfrac{7{,}2}{3\,600} \text{ h} = 0{,}002 \text{ h}$.

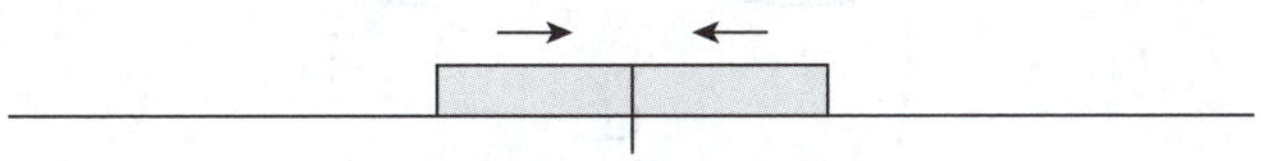

Début du croisement

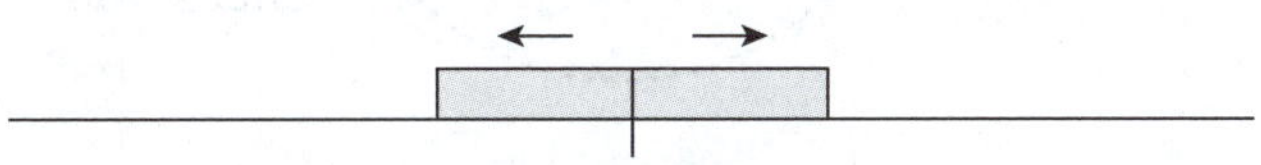

Fin du croisement

Lors du croisement, une distance correspondant à la somme des longueurs des deux trains, soit 600 mètres sont parcourus par chacun des trains à une vitesse égale à de $V_2 + 100$ km/h. Le temps mis pour effectuer ce croisement est 0,002 h.

On peut donc écrire : $0{,}6 = (V_2 + 100) \times 0{,}002 \Leftrightarrow V_2 = \dfrac{0{,}6}{0{,}002} - 100 = 200$ km/h.

On reprend les équations ci-dessus :

$$\begin{cases} 200 = 100 \times (t - 10) \\ D - 200 = 200 \times (t - 11) \end{cases} \Leftrightarrow \begin{cases} t = 12 \text{ h} \\ D = 400 \text{ km} \end{cases}$$

➔ A est faux puisque le train 2 roule à 200 km/h.

➔ B est vrai puisque D est effectivement égal à 400 km.

➔ C est faux. En effet, pour parcourir 400 km à 100 km/h, le train (T1) mettra 4 heures. Comme il est parti à 10 h il arrivera à 14 h.

➔ D est faux.

Si les deux trains avaient chacun une vitesse de 100 km/h, ils se seraient croisés à 200 km/h. Le temps qu'ils auraient mis pour parcourir la distance correspondant à leurs longueurs cumulées est $t = \frac{0,6}{200} = 0,003$ h.

Et 0,003 h ≡ 0,003 × 3 600 s = 10,8 s.

13. VVFF

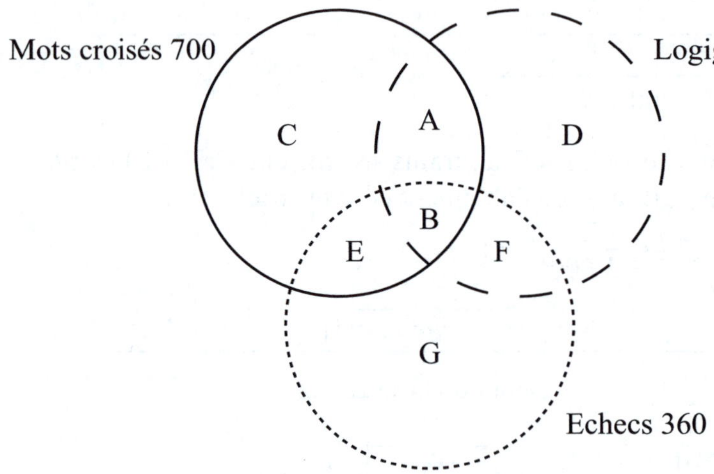

Le cercle contenant espace A, espace B, espace C, espace E rassemble tous les cruciverbistes.

Le cercle contenant espace A, espace B, espace D, espace F rassemble tous les pratiquants de Logigrilles.

Enfin, le cercle contenant les ensembles espace B, espace E, espace F, espace G représente tous les joueurs d'échecs.

Transcrivons les données grâce aux différents espaces : espace A, espace B, espace C, espace D, espace E, espace F et espace G.

$$\begin{cases} A + B + C + E = 700 \\ A + B + D + F = 400 \\ B + E + F + G = 360 \\ A + B = 50\ \% \times 400 = 200 \\ D = 10 \times G \\ B + F = 100 \\ C = 1\,000/4 = 250 \end{cases}$$

On résout le système précédent qui compte 7 équations à 7 inconnues et qui a donc toutes les chances d'être soluble.

Contrairement à ce qu'on peut penser de prime abord, ce système est très simple et très rapide à résoudre. Il suffit en fait de remplacer $A + B$ et $B + F$ par leur valeur numérique dans les trois premières équations, pour en déduire alors les valeurs de $C + E, D + F, E + G$.

$$\begin{cases} A + B = 100 \\ C + E = 500 \\ D + F = 200 \\ B + F = 100 \\ E + G = 260 \\ D = 10G \\ C = 250 \end{cases} \Leftrightarrow \begin{cases} A = 200 \\ E = 250 \\ F = 100 \\ B = 0 \\ G = 10 \\ D = 100 \\ C = 250 \end{cases}$$

A

Les personnes qui ne pratiquent que les logigrilles sont celles de l'ensemble *D*, qui contient 100 personnes.

➔ A est vrai.

B

Chaque personne interrogée se trouve dans un seul des deux cas suivants :

- Soit elle ne pratique aucune des trois activités ;
- Soit elle en pratique au moins une des trois.

Les personnes qui pratiquent au moins une de ces activités sont contenues dans les espaces *A*, *B*, *C*, *D*, *E*, *F* et *G*.

Leur effectif total est égal à :
$A + B + C + D + E + F + G = 200 + 0 + 250 + 100 + 250 + 100 + 10 = 910$.

On en déduit alors que sur les 1000 personnes interrogées 90 ne pratiquent aucun de ces loisirs.

➔ B est vrai.

C

Chaque personne interrogée se trouve dans un seul des deux cas suivants :

- Soit elle ne pratique aucune des trois activités ;
- Soit elle en pratique au moins une des trois.

Les personnes qui pratiquent les trois loisirs sont ceux de l'ensemble B.
Or $B = 0$ il n'y a donc personne qui pratique les trois loisirs.

➔ C est faux.

D

Ceux qui pratiquent au moins deux des trois loisirs sont ceux des ensembles A, B, E et F.
Or $A + B + E + F = 550$.

➔ D est faux.

14. VFVV

A

Lorsque la fonction définissant la vitesse du projectile s'annulera, le projectile aura une vitesse nulle et s'arrêtera donc.

Cherchons t tel que $V(t) = 0$:

$$V(t) = 0 \Leftrightarrow -t^3 + 10t^2 = 0 \Leftrightarrow t^3 = 10t^2 \Leftrightarrow \begin{cases} t = 0 \\ \text{ou} \\ t = 10 \end{cases}$$

Il y a donc deux solutions pour $V(t) = 0$: **$t = 0$ et $t = 10$.**

Le projectile, parti d'une vitesse nulle, s'arrêtera au bout de 10 secondes.

➔ A est vrai.

<u>B et D</u>

Pour trouver les extrema d'une fonction dérivable, on cherche les points pour lesquels la fonction dérivée s'annule.

<u>Pour le trinôme du second degré</u> :

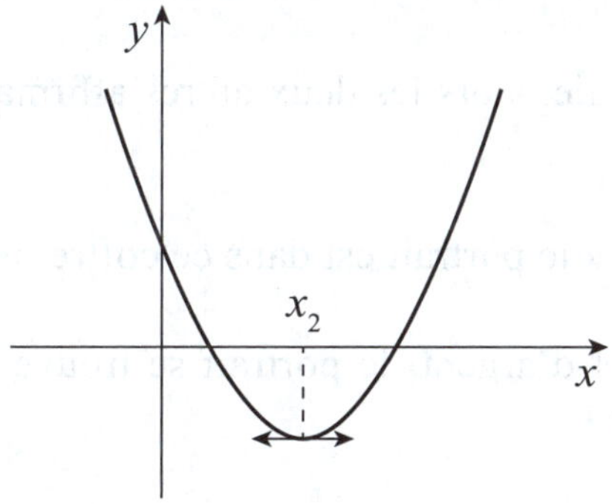

$y = ax^2 + bx + c$
avec $a > 0$

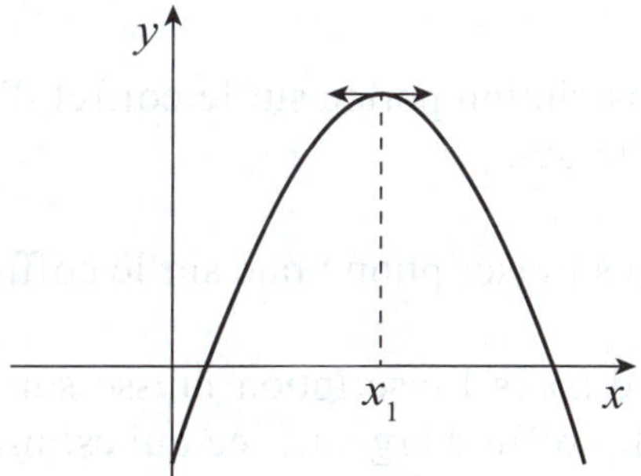

$y = ax^2 + bx + c$
avec $a < 0$

Dans ces deux cas : les dérivées en x_1 et x_2 sont nulles et les deux courbes atteignent respectivement un maximum ($a < 0$) et un minimum ($a > 0$).

Pour chercher la vitesse maximale du projectile, il faut chercher le maximum de $V(t)$ c'est-à-dire chercher le point pour lequel la dérivée de V (l'accélération du projectile) s'annule.

On note $A(t)$ l'accélération du projectile, on a alors : $A(t) = V'(t) = -3t^2 + 20t$.

$$\text{Et } V'(t) = 0 \Leftrightarrow -3t^2 + 20t = 0 \Leftrightarrow \begin{cases} t = 0 \\ \text{ou} \\ t = 10 \end{cases}$$

En $t = 0$ la dérivée s'annule mais la vitesse est minimale, c'est donc en $t = 20/3$ que le projectile atteindra sa vitesse maximale.

➔ B est faux ; D est vrai.

<u>**C**</u>

Dérivons l'accélération afin de trouver le maximum de cette fonction :

$A'(t) = -6t + 20.$

Cette dérivée s'annule en un point t tel que : $-6t + 20 = 0 \Leftrightarrow t = \frac{20}{6} = \frac{10}{3}$.

Le projectile atteindra donc son accélération maximale au bout de 10/3 secondes.

➔ C est vrai.

15. VFVF

<u>**A**</u>

Si l'inscription portée sur le coffret d'or est vraie, alors les deux autres affirmations sont fausses.

D'après l'inscription vraie sur le coffret en or, « le portrait est dans ce coffret ».

Mais d'après l'inscription fausse sur le coffret d'argent, le portrait se trouve aussi dans le coffre d'argent… ce qui est impossible !

→ Par suite l'hypothèse de départ est fausse.

Si l'inscription sur le coffret d'or est fausse alors « le portrait est dans ce coffret » est une affirmation fausse.

Sur la base de cette hypothèse, l'inscription portée sur le coffret en plomb est donc vraie.

Et d'après Portia alors l'inscription du coffre d'argent est nécessairement fausse.

Sur la base de cette hypothèse, le portrait de Portia est dans le coffret de plomb.

➔ A est vrai.

<u>**B**</u>

Ces deux affirmations ne peuvent être vraies simultanément.

➔ B est faux.

<u>**C et D**</u>

D'après <u>**A**</u>, le portrait est dans le coffre de plomb.

➔ C est vrai et D est faux.

16. FVVV

Avant toute chose, le premier réflexe à la vue de cette fonction est de déterminer son domaine de définition. Le terme $\frac{\ln x}{x}$ impose au numérateur $x > 0$ et au dénominateur $x \neq 0$. Par conséquent le domaine de définition de cette fonction est $\mathbb{R}_+^*$ ($]0 ; +\infty[$).

A

Etudions la limite de cette fonction en 0^+ si elle existe.

Les limites suivantes sont connues : $\lim\limits_{\substack{x \to 0 \\ x>0}} \ln x = -\infty$, $\lim\limits_{\substack{x \to 0 \\ x>0}} \frac{1}{x} = +\infty$, $\lim\limits_{x \to 0} x = 0$.

Par conséquent $\lim\limits_{\substack{x \to 0 \\ x>0}} \left(-\frac{\ln(x)}{x}\right) = +\infty$ et $\lim\limits_{\substack{x \to 0 \\ x>0}} f(x) = +\infty$.

➔ A est faux.

B

Partons des limites connues $\lim\limits_{x \to +\infty} \frac{\ln x}{x} = 0$ et $\lim\limits_{x \to +\infty} x = +\infty$.

On en déduit par conséquent : $\lim\limits_{x \to +\infty} f(x) = +\infty$.

➔ B est vrai.

C

On note f' la fonction dérivée de f pour tout $x > 0$.

$$f'(x) = -\left(\frac{\ln x}{x}\right)' + 1 = -\frac{\frac{1}{x} \times x - \ln x \times 1}{x^2} + 1 = -\frac{1 - \ln x}{x^2} + 1.$$

$f'(e) = -\frac{1 - \ln e}{e^2} + 1 = 1$, ainsi la pente de la tangente en e est 1.

Vérifions que la droite donnée dans l'énoncé passe par le point $(e ; f(e))$.

En e, $y = e - \frac{1}{e} = f(e)$, ainsi la droite d'équation $y = x - \frac{1}{e}$ est bien tangente à la courbe (C) au point d'abscisse e.

➔ C est vrai.

D

La fonction étant continue, elle est donc intégrable sur $[1\ ;\ a]$ avec $a > 1$.

$$\int_1^a f(x)dx = \int_1^a \left(-\frac{\ln x}{x} + x\right)dx = -\int_1^a \ln x \times \frac{1}{x}dx + \int_1^a xdx = -\frac{1}{2}\int (2\ln x \times (\ln x)')dx + \left[\frac{1}{2}x^2\right]_1^a$$

On reconnaît dans la première intégrale la dérivée de $(\ln x)^2$.

$$\int_1^a f(x)dx = -\frac{1}{2}\left[\ln^2 x\right]_1^a + \frac{1}{2}(a^2 - 1) = -\frac{1}{2}\ln^2 a + \frac{1}{2}a^2 - \frac{1}{2}$$

➔ D est vrai.

17. VVFF

A

Si l'on multiplie le numérateur et le dénominateur de la fraction qui compose la fonction f par e^{-t} (> 0), on obtient : $f(t) = \dfrac{e^{-t}}{e^{-t}(e^t + 1)} = \dfrac{e^{-t}}{1 + e^{-t}} = \dfrac{e^{-t}}{e^{t} + 1}$.

➔ A est vrai.

B

Dérivée de type $\left(\dfrac{1}{U}\right)' = \dfrac{U'}{U^2}$ avec $U = e^t + 1$.

$$f'(t) = \frac{-e^t}{(e^t + 1)^2} = \frac{-e^t}{e^{2t} + 2e^t + 1} = \frac{-e^t}{e^t(e^t + 2 + e^{-t})}$$

En simplifiant cette dernière par e^{-t} (> 0), on obtient : $f'(t) = \dfrac{-1}{e^t + e^{-t} + 2}$.

➔ B est vrai.

C

Si F est effectivement une primitive de f, alors on doit avoir $F'(t) = f(t)$.

Or $F'(t) = \dfrac{-e^{-t}}{e^{-t} + 1} = -f(t) \neq f(t)$.

➔ C est faux.

D

On vient de montrer que $F'(t) = \dfrac{-e^{-t}}{e^{-t} + 1} = -f(t)$.

Or pour tout réel t, $f(t) > 0$ puisque pour tout réel t, $e^t > 0$.

On en déduit finalement, que pour tout réel t, on a : $-f(t) < 0$ ce qui nous permet de dire que pour tout réel t, $F'(t) < 0$ et que F est par conséquent une fonction strictement décroissante sur $\mathbb{R}$.

➔ D est faux.

18. VFVV

A

Soit $h(x) = 2e^{-x}\sqrt{x}$, la fonction exponentielle est définie sur tout l'espace $]-\infty\ ;+\infty[$. En revanche, la fonction racine carrée est définie pour $x \geq 0$. Le domaine de définition de h est donc $[0\ ;+\infty[$.

➔ A est vrai.

B

Pour trouver la limite de h en $+\infty$, il faut utiliser le théorème de croissance comparée *i.e.* : $\lim\limits_{x\to+\infty} x^a e^{-x} = 0$ pour tout a. Ainsi en prenant $a = \dfrac{1}{2}$, on obtient que $\lim\limits_{x\to+\infty} \sqrt{x}\,e^{-x} = 0$.

On a donc $\lim\limits_{x\to+\infty} \left(2e^{-x}\sqrt{x}\right) = 0$.

➔ B est faux.

C

La fonction h est dérivable sur $]0\ ;+\infty[$. Sa dérivée est :

$$h'(x) = 2 \times \left((-e^{-x})\sqrt{x} + e^{-x} \times \frac{1}{2\sqrt{x}}\right) = 2e^{-x}\left(-\sqrt{x} \times \frac{\sqrt{x}}{\sqrt{x}} + \frac{1}{2\sqrt{x}}\right)$$

$$h'(x) = 2\frac{e^{-x}}{\sqrt{x}}\left(-x + \frac{1}{2}\right) = \frac{e^{-x}}{\sqrt{x}}(-2x + 1)$$

➔ C est vrai.

D

Etudions le point d'annulation de la dérivée :

$$h'(x) = 0 \Leftrightarrow \frac{e^{-x}}{\sqrt{x}}(-2x+1) = 0 \Leftrightarrow -2x+1=0 \Leftrightarrow x = \frac{1}{2}.$$

Sur tout son ensemble de définition, la fonction h est positive ou nulle. Son minimum global est 0 et ce minimum global est atteint pour $x = 0$.

Ainsi comme $h\left(\frac{1}{2}\right) = 2e^{-1/2}\sqrt{\frac{1}{2}} > 0$ et que c'est un extremum, il s'agit donc d'un maximum.

➔ D est vrai.

19. VVVV

A

La courbe C_2 a comme équation $y - a^2x = 0$. La manière de s'affranchir du paramètre a et de considérer $x = 0$, on en déduit que si $x = 0$ alors $y = 0$. Ainsi quelle que soit la valeur du paramètre a l'origine du repère est un point fixe.

➔ A est vrai.

B

Illustrons ce que signifie que la droite d'équation $x = 0$ est un axe de symétrie de la courbe.

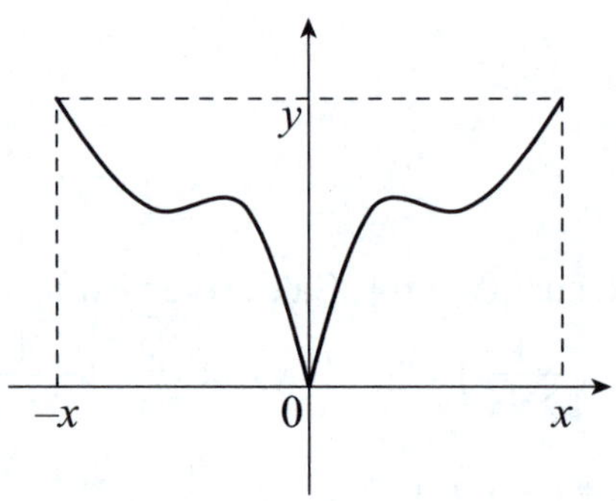

A partir de cet exemple, on comprend que sur une courbe symétrique par rapport à l'axe $x = 0$, deux points d'abscisses opposées ont la même ordonnée.

Et effectivement, si on prend l'équation de C_2 soit $y + x^2 + 36 = 0 \Leftrightarrow y = -x^2 - 36$, on remarque que pour x et pour $-x$, y ne change pas.

➔ B est vrai.

C

Etudions les couples $(x\ ;y)$ vérifiant le système suivant :

$$\begin{cases} y + x^2 + 36 = 0 \\ y - a^2x = 0 \end{cases} \Leftrightarrow \begin{cases} y + x^2 + 36 = 0 \\ x^2 + a^2x + 36 = 0 \end{cases}$$

Le trinôme du second degré : $x^2 + a^2x + 36$ admet une seule, deux ou aucune solution selon que son discriminant est respectivement nul, positif ou négatif.

Le discriminant du trinôme est $\Delta = a^4 - 4 \times 36$.

Etudions la valeur de a pour laquelle il s'annule :

$$\Delta = 0 \Leftrightarrow a^4 = 4 \times 36 \Leftrightarrow a^2 = \sqrt{4 \times 36} = \sqrt{4} \times \sqrt{36} = 2 \times 6 = 12$$
$$\Delta = 0 \Leftrightarrow a = \pm\sqrt{12} = \pm 2\sqrt{3}$$

Ainsi selon la valeur de a, il existe 0, 1 ou 2 valeurs de x qui vérifient l'équation : $x^2 + a^2x + 36 = 0$ et ainsi 0, 1 ou 2 points $(x\ ;y)$ vérifiant : $\begin{cases} y + x^2 + 36 = 0 \\ x^2 + a^2x + 36 = 0 \end{cases}$

➔ C est vrai.

D

D'après la question précédente, pour $a = \pm 2\sqrt{3}$, le discriminant de $x^2 + a^2x + 36 = 0$ est $\Delta = 0$, c'est-à-dire que cette équation admet une racine double qui vaut $x_0 = -\dfrac{a^2}{2} = -6$.

Il n'y a ainsi qu'un seul couple $(x_0\ ;y_0)$ qui vérifie le système d'équation, avec $x_0 = -6$ et $y_0 = -x^2 - 36 = -72$.

➔ D est vrai.

20. VVFV

A

Pour tout x non nul et pour m quelconque donné, on a :

$$\frac{k(x)}{x} = \frac{(x-1)(x^2+mx+4)}{x(x^2+mx+6)} = \frac{x.\left(1-\frac{1}{x}\right).x^2\left(1+\frac{m}{x}+\frac{4}{x^2}\right)}{x.x^2.\left(1+\frac{m}{x}+\frac{6}{x^2}\right)} = \frac{\left(1-\frac{1}{x}\right).\left(1+\frac{m}{x}+\frac{4}{x^2}\right)}{1+\frac{m}{x}+\frac{6}{x^2}}$$

Si on fait tendre x vers l'infini, les termes en $\frac{1}{x}, \frac{1}{x^2}$ tendent vers 0.

Soit $\lim\limits_{x\to+\infty}\left(1-\frac{1}{x}\right)=1$, $\lim\limits_{x\to+\infty}\left(1+\frac{m}{x}+\frac{4}{x^2}\right)=1$ et $\lim\limits_{x\to+\infty}\left(1+\frac{m}{x}+\frac{6}{x^2}\right)=1$.

D'où $\lim\limits_{x\to+\infty}\frac{k(x)}{x}=1$, pour tout m réel.

➔ A est vrai.

B

Cherchons les racines de la fonction k.

$$k(x)=0 \Leftrightarrow (x-1).(x^2+m.x+4)=0 \Leftrightarrow \begin{cases} x=1 \\ x^2+mx+4=0 \end{cases}$$

Le nombre de racines de k dépend donc de celui de $x^2+mx+4=0$. Le discriminant de ce trinôme est $\Delta = m^2-16$. Pour que le trinôme ait deux racines distinctes, il faut que $\Delta > 0 \Leftrightarrow m^2-16>0 \Leftrightarrow m^2>16 \Leftrightarrow (m>4$ ou $m<-4)$.

Si le trinôme a deux racines distinctes, 1 étant également racine, la fonction k aura alors trois racines réelles.

➔ B est vrai (même si l'énoncé écarte un peu vite le cas $m=-5$ où 1 devient une racine double de k...).

C

Une asymptote verticale apparaît sur la courbe représentative de k lorsqu'il existe un point x_0 tel que $\lim\limits_{x\to x_0} k(x)=\pm\infty$.

Une asymptote verticale sera rencontrée dans le cas où le dénominateur de la fonction k vient à s'annuler. Pour que cela se produise il faut que $x^2+mx+6=0$ ait au moins une solution réelle. Il faut pour cela que le discriminant de cette équation soit positif ou nul :

$\Delta' = m^2 - 24 \geq 0 \Leftrightarrow m^2 \geq 24 \Leftrightarrow m > 2\sqrt{3}$ ou $m < -2\sqrt{3}$.

Il existe donc des valeurs de m pour lesquelles le dénominateur s'annule et pour lesquelles la tangente est verticale.

➔ C est faux.

D

Pour $m = 1$, on a : $k(x) = \dfrac{(x-1)(x^2+x+4)}{x^2+x+6}$ qui est une fonction dérivable.

Sa dérivée est :

$$k'(x) = \frac{x^2+x+4}{x^2+x+6} + (x-1)\frac{(2x+1)(x^2+x+6)-(x^2+x+4)(2x+1)}{(x^2+x+6)^2}$$

Pour le point qu'on considère ici il est inutile de simplifier davantage la forme de la dérivée, même si ce serait chose facile. En effet, en $x = 1$, le deuxième terme de la dérivée s'annule, et on peut alors calculer $k'(1)$.

$$k'(1) = \frac{1^2+1+4}{1^2+1+6} = \frac{6}{8} = \frac{3}{4}$$

L'équation de la tangente en 1 est $y = k'(1)(x-1) + k(1)$ or $k(1) = 0 \rightarrow$ l'équation de la tangente se réduit donc à $y = \dfrac{3}{4}(x-1)$.

➔ D est vrai.

21. VFVV

A

Si 70 vêtements sur 100 viennent de l'atelier T_2, la probabilité de tirer un article provenant de l'atelier 2 est bien $\dfrac{70}{100} = 0{,}7$.

➔ A est vrai.

B

On utilise la probabilité que deux événements se produisent simultanément :

A : L'article provient de l'atelier T_2 ;
B : L'article est une chemise.

On veut que A et B soient réalisés soit $A \cap B$, or ces deux événements sont indépendants.

On utilise la formule des probabilités conditionnelles :

$P_A(B) = \frac{P(A \cap B)}{P(A)}$ donc $P(A \cap B) = P(A) \times P_A(B)$.

Chez T_2, 40 articles sur 100 sont des chemises, la probabilité de tirer une chemise sachant qu'elle provient de l'usine T_2 est donc $P_A(B) = \frac{40}{100} = 0{,}4$.

Ainsi la probabilité de tirer au hasard un article de T_2 qui soit une chemise est :
$P(A \cap B) = 0{,}7 \times 0{,}4 = 0{,}28$.

➔ B est faux.

C

Dans l'atelier T_1: sur 100 articles produits 20 sont des pulls. Ainsi sachant qu'on se trouve à l'atelier T_1, il y a un probabilité égale à $\frac{20}{100} = 0{,}2$ de tirer un pull au hasard dans la production.

➔ C est vrai.

D

Un pull tiré au hasard parmi les articles de l'usine peut provenir soit de T_1 soit de T_2. La probabilité de tirer un pull est la somme de la probabilité de tirer un pull de T_1 et de la probabilité de tirer un pull de T_2.

La probabilité de tirer un pull provenant de T_1 est obtenu par le même raisonnement qu'en B, par $P(T_1 \cap \text{pull}) = P_{T_1}(\text{pull}) \times P(T_1) = 0{,}3 \times 0{,}2 = 0{,}06$.
De même, la probabilité de tirer un pull provenant de T_2 est :
$P(T_2 \cap \text{pull}) = P_{T_2}(\text{pull}) \times P(T_2) = 0{,}7 \times 0{,}6 = 0{,}42$.

Donc la probabilité d'obtenir un pull est :
$P(pull) = P(T_1 \cap pull) + P(T_2 \cap pull) = 0{,}06 + 0{,}42 = 0{,}48$.

➔ D est vrai.

22. FVVV

A

$$v_0 = \frac{u_0 - 1}{u_0 + 2} = \frac{2-1}{2+2} = \frac{1}{4}$$

➔ A est faux.

B

Il s'agit ici de savoir si : $w_{n+1} - w_n = \ln\left(\frac{1}{2}\right) = -\ln(2)$

$$w_{n+1} - w_n = \ln(v_{n+1}) - \ln(v_n) = \ln\left(\frac{v_{n+1}}{v_n}\right)$$

$$w_{n+1} - w_n = \ln\left(\frac{\frac{u_{n+1}-1}{u_{n+1}+2}}{\frac{u_n-1}{u_n+2}}\right) = \ln\left(\frac{u_{n+1}-1}{u_{n+1}+2} \times \frac{u_n+2}{u_n-1}\right)$$

$$w_{n+1} - w_n = \ln\left(\frac{\frac{4u_n+2-u_n-5}{u_n+5}}{\frac{4u_n+2+2u_n+10}{u_n+5}} \times \frac{u_n+2}{u_n-1}\right) = \ln\left(\frac{3(u_n-1)}{6(u_n+2)} \times \frac{(u_n+2)}{(u_n-1)}\right)$$

$$w_{n+1} - w_n = \ln\left(\frac{3}{6}\right) = \ln\left(\frac{1}{2}\right)$$

➔ B est vrai.

<u>**C**</u>

$$S_n - S_{n-1} = v_n = e^{w_n} = e^{w_0+(n+1)\times\ln(1/2)} = e^{\ln(1/2)+\ln\left((1/2)^{n+1}\right)} = e^{\ln\left((1/2)^{n+2}\right)} = \left(\frac{1}{2}\right)^{n+2}$$

Comparons ce résultat à celui qui nous est soufflé dans l'énoncé.

$$S_n - S_{n-1} = v_n = \frac{1}{2} - \left(\frac{1}{2}\right)^{n+2} - \frac{1}{2} + \left(\frac{1}{2}\right)^{n+1} = \left(\frac{1}{2}\right)^{n+1} \times \left(1 - \frac{1}{2}\right) = \left(\frac{1}{2}\right)^{n+1} \times \left(\frac{1}{2}\right) = \left(\frac{1}{2}\right)^{n+2}$$

C'est parfaitement cohérent !

➔ C est vrai.

<u>**D**</u>

$$v_n = \frac{u_n - 1}{u_n + 2} \Leftrightarrow v_n(u_n + 2) = u_n - 1 \Leftrightarrow \frac{1}{2^{n+1}}(u_n + 2) = u_n - 1$$

$$\Leftrightarrow u_n + 2 = 2^{n+2}(u_n - 1) \Leftrightarrow 2^{n+2} + 2 = u_n(2^{n+2} - 1) \Leftrightarrow u_n = \frac{2^{n+2} + 2}{2^{n+2} - 1}$$

➔ D est vrai.

ACCÈS

SESSION 2005

ÉPREUVE DE MATHÉMATIQUES

Lisez attentivement les instructions suivantes avant de vous mettre au travail :

Cette épreuve est composée de deux parties :

→ exercices n° 1 à 15 pondération 1

→ exercices n° 16 à 22 pondération 2

Chaque question comporte quatre propositions, notées **A. B. C. D.**. Pour chaque proposition, vous devez signaler si elle est vraie en l'indiquant sur la grille de réponses en marquant la case sous la lettre V ; ou fausse en l'indiquant sur la grille de réponses en marquant la case sous la lettre F. Une réponse est donc une suite de quatre marques V ou F.

Exemples :

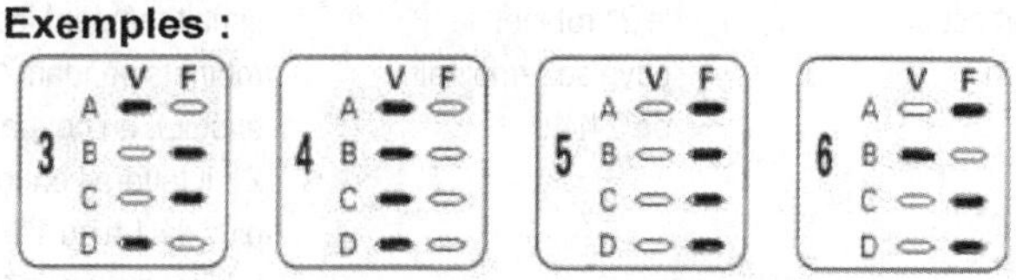

L'absence de marque (V, F) ou la mauvaise marque à une proposition n'entraîne pas de points négatifs.

Vous vous servirez de la feuille jointe pour indiquer vos réponses en noircissant les cases situées à côté des lettres correspondantes.

IMPORTANT :
L'utilisation d'une calculatrice est strictement interdite pour cette épreuve.

Exercices n° 1 à 15 : pondération 1

1) Un groupe de 70 jeunes est réuni dans une salle.

- ✓ Tous sont en pull noir ou rouge, en pantalon ou en jupe, avec des chaussures de sport ou de ville.
- ✓ Tous les garçons sont en pantalon.
- ✓ 42 sont en chaussures de sport.
- ✓ 20 % ont un pull noir. Parmi ces 20 %, 10 jeunes portent des chaussures de sport. Et, 2 de ces 10 jeunes sont des filles en jupe.
- ✓ Tous ceux qui ont un pull noir sont en pantalon et/ou ont des chaussures de sport.
- ✓ 20 % sont des filles en jupe, chaussures de ville et pull rouge.

Ces informations sont suffisantes pour conclure que :

A. 56 jeunes sont en pull rouge.

B. 15 jeunes sont en pull rouge, pantalon et chaussures de sport.

C. Les filles sont minoritaires dans le groupe.

D. 20 jeunes sont en pull rouge, pantalon et chaussures de ville.

2) Dans une entreprise de 400 personnes, le salaire moyen est de 65 bols (la monnaie locale). 20 % des salariés sont au salaire minimal de 45 bols. Le salaire moyen des hommes est de 70 bols, celui des femmes de 50. A partir de ces informations, on peut conclure que :

A. Il y a 30 % de femmes dans l'entreprise.

B. Les femmes de l'entreprise touchent moins de 20 % de la totalité des salaires.

C. Si l'on ne tenait pas compte des personnes touchant le salaire minimal, le salaire moyen serait de 70 bols.

D. Si l'on augmentait tous les salaires de 10 %, le salaire moyen serait supérieur à 70 bols.

3) En 3 h, un robinet fournit la même quantité d'eau que fournit un 2e robinet en 2 h 30. Ensemble, ils remplissent une cuve de 1 650 litres en 1 h 30.

A. Le 2e robinet a un débit 20 % supérieur au 1er.

B. Le débit du 1er robinet est de 450 L/h.

C. Si l'on n'utilise que le 2e robinet, la cuve se remplirait en 2 h 45.

D. En utilisant simultanément les 2 robinets pendant 1 h et ensuite, en coupant le 2e, il faudrait encore plus de 1 h au 1er robinet pour remplir la cuve.

4) Une personne doit se rendre dans une ville distante de 700 km. Pour ce faire, elle consulte deux agences de location de voitures. La 1re propose un tarif de y € par km parcouru. La 2e demande un forfait de 300 € plus x € par km ($x < y$).

A. Il faut parcourir $\frac{300}{y-x}$ km au minimum pour que la 2e option soit intéressante.

B. Pour les 700 km, la différence de coût entre les deux options est de $700\ (y-x)+300$ €

C. Si elle devait effectuer l'aller-retour, la différence de coût entre les deux options serait le double de la différence de coût calculée pour l'aller uniquement.

D. Pour avoir un coût inférieur sur l'aller-retour avec l'option 1, la personne doit négocier x inférieur au minimum de 0,50 € par rapport à y.

5) Durant 3 ans, un habitant de Boldurie a consacré la même somme d'argent (x bols chaque année) à l'achat de kg d'or. Il a acheté l'or à 12 bols/kg la première année, à 15 bols/kg la deuxième année et à 20 bols/kg la troisième année. L'année suivante, il a revendu l'ensemble à 16 bols/kg.

A. Il a revendu $\frac{x}{5}$ kg d'or la 4e année.

B. Son prix moyen d'achat de l'or sur les 3 premières années est de 15,67 bols/kg.

C. Suite à la revente, il a fait un profit de $\frac{x}{5}$ bols.

D. S'il avait pu revendre à 18 bols/kg, il aurait augmenté son profit de 12,5 %.

6) Vous tentez d'ouvrir un coffre possédant une combinaison à trois chiffres. Vous savez que vous avez le droit au maximum, à six essais avant de déclencher une alarme. A chaque essai, une lampe de couleur s'allume :

- ✓ Verte quand au moins un chiffre est bien placé.
- ✓ Orange quand aucun chiffre n'est bien placé mais qu'au moins un chiffre mal placé appartient à la combinaison.
- ✓ Rouge quand aucun des chiffres proposés n'appartient à la combinaison.

Voici le résultat de quatre premiers essais :

- ✓ Essai 1 : 671 la lampe orange s'allume
- ✓ Essai 2 : 128 la lampe verte s'allume
- ✓ Essai 3 : 429 la lampe orange s'allume
- ✓ Essai 4 : 798 la lampe orange s'allume

Ces informations sont suffisantes pour conclure que :

A. 218 est une combinaison possible.

B. 128 est une combinaison possible.

C. 647 est une combinaison possible.

D. 184 est une combinaison possible.

7) Pour la somme de 5 €, vous avez acheté 100 fruits aux prix suivants :

- ✓ des pastèques à 0,50 € la pièce,
- ✓ des pommes à 0,10 € la pièce
- ✓ et des prunes à 0,01 € la pièce.

A. Vous avez acheté 50 prunes.

B. Vous avez versé 4,5 € pour l'achat des pastèques et des pommes.

C. Vous avez acheté deux pastèques.

D. Vous avez acheté 48 pommes.

8) Messieurs Boulanger, Pâtissier et Fleuriste sont trois amis qui ont chacun un métier différent parmi les suivants : boulanger, pâtissier et fleuriste. Mais chacun d'eux n'exerce pas nécessairement le métier correspondant à son nom.

Sur les informations qui suivent, une seule est vraie :

- ✓ Monsieur Pâtissier n'est pas boulanger.
- ✓ Monsieur Fleuriste n'est pas pâtissier.
- ✓ Monsieur Pâtissier est pâtissier.
- ✓ Monsieur Fleuriste n'est pas boulanger.

A partir de ces informations, on peut conclure que :

A. Monsieur Pâtissier est boulanger.

B. Monsieur Boulanger est pâtissier.

C. Monsieur Boulanger est fleuriste.

D. Monsieur Fleuriste est boulanger.

9) L'escalier roulant d'une gare permet de se déplacer, sans marcher, du niveau des voies jusqu'à la sortie en 1 min 20 s. Si l'escalier roulant est arrêté, le passager met 4 minutes pour parcourir toutes les marches.

A. Si la longueur du parcours est de 240 m la vitesse du passager est de 4 km/h.

B. Si la longueur du parcours est de 100 m la vitesse de l'escalier est de 5,4 km/h.

C. Si le passager utilise l'escalier en état de marche et en montant lui-même les marches, il mettra 64 s.

D. Si la longueur de l'escalier est augmentée de 30 %, le temps de déplacement de l'escalier augmente de 24 s.

10) Quatre amis (Alain, Bernard, Charles, David) ont chacun une couleur préférée (vert, rouge, blanc, bleu), un animal (chat, lapin, chien, poisson) et une matière préférée (philosophie, économie, anglais, mathématiques). Nous avons, à leur sujet, que :

- Alain préfère le blanc.
- Bernard a un chat.
- Celui qui préfère le bleu a un chien.
- Celui qui a un poisson préfère les mathématiques.
- Celui qui préfère le rouge aime l'économie.
- Charles aime l'anglais.
- David, qui n'aime pas le rouge, a un lapin.

A. Celui qui a un chat aime les mathématiques.
B. David aime la philosophie.
C. Charles a un chien.
D. Celui qui a un poisson aime le vert.

11) Une enquête a été réalisée auprès de 1000 foyers sur la possession des appareils suivants : téléviseur, lecteur CD, lecteur DVD. Les résultats obtenus sont les suivants :

- 900 foyers possèdent un téléviseur.
- 500 foyers possèdent un lecteur CD.
- 300 foyers possèdent un lecteur DVD.
- 100 foyers possèdent les trois appareils.
- 150 foyers possèdent un lecteur CD et un lecteur DVD
- 500 foyers ont un téléviseur et pas de lecteur CD.

A. 50 foyers ne possèdent qu'un lecteur CD.
B. 150 ne possèdent que lecteur DVD et téléviseur.
C. 50 ne possèdent qu'un lecteur DVD.
D. 500 possèdent exactement deux appareils.

12) Messieurs Lenoir, Leblanc et Lerouge sont professeurs de sport dans une grande école. Chacun enseigne trois spécialités parmi : tennis, judo, foot, basket et rugby. Certaines spécialités sont enseignées par deux personnes, jamais par trois personnes.

- Monsieur Lenoir n'enseigne pas le tennis.
- Monsieur Leblanc est le seul à enseigner le judo.
- Monsieur Lerouge enseigne le foot.

A. Monsieur Lenoir n'enseigne pas le basket.
B. Monsieur Leblanc enseigne le foot.
C. Monsieur Lerouge n'enseigne pas le tennis.
D. Monsieur Leblanc enseigne le basket ou le rugby.

13) Un preux chevalier a un rendez-vous à 15 heures précises au château d'une jolie princesse. Il fera le voyage sur son fidèle destrier. Comme il aime beaucoup les mathématiques, il se dit, au moment de partir : « Si mon cheval galope à 15 km/h, j'arriverai une heure trop tôt et s'il galope à 10 km/h j'arriverai une heure trop tard. »

A. Pour arriver à l'heure le cheval doit galoper à 12,5 km/h.

B. La distance parcourue est de 75 km.

C. Pour arriver à l'heure en galopant à 15 km/h, il doit partir à 10 h.

D. Partant à 10 h et pour arriver 30 minutes à l'avance, le cheval doit galoper à 12 km/h.

14) Le Facteur sonne chez M. Cadet Roussel et lui déclare : « Je suis désolé de vous déranger, mais j'ai une lettre pour l'une de vos filles. L'adresse ne comporte pas de prénom et elles ont chacune leur boîte aux lettres. Pouvez-vous me dire quels sont les âges de vos trois filles ? » M. Cadet Roussel lui répond d'un air facétieux : « Je vais vous donner trois informations qui vont vous permettre de trouver vous-même l'âge de chacune de mes filles. Sachez tout d'abord que le produit de leurs âges est égal à 36 ». Le facteur sort alors un stylo et après quelques hésitations et une poignée de secondes trouve 8 solutions possibles : (36 x 1 x 1), (18 x 2 x 1), (12 x 3 x 1), (9 x 4 x 1), (9 x 2 x 2), (6 x 6 x 1), (6 x 3 x 2) et (4 x 3 x 3). M. Cadet Roussel ajoute alors : « Sachez que la somme de leurs âges est égal au numéro de la maison d'en face ». Le facteur traverse alors la rue et revient déçu en lui disant : « Je suis désolé, mais il me manque une information ». Et M. Cadet Roussel de s'esclaffer en lui répondant : « Effectivement, j'ai oublié de vous dire que ma fille aînée est blonde ». A partir de ces informations, on peut conclure que :

A. Il y a deux solutions possibles.

B. L'aînée a 6 ans.

C. Les 3 filles ont des âges différents.

D. L'une des filles a 2 ans.

15) Dans une île déserte, un pirate a enterré à quelques mètres de distance les deux sacs d'un trésor.

- ✓ Le sac de jute contient 20 pièces d'or et 30 pièces d'argent,
- ✓ Le sac de cuir contient 20 pièces d'or et 20 pièces d'argent.

Malheureusement pour lui, ayant été capturé, il finit sa vie au bagne sans avoir pu récupérer son magot. Quelques années plus tard, un aventurier qui a entendu parler du trésor, débarque sur cette île et creuse le sol au hasard. La fortune lui sourit puisqu'il trouve un des deux sacs. Il y plonge la main et en sort une pièce.

A. La probabilité que cette pièce soit en or est égale à 5/9

B. La probabilité que cette pièce soit en argent est égale à 11/20

C. Si cette pièce est en or, la probabilité qu'elle soit tirée du sac en cuir est égale à 4/9

D. Si cette pièce est en argent, la probabilité qu'elle soit tirée du sac en jute est égale à 5/11

Exercices n° 16 à 22 : pondération 2

16) On considère la fonction f définie par $f(x) = x^2 + 3x - 7 + \dfrac{6}{\sqrt{x^2+3x}}$

A. L'ensemble de définition de la fonction f est l'ensemble IR

B. $\lim\limits_{x \to +\infty} f(x) = +\infty$

C. $\lim\limits_{x \to -\infty} f(x) = -\infty$

D. $f'(x) = 2x + 3 + 3\left(\dfrac{2x+3}{(x^2+3x)\sqrt{x^2+3x}}\right)$ pour x appartenant à l'ensemble de définition de la fonction f et f' est la fonction dérivée de f

17) Soit f la fonction définie sur l'ensemble $]0\ ;+\infty[$ par : $f(x) = (2 - \ln x)\ln x$

A. $\lim\limits_{x \to 0^+} f(x) = +\infty$

B. $f'(x) = \dfrac{2(1-\ln x)}{x}$ pour $x > 0$ où f' est la fonction dérivée de f

C. L'équation $f(x) = \dfrac{1}{4}$ admet une solution unique dans $[1\ ; e]$

D. La fonction f est positive pour $x > 0$

18) Soit f la fonction définie sur $]0\ ;+\infty[$ par : $f(x) = \ln\left(\dfrac{e^x - 1}{e^{2x}+1}\right)$ et
g la fonction définie par : $g(x) = -e^{2x} + 2e^x + 1$

A. La fonction g garde le même signe sur l'ensemble IR

B. La droite d'équation $x = 0$ est une asymptote à la courbe représentative de f, quand x tend vers 0

C. La fonction dérivée f' et la fonction g ont le même signe

D. La fonction f atteint son maximum pour $x = 0{,}88$

19) Pour $x \in$ IR, on pose $f(x) = \dfrac{1}{\sqrt{x^2+1}}$ et $F(x) = \ln(x + \sqrt{x^2+1})$ où ln désigne le logarithme népérien

A. La courbe représentative de la fonction f est symétrique par rapport à l'origine O.

B. F est une primitive de la fonction f

C. f est une fonction strictement croissante

D. L'intégrale $\int_0^1 f(x)dx$ vaut $\ln(1+\sqrt{2})$

20) On considère le système (S) constitué d'une inéquation et d'une équation où x et y sont deux inconnues réelles et m un réel donné : $\begin{cases} x^2+y^2 \leq 1 \\ mx+y=2 \end{cases}$

A. Le système (S) admet des solutions quel que soit le réel m

B. Si $m=-\sqrt{3}$ alors le système (S) admet comme solution le couple $\left(\frac{\sqrt{3}}{2}, \frac{1}{2}\right)$

C. Pour que le système (S) admette une solution unique, il faut que m soit égal à $-\sqrt{3}$ ou $\sqrt{3}$

D. Si $m<-\sqrt{3}$ ou $m>\sqrt{3}$ alors le système (S) admet une infinité de solutions

21) Dans un plan P muni d'un repère orthonormé $(O, \vec{i}, \vec{j})$ on considère la droite D passant par les points $A(2\ ;\ 1)$ et $B(4\ ;\ 2)$, T une droite passant par le point $F(2\ ;\ 4)$ et (C) la courbe représentative d'une fonction réelle f.
De plus, (C) est tangente à la droite D au point A d'abscisse $x_0=2$. (C), D et T se coupent en un point d'abscisse $x_1=6$.

A. $f(2)=1$

B. Le nombre dérivé de f au point A d'abscisse $x_0=2$ vaut 2

C. $f(6)=1$

D. L' équation cartésienne de la droite T est : $y=3x-15$

22) On sait que 3 % d'un grand nombre de pièces sont défectueuses. On les contrôle avec deux systèmes soit S1, soit S2.

- ✓ Le système S1 accepte 95 % des bonnes pièces et rejette 98 % des pièces défectueuses.
- ✓ Le système S2 accepte 97 % des pièces mais 1 % des pièces acceptées sont défectueuses.

A. La probabilité d'erreur dans le contrôle par S1 est de 0,0491

B. La probabilité qu'une pièce refusée par S1 soit bonne est de 0,2

C. La probabilité qu'une pièce soit acceptée et défectueuse par S2 est de 0,0097

D. La probabilité qu'une pièce soit bonne et acceptée par S2 est de 0,98

CORRIGES COMMENTES DE L'ANNALE ACCES 2006

1. VFFF

Il ne faut surtout pas chercher à résoudre tout l'exercice car les données sont insuffisantes pour tout déterminer.

A

Sur 70 jeunes, si 20 % ont un pull noir, alors 70 × 20 % = 14 jeunes portent un pull noir. Tous les autres jeunes soit 70 – 14 = 56 ont un pull rouge.

➔ A est vrai.

B

Sur les 14 jeunes qui portent un pull noir, 10 portent des chaussures de ville. Or 42 jeunes en tout portent des chaussures de ville. Il y en a par conséquent 42 – 10 = 32 qui portent des chaussures de sport et un pull rouge.

Mais aucune donnée supplémentaire ne peut nous permettre de déduire que 15 jeunes parmi ces 32 sont en pantalon.

➔ B est faux.

C

Les informations dont nous disposons sont insuffisantes pour pouvoir déterminer le nombre de filles du groupe, car celles-ci peuvent porter des pantalons comme des jupes.

➔ C est faux.

D

D'après ce qui précède, 32 jeunes portent un pull rouge et des chaussures de sport, il y en a donc 56 – 32 = 24 qui sont en pull rouge et chaussures de sport.

20 % de l'effectif total, c'est-à-dire 14, sont des filles en jupe portant chaussures de ville et pull rouge.

Il y a donc 24 – 14 = 10 jeunes qui sont en pull rouge, chaussures de ville et pantalon.

➔ D est faux.

2. FVVV

Si on note x le pourcentage de femmes qui ne sont **pas au salaire minimal**, on peut calculer le salaire moyen :

$\text{Salaire}_{\text{moyen}} = 20\,\% \times 45 + 80\,\% \times (x \times 50 + (1 - x) \times 70) = 9 + 0{,}8 \times (70 - 20x)$

$\text{Salaire}_{\text{moyen}} = 65 - 20x$

Or $\text{Salaire}_{\text{moyen}} = 65$ d'après l'énoncé. Donc $x = 0$.

A

Supposons qu'il y ait 30 % de femmes dans l'entreprise et 70 % d'hommes et recalculons alors le salaire moyen :

$\text{Salaire}_{\text{moyen}} = 20\,\% \times 45 + 80\,\% \times (30\,\% \times 50 + 70\,\% \times 70) = 9 + 0{,}8 \times (15 + 49)$

$\text{Salaire}_{\text{moyen}} = 9 + 0{,}8 \times 64 = 60{,}2$

Or ce n'est pas le salaire moyen observé.

➔ A est faux.

B

Pas besoin du moindre calcul pour cette question. Toutes les femmes de l'entreprise touchent le salaire minimal d'après la question précédente. Ce qui signifie qu'elles sont au maximum 20 %. Etant en moyenne beaucoup moins payées, il n'y a aucune chance pour que ces moins de 20 % d'employés touchent plus que 20 % de la totalité des salaires.

➔ B est vrai.

C

Si on enlève ceux qui touchent le salaire minimal, l'entreprise n'est plus composée que d'hommes. Ainsi, le salaire moyen sera exactement égal à celui des hommes c'est-à-dire 70 bols.

➔ C est vrai.

D

Augmentons tous les salaires de 10 %, c'est-à-dire multiplions les par 110 % = 1,1.

$\text{Salaire}_{\text{moyen}} = 20\,\% \times 45 + 110\,\% + 80\,\% \times 70 + 110\,\%$

$\text{Salaire}_{\text{moyen}} = 110\,\%(9 + 56) = 1{,}1 \times 65 = 71{,}5$

Le salaire moyen est donc de 71,5 bols.

➔ D est vrai.

3. VFVV

A

La formule du débit est la suivante : débit $= \frac{\text{quantité}}{\text{temps}} \Leftrightarrow$ débit × temps = quantité.

Si deux robinets fournissent la même quantité, avec des débits différents d_1 et d_2, en des temps différents 3 h et 2,5 h, alors on peut écrire l'équation suivante :

quantité $= d_1 \times 3 = d_2 \times 2{,}5 \Leftrightarrow d_2 = \frac{3}{2{,}5} d_1 = \frac{120}{100} d_1 = 120\ \% \times d_1$.

Le débit d_2 est donc 20 % supérieur au débit d_1.

➔ A est vrai.

B

Si on fait fonctionner les deux robinets simultanément, la quantité obtenue au bout d'un temps t est :

quantité$(t) = d_1 \times t + d_2 \times t = (d_1 + d_2) \times t = (d_1 + 1{,}2\,d_1) \times t = 2{,}2\,d_1 \times t$

Or en 1 h 30 (soit 1,5 h), la quantité obtenue est 1 650 L.

$1\,650 = 2{,}2\,d_1 \times 1{,}5 \Leftrightarrow d_1 = \frac{1\,650}{2{,}2 \times 1{,}5} = 500$ L.

Le débit du premier robinet est égal à 500 L par heure.

➔ B est faux.

C

Le débit du deuxième robinet est $d_2 = 1{,}2 \times d_1 = 1{,}2 \times 500 = 600$ litres.

Le temps mis par le robinet 2 pour remplir les 1 650 litres de la cuve est :

temps $= \frac{\text{quantité}}{d_2} = \frac{1\,650}{600} = 2{,}75$ h, ce qui correspond à 2 h 45.

➔ C est vrai.

D

Si on fait couler les deux robinets pendant 1 h, on obtient 500 L + 600 L c'est-à-dire 1 100 litres d'eau.

Il reste donc 1 650 – 1 100 = 550 litres à remplir.

En 1 h le premier robinet ne pourra fournir que 500 litres, il lui faudra donc plus d'une heure pour achever de remplir la cuve (1,1 h).

➔ D est vrai.

4. VFFF

A

Représentation graphique :

La première offre est linéaire : prix = $y \times$ distance.

La deuxième offre est : prix = 300 + $y \times$ distance.

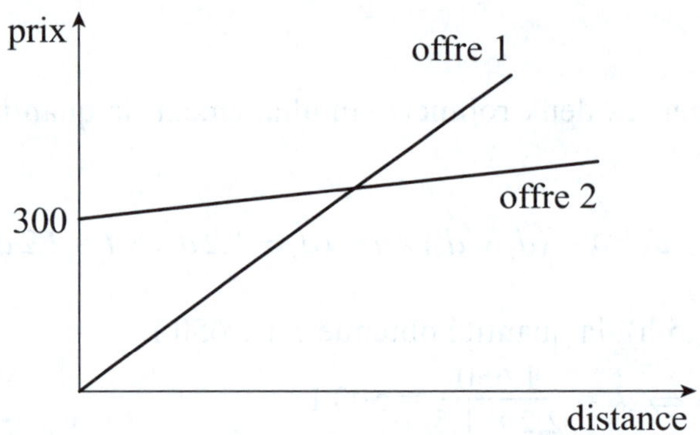

On cherche la distance pour laquelle les deux offres se valent. Cela revient donc à trouver d : $300 + x \times d = d \times y \Leftrightarrow 300 = d \times (y - x) \Leftrightarrow \mathrm{d} = \frac{300}{y - x}$.

A partir de cette distance le prix de l'offre 1 est plus élevé que celui de l'offre 2.

➔ A est vrai.

B

Pour d = 700 km :

Le prix de l'offre 1 est $p_1 = y \times 700$.

Le prix de l'offre 2 est $p_2 = 300 + 700 \times x$.

La différence de prix entre les deux offres est $p_2 - p_1 = 300 + 700(x - y)$.

➔ B est faux.

C

Pour l'aller et le retour : la distance parcourue est $d = 1\,400$ km.

La différence de prix entre les deux offres est $p_2 - p_1 = 300 + 1\,400(x - y)$.

Cette différence de prix n'est pas égale au double de la différence observée pour l'aller.

➔ C est faux.

D

Si l'on veut obtenir un coût inférieur sur l'aller-retour avec l'option 1, on souhaite donc que $p_1 < p_2 \Leftrightarrow p_2 - p_1 > 0$. C'est-à-dire :

$$p_2 - p_1 = 300 + 1\,400(x - y) > 0 \Leftrightarrow y - x > \frac{300}{1\,400} \Leftrightarrow x < y - \frac{300}{1\,400} = y - 0{,}21.$$

Il faut que x soit inférieur au minimum de 0,21 € par rapport à y.

➔ D est faux.

5. VFVF

A

On peut calculer le stock total d'or qu'il a amassé en trois ans.

La formule est la suivante : quantité $= \frac{\text{argent dépensé}}{\text{tarif}}$.

Chaque année, cet habitant a dépensé x bols.

Il a amassé une quantité $Q_1 = \frac{x}{12}$ kg d'or la première année.

De même, on calcule $Q_2 = \frac{x}{15}$ et $Q_3 = \frac{x}{20}$, les quantités acquises durant les deuxième et troisième années. La **quantité totale** Q est égale à :

$$Q = Q_1 + Q_2 + Q_3 = \frac{x}{12} + \frac{x}{15} + \frac{x}{20} = \frac{x}{60}(5 + 4 + 3) = \frac{12}{60}x = \frac{x}{5} \text{ kg}.$$

Au bout de la troisième année, l'habitant revendra la totalité de son stock d'or soit $Q = \frac{x}{5}$ kg d'or.

➔ A est vrai.

B

La formule qui calcule le prix moyen est : tarif moyen $= \frac{\text{somme dépensée}}{\text{quantité acquise}}$.

$$\text{tarif moyen} = \frac{3x}{\frac{x}{12}+\frac{x}{15}+\frac{x}{20}} = \frac{3x}{\frac{x}{5}} = 15 \text{ bols/kg.}$$

➔ B est faux.

C

L'homme revend son stock de $Q = \frac{x}{5}$ kg d'or à un prix de 16 bols/kg. Son chiffre d'affaire est $CA = \frac{x}{5} \times 16 = \frac{16}{5}x$. L'achat de son or lui a coûté x bols chaque année pendant trois ans, *i.e.* $3x$.

Son profit est donc égal à : CA – coût $= \frac{16}{5}x - 3x = \frac{x}{5}$ bols.

➔ C est vrai.

D

S'il revend son or à 18 bols/kg, son chiffre d'affaires vaut : $CA' = \frac{x}{5} \times 18 = \frac{18}{5}x$.

Son nouveau profit est CA' – coût $= \frac{18}{5}x - 3x = \frac{3}{5}x$ bols.

Le nouveau profit de $\frac{3}{5}x$ bols est trois fois plus élevé que le précédent de $\frac{1}{5}x$.

➔ D est faux.

Remarque : le piège ici, c'est que 18 représente bien une augmentation de 12,5 % par rapport à 16 car $= \frac{18}{16} = \frac{9}{8} \times \frac{25}{25} = \frac{225}{200} = 112{,}5\ \%$… seulement, le profit n'est pas une fonction linéaire du prix.

6. FFFV

A

Supposons que 218 soit la combinaison du coffre. On tape le code 798, le numéro 8 se trouve à la même place dans 798 et dans 218 ainsi la lumière verte doit s'allumer. Or l'essai 4 prouve que ce n'est pas le cas → c'est donc la lumière orange qui s'allume.

➔ A est faux.

B

Pour la même raison que précédemment, 128 n'est pas une combinaison possible.

➔ B est faux.

C

Supposons que 647 soit la combinaison du coffre. On tape le code 671, le numéro 6 est alors bien placé puisqu'il se trouve au chiffre des centaines pour 647 et 671. La lumière verte doit donc s'allumer.

Lors de l'essai 1 la lumière orange s'allume, 647 n'est donc pas une combinaison possible.

➔ C est faux.

D

Supposons que 184 soit la combinaison du coffre.

Lorsqu'on tape le code 671, le chiffre 1 appartient à la combinaison mais est mal placé, la lumière orange doit donc s'allumer. C'est ce que nous indique l'essai 1.

Lorsqu'on tape le code 128, le chiffre 1 est bien placé, la lumière verte s'allume. C'est ce qui se passe lors du 2e essai.

Lorsqu'on tape le code 429, le chiffre 4 appartient à la combinaison mais est mal placé, la lumière orange doit donc s'allumer. C'est ce que nous indique l'essai 3.

Lorsqu'on tape le code 798, le chiffre 8 appartient à la combinaison mais est mal placé, la lumière orange doit donc s'allumer. C'est ce qui se passe lors du 4e essai. Ainsi tous les essais effectués sont compatibles avec cette combinaison.
184 est donc une combinaison possible.

➔ D est vrai.

7. FFFF

L'énoncé se résume au système d'équation suivant : $\begin{cases} x + y + z = 100 \\ 0{,}5x + 0{,}1y + 0{,}01z = 5 \end{cases}$

x, y, et *z* sont respectivement le nombre de pastèques, pommes et prunes achetées.

A

Partons de l'hypothèse $z = 50$ et voyons si cela peut fonctionner.

$$\begin{cases} x + y = 50 \\ 0{,}5x + 0{,}1y + 0{,}5 = 5 \end{cases} \Leftrightarrow \begin{cases} x + y = 50 \\ 0{,}5x + 0{,}1 \times (50 - x) = 4{,}5 \end{cases} \Leftrightarrow \begin{cases} x + y = 50 \\ 0{,}4x = -0{,}5 \end{cases}$$

Cela signifie donc que x est strictement négatif, ce qui est impossible !

➔ A est faux.

B

Si la somme versée pour l'achat des pastèques et des pommes est : $0{,}5x + 0{,}1y = 4{,}5$ alors cela donne le système suivant :

$$\begin{cases} x + y + z = 100 \\ 4{,}5 + 0{,}01z = 5 \end{cases} \Leftrightarrow \begin{cases} x + y + z = 100 \\ 0{,}01z = 0{,}5 \end{cases} \Leftrightarrow \begin{cases} x + y + z = 100 \\ z = 50 \end{cases}$$

Or on vient de prouver en question **A** que le système ne pouvait pas fonctionner pour $z = 50$.

➔ B est faux.

C

On suppose $x = 2$. Voyons ce qui se passe :

$$\begin{cases} y + z = 98 \\ 1 + 0{,}1y + 0{,}01z = 5 \end{cases} \Leftrightarrow \begin{cases} y + z = 98 \\ 0{,}1y + 0{,}01z = 4 \end{cases} \Leftrightarrow \begin{cases} y + z = 98 \\ 0{,}1y + 0{,}01 \times (98 - y) = 4 \end{cases}$$

$$\Leftrightarrow \begin{cases} y + z = 98 \\ 0{,}99y = 3{,}02 \end{cases}$$

Or $0{,}99y = 3{,}02 \Leftrightarrow y = \dfrac{302}{99} = 3{,}050$

Comme le nombre de fruits est forcément un **entier** → pas de solution.

➔ C est faux.

D

On suppose $y = 48$.

$$\begin{cases} x + z = 52 \\ 0{,}5x + 4{,}8 + 0{,}01z = 5 \end{cases} \Leftrightarrow \begin{cases} x + z = 52 \\ 0{,}5x + 0{,}01z = 0{,}2 \end{cases}$$

A ce stade, il apparaît que $x = 0$ car sinon le montant de 0,2 sera dépassé. Ainsi :

$$\begin{cases} z = 52 \\ 0{,}01z = 0{,}2 \end{cases} \Leftrightarrow \begin{cases} z = 52 \\ z = 20 \end{cases}$$

Ce système n'admet aucune solution.

➔ D est faux.

8. VFVF

Supposons que la première affirmation est vraie. Toutes les autres sont donc fausses, notamment :

« Monsieur Fleuriste n'est pas pâtissier » et « Monsieur Fleuriste n'est pas boulanger », ce qui signifie que Monsieur Fleuriste est à la fois pâtissier et fleuriste. Or c'est impossible.

→ La première assertion est donc fausse.

Le fait que la première assertion soit fausse, indique que Monsieur Pâtissier EST bien boulanger. Ce qui impose que la dernière assertion « Monsieur Fleuriste n'est pas boulanger » soit vraie car la profession de boulanger est, en effet, déjà occupée par Monsieur Pâtissier.

Ainsi l'affirmation vraie est « Monsieur Fleuriste n'est pas boulanger », cela impose que toutes les autres affirmations sont fausses. La phrase « Monsieur Fleuriste n'est pas pâtissier » est donc fausse et Monsieur Fleuriste est pâtissier.

Finalement cela donne : Pâtissier est boulanger | Fleuriste est pâtissier | Boulanger est fleuriste.

➔ A est vrai ; B est faux ; C est vrai ; D est faux.

9. FFFV

A

Si la longueur du parcours est 240 m, le passager met 4 minutes pour parcourir 240 m, c'est-à-dire qu'il met $\frac{1}{15}$ d'heure pour parcourir 0,240 km.

Sa vitesse est donc : $\text{vitesse} = \dfrac{0,240}{\dfrac{1}{15}} = 3,6$ km/h.

➔ A est faux.

B

Si la longueur du parcours est 100 m et qu'une marche met 1 min 20, c'est-à-dire $\frac{1}{15}$ d'heure pour parcourir cette distance. La vitesse de l'escalier est $\dfrac{0,100}{\dfrac{1}{45}} = 4,5$ km/h.

➔ B est faux.

C

D'après l'énoncé, si on note d la distance à parcourir :

Une marche d'escalier met 1 min 20 soit 80 sec pour parcourir d, sa vitesse est donc : $V_{\text{escalier}} = \dfrac{d}{80}$.

En marchant, un passager met 4 minutes soit 240 secondes pour parcourir d, sa vitesse est donc égale à : $V_{\text{passager}} = \dfrac{d}{240}$.

Ainsi la vitesse d'un passager qui marche sur le tapis roulant en fonctionnement est d'après la mécanique classique : $V_{\text{voyageur}} = V_{\text{passager}} + V_{\text{escalier}} = \dfrac{d}{80} + \dfrac{d}{240} = \dfrac{d}{60}$.

A la vitesse V_{voyageur}, le temps mis pour parcourir d sera : $t = \dfrac{d}{V_{\text{voyageur}}} = 60$ sec.

➔ C est faux.

<u>D</u>

Si la longueur de l'escalier est augmentée de 30 %, la distance d devient 130 % $d = 1{,}3d$.

La vitesse de l'escalier n'a pas changé, il s'agit toujours de $V_{\text{escalier}} = \dfrac{d}{80}$.

Calculons le temps mis par une marche pour parcourir à cette vitesse, la distance $1{,}3d$.

$\text{temps} = \dfrac{1{,}3d}{V_{\text{escalier}}} \dfrac{1{,}3d}{\dfrac{d}{80}} = 104$ secondes.

Pour parcourir la longueur d, une marche de l'escalier met 1 min 20 soit 80 secondes.
Ainsi si on allonge la longueur de l'escalier de 30 %, on ajoute 104 – 80 = 24 secondes.

➔ D est vrai.

10. FVVF

On va résoudre l'exercice en s'aidant du tableau suivant :

Prénom	Alain	Bernard	Charles	David
Couleur	Blanc			
Animal		Chat		Lapin
Matière préférée			Anglais	

La proposition « Celui qui préfère le bleu a un chien », ne peut désigner :

– ni Alain car il préfère le blanc ;
– ni Bernard car il a un chat ;
– ni David car il a un lapin.

Celui qui préfère le bleu et qui a un chien est donc Charles.

Par élimination, on en déduit que Alain a un poisson. Comme Alain a un poisson alors il préfère les mathématiques d'après la proposition « Celui qui a un poisson préfère les mathématiques ».

Récapitulons les informations :

Prénom	Alain	Bernard	Charles	David
Couleur	Blanc		Bleu	
Animal	Poisson	Chat	Chien	Lapin
Matière préférée	Mathématiques		Anglais	

La proposition « David, qui n'aime pas le rouge ...», nous permet de déduire que c'est Bernard qui aime le rouge. Par élimination David aime le vert.

« Celui qui préfère le rouge aime l'économie » donc Bernard préfère l'économie.
Par élimination David préfère la philosophie.

Prénom	Alain	Bernard	Charles	David
Couleur	Blanc	Rouge	Bleu	Vert
Animal	Poisson	Chat	Chien	Lapin
Matière préférée	Mathématiques	Economie	Anglais	Philosophie

➔ A est faux ; B est vrai ; C est vrai ; D est faux.

11. VVFV

Cet exercice est une « tarte à la crème » du concours Accès il faut savoir le maîtriser, la méthode est invariablement la suivante.

On crée trois ensembles (trois cercles) dont l'intersection n'est pas vide.

L'ensemble des gens possédant un téléviseur, est constitué de quatre parties A, B, C et D. Selon qu'ils ne possèdent que la télévision (sous-ensemble A), qu'ils possèdent uniquement une télévision et un lecteur de CD (B), qu'ils possèdent uniquement une télévision et un lecteur de DVD (C) ou encore qu'ils possèdent les trois appareils (D). On procède de même pour les autres ensembles. H représente les foyers de l'échantillon qui ne possèdent **aucun** des trois appareils.

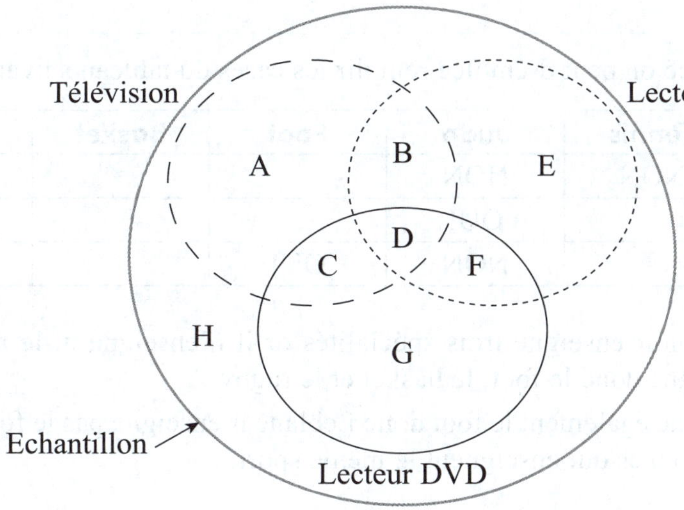

On a bien évidemment que A + B + C + D + E + F + G + H = 1 000, le nombre de foyers total interrogés.

L'énoncé nous permet d'écrire le système suivant :

$$\begin{cases} A + B + C + D = 900 \\ B + D + E + F = 500 \\ C + D + F + G = 300 \\ D = 100 \\ D + F = 150 \\ A + C = 500 \\ A + B + C + D + E + F + G + H = 1\,000 \end{cases}$$

$$\Leftrightarrow \begin{cases} D = 100 \\ F = 50 \\ B + D + 500 = 900 \\ B + E + 150 = 500 \\ C + G + 150 = 300 \\ A + C = 500 \\ 500 + 500 + G + H = 1\,000 \end{cases} \Leftrightarrow \begin{cases} D = 100 \\ F = 50 \\ B = 300 \\ E = 50 \\ G = H = 0 \\ C = 150 \\ A = 350 \end{cases}$$

➔ A est vrai (E = 50) ; B est vrai (C = 150) ; C est faux (G = 0) et D est vrai (B + C + F = 300 + 150 + 50 = 500).

12. FFFV

A l'aide de l'énoncé on peut d'emblée remplir les cases du tableau suivant :

Nom\Sport	Tennis	Judo	Foot	Basket	Rugby
Lenoir	NON	NON			
Leblanc		OUI			
Lerouge		NON	OUI		

Par hypothèse, Lenoir enseigne trois spécialités or il n'enseigne ni le tennis, ni le judo… → il enseigne donc le foot, le basket et le rugby.

Or Lerouge enseigne également le foot donc Leblanc n'enseigne pas le foot car il n'y a jamais trois personnes qui enseignent le même sport.

On récapitule les informations dont on dispose dans le tableau suivant :

Nom\Sport	Tennis	Judo	Foot	Basket	Rugby
Lenoir	NON	NON	OUI	OUI	OUI
Leblanc		OUI	NON		
Lerouge		NON	OUI		

➔ Monsieur Lenoir enseigne le basket. A est faux.

➔ Monsieur Leblanc n'enseigne pas le foot. B est faux.

Supposons que Monsieur Lerouge n'enseigne pas le tennis, il est alors obligé d'enseigner basket et rugby en plus du foot. Sous cette hypothèse on peut alors remplir le tableau suivant :

Nom\Sport	Tennis	Judo	Foot	Basket	Rugby
Lenoir	NON	NON	OUI	OUI	OUI
Leblanc		OUI	NON		
Lerouge	NON	NON	OUI	OUI	OUI

Or Monsieur Leblanc ne peut pas enseigner trois spécialités dans ce contexte car il y a au plus deux animateurs en basket et en rugby et qu'il doit enseigner trois spécialités.

➔ C est faux.

D'après le tableau suivant, Monsieur Lerouge pratique le basket ou le rugby en plus du tennis et du foot. S'il enseigne le basket, Monsieur Leblanc enseigne le rugby et vice-versa.

Nom\Sport	Tennis	Judo	Foot	Basket	Rugby
Lenoir	NON	NON	OUI	OUI	OUI
Leblanc		OUI	NON		
Lerouge	OUI	NON	OUI		

➔ D est vrai.

13. FFFF

On appelle t le temps prévu (en heures) pour parcourir d la distance (en km) qui sépare les deux personnages.

Si le cheval galope à 15 km/h, le chevalier mettra un temps $t-1$ pour parcourir d.
Si le cheval galope à 10 km/h, le chevalier mettra alors un temps $t+1$ pour parcourir d.

On rappelle que : vitesse $= \dfrac{\text{distance}}{\text{temps}} \Leftrightarrow$ temps $= \dfrac{\text{distance}}{\text{vitesse}}$.

Donc que $t-1 = \dfrac{d}{15}$ et que $t+1 = \dfrac{d}{10}$.

Résolvons ce système d'équations :

$$\begin{cases} t-1 = \dfrac{d}{15} \\ t+1 = \dfrac{d}{10} \end{cases} \Leftrightarrow \begin{cases} d = 15(t-1) \\ d = 10(t+1) \end{cases} \Leftrightarrow \begin{cases} d = 15(t-1) \\ 15(t-1) = 10(t+1) \end{cases} \Leftrightarrow \begin{cases} d = 15(t-1) \\ t = 5 \end{cases} \Leftrightarrow \begin{cases} d = 60 \\ t = 5 \end{cases}$$

On peut donc déduire que la distance d vaut 60 km et que le temps t pour arriver à l'heure est de 5 heures.

<u>A</u>

Pour parcourir 60 km en 5 heures, le cheval doit galoper à la vitesse $V = \dfrac{60}{5} = 12$ km/h.

➔ A est faux.

B

➔ B est faux (en effet, la distance *d* est de 60 km).

C

Pour parcourir 60 km à la vitesse de 15 km/h, le chevalier doit galoper pendant 4 heures.

Or s'il souhaite arriver à 15 h il doit partir à 11 h puis galoper durant 4 heures à la vitesse de 15 km/h.

➔ C est faux.

D

Au début de l'exercice on a calculé que la vitesse pour arriver juste à l'heure est de 12 km/h. A cette vitesse, le chevalier met 5 heures. Pour être juste à l'heure, il doit donc partir à 10 h. On en déduit que pour avoir 30 minutes d'avance, il doit partir à 9 h 30.

➔ D est faux.

14. FFFV

A

Avant que le facteur ne traverse la rue pour regarder le numéro de la maison d'en face, il a le choix entre plusieurs solutions :

- $(36 \times 1 \times 1)$ dont la somme des âges vaut 38
- $(18 \times 2 \times 1)$ dont la somme des âges vaut 21
- $(12 \times 3 \times 1)$ dont la somme des âges vaut 16
- $(9 \times 4 \times 1)$ dont la somme des âges vaut 14
- $(9 \times 2 \times 2)$ dont la somme des âges vaut 13
- $(6 \times 6 \times 1)$ dont la somme des âges vaut 13
- $(6 \times 3 \times 2)$ dont la somme des âges vaut 11
- $(4 \times 3 \times 3)$ dont la somme des âges vaut 10

Si, après avoir traversé la rue, le facteur hésite encore, c'est bien qu'il y a une ambiguïté, c'est-à-dire qu'il y a deux solutions qui ont la même somme.

Il s'agit donc de $(9 \times 2 \times 2)$ et de $(6 \times 6 \times 1)$ qui donnent tous les deux une somme égale à 13.
Cadet Roussel indique ensuite que SA FILLE **AINEE** est blonde. Il n'a donc qu'une aînée et pas deux comme dans la solution $(6 \times 6 \times 1)$.
Ainsi l'unique solution acceptable est $(9 \times 2 \times 2)$.

➔ A est faux.
➔ B est faux (l'aînée a 9 ans).
➔ C est faux (les deux dernières ont le même âge).
➔ D est vrai (deux des trois filles ont deux ans. Il y en a donc au moins une qui a deux ans).

15. FVFF

A

On note $P_{jute}(or)$ la probabilité que cette pièce soit en or sachant qu'elle provient du sac de jute. D'après l'énoncé cette probabilité est $P_{jute}(or) = \frac{20}{50} = \frac{2}{5}$ car il y a 20 pièces en or sur un total de 50 pièces dans le sac de jute.

La probabilité que cette pièce soit en or sachant qu'elle provient du sac de cuir est $P_{cuir}(or) = \frac{20}{40} = \frac{1}{2}$ car il y a 20 pièces en or sur un total de 40 pièces dans le sac de cuir.

La probabilité qu'a l'aventurier de tomber sur un sac ou sur l'autre est d'une chance sur deux soit : $P(cuir) = P(jute) = \frac{1}{2}$.

D'après la formule des probabilités totales : $P(B) = P(A \cap B) + P(\overline{A} \cap B)$.
On a donc : $P(or) = P(jute \cap or) + P(cuir \cap or)$.

D'après la formule des probabilités conditionnelles :

$$P_{jute}(or) = \frac{P(jute \cap or)}{P(jute)} \Leftrightarrow P(jute \cap or) = P(or) \times P(jute)$$

$$P_{cuir}(or) = \frac{P(cuir \cap or)}{P(cuir)} \Leftrightarrow P(cuir \cap or) = P(or) \times P(cuir)$$

CORRIGES DE L'EPREUVE DE LOGIQUE •2

Ainsi la probabilité est :

$$P(\text{or}) = P_{\text{jute}}(\text{or}) \times P(\text{jute}) + P_{\text{cuir}}(\text{or}) \times P(\text{cuir}) = \frac{1}{2} \times \frac{2}{5} + \frac{1}{2} \times \frac{1}{2} = \frac{1}{5} + \frac{1}{4} \times \frac{9}{20}$$

➔ A est faux.

B

La pièce est soit en argent soit en or, il n'y a pas d'autre alternative. Ainsi, par définition des probabilités : P(or) + P(argent) = 1. Ainsi comme on a calculé P(or) dans la question précédente, on en déduit $P(\text{argent}) = 1 - P(\text{or}) = 1 - \frac{9}{20} = \frac{11}{20}$.

➔ B est vrai.

C

On applique la formule des probabilités conditionnelles :

$$P_{\text{or}}(\text{cuir}) = \frac{P(\text{cuir} \cap \text{or})}{P(\text{or})} = \frac{P_{\text{cuir}}(\text{or}) \times P(\text{cuir})}{P(\text{or})}$$ ce qui donne ici : $$P_{\text{or}}(\text{cuir}) = \frac{\frac{1}{2} \times \frac{1}{2}}{\frac{9}{20}} = \frac{5}{9}.$$

➔ C est faux.

D

On applique la formule des probabilités conditionnelles :

$$P_{\text{argent}}(\text{jute}) = \frac{P(\text{argent} \cap \text{jute})}{P(\text{argent})} = \frac{P_{\text{jute}}(\text{argent}) \times P(\text{jute})}{P(\text{argent})}$$

$$P_{\text{jute}}(\text{argent}) = \frac{30}{50} = \frac{3}{5}$$

On a donc finalement : $$P_{\text{argent}}(\text{jute}) = \frac{\frac{3}{5} \times \frac{1}{2}}{\frac{11}{20}} = \frac{6}{11}.$$

➔ D est faux.

CORRIGES DE L'EPREUVE DE LOGIQUE • 2

16. FVFF

A

La restriction de l'ensemble de définition de cette fonction vient du dénominateur que comporte cette fonction : $\sqrt{x^2 + 3x}$. Ce dénominateur doit être non nul.

$$\sqrt{x^2 + 3x} = 0 \Leftrightarrow x^2 + 3x = 0 \Leftrightarrow x(x + 3) = 0 \Leftrightarrow \begin{cases} x = 0 \\ x = -3 \end{cases}$$

Ainsi $x \neq \{-3 ; 0\}$. Donc l'ensemble de définition est $\mathbb{R} - \{-3 ; 0\}$.

➔ A est faux.

B

Calculons la limite de f à droite.

On a $\lim\limits_{x \to +\infty}(x^2 + 3x) = +\infty$, donc $\lim\limits_{x \to +\infty}\sqrt{x^2 + 3x} = +\infty$ et $\lim\limits_{x \to +\infty}\dfrac{1}{\sqrt{x^2 + 3x}} = 0$.

On a également : $\lim\limits_{x \to +\infty}(x^2 + 3x - 7) = +\infty$. Donc $\lim\limits_{x \to +\infty}\left(x^2 + 3x - 7 + \dfrac{6}{\sqrt{x^2 + 3x}}\right) = +\infty$.

➔ B est vrai.

C

Calculons la limite de f à droite.

On peut écrire : $x^2 + 3x = x^2\left(1 + \dfrac{3}{x}\right)$, or $\lim\limits_{x \to -\infty}\left(1 + \dfrac{3}{x}\right) = 1$, donc $\lim\limits_{x \to -\infty}(x^2 + 3x) = +\infty$.

Ainsi $\lim\limits_{x \to -\infty}\sqrt{x^2 + 3x} = +\infty$ et $\lim\limits_{x \to -\infty}\dfrac{1}{\sqrt{x^2 + 3x}} = 0$.

On peut écrire de même : $x^2 + 3x - 7 = x^2\left(1 + \dfrac{3}{x} - \dfrac{7}{x^2}\right)$, or $\lim\limits_{x \to -\infty}\left(1 + \dfrac{3}{x} - \dfrac{7}{x^2}\right) = 1$,

donc $\lim\limits_{x \to -\infty}\left(x^2\left(1 + \dfrac{3}{x} - \dfrac{7}{x^2}\right)\right) = +\infty$ et $\lim\limits_{x \to -\infty}\left(x^2 + 3x - 7 + \dfrac{6}{\sqrt{x^2 + 3x}}\right) = +\infty$.

➔ C est faux.

D

La fonction f est dérivable sur son ensemble de définition.

$$f'(x) = (x^2 + 3x - 7)' + \left(\frac{6}{\sqrt{x^2 + 3x}}\right) = (2x + 3) + 6 \times \left((x^2 + 3x)^{-1/2}\right)'$$

$$f'(x) = (2x + 3) + 6 \times \left(-\frac{1}{2}(2x + 3) \times (x^2 + 3x)^{-1/2-1}\right)'$$

$$f'(x) = (2x + 3) + 6 \times \left(-\frac{1}{2}(2x + 3) \times (x^2 + 3x)^{-3/2}\right)'$$

$$f'(x) = 2x + 3 - 3 \times \left(\frac{2x + 3}{(x^2 + 3x)^{3/2}}\right) = 2x + 3 - 3 \times \left(\frac{2x + 3}{(x^2 + 3x) \times \sqrt{x^2 + 3x}}\right)$$

➔ D est faux (soyez attentifs aux signes !)

17. FVVF

A

Calculons la limite à droite en 0.

$\lim_{x \to 0^+} \ln x = -\infty$ donc $\lim_{x \to 0^+} (2 - \ln x) = +\infty$, ainsi $\lim_{x \to 0^+} x(2 - \ln x) = -\infty$.

➔ A est faux.

B

La fonction f est dérivable sur son ensemble de définition. Pour tout $x > 0$, on a :

$$f'(x) = \left((2 - \ln x)\ln x\right)' = -\frac{1}{x}\ln x + (2 - \ln x) \times \frac{1}{x} = \frac{1}{x}(-\ln x + (2 - \ln x))$$

$$f'(x) = \frac{1}{x}(2 - 2\ln x) = \frac{2}{x}(1 - \ln x)$$

➔ B est vrai.

C

Etudions le signe de la dérivée : $f'(x) = \frac{2}{x}(1 - \ln x)$.

- $\frac{2}{x} > 0, \forall x > 0$
- $1 - \ln x > 0 \Leftrightarrow \ln x < 1 \Leftrightarrow x < e$

x	0		e		$+\infty$
$f'(x)$	‖	+		–	
$f(x)$	‖ $-\infty$	↗	1	↘	$-\infty$

Or $f(1) = \big(2 - \ln(1)\big)\ln(1) = 0$.
D'après le tableau de variation : dans l'intervalle [1 ; e], la fonction est strictement croissante. Or comme $f(1) = 0$ ***et*** $f(e) = 1$, le théorème de la bijection nous permet de dire que l'équation $f(x) = \dfrac{1}{4}$ a une solution unique dans [1 ; e].

➔ C est vrai.

<u>**D**</u>
Calculons $f(e^3) = \big(2 - \ln(e^3)\big)\ln(e^3) = (2 - \ln e) \times 3 \ln e = -1 \times 3 = -3 < 0$.

➔ D est faux.

18. FVVV

<u>**A**</u>
On calcule la dérivée de $g(x) = -e^{2x} + 2e^x + 1$ définie pour tout x réel.
Soit g' la dérivée de g, $g'(x) = -2e^{2x} + 2e^x = 2e^x (1 - e^x)$.

Calculons les limites aux bornes de g :

En $-\infty$: $\lim\limits_{x \to -\infty} e^{2x} = 0$ et $\lim\limits_{x \to -\infty} e^x = 0$, par conséquent $\lim\limits_{x \to -\infty} g(x) = 1$;

On peut écrire que $g(x) = -e^{2x} + 2e^x + 1 = e^{2x}(e^{-2x} + 2e^{-x} - 1)$;

Or $\lim\limits_{x \to +\infty} e^{2x} = +\infty$ et $\lim\limits_{x \to +\infty}(e^{-2x} + 2e^{-x} - 1) = -1$ donc $\lim\limits_{x \to +\infty} g(x) = -\infty$.

La fonction change donc de signe en cours de route lorsque x parcourt l'ensemble des réels.

➔ A est faux.

<u>**B**</u>

La question est : la courbe représentative de f admet-elle une asymptote verticale en 0 ?

Autrement dit : a-t-on $\lim_{x \to 0} f(x) = \pm\infty$?

Etudions donc la limite de f en 0.

$f(x) = \ln\left(\dfrac{e^x - 1}{e^{2x} + 1}\right) = \ln(e^x - 1) - \ln(e^{2x} + 1)$

Or $\lim_{x \to 0} \left(\ln(e^{2x} + 1)\right) = \ln 2$ et comme $\lim_{x \to 0} (e^x - 1) = 0$ alors $\lim_{x \to 0} \left(\ln(e^x - 1)\right) = -\infty$.

Donc $\lim_{x \to 0} \left(\ln(e^x - 1) - \ln(e^{2x} + 1)\right) = -\infty$.

➔ B est vrai.

<u>**C**</u>

La fonction f est définie et dérivable sur $]0 ; +\infty[$, on note f' sa dérivée.

$f'(x) = \left(\ln(e^x - 1) - \ln(e^{2x} + 1)\right)' = \dfrac{e^x}{e^x - 1} - \dfrac{2e^{2x}}{e^{2x} + 1} = e^x\left(\dfrac{(e^{2x} + 1) - 2e^x(e^x - 1)}{(e^{2x} + 1) \times (e^x - 1)}\right)$

$f'(x) = e^x \dfrac{-e^{2x} + 2e^x + 1}{(e^{2x} + 1) \times (e^x - 1)}$

Or $x > 0 \Leftrightarrow e^x - 1 > 0$ donc $x > 0 \Leftrightarrow \dfrac{e^x}{(e^{2x} + 1) \times (e^x - 1)} > 0$.

→ Ainsi la dérivée f' est du signe de g.

➔ C est vrai.

<u>**D**</u>

Si on pose $X = e^x$ alors $-X^2 + 2X + 1 = 0 \Leftrightarrow \begin{cases} X = 1 + \sqrt{2} \\ X = 1 - \sqrt{2} \end{cases}$

Comme $X = e^x > 0$ on garde seulement la solution $X = 1 + \sqrt{2}$.

$X = e^x \Leftrightarrow x = \ln X$ or $1 + \sqrt{2} = 2{,}41 < e = 2{,}72$ donc $\ln(1 + \sqrt{2}) < \ln e = 1$

➔ D est vrai.

19. FVFV

A

La fonction f étant définie pour tout x, la question A/ revient à se demander si la fonction f est impaire. C'est-à-dire si $f(-x) = -f(x)$. Or ce n'est pas vrai, elle est paire et donc sa courbe représentative est symétrique par rapport à l'axe $x = 0$.

➔ A est faux.

B

Vérifions au préalable que la fonction F est définie pour tout réel x, c'est-à-dire si $x + \sqrt{x^2+1} > 0\ \forall x \in \mathbb{R}$. Or c'est vrai car $\sqrt{x^2+1} > \sqrt{x^2} >= |x|$ pour tout x.

$$\text{Et } F'(x) = \frac{(x+\sqrt{x^2+1})'}{x+\sqrt{x^2+1}} = \frac{1+\dfrac{2x}{2\sqrt{x^2+1}}}{x+\sqrt{x^2+1}} = \frac{\sqrt{x^2+1}+x}{\sqrt{x^2+1}} \times \frac{1}{x+\sqrt{x^2+1}} = \frac{1}{\sqrt{x^2+1}} = f(x)$$

➔ B est vrai.

C

f est définie et dérivable pour tout réel. $f'(x) = -\dfrac{1}{2} \times 2x \times (x^2+1)^{-3/2} = -x(x^2+1)^{-3/2}$.

La dérivée change de signe avec x, la fonction n'est donc pas strictement croissante.

➔ C est faux.

D

F étant une primitive de f, on peut écrire que :

$$\int_1^a f(x)dx = F(1) - F(0) = \ln\left(1+\sqrt{1+1}\right) - \ln\left(0+\sqrt{0+1}\right) = \ln\left(1+\sqrt{2}\right)$$

➔ D est vrai.

20. FFVV

A

Pour $m = 0$ le système devient : $\begin{cases} x^2 + y^2 \leq 1 \\ y = 2 \end{cases} \Leftrightarrow \begin{cases} x^2 + 4 \leq 1 \\ y = 2 \end{cases}$

Ce système n'a aucune solution car $x^2 \geq 0$.

➔ A est faux.

B

Remplaçons m par sa valeur le système devient : $\begin{cases} x^2 + y^2 \leq 1 \\ -\sqrt{3}\,x + y = 2 \end{cases}$

Testons la solution $\left(\dfrac{\sqrt{3}}{2}\,;\dfrac{1}{2}\right)$. $-\sqrt{3} \times \dfrac{\sqrt{3}}{2} + \dfrac{1}{2} = -\dfrac{3}{2} + \dfrac{1}{2} = -1 \neq 2$

➔ B est faux.

C et D

On fait une substitution de la deuxième ligne $y = 2 - mx$ dans la première :

$x^2 + (2 - mx)^2 \leq 1 \Leftrightarrow x^2(m^2 + 1) - 4\,mx + 4 \leq 1 \Leftrightarrow (m^2 + 1)x^2 - 4mx + 3 \leq 0$

On calcule le discriminant de ce polynôme : $\boxtimes = 16m^2 - 12(m^2 + 1) = 4m^2 - 12$

$\boxtimes = 0 \Leftrightarrow m = \pm\sqrt{3}$, $\boxtimes > 0 \Leftrightarrow m > \sqrt{3}$ ou $m < -\sqrt{3}$, $\boxtimes < 0 \Leftrightarrow -\sqrt{3} < m < \sqrt{3}$

Etudions les variations de la fonction polynôme $P(x) = (m^2 + 1)x^2 - 4mx + 3$ selon les valeurs de m.

Pour $\boxtimes = 0 \Leftrightarrow m = \pm\sqrt{3}$, le polynôme admet une racine double.

x	$-\infty$		x		$+\infty$
$P(x)$		+	0	+	

Pour $\boxtimes > 0 \Leftrightarrow m > \sqrt{3}$ ou $m < -\sqrt{3}$, le polynôme admet deux racines distinctes.

x	$-\infty$		x_1		x_2		$+\infty$
$P(x)$		+	0	–	0	+	

Pour ⊠ $< 0 \Leftrightarrow -\sqrt{3} < m < \sqrt{3}$, le polynôme n'admet aucune racine réelle.

x	$-\infty$ $+\infty$
$P(x)$	$+$

➔ C est vrai ; D est vrai.

21. VFFF

Déterminons l'équation de la droite D qui passe par A et B.

On peut calculer son coefficient directeur qui vaut : $m = \dfrac{y_B - y_A}{x_B - x_A} = \dfrac{2-1}{4-2} = \dfrac{1}{2}$.

Or cette droite passe par A, donc ce point vérifie l'équation de D :

$y_A = m.x_A + p \Leftrightarrow 1 = \dfrac{1}{2} \times 2 + p \Leftrightarrow p = 0$, d'où l'équation de D : $y = \dfrac{1}{2}x$.

A

Si la droite D est tangente à la courbe (C) en $x_0 = 2$, c'est donc qu'elles se rencontrent en ce point qui n'est autre que A. Par suite, $f(2) = 1$.

➔ A est vrai.

B

Au point A, la droite D est tangente à (C), ce qui signifie qu'en ce point le nombre dérivé de f et la pente de la droite D sont égaux, soit $f'(2) = m = \dfrac{1}{2}$.

➔ B est faux.

C

D'après l'énoncé (C) et D se coupent en $x = 6$, or pour cet abscisse la droite D se trouve à $y = \dfrac{1}{2} \times 6 = 3$. Donc le point d'intersection est (6 ; 3).

➔ C est faux.

<u>**D**</u>

D et T se coupent au point I (6 ; 3), or T passe également par le point F.

On peut donc déterminer son coefficient directeur :

$$m' = \frac{y_{Ii} - y_F}{x_I - x_F} = \frac{3-4}{6-2} = -\frac{1}{4}$$

Or T passe par F, ce qui nous permet de déterminer son ordonnée à l'origine :

$$y_F = m'.x_F + p' \Leftrightarrow 4 = -\frac{1}{4} \times 2 + p' \Leftrightarrow p' = \frac{9}{2}.$$

D'où l'équation de T : $y = -\frac{1}{4}x + \frac{9}{2}$.

➔ D est faux.

22. VFVF

<u>**A**</u>

L'erreur peut s'expliquer de deux manières différentes :

- Soit la pièce est défectueuse et elle est passée ;
- Soit elle est bonne et elle a été arrêtée.

Si elle est bonne, ce qui est dans 97 % des cas vérifié, elle a 5 % de chances d'être classée comme défectueuse.

La probabilité d'un mauvais test est donc égale à :
97 % × 5 % = 0,97 × 0,05 = 0,0485

Si elle est défectueuse, ce qui est vrai dans 3 % des cas, elle a 2 % de chance de ne pas être rejetée.

La probabilité d'un mauvais test est donc égale à :
3 % × 2 % = 0,03 × 0,02 = 0,0006

Pour prendre en compte toutes les sources d'erreur possibles, on doit additionner ces deux probabilités c'est-à-dire : 0,0485 + 0,0006 = 0,0491.

➔ A est vrai.

B

Si S_1 rejette 98 % de mauvaises pièces, il en refuse 2 % qui sont bonnes c'est-à-dire 0,02 et pas 0,2.

➔ B est faux.

C

Pour S_2, la probabilité que la pièce soit acceptée est de 97 % et la probabilité qu'elle soit défectueuse sachant qu'elle a été acceptée est de 1 %.

Ainsi la probabilité qu'une pièce soit acceptée *et* défectueuse est égale à :
$0,97 \times 0,01 = 0,0097$.

➔ C est vrai.

D

Une pièce a 97 % de chances d'être acceptée et 99 % de chance d'être bonne. La probabilité qu'elle soit bonne *et* acceptée est donc égale à :
$0,97 \times 0,99 = 0,96$.

➔ D est faux.

ACCÈS
CONCOURS

SESSION 2019

ÉPREUVE DE RAISONNEMENT LOGIQUE ET MATHÉMATIQUES

Lisez attentivement les instructions suivantes avant de vous mettre au travail.
Cette épreuve est composée de trois parties de 5 questions chacune :

- Partie 1 : raisonnement logique
- Partie 2 : raisonnement mathématique
- Partie 3 : problème mathématique

Important :
L'utilisation d'une calculatrice est strictement interdite pour cette épreuve.

Chaque question comporte quatre items, notés **A. B. C. D.**. Pour chaque item, vous devez signaler s'il est vrai en l'indiquant sur la grille de réponses en marquant la case sous la lettre V ; ou faux en l'indiquant sur la grille de réponses en marquant la case sous la lettre F.

Exemples :

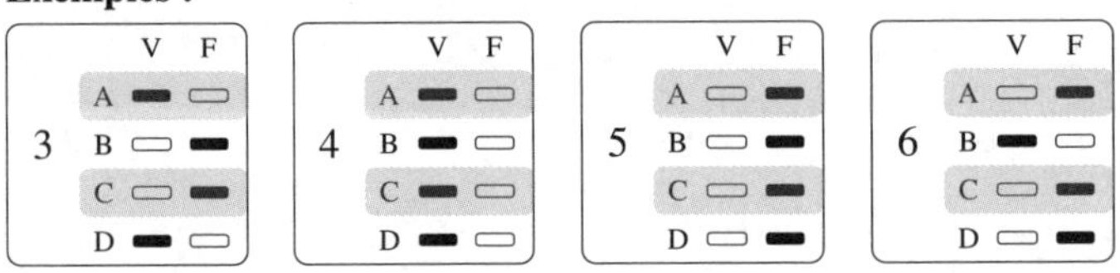

Règle d'attribution des points :
Vous disposez d'un capital de points initial. Chaque erreur entraîne une pénalité (P) qui entame votre capital. Une absence de réponse entraîne une pénalité (p) qui entame aussi votre capital (p est inférieur à P). Enfin, un bonus est attribué si vous répondez correctement aux quatre items d'une même question.

Vous vous servirez de la feuille jointe pour indiquer vos réponses en noircissant les cases situées à côté des lettres correspondantes.

Nombre de pages de l'épreuve :	8 pages
Durée de l'épreuve :	2 h 30
Coefficient de l'épreuve :	ESDES → 6 ESSCA → 8 IÉSEG → 8

Exercices n° 1 à 5 : Raisonnement logique

1) Il arrive qu'Alain amène des croissants à ses collègues quand il arrive en retard à son travail le lundi matin.
Le lundi matin de la semaine dernière, il n'a pas amené de croissants à ses collègues.

À partir de ces informations, on peut conclure que :

A. Alain est arrivé à l'heure le lundi matin de la semaine dernière.

B. Alain est peut-être arrivé en retard le lundi matin de la semaine dernière.

C. Alain est souvent en retard.

D. Au moins une fois par mois, Alain arrive en retard.

2) Soit une pyramide quadrangulaire régulière qui a pour base un carré de 6 cm de côté. Sa hauteur, passant par le centre de la base, est de 4 cm. L'apothème de la pyramide régulière est le segment qui lie le sommet de la pyramide au milieu d'un des côtés de la base. La pyramide possède 4 faces triangulaires et 4 arêtes. Son volume se calcule en multipliant la surface de la base par un tiers de sa hauteur.

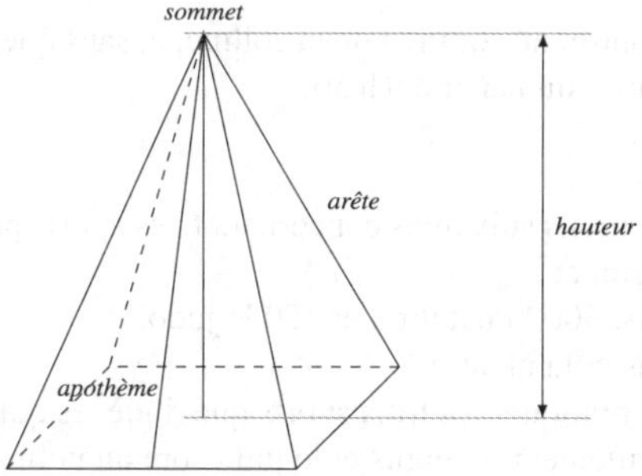

À partir de ces informations, on peut conclure que :

A. L'apothème de cette pyramide est de 5 cm.

B. La surface totale (base + 4 faces) est de 95 cm^2.

C. Le volume de cette pyramide est de 48 cm^2.

D. L'arête de la pyramide est supérieure à 6 cm.

3) Un commerçant achète chez son fournisseur une certaine quantité de produit 1 au prix unitaire annoncé de 200 €. Il achète aussi 50 produits 2. Le montant total s'élève à 25 000 €. Très bon négociateur, il obtient une réduction de 10 % sur le prix des produits 1 et 20 % sur le prix des produits 2. Ceci lui permet de diminuer sa facture de 3 000 €. Finalement, il obtient encore une ristourne supplémentaire de 5 % sur l'ensemble. Au bout de 3 mois, le commerçant a réussi à revendre l'ensemble des produits. Par rapport aux prix initiaux, annoncés par le fournisseur, il a vendu les produits 2, 10 % plus cher et la moitié des produits 1, 20 % plus cher ; les autres ayant été vendus au prix initial.

À partir de ces informations, on peut conclure que :

A. Le commerçant a acheté le même nombre de produits 1 que de produits 2.

B. La négociation, avec le fournisseur, a permis de diminuer la facture initiale de plus de 20 %.

C. Le montant total de la revente est de 27 500 €.

D. Le pourcentage de marge du commerçant (bénéfice divisé par le montant de la facture) est de plus de 25 %.

4) Paul habite à 12 km de son amie Valérie. Une seule route relie les 2 habitations. Elle monte pendant la moitié du parcours pour atteindre le sommet de la colline et redescend ensuite. Paul roule à vélo à 24 km/h en montée est 40 km/h en descente. À vélo, Valérie monte à 20 km/h et descend à 32 km/h. Ils décident de se rencontrer et quitte chacun leur maison à 10 h.

À partir de ces informations, on peut conclure que :

A. Lorsqu'ils se rencontreront, Paul aura parcouru entre 6 et 7 km.

B. Ils se rencontreront à 10 h 17.

C. Lorsqu'ils se rencontreront, Valérie aura passé plus de temps sur son vélo que Paul.

D. Pour pouvoir se rencontrer au sommet de la colline, et sans que Valérie et Paul ne changent de vitesse, Valérie aurait dû partir à 9 h 56.

5) Nous possédons les informations suivantes concernant trois sports pratiqués par les 1 500 élèves d'une grande école de management :

- 400 pratiquent le tennis, 500 la natation et 150 le judo.
- 300 pratiquent le tennis et la natation.
- Il y a autant d'élèves à pratiquer les trois sports que d'élèves qui ne pratiquent que le tennis.
- Ceux qui pratiquent seulement le tennis et le judo sont au nombre de 75.
- 400 élèves pratiquent exactement deux sports.

À partir de ces informations, on peut conclure que :

A. 25 élèves pratiquent uniquement le tennis.

B. Aucun élève ne pratique exclusivement le judo.

C. Ceux qui pratiquent seulement la natation et le judo sont au nombre de 40.

D. 900 élèves ne pratiquent aucun des sports cités.

Exercices n° 6 à 10 : Raisonnement mathématique

6) On considère la fonction f définie pour tout x de $]-\infty\,;2]$ par :

$$f(x)=\frac{3}{2}\mathrm{e}^{2x}-\mathrm{e}^{x}-2x-4$$

A. L'image du réel $-\ln(2)$ par la fonction f est le réel $2\ln(2)-\dfrac{30}{8}$.

B. Pour tout x de $]-\infty\,;2]$, $f'(x)=(3\mathrm{e}^{x}+2)(\mathrm{e}^{x}-1)$.

C. Si a et b sont deux réels négatifs tels que $a<b$, alors $f(a)>f(b)$.

D. En posant $X=\mathrm{e}^{x}$, on arrive à montrer que dans un repère du plan, la courbe représentative de la fonction f admet deux tangentes qui ont une pente égale à 2.

7) On considère la fonction f définie pour tout x de $]0\,;+\infty[$ par :

$$f(x)=\frac{2\ln(x)-1}{x}$$

On munit le plan d'un repère orthonormé (O, I, J). On note C la courbe représentative de f.

A. Le point d'intersection entre C et l'axe des abscisses a pour abscisse α un réel compris entre 1 et 2.

B. f admet un maximum global qui vaut $2\mathrm{e}^{-\frac{3}{2}}$.

C. La primitive de f qui s'annule pour $x=1$ est la fonction F définie pour tout x de $]0\,;+\infty[$ par :

$$F(x)=(\ln(x))^2-\ln(x)$$

D. (OJ) est l'unique asymptote verticale de C.

8) On considère la suite (u_n) définie pour tout n de $\mathbb{N}$ par $u_{n+1}=\sqrt{u_n}$ et par $u_0=\mathrm{e}$.
On considère la suite (v_n) définie pour tout n de $\mathbb{N}$ par $v_n=\ln(u_n)$.
Pour tout n de $\mathbb{N}$, on note $S=v_0+\ldots+v_n$ et $P=u_0\times\ldots\times u_n$.

A. (v_n) est une suite géométrique de raison 0,5.

B. Pour tout n de $\mathbb{N}$, $S=2-0{,}5^n$.

C. Pour tout n de $\mathbb{N}$, $P=\mathrm{e}^S$.

D. $\lim\limits_{n\to+\infty}P=+\infty$.

9) On munit le plan d'un repère orthonormé (O, I, J). On note Π la représentation graphique de la fonction carrée et Δ la droite d'équation $y=3$. Π coupe Δ en deux points : A d'abscisse positive et B d'abscisse négative. On note D le point de (OI) ayant la même abscisse que A et C le point de (OI) ayant la même abscisse que B.

A. $\int_{-\sqrt{3}}^{\sqrt{3}} x^2 \, dx = 2\sqrt{3}$.

B. L'aire du quadrilatère ABCD est égale à $4\sqrt{3}$.

C. La surface P comprise entre le segment [AB] et Π a pour aire $4\sqrt{3}$.

D. P représente deux tiers de l'aire de ABCD.

10) La parapharmacie d'un hypermarché est ouverte pendant dix heures le samedi. Quelle que soit l'heure, un seul vendeur est présent. Armand y travaille pendant six heures et Bernard y travaille pendant trois heures. Les plages horaires de présence varient, si bien que le fait qu'un client soit accueilli par Armand, par Bernard ou par un autre vendeur est aléatoire. Quand ils sont accueillis par Armand, 70 % des clients effectuent un achat alors que quand qu'ils sont accueillis par Bernard, 50 % des clients achètent.

On interroge un client qui se présente dans la parapharmacie, on considère l'évènement suivant : on admet que la probabilité que le client choisi effectue un achat est de 0,59.

A. La probabilité que le client soit accueilli par Bernard ou n'effectue pas un achat est de 0,74.

B. La probabilité que le client effectue un achat sachant qu'il n'ait pas été accueilli ni par Armand, ni par Bernard, est de 0,2.

C. la probabilité que le client ait été accueilli par Armand sachant qu'il n'a pas effectué d'achat et de $\frac{15}{41}$.

D. On choisit au hasard chaque samedi, un client et cela pendant n semaines. La probabilité qu'au moins un des n clients ait été accueilli par Armand est de $1 - 0{,}6^n$.

Exercices n° 11 à 15 : Problème mathématique

Certaines questions peuvent être traitées indépendamment. D'autres nécessitent les résultats obtenus dans les questions précédentes.

François, propriétaire d'une résidence hôtelière de 60 résidents, projette de réaliser des aménagements avant l'été.

La figure ci-dessous (qui n'est pas à l'échelle) est une représentation de la résidence (surface grisée), de son jardin privatif et de la place publique sur laquelle donne l'entrée de la résidence :

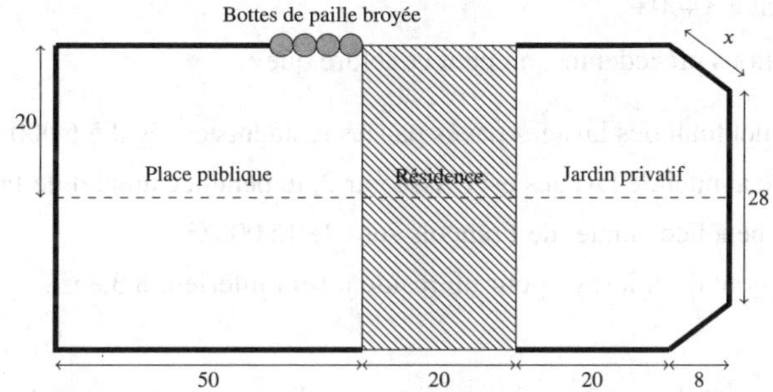

Toutes les mesures seront données en mètres.
La place publique, la résidence et le jardin privatif sont symétriques par rapport à la droite horizontale fictive tracée en pointillés.

11) François souhaite, dans un premier temps réaliser un aménagement du jardin privatif, par l'implantation d'une haie paysagère sur le périmètre délimitant le jardin à l'exception du côté bordant la résidence (traits épais sur le graphique côté jardin privatif).

À partir des informations précédentes, on peut conclure que :

A. La surface au sol de la résidence est égale à 800 m^2.

B. La longueur x du côté oblique du jardin est égale à 9 mètres.

C. La longueur de la haie paysagère à planter est égale à 84 mètres

D. La surface du jardin est égal à 1 072 m^2.

12) Le devis d'une entreprise spécialisée en aménagement paysager prévoit pour ce chantier, correspondant à 40 heures de travail, l'emploi de 2 salariés (Paul et Pierre). Paul est engagé pour travailler h_1 heures avec un rendement de 2 mètres par heure. Quand il aura terminé, Pierre prendra le relais en travaillant h_2 heures avec un rendement de 2,5 mètres par heure.

À partir des informations précédentes, on peut conclure que :

A. Pierre mettra 20 heures pour réaliser son travail.

B. Paul va réaliser une longueur de haie supérieure de 25 % à celle que va réaliser Pierre.

C. Si Pierre travaillait seul, il mettrait moins de 35 heures.

D. Si Pierre travaillait à la même cadence que Paul, le temps total mis par ces 2 salariés serait augmenté de 10 %.

13) François envisage également d'implanter une laverie en achetant 2 machines à laver (dont le prix unitaire et 4 000 €). Il estime à 2, le nombre moyen de lavages hebdomadaires par résident et tient compte d'une année à 50 semaines. Un résident paiera à François, le prix de vente d'un lavage, égal à x et le prix des fournitures par lavage (eau, lessive, adoucissant fournis par François), égal à $0{,}1x^2$. François paiera le montant des charges fixes annuelles (amortissements, entretiens des machines) qui est égal à 8 400 €.

À partir des informations précédentes, on peut conclure que :

A. Le coût annuel total des lavages payés par les résidents est égal à $6\,000x + 0{,}1x^2$.

B. Si le nombre annuel de lavages est divisé par 2, le bénéfice annuel de François l'est aussi.

C. Si $x = 3$, le bénéfice annuel de François sera de 15 000 €.

D. Si $x = 3$, le coût d'un lavage pour un résident sera inférieur à 3,8 €.

14) Pour financer le coût de ces 2 machines, François dispose d'un apport de 2 000 € et projette d'emprunter auprès de sa banque, la somme manquante, notée S, sur N années. Après étude du dossier, la banque lui propose un taux d'intérêt annuel égale à 5 %. Tous les ans en fin d'année, François devra régler 1 500 € correspondant au remboursement partiel de la somme empruntée, à savoir S/N, et payer en plus le montant des intérêts qui s'appliquent à la somme non encore remboursée en début d'année.

À partir des informations précédentes, on peut conclure que :

A. La durée du prêt est égale à 4 ans.

B. Au début de la deuxième année, la somme non encore remboursée est égale à 4 200 €.

C. Les intérêts annuels diminuent de 90 € par an.

D. Le montant total des intérêts payés pour le prêt est égal à 600 €.

15) François doit par ailleurs préparer la fête annuelle de la résidence, qui aura lieu le 20 juillet sur la place publique. Pour des raisons de sécurité lors de cette manifestation, François doit clore la place publique sur les 3 côtés extérieurs (traits épais sur le graphique côté place publique).

Suite à une proposition d'un agriculteur local, il décidé de louer et d'installer sur le pourtour de la place, des bottes de paille broyée. Chaque botte est de forme cylindrique, de hauteur 1 mètre, de diamètre 1,25 m. Le poids de cette paille broyée est de 140 kg par m^3. Les bottes seront installées verticalement de la même manière que les 4 déjà représentées sur le schéma.

Le tarif de la location de ces bottes de paille proposé par l'agriculteur, repose sur le système dégressif suivant :

	Tranche	Prix unitaire
Pour les 50 premières bottes livrées	1	5 euros HT
Pour les 50 suivantes	2	réduction de 10 % par rapport à la tranche 1
Pour les suivantes	3	4,2 euros TTC

Le taux de la taxe est égal à 20 % et s'applique au montant hors taxe (HT). Le montant taxe comprise est égal au montant HT plus la taxe, et est noté TTC.

À partir des informations précédentes, on peut conclure que :

A. Le poids d'une botte et supérieur à 140 kg.

B. Le prix unitaire HT de la tranche 3 est égal à 3,36 €.

C. Le prix payé par François sera le même, selon que la réduction de 10 % pour la tranche 2, s'applique sur le prix HT ou le prix TTC.

D. François devra régler 620,40 euros TTC pour la location des bottes dont il a besoin.

CORRIGÉ DU CONCOURS ACCÈS 2019

1. Raisonnement logique

1. FVFF

1) Il arrive qu'Alain amène des croissants à ses collègues quand il arrive en retard à son travail le lundi matin.
Le lundi matin de la semaine dernière, il n'a pas amené de croissants à ses collègues.

À partir de ces informations, on peut conclure que :

A. Alain est arrivé à l'heure le lundi matin de la semaine dernière.

B. Alain est peut-être arrivé en retard le lundi matin de la semaine dernière.

C. Alain est souvent en retard.

D. Au moins une fois par mois, Alain arrive en retard.

A. Faux

C'est faux, l'énoncé vous apprend que lorsqu'il est en retard il lui arrive d'amener des croissants mais ce n'est pas systématique. Aussi, s'il n'a pas ramené de croissants le lundi de la semaine dernière il n'en est pas pour autant arrivé à l'heure.

B. Vrai

Effectivement c'est ce que vous aviez déduit de la question précédente. Il est possible qu'Alain soit arrivé en retard lundi dernier.

C. Faux

Rien ne nous permet de conclure qu'Alain arrive souvent en retard. En effet, à la lecture de l'énoncé, on peut imaginer qu'il est en retard tous les lundis de l'année comme un seul lundi par an.

D. Faux

Une fois de plus, rien ne nous permet de conclure qu'il arrive en retard au moins une fois par mois.

2. FFVF

2) Soit une pyramide quadrangulaire régulière qui a pour base un carré de 6 cm de côté. Sa hauteur, passant par le centre de la base, est de 4 cm. L'apothème de la pyramide régulière est le segment qui lie le sommet de la pyramide au milieu d'un des côtés de la base. La pyramide possède 4 faces triangulaires et 4 arêtes. Son volume se calcule en multipliant la surface de la base par un tiers de sa hauteur.

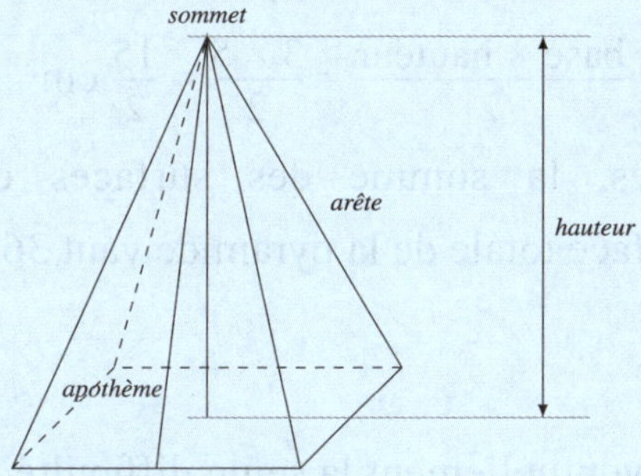

À partir de ces informations, on peut conclure que :

A. L'apothème de cette pyramide est de 5 cm.

B. La surface totale (base + 4 faces) est de 95 cm^2.

C. Le volume de cette pyramide est de 48 cm^2.

D. L'arête de la pyramide est supérieure à 6 cm.

Un peu de géométrie, l'occasion de marquer des points.

A. Faux

L'énoncé vous a appris que la hauteur de cette pyramide mesurait 4 cm. Vous savez que cette hauteur passe par le centre de la base, et que chaque côté de la base mesure 4 cm. Ainsi la longueur entre le centre de la base et l'extrémité de l'apothème fait 3 cm. Vous recherchez la longueur de l'apothème. Vous identifiez évidemment un triangle rectangle dont les sommets sont : le sommet de la pyramide, le centre de la base et enfin le milieu du côté de la base. Aussi vous auriez normalement dû utiliser le théorème de Pythagore, mais vous connaissez votre cours sur le bout des doigts. Vous savez donc que le triangle dont les côtés font 3, 4 et 5 cm est un triangle pythagoricien que vous connaissez. Aussi inutile de poser quelque calcul que ce soit, l'apothème fait 5 cm.

B. Faux

Commencez par calculer la surface de la base puis vous calculerez celle des faces. La surface de la base vaut $6 \times 6 = 36$ cm². L'apothème sépare chaque face en deux triangles rectangles égaux. Il vous suffit donc de calculer la surface d'une moitié de face puis de la multiplier par huit. Vous comptez en effet 4 faces composées chacune de deux parties égales.

Si on appelle S la surface d'une moitié de face, alors :

$$S = \frac{\text{base} \times \text{hauteur}}{2} = \frac{3 \times 5}{2} = \frac{15}{2} \text{ cm}^2$$

À raison de 8 demi-faces, la somme des surfaces des quatre faces vaut $8 \times \frac{15}{2} = 60$ cm². Aussi la surface totale de la pyramide vaut $36 + 60 = 96$ cm².

C. Vrai

Dans cette question réside éventuellement la seule difficulté de cet exercice, à savoir connaître la formule de l'aire d'une pyramide.

Si on appelle A l'aire de cette pyramide, alors :

$$A = \text{aire de sa base} \times \text{hauteur} \times \frac{1}{3} = 36 \times 4 \times \frac{1}{3} = 48 \text{ cm}^2$$

D. Faux

Vous savez que l'apothème mesure 5 cm et que la moitié de la longueur d'un côté représente 3 cm. Il vous faut recourir au théorème de Pythagore car vous vous situez dans un triangle rectangle à la base de l'apothème et donc les côtés sont l'apothème, une moitié de côté et une arrête.

Si on appelle L la longueur d'une arête, alors :

$$L^2 = 3^2 + 5^2 \Leftrightarrow L^2 = 9 + 25 = 34$$

Donc :

$$L = \sqrt{34} \approx 5{,}8 \text{ cm}$$

Par conséquent la longueur d'une arête est inférieure à 6 cm.

CORRIGES DU CONCOURS ACCES 2019

3. FFVF

3) Un commerçant achète chez son fournisseur une certaine quantité de produit 1 au prix unitaire annoncé de 200 € . Il achète aussi 50 produits 2. Le montant total s'élève à 25 000 € . Très bon négociateur, il obtient une réduction de 10 % sur le prix des produits 1 et 20 % sur le prix des produits 2. Ceci lui permet de diminuer sa facture de 3 000 € . Finalement, il obtient encore une ristourne supplémentaire de 5 % sur l'ensemble. Au bout de 3 mois, le commerçant a réussi à revendre l'ensemble des produits. Par rapport aux prix initiaux, annoncés par le fournisseur, il a vendu les produits 2, 10 % plus cher et la moitié des produits 1, 20 % plus cher ; les autres ayant été vendus au prix initial.

À partir de ces informations, on peut conclure que :

A. Le commerçant a acheté le même nombre de produits 1 que de produits 2.

B. La négociation, avec le fournisseur, a permis de diminuer la facture initiale de plus de 20 %.

C. Le montant total de la revente est de 27 500 € .

D. Le pourcentage de marge du commerçant (bénéfice divisé par le montant de la facture) est de plus de 25 %.

La résolution de cet exercice nécessite que vous commenciez par déterminer le prix et la quantité commandée pour chaque produit.

Produit	Quantité	Prix unitaire
1	X	200
2	50	B

Vous obtenez d'après l'énoncé :

$$200X + 50B = 25\ 000 \Leftrightarrow 4X + B = 500$$

Et

$$20X + 10B = 3\ 000 \Leftrightarrow 2X + B = 300$$

Il vous faut alors résoudre ce système :

$$\begin{cases} 4X + B = 500 \\ 2X + B = 300 \end{cases} \Leftrightarrow \begin{cases} B = 500 - 4X \\ 2X + B = 300 \end{cases}$$

Vous remplacez alors B par $500 - 4X$ dans $2X + B = 300$:

$$2X + 500 - 4X = 300 \Leftrightarrow 2X = 200$$

Donc :

$$X = 100$$

D'où :

$$B = 500 - 4 \times 100 = 100$$

Vous pouvez désormais vous attaquer aux propositions.

A. Faux

Référez-vous au tableau plus haut. Le commerçant a acheté 100 unités du produit 1 et seulement 50 du produit 2.

B. Faux

Vous savez que le commerçant parvient dans un premier temps à obtenir une réduction de 10 % du prix des produits 1 et de 20 % du prix des produits 2. Lesquelles réductions lui permettent d'obtenir une baisse de 3 000 € du montant de sa facture qui s'élève alors à 25 000 – 3 000 = 22 000 €. Puis, il parvient à faire baisser le montant de son achat de 5 %, soit 22 000 × 0,95 = 20 900 €. Par conséquent, la négociation lui a permis de diminuer la facture initiale de $\frac{20\,900}{25\,000} - 1 = -0{,}164$. Soit 16,4 % de réduction, c'est moins de 20 % de réduction.

C. Vrai

D'après l'énoncé, vous savez qu'il a vendu les produits 2, 10 % plus cher que le prix initial (soit $100 \times (1 + \frac{10}{100}) = 110$ €). À raison de 50 unités du produit 2, il a réalisé un chiffre d'affaires de 50 × 110 = 5 500 €. Il a vendu 50 produits 1 au prix de 200 euros, soit 50 × 200 = 10 000 €. Puis 50 produits 1, 20 % plus cher soit $200 \times (1 + \frac{20}{100}) \times 50 =$ 12 000 €. Soit pour un total de 27 500 euros.

D. Faux

Pour obtenir le montant de son bénéfice, il vous suffit de soustraire à son chiffre d'affaires (27 500 euros), le coût de revient des produits, soit 20 900 euros (question B). Si B le bénéfice, alors :

$$B = 27\,500 - 20\,900 = 6\,600$$

Le pourcentage de marge du commerçant s'élève donc à :

$$\frac{6\,600}{20\,900} \approx 0{,}24 < 0{,}25.$$

4. VFFF

4) Paul habite à 12 km de son amie Valérie. Une seule route relie les 2 habitations. Elle monte pendant la moitié du parcours pour atteindre le sommet de la colline et redescend ensuite. Paul roule à vélo à 24 km/h en montée est 40 km/h en descente. À vélo, Valérie monte à 20 km/h et descend à 32 km/h. Ils décident de se rencontrer et quitte chacun leur maison à 10 h.

À partir de ces informations, on peut conclure que :

A. Lorsqu'ils se rencontreront, Paul aura parcouru entre 6 et 7 km.

B. Ils se rencontreront à 10 h 17.

C. Lorsqu'ils se rencontreront, Valérie aura passé plus de temps sur son vélo que Paul.

D. Pour pouvoir se rencontrer au sommet de la colline, et sans que Valérie et Paul ne changent de vitesse, Valérie aurait dû partir à 9 h 56.

Une fois n'est pas coutume, vous gagnerez toujours à faire un schéma.

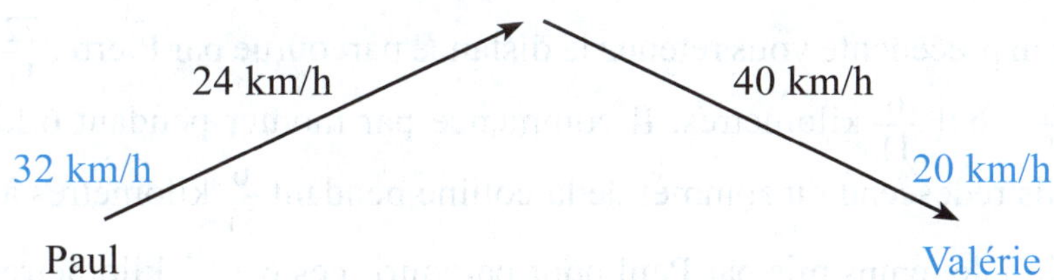

A. Vrai

RAPPEL

Lorsque vous recherchez :

- V la vitesse d'un objet, d'une personne sur une distance D pendant une durée T
- ou D la distance parcourue à une vitesse V pendant une durée T
- ou enfin T la durée mise pour parcourir la distance D à une vitesse V

Il vous faut recourir à la formule suivante :

$$D = V \times T$$

Ce type de question est récurrent aussi il vous faut absolument le maîtriser. Commencez par déterminer parmi la vitesse, le temps et la distance celle d'entre elles qu'ils ont en commun. Vous savez qu'ils ne pédalent pas à la même vitesse et qu'ils ne vont pas parcourir la même distance. En revanche ils partent de chez eux et se rencontrent au même moment, donc ils pédalent pendant autant de temps. Si D_P

la distance parcourue par Paul, V_P sa vitesse, D_V la distance parcourue par Valérie et enfin V_V sa vitesse, alors :

$$\frac{D_P}{V_P} = \frac{D_V}{V_V} \Leftrightarrow \frac{12 - D_P}{20} = \frac{D_P}{24}$$

Soit :

$$24 \times (12 - D_P) = 20D_P \Leftrightarrow 6 \times (12 - D_P) = 5D_P$$

Soit encore :

$$72 - 6D_P = 5D_P \Leftrightarrow 72 = 11D_P$$

Soit encore :

$$D_P = \frac{72}{11} \approx 6{,}54$$

Pierre a donc parcouru environ 6,54 kilomètres, soit entre 6 et 7 kilomètres.

B. Faux

De la question précédente vous retenez la distance parcourue par Pierre, $\frac{72}{11}$ kilomètres soit $\frac{66}{11} + \frac{6}{11} = 6 + \frac{6}{11}$ kilomètres. Il commence par monter pendant 6 kilomètres à 24 km/h, puis redescend du sommet de la colline pendant $\frac{6}{11}$ kilomètres à 40 km/h. Si on appelle T le temps mis par Paul pour parcourir ces $6 + \frac{6}{11}$ kilomètres, alors :

$$T = \frac{6}{24} + \frac{\frac{6}{11}}{40} = \frac{1}{4} + \frac{6}{11} \times \frac{1}{40} = \frac{1}{4} + \frac{3 \times 2}{11 \times 20 \times 2} = \frac{1}{4} + \frac{3}{220} = \frac{58}{220} \text{ heures}$$

Soit :

$$\frac{58}{220} \times 60 = \frac{58 \times 6}{22} = \frac{58 \times 3}{11} = \frac{174}{11} \approx 16 \text{ minutes}$$

Partant à 10 h, ils se rencontreront donc à 10 h 16.

C. Faux

C'est évidemment faux puisqu'ils sont partis au même moment.

D. Faux

Pour arriver au sommet de la colline, soit parcourir 6 km à 24 km/h, Paul met $\frac{24}{6} = \frac{1}{4}$ heure, soit 15 minutes. Il arrive donc à 10 h 15. Valérie à 20 km/h mettrait elle $\frac{6}{20} = \frac{3}{10}$ heure soit $\frac{3}{10} \times 60 = 18$ minutes pour y arriver. Pour se rencontrer au sommet de la colline, il faudrait donc qu'elle parte à 10 h 15 – 18 minutes = 9 h 57.

5. VVFV

5) Nous possédons les informations suivantes concernant trois sports pratiqués par les 1 500 élèves d'une grande école de management :

- 400 pratiquent le tennis, 500 la natation et 150 le judo.
- 300 pratiquent le tennis et la natation.
- Il y a autant d'élèves à pratiquer les trois sports que d'élèves qui ne pratiquent que le tennis.
- Ceux qui pratiquent seulement le tennis et le judo sont au nombre de 75.
- 400 élèves pratiquent exactement deux sports.

À partir de ces informations, on peut conclure que :

A. 25 élèves pratiquent uniquement le tennis.

B. Aucun élève ne pratique exclusivement le judo.

C. Ceux qui pratiquent seulement la natation et le judo sont au nombre de 40.

D. 900 élèves ne pratiquent aucun des sports cités.

Cette typologie d'exercices nécessite que vous ayez systématiquement recours à un diagramme de Venn.

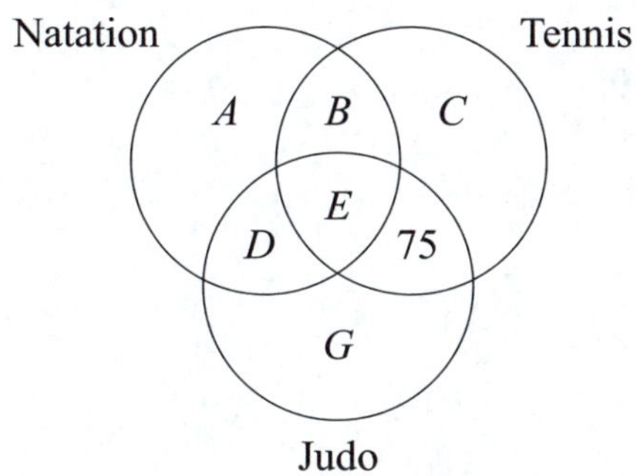

L'énoncé vous apprend que 75 élèves pratiquent seulement le tennis et le judo. C'est la seule information que vous puissiez placer pour l'instant.

Vous savez toutefois que 500 élèves pratiquent la natation, d'où :

$$(1)\ A + B + E + D = 500$$

Vous savez également que 400 élèves pratiquent le tennis, d'où :

$$(2)\ B + C + E + 75 = 400 \Leftrightarrow B + C + E = 325$$

Vous apprenez aussi que 150 élèves pratiquent le judo, d'où :

$$(3)\ D + E + G + 75 = 150 \Leftrightarrow D + E + G = 75$$

Vous savez que 400 élèves pratiquent exactement deux sports, d'où :

$$(4)\ B + D + 75 = 400 \Leftrightarrow B + D = 325$$

Vous savez aussi que 300 élèves pratiquent le tennis et la natation, d'où :

$$(5)\ B + E = 300$$

Enfin, vous apprenez qu'il y a autant d'élèves à pratiquer les trois sports que d'élèves qui ne pratiquent que le tennis, d'où :

$$(6)\ E = C$$

Une fois ces informations traduites, il vous faut les utiliser afin de remplir votre diagramme.

En utilisant les égalités (2) et (5) :

$B + C + E = 325$ avec $B + E = 300$ donc $C + 300 = 325 \Leftrightarrow \boldsymbol{C = 25}$

Et puisque $E = C$ vous en déduisez que $\boldsymbol{E = 25}$

En utilisant les égalités (4) et (2) :

$$B + C + E = B + D \Leftrightarrow B + 25 + 25 = B + D$$

Soit :

$$\boldsymbol{D = 50}$$

Vous en déduisez grâce à l'égalité (3) que $\boldsymbol{G = 0}$.

Avec la (2) $\boldsymbol{B = 275}$

Et enfin avec la (1) $\boldsymbol{A = 150}$.

A. Vrai

B. Vrai

C. Faux

D. Vrai

En effet $A + B + C + D + E + 75 + G = 600$, donc parmi les 1 500 élèves, 600 font du sport et 900 ne pratiquent aucun des sports cités.

CORRIGES DU CONCOURS ACCES 2019

2. Raisonnement mathématique

6. FVVF

6) On considère la fonction f définie pour tout x de $]-\infty\,;2]$ par :

$$f(x) = \frac{3}{2}e^{2x} - e^{x} - 2x - 4$$

A. L'image du réel $-\ln(2)$ par la fonction f est le réel $2\ln(2) - \frac{30}{8}$.

B. Pour tout x de $]-\infty\,;2]$, $f'(x) = (3e^{x} + 2)(e^{x} - 1)$.

C. Si a et b sont deux réels négatifs tels que $a < b$, alors $f(a) > f(b)$.

D. En posant $X = e^{x}$, on arrive à montrer que dans un repère du plan, la courbe représentative de la fonction f admet deux tangentes qui ont une pente égale à 2.

A. Faux

Soit $f(x) = \frac{3}{2}e^{2x} - e^{x} - 2x - 4$. Calculons l'image de $-\ln(2)$ par f.

$$f(-\ln(2)) = \frac{3}{2}e^{-2\ln(2)} - e^{-\ln(2)} + 2\ln(2) - 4$$

$$f(-\ln(2)) = \frac{3}{2} \times 2^{-2} - 2^{-1} + 2\ln(2) - 4$$

$$f(-\ln(2)) = \frac{3}{2} \times \left(\frac{1}{2}\right)^{2} - \frac{1}{2} + 2\ln(2) - 4$$

$$f(-\ln(2)) = \frac{3}{2} \times \frac{1}{4} - \frac{1}{2} + 2\ln(2) - 4$$

$$f(-\ln(2)) = \frac{3}{8} - \frac{4}{8} + 2\ln(2) - \frac{32}{8}$$

$$f(-\ln(2)) = -\frac{33}{8} + \ln(2)$$

RAPPEL

Fonction exponentielle et logarithme

On trouve pertinent de dresser ici un petit formulaire des opérations sur les fonctions exponentielle et logarithme népérien que vous devez absolument maîtriser. Avec de l'entraînement vous y arriverez !

Relation entre e^{x} et $\ln(x)$: $\mathbf{e^{\ln x} = \ln(e^{x}) = x}$

$$\ln 1 = 0 \qquad \ln(ab) = \ln(a) + \ln(b) \qquad \ln\left(\frac{a}{b}\right) = \ln(a) - \ln(b)$$

CORRIGES DU CONCOURS ACCES 2019

$$\ln\left(\frac{1}{a}\right) = -\ln(a) \qquad \ln(\sqrt{a}) = \frac{\ln(a)}{2} \qquad \ln(a^\alpha) = \alpha\ln(a)$$

$$e^0 = 1 \qquad e^{x+y} = e^x e^y \qquad e^{x-y} = \frac{e^x}{e^y}$$

$$e^{-x} = \frac{1}{e^x} \qquad \sqrt{e^x} = e^{x/2} \qquad (e^x)^y = e^{xy}$$

B. Vrai

$\forall\, x \in\ ]-\infty\ ;\ 2]\quad f'(x) = \frac{3}{2} \times 2 \times e^{2x} - e^x - 2$

$f'(x) = 3e^{2x} - e^x - 2$

$f'(x) = (3e^x + 2)(e^x - 1)$

C. Vrai

La question précédente doit vous mettre la puce à l'oreille. Quand on vous demande de démontrer la forme factorisée d'une dérivée, c'est (presque) toujours pour faciliter l'étude de son signe par la suite.

$$f'(x) = (3e^x + 2)(e^x - 1)$$

Or pour tout x de $]-\infty\ ;\ 2]$, $3e^x + 2 \geq 0$ donc $f'(x)$ est du signe de $e^x - 1$.

$$e^x - 1 \geq 0 \Leftrightarrow e^x \geq 1 \Leftrightarrow x \geq \ln(1) \Leftrightarrow x \geq 0$$

Donc f est décroissante sur $]-\infty\ ;\ 0]$ et croissante sur $[0\ ;\ 2]$. Ainsi si a et b sont deux réels négatifs tels que $a < b$, alors $f(a) > f(b)$ car une fonction décroissante inverse le sens des images.

D. Faux

En posant $X = e^x$, la fonction dérivée $f'(x)$ s'exprime sous la forme d'un polynôme du second degré : $f'(x) = 3e^{2x} - e^x - 2 \Leftrightarrow f(X) = 3X^2 - X - 2$.

On désire prouver qu'il existe deux tangentes à la courbe qui ont pour coefficient directeur $a = 2$.

Cela signifie que $f'(x) = 2$ a deux solutions. Déterminons, s'ils existent, les deux réels x_1 et x_2 pour lesquels $f'(x) = 2$.

CORRIGES DU CONCOURS ACCES 2019

$$f'(x) = 2 \Leftrightarrow 3X^2 - X - 2 = 2$$
$$\Leftrightarrow 3X^2 - X - 4 = 0$$
$$\Leftrightarrow \Delta = (-1)^2 - 4 \times 3 \times (-4) = 1 + 48 = 49$$
$$\Leftrightarrow X = \frac{-(-1) - \sqrt{49}}{2 \times 3} = -1 \text{ ou } X = \frac{-(-1) + \sqrt{49}}{2 \times 3} = \frac{4}{3}$$

Or $X = e^x > 0$ donc on ne retient pas la solution $X = -1$. Ainsi, il n'existe qu'une seule tangente à la courbe C qui admet une pente (coefficient directeur) de 2.

MÉTHODE

Le changement de variable

Nous avons pu répondre à cette question en opérant un changement de variable. Vous devez être en mesure d'appliquer la technique même quand l'énoncé ne vous le suggère pas explicitement.

Un cadre d'application classique de cette méthode est la résolution d'**équation bicarrée**. Il s'agit de résoudre l'équation pour laquelle un polynôme d'ordre 4 est égal à zéro, alors qu'il n'y a ni degré 3 ni degré 1. En posant $X = x^2$, on obtient un banal trinôme…

Exemple :

Pour quelles valeurs de x la courbe représentative de la fonction f définie sur $\mathbb{R}$ par $f(x) = x^4 - 5x^2 + 4$ coupe-t-elle l'axe des abscisses ?

On pose $X = x^2$. Donc on doit résoudre l'équation $X^2 - 5X + 4 = 0$. Le discriminant est égal à 9. Comme il est strictement positif, l'équation admet deux solutions. Les racines sont $X_1 = 1$ et $X_2 = 4$. Donc les valeurs de x qui vérifient l'équation sont les racines carrées de ces valeurs et leurs opposés. $S = \{-2 ; -1 ; 1 ; 2\}$.

7. VVVV

7) On considère la fonction f définie pour tout x de $]0\,;+\infty[$ par :

$$f(x) = \frac{2\ln(x) - 1}{x}$$

On munit le plan d'un repère orthonormé (O, I, J). On note C la courbe représentative de f.

- **A.** Le point d'intersection entre C et l'axe des abscisses a pour abscisse α un réel compris entre 1 et 2.
- **B.** f admet un maximum global qui vaut $2e^{-\frac{3}{2}}$.
- **C.** La primitive de f qui s'annule pour $x = 1$ est la fonction F définie pour tout x de $]0\,;+\infty[$ par :

$$F(x) = (\ln(x))^2 - \ln(x)$$

- **D.** (OJ) est l'unique asymptote verticale de C.

A. Vrai

Ici on vous demande de déterminer l'antécédent de 0 par la fonction f.

$$f(x) = 0 \Leftrightarrow \frac{2\ln(x) - 1}{x} = 0$$
$$\Leftrightarrow 2\ln(x) - 1 = 0$$
$$\Leftrightarrow \ln(x) = \frac{1}{2}$$
$$\Leftrightarrow x = e^{1/2} = \sqrt{e}$$

Or $\sqrt{1} \leq \sqrt{e} \leq \sqrt{4}$ donc $1 \leq x \leq 2$.

B. Vrai

f est de la forme $f = \dfrac{u(x)}{v(x)}$ avec $u(x) = 2\ln(x) - 1$ $\quad v(x) = x$

$u'(x) = 2 \times \dfrac{1}{x}$ $\quad v'(x) = 1$

$$f' = \frac{u'v - uv'}{v^2} = \frac{\frac{2}{x} \times x - (2\ln(x) - 1) \times 1}{x^2} = \frac{3 - 2\ln(x)}{x^2}$$

x^2 est toujours positif dans $\mathbb{R}$, donc f' est du signe de $(3 - 2\ln(x))$.

$$3 - 2\ln(x) \geq 0 \Leftrightarrow 2\ln(x) \leq 3$$
$$\Leftrightarrow \ln(x) \leq \frac{3}{2}$$
$$\Leftrightarrow x \leq e^{3/2}$$

x	0		$e^{3/2}$		$+\infty$
$f'(x)$	‖	$+$	0	$-$	
$f(x)$	‖	↗	$2e^{-3/2}$	↘	

La valeur du maximum se calcule ainsi :

$$f(e^{3/2}) = \frac{2\ln(e^{3/2}) - 1}{e^{3/2}} = \frac{2 \times \frac{3}{2} - 1}{e^{3/2}} = \frac{2}{e^{3/2}} = 2e^{-3/2}.$$

C. Vrai

$F(x) = (\ln(x))^2 - \ln(x)$

$F'(x) = 2 \times \frac{1}{x} \times \ln(x) - \frac{1}{x}$

$F'(x) = \frac{1}{x} \times (2\ln(x) - 1)$

$F'(x) = \frac{2\ln(x) - 1}{x} = f(x)$

$F(x)$ est donc une primitive de $f(x)$. Par ailleurs $F(1) = (\ln(1))^2 - \ln(1) = 0$. Donc $F(x)$ est la primitive de f qui s'annule pour $x = 1$.

D. Vrai

f est définie sur $]0\ ;+\infty]$ par : $f(x) = \frac{2\ln(x) - 1}{x} = (2\ln(x) - 1) \times \frac{1}{x}$

Or $\lim\limits_{x \to 0}(2\ln(x) - 1) = -\infty$ d'une part, et $\lim\limits_{x \to 0}\frac{1}{x} = +\infty$ d'autre part. Donc par produit, $\lim\limits_{x \to 0} f(x) = -\infty$.

Par définition, si une fonction admet une limite infinie à droite ou à gauche d'un point fini a, alors la courbe admet une **asymptote verticale** en a. Donc C admet (OJ) comme asymptote verticale.

Il nous reste à prouver l'unicité de cette asymptote :

Comme f est quotient de deux fonctions continues sur $]0\ ;+\infty[$ alors f est continue sur cet intervalle. Donc elle ne peut pas admettre d'asymptote verticale en $+\infty$ car ce n'est pas un point fini (on se réfère à la définition énoncée plus haut).

8. VVVF

8) On considère la suite (u_n) définie pour tout n de $\mathbb{N}$ par $u_{n+1} = \sqrt{u_n}$ et par $u_0 = \mathrm{e}$.
On considère la suite (v_n) définie pour tout n de $\mathbb{N}$ par $v_n = \ln(u_n)$.
Pour tout n de $\mathbb{N}$, on note $S = v_0 + \ldots + v_n$ et $P = u_0 \times \ldots \times u_n$.

A. (v_n) est une suite géométrique de raison 0,5.

B. Pour tout n de $\mathbb{N}$, $S = 2 - 0{,}5^n$.

C. Pour tout n de $\mathbb{N}$, $P = \mathrm{e}^S$.

D. $\lim\limits_{n \to +\infty} P = +\infty$.

A. Vrai

$v_n = \ln(u_n)$

$v_{n+1} = \ln(u_{n+1})$

$v_{n+1} = \ln(\sqrt{u_n})$

$v_{n+1} = \ln(u_n^{1/2})$

$v_{n+1} = \frac{1}{2}\ln(u_n) = 0{,}5v_n$

Donc la suite (v_n) est géométrique de raison $q = 0{,}5$ et de premier terme $v_0 = \ln(u_0) = \ln(\mathrm{e}) = 1$.

B. Vrai

RAPPEL

Soit (u_n) suite géométrique de raison q différente de 1.

Pour tout $n \in \mathbb{N}$:

$$u_0 + u_1 + \ldots + u_{n-1} + u_n = \sum_{k=0}^{n} u_k = u_0 \frac{1 - q^{n+1}}{1 - q}$$

$$S = v_0 + \ldots + v_n = 1 + \ldots + v_n = v_0 \times \frac{1 - q^{n+1}}{1 - q} = \frac{1 - \left(\frac{1}{2}\right)^{n+1}}{1 - \frac{1}{2}} = \frac{1 - \left(\frac{1}{2}\right)^{n+1}}{\frac{1}{2}}$$

$$= 2\left(1 - \left(\frac{1}{2}\right)^{n+1}\right) = 2 - \frac{2 \times 1^{n+1}}{2^{n+1}} = 2 - \frac{2 \times 1}{2^n \times 2} = 2 - \frac{1}{2^n} = 2 - \left(\frac{1}{2}\right)^n = 2 - 0{,}5^n$$

C. Vrai

Rappelons que $v_n = \ln(u_n) \Leftrightarrow u_n = e^{v_n}$

$P = u_0 \times u_1 \times \ldots \times u_n = e^{v_0} \times e^{v_1} \times \ldots \times e^{v_n} = e^{v_0+v_1+\ldots+v_n} = e^S$

D. Faux

$\lim\limits_{n\to\infty}(S) = \lim\limits_{n\to\infty}(2 - 0{,}5^n) = 2$ car $0 \leq 0{,}5 \leq 1$

Or $\lim\limits_{X\to 2}(e^X) = e^2$

Donc par composition, $\lim\limits_{n\to\infty}(P) = \lim\limits_{n\to\infty}(e^S) = e^2$.

9. VFVV

9) On munit le plan d'un repère orthonormé (O, I, J). On note Π la représentation graphique de la fonction carrée et Δ la droite d'équation $y = 3$. Π coupe Δ en deux points : A d'abscisse positive et B d'abscisse négative. On note D le point de (OI) ayant la même abscisse que A et C le point de (OI) ayant la même abscisse que B.

A. $\int_{-\sqrt{3}}^{\sqrt{3}} x^2 \, dx = 2\sqrt{3}$.

B. L'aire du quadrilatère ABCD est égale à $4\sqrt{3}$.

C. La surface P comprise entre le segment [AB] et Π a pour aire $4\sqrt{3}$.

D. P représente deux tiers de l'aire de ABCD.

A. Vrai

La primitive de la fonction $f(x) = x^2$ est de la forme $F(x) = \frac{1}{3}x^3 + k$.

$$\int_{-\sqrt{3}}^{\sqrt{3}} x^2 \, dx = F(\sqrt{3}) - F(-\sqrt{3}) = \frac{1}{3} \times (\sqrt{3})^3 - \frac{1}{3} \times (-\sqrt{3})^3$$

$$= \frac{1}{3} \times (\sqrt{3})^2 \times \sqrt{3} - \frac{1}{3} \times (-\sqrt{3})^2 \times -\sqrt{3} = \sqrt{3} + \sqrt{3} = 2\sqrt{3}$$

B. Faux

L'aire du rectangle ABCD (notée $\mathcal{A}_{ABCD}$) se calcule en multipliant la longueur (AD) par la largeur (AB).

$\mathcal{A}_{ABCD} = AD \times AB = 3 \times (\sqrt{3} - (-\sqrt{3})) = 3 \times (\sqrt{3} + \sqrt{3}) = 3 \times 2\sqrt{3} = 6\sqrt{3}$

C. Vrai

L'aire de la surface P s'obtient en ôtant l'aire sous la parabole, c'est-à-dire $\int_{-\sqrt{3}}^{\sqrt{3}} x^2 \, dx$, à l'aire du rectangle ABCD.

$\mathcal{A}_P = \mathcal{A}_{ABCD} - \int_{-\sqrt{3}}^{\sqrt{3}} x^2 \, dx = 6\sqrt{3} - 2\sqrt{3} = 4\sqrt{3}$

RAPPEL

Intégrale

Si la **fonction** f est continue et **positive** sur l'intervalle $[a\ ;\ b]$, l'intégrale $\int_a^b f(t) \, dt$ est égale à l'aire (exprimée en unité d'aire) de la partie du plan comprise entre l'axe des abscisses, les droites d'équations $x = a$ et $x = b$ et la courbe représentative de f. Cette intégrale correspond à **« l'aire sous la courbe »**.

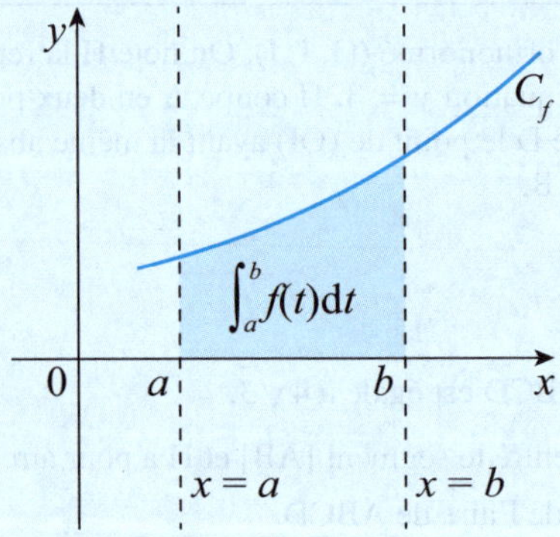

D. Vrai

$$\frac{\mathcal{A}_P}{\mathcal{A}_{ABCD}} = \frac{4\sqrt{3}}{6\sqrt{3}} = \frac{2}{3}$$

10. FVFF

10) La parapharmacie d'un hypermarché est ouverte pendant dix heures le samedi. Quelle que soit l'heure, un seul vendeur est présent. Armand y travaille pendant six heures et Bernard y travaille pendant trois heures. Les plages horaires de présence varient, si bien que le fait qu'un client soit accueilli par Armand, par Bernard ou par un autre vendeur est aléatoire. Quand ils sont accueillis par Armand, 70 % des clients effectuent un achat alors que quand qu'ils sont accueillis par Bernard, 50 % des clients achètent.

On interroge un client qui se présente dans la parapharmacie, on considère l'évènement suivant : on admet que la probabilité que le client choisi effectue un achat est de 0,59.

- **A.** La probabilité que le client soit accueilli par Bernard ou n'effectue pas un achat est de 0,74.
- **B.** La probabilité que le client effectue un achat sachant qu'il n'ait pas été accueilli ni par Armand, ni par Bernard, est de 0,2.
- **C.** la probabilité que le client ait été accueilli par Armand sachant qu'il n'a pas effectué d'achat et de $\frac{15}{41}$.
- **D.** On choisit au hasard chaque samedi, un client et cela pendant *n* semaines. La probabilité qu'au moins un des *n* clients ait été accueilli par Armand est de $1 - 0{,}6^n$.

Soient les événements :

A : « le vendeur est Armand »

B : « le vendeur est Bernard »

C : « le vendeur n'est ni Armand ni Bernard »

D : « une vente est réalisée »

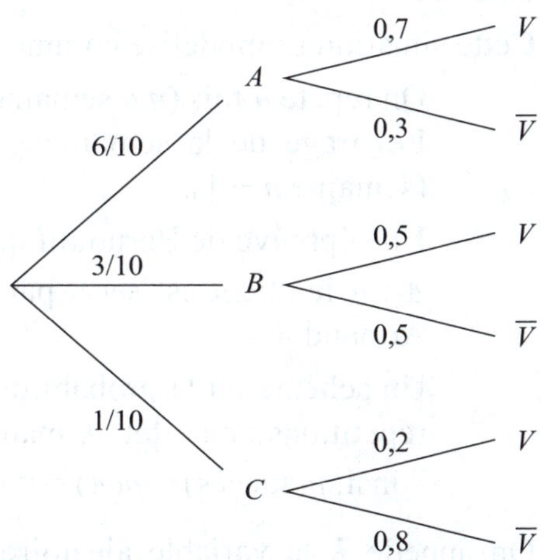

Afin de compléter l'arbre de probabilités, on peut déjà calculer $p_C(V)$ et en déduire $p_C(\overline{V})$. Pour cela on s'appuie encore une fois sur la **formule des probabilités totales**.

$p(V) = p(V \cap A) + p(V \cap B) + p(V \cap C)$

$p(V) = p_A(V) \times p(A) + p_B(V) \times p(B) + p_C(V) \times p(C)$

$0{,}59 = 0{,}7 \times 0{,}6 + 0{,}5 \times 0{,}3 + p_C(V) \times 0{,}1$

d'où $p_C(V) = \frac{0{,}59 - 0{,}42 - 0{,}15}{0{,}1} = \frac{0{,}02}{0{,}1} = 0{,}02 \times 10 = 0{,}2$

A. Faux

$$\begin{aligned} p(B \cup \overline{V}) &= p(B) + p(\overline{V}) - p(B \cap \overline{V}) \\ &= 0{,}3 + (1 - p(V)) - p_B(\overline{V}) \times p(B) \\ &= 0{,}3 + (1 - 0{,}59) - 0{,}5 \times 0{,}3 \\ &= 0{,}3 + 0{,}41 - 0{,}15 = 0{,}56 \end{aligned}$$

B. Vrai

On a déjà calculé ce résultat quand on a tracé l'arbre : $p_C(V) = 0{,}2$.

C. Faux

La probabilité que le client ait été accueilli par Armand sachant qu'il n'a pas effectué d'achat correspond à $p_{\overline{V}}(A)$.

$$p_{\overline{V}}(A) = \frac{p(A \cap \overline{V})}{p(\overline{V})} = \frac{p_A(\overline{V}) \times p(A)}{p(\overline{V})} = \frac{0{,}3 \times 0{,}6}{0{,}41} = \frac{0{,}18}{0{,}41} = \frac{18}{41}$$

D. Faux

Cette situation se modélise comme un schéma de Bernoulli :

- On répète n fois (n « semaines ») de manière indépendante un tirage aléatoire. Le tirage de la semaine n n'affecte pas le tirage de la semaine suivante (semaine $n + 1$).
- Une épreuve de Bernoulli qui n'a que deux issues possibles :
  A : « le client est servi par Armand » ou $\overline{A}$: « le client n'est pas servi par Armand ».
- Un schéma où la probabilité du succès et de l'échec ne change pas entre les répétitions : en effet, Armand est à son poste 6 heures tous les samedis.
  Ainsi, $p(\text{succès}) = p(A) = 0{,}6$ et $p(\text{échec}) = 1 - p(A) = 0{,}4$.

On appelle X la variable aléatoire comptant le nombre de succès à l'issue de ce schéma de Bernoulli. La loi de probabilité de X est la loi binomiale de paramètres n et p : $\mathcal{B}(n\,;\,0{,}6)$.
Donc la probabilité qu'au moins un des clients ait été accueilli par Armand correspond à $p(X \geq 1)$.

$$\begin{aligned} p(X \geq 1) &= 1 - p(X = 0) = 1 - \binom{n}{0} \times 0{,}6^0 \times (1 - 0{,}6)^{n-0} = 1 - 1 \times 1 \times 0{,}4^n \\ &= 1 - 0{,}4^n \end{aligned}$$

RAPPEL

La loi binomiale

Soit une expérience aléatoire associée à un schéma de Bernoulli. Soit X la variable aléatoire comptant le nombre de succès. La loi de probabilité de X est appelée loi binomiale de paramètres n et p, notée $\mathcal{B}(n\,;p)$.

Soit X suivant la loi binomiale $\mathcal{B}(n\,;p)$.

Pour tout $k \leq n$, on a : $\boldsymbol{p(X = k) = \binom{n}{k} \times p^k \times (1 - p)^{n-k}}$

On appelle **coefficient binomial** $\binom{n}{k}$ **ou combinaison de k parmi n**, le nombre de chemins conduisant à k succès sur l'arbre représentant n expériences successives.

Vous pouvez calculer les coefficients binomiaux à la calculatrice ou à l'aide de la formule suivante que je vous recommande d'apprendre :

$$\binom{n}{k} = \frac{n!}{k! \times (n-k)!} \text{ ou } n! = n \times (n-1) \times (n-2) \times \ldots \times 2 \times 1$$

(se lit « factorielle n »)

3 combinaisons à connaître :

$$\binom{n}{0} = 1\ ;\ \binom{n}{n} = 1\ ;\ \binom{n}{1} = n$$

3. Problème mathématique

11. VFFV

11) François souhaite, dans un premier temps réaliser un aménagement du jardin privatif, par l'implantation d'une haie paysagère sur le périmètre délimitant le jardin à l'exception du côté bordant la résidence (traits épais sur le graphique côté jardin privatif).

À partir des informations précédentes, on peut conclure que :

A. La surface au sol de la résidence est égale à 800 m².

B. La longueur x du côté oblique du jardin est égale à 9 mètres.

C. La longueur de la haie paysagère à planter est égale à 84 mètres

D. La surface du jardin est égal à 1 072 m².

A. Vrai

Voilà une entrée en matière pour le moins évidente. Il vous suffit en l'espèce d'observer que la résidence, à l'image de son jardin privatif et de la place publique est large de 40 mètres. En effet il y a 20 mètres entre l'extrémité de la place et la droite pointillée ; laquelle traverse la figure en sa moitié. La longueur de la résidence est elle aussi donnée par la figure : 20 mètres.

B. Faux

Voilà une fois de plus une question relativement facile d'accès. Dessinez sur la figure un angle droit à l'extrémité droite en haut de celle-ci. Ainsi que mentionné sur la figure, vous savez que le côté prolongeant la longueur de la figure mesure huit mètres. Le troisième côté, qui lui est perpendiculaire, mesure lui six mètres. La figure nous enseigne effectivement que du milieu de son extrémité droite au bas de son hypoténuse il y a 14 mètres. Or la largeur de la figure à son extrémité gauche étant de 20 mètres, forcément sa longueur est de 20 – 14 = 6 mètres.

D'après le théorème de Pythagore, vous avez donc :

$$x^2 = 8^2 + 6^2 \Leftrightarrow x^2 = 64 + 36 = 100$$

Donc :

$$x = \sqrt{100} = 10$$

Aussi la longueur x du côté oblique n'est pas égale à 9 mètres mais à 10 mètres.

C. Faux

Si on appelle L la longueur de la haie paysagère à planter, alors :

$$L = 20 + x + 28 + x + 20 = 20 + 10 + 28 + 10 + 20 = 88$$

Il y a donc 88 mètres à planter et non pas 84.

D. Vrai

La manière la plus évidente de mesurer la taille du jardin et de le considérer comme un rectangle puis de lui soustraire l'aire des deux triangles ajoutés pour former un rectangle.

Si on appelle A l'aire du rectangle, alors :

$$A = 40 \times 28 = 1\ 120\ \text{m}^2$$

Si on appelle a la somme des aires des deux triangles, alors :

$$a = \frac{8 \times 6}{2} \times 2 = 48\ \text{m}^2$$

D'où :

$$A - a = 1\ 120 - 48 = 1\ 072\ \text{m}^2$$

Ainsi la surface du jardin est bien égale à 1 072 m².

12. FFFV

12) Le devis d'une entreprise spécialisée en aménagement paysager prévoit pour ce chantier, correspondant à 40 heures de travail, l'emploi de 2 salariés (Paul et Pierre). Paul est engagé pour travailler h_1 heures avec un rendement de 2 mètres par heure. Quand il aura terminé, Pierre prendra le relais en travaillant h_2 heures avec un rendement de 2,5 mètres par heure.

À partir des informations précédentes, on peut conclure que :

A. Pierre mettra 20 heures pour réaliser son travail.

B. Paul va réaliser une longueur de haie supérieure de 25 % à celle que va réaliser Pierre.

C. Si Pierre travaillait seul, il mettrait moins de 35 heures.

D. Si Pierre travaillait à la même cadence que Paul, le temps total mis par ces 2 salariés serait augmenté de 10 %.

A. Faux

Vous savez que Paul a un rendement de 2 mètres par heure contre 2,5 mètres pour Pierre. Il est prévu qu'ils travaillent 40 heures pour planter les 88 mètres de haie (cf. C de l'exercice précédent).

Par conséquent :

$$2h_1 + 2{,}5h_2 = 88 \text{ et } h_1 + h_2 = 40$$

En isolant h_1, on obtient : $h_1 = 40 - h_2$.
Donc :

$$2h_1 + 2{,}5h_2 = 88 \Leftrightarrow 2(40 - h_2) + 2{,}5h_2 = 88$$

Soit :

$$80 - 2h_2 + 2{,}5h_2 = 88 \Leftrightarrow 0{,}5h_2 = 8$$

Donc :

$$h_2 = \frac{8}{0{,}5} = 16$$

D'où :

$$h_1 = 40 - 16 = 24$$

Par conséquent Pierre mettra seize heures et non pas vingt heures.

B. Faux

Pierre va réaliser $16 \times 2{,}5 = 40$ mètres alors que Paul en réalisera $24 \times 2 = 48$. Aussi, Paul va réaliser une longueur de haie $\frac{48}{40} = 1{,}2$ fois plus importante que celle plantée par Pierre ; soit 20 % plus importante.

C. Faux

Si Pierre travaillait seul alors il mettrait $\frac{88}{2{,}5} = 35{,}2$ heures. Il mettrait donc plus de 35 heures à réaliser la haie.

D. Vrai

Voilà enfin une information vraie.

13. FFVF

13) François envisage également d'implanter une laverie en achetant 2 machines à laver (dont le prix unitaire et 4 000 €). Il estime à 2, le nombre moyen de lavages hebdomadaires par résident et tient compte d'une année à 50 semaines. Un résident paiera à François, le prix de vente d'un lavage, égal à x et le prix des fournitures par lavage (eau, lessive, adoucissant fournis par François), égal à $0{,}1x^2$. François paiera le montant des charges fixes annuelles (amortissements, entretiens des machines) qui est égal à 8 400 € .

À partir des informations précédentes, on peut conclure que :

A. Le coût annuel total des lavages payés par les résidents est égal à $6\,000x + 0{,}1x^2$.

B. Si le nombre annuel de lavages est divisé par 2, le bénéfice annuel de François l'est aussi.

C. Si $x = 3$, le bénéfice annuel de François sera de 15 000 € .

D. Si $x = 3$, le coût d'un lavage pour un résident sera inférieur à 3,8 € .

A. Faux

Vous savez que la résidence dont François est le propriétaire compte 60 résidents, à raison de deux lavages par semaine et par personne, ils réaliseront $50 \times 2 \times 60 = 6\,000$ lavages par an.

Si on appelle C le coût annuel total des lavages payés par les résidents, alors :

$$C = 6\,000x + 6\,000 \times 0{,}1x^2 = 6\,000x + 600x^2$$

B. Faux

Commencez par déterminer le bénéfice annuel.

Si B ce bénéfice, alors :

$$B = 6\,000x + 600x^2 - 8\,400$$

Prenons l'hypothèse qu'un lavage coûte un euro, soit $x = 1$, alors :

$$B = 6\,000 + 600 - 8\,400 = -1\,800$$

Si le nombre de lavages est divisé par 2, alors :

$$B = 3\,000x + 300x^2 - 8\,400 = 3\,000 + 300 - 8\,400 = -5\,100$$

Aussi, si le nombre de lavages annuels est divisé par deux, le bénéfice n'est pas divisé par deux. C'est donc faux !

C. Vrai

Si $x = 3$, alors :

$$B = 6\,000 \times 3 + 600 \times 3^2 - 8\,400 = 18\,000 + 600 \times 9 - 8\,400$$
$$= 18\,000 + 5\,400 - 8\,400 = 15\,000$$

Le bénéfice de François sera en effet égal à 15 000 € si un lavage coûte trois euros.

D. Faux

Au coût d'un lavage, chaque résident doit ajouter celui des fournitures. Si C_R le coût d'un lavage pour un résident, alors :

$$C_R = x + 0{,}1x^2 = 3 + 0{,}1 \times 3^2 = 3 + 0{,}9 = 3{,}9 \text{ €}$$

Ainsi le coût d'un lavage pour un résident s'élève à 3,9 €, soit un prix supérieur à 3,8 €.

14. VFFF

14) Pour financer le coût de ces 2 machines, François dispose d'un apport de 2 000 € et projette d'emprunter auprès de sa banque, la somme manquante, notée S, sur N années. Après étude du dossier, la banque lui propose un taux d'intérêt annuel égale à 5 %. Tous les ans en fin d'année, François devra régler 1 500 € correspondant au remboursement partiel de la somme empruntée, à savoir S/N, et payer en plus le montant des intérêts qui s'appliquent à la somme non encore remboursée en début d'année.

À partir des informations précédentes, on peut conclure que :

A. La durée du prêt est égale à 4 ans.

B. Au début de la deuxième année, la somme non encore remboursée est égale à 4 200 €.

C. Les intérêts annuels diminuent de 90 € par an.

D. Le montant total des intérêts payés pour le prêt est égal à 600 €.

A. Vrai

Le coût des deux machines s'élève à 4 000 × 2 = 8 000 €, avec un apport de 2 000 € il lui faut donc emprunter 8 000 – 2 000 = 6 000 €. À raison d'un remboursement annuel de 1 500 €, il lui faudra quatre années pour rembourser son prêt.

B. Faux

Au début de la deuxième année la somme encore non remboursée s'élève à 6 000 – 1 500 = 4 500 €.

C. Faux

Le montant des intérêts à régler en fin de première année s'élève à $\frac{5}{100} \times 6\,000 = 300$ € alors que la seconde année il s'élèvera à $\frac{5}{100} \times 4\,500 = 225$ €.

CORRIGES DU CONCOURS ACCES 2019

Aussi le montant des intérêts à régler en fin d'année a diminué de 300 – 225 = 75 € et non pas de 90 €.

D. Faux

Prenez garde à ne pas répondre trop vite à cette question. François remboursera ce prêt en quatre années et à chaque échéance il paiera des intérêts. Aussi, la première année il va payer $\frac{5}{100} \times 6\,000 = 300$ €. La deuxième année il va payer $\frac{5}{100} \times 4\,500 = 225$ €. La troisième, $\frac{5}{100} \times 3\,000 = 150$ €. Et enfin, la quatrième année $\frac{5}{100} \times 1\,500 = 75$ €. Il devra donc payer 300 + 225 + 150 + 75 = 750 € d'intérêts.

15. VFVV

15) François doit par ailleurs préparer la fête annuelle de la résidence, qui aura lieu le 20 juillet sur la place publique. Pour des raisons de sécurité lors de cette manifestation, François doit clore la place publique sur les 3 côtés extérieurs (traits épais sur le graphique côté place publique).

Suite à une proposition d'un agriculteur local, il décidé de louer et d'installer sur le pourtour de la place, des bottes de paille broyée. Chaque botte est de forme cylindrique, de hauteur 1 mètre, de diamètre 1,25 m. Le poids de cette paille broyée est de 140 kg par m^3. Les bottes seront installées verticalement de la même manière que les 4 déjà représentées sur le schéma.

Le tarif de la location de ces bottes de paille proposé par l'agriculteur, repose sur le système dégressif suivant :

	Tranche	Prix unitaire
Pour les 50 premières bottes livrées	1	5 euros HT
Pour les 50 suivantes	2	réduction de 10 % par rapport à la tranche 1
Pour les suivantes	3	4,2 euros TTC

Le taux de la taxe est égal à 20 % et s'applique au montant hors taxe (HT). Le montant taxe comprise est égal au montant HT plus la taxe, et est noté TTC.

À partir des informations précédentes, on peut conclure que :

A. Le poids d'une botte et supérieur à 140 kg.

B. Le prix unitaire HT de la tranche 3 est égal à 3,36 € .

C. Le prix payé par François sera le même, selon que la réduction de 10 % pour la tranche 2, s'applique sur le prix HT ou le prix TTC.

D. François devra régler 620,40 euros TTC pour la location des bottes dont il a besoin.

A. Vrai

RAPPEL

Si V le volume d'un cylindre avec R son rayon et H sa hauteur, alors :

$$V = \pi \times R^2 \times H$$

L'énoncé vous apprend que le poids de cette paille broyée est de 140 kg par m³. Aussi, il vous faut ici vous intéresser au volume d'une botte afin de déterminer s'il est supérieur ou non à 1 m³. Vous aviez bien évidemment tous en mémoire la formule du volume d'un cylindre et le rappel ci-dessus n'aura été qu'une formalité. Dès lors, si V le volume d'une botte, alors :

$$V = \pi \times \left(\frac{1{,}25}{2}\right)^2 \times 1 = \pi \times 0{,}625^2 \approx \pi \times 0{,}6^2 \approx 0{,}36\pi > 1$$

Ainsi, puisque son volume est supérieur à 1 m³, le poids d'une botte dépasse nécessairement les 140 kg.

B. Faux

À raison d'un taux de taxe de 20 %, si le prix unitaire HT de la tranche 3 était de 3,36 € alors son prix TTC s'élèverait à 3,36 × 1,2 = 4,032 €. Or il s'élève à 4,2 € donc son prix unitaire HT n'est pas égal à 3,36 €.

C. Vrai

Le prix HT de la tranche 2 s'élève à 5 × 0,9 = 4,5 € si on l'applique au prix HT de la tranche 1. Dès lors le prix payé par François s'élèvera à 4,5 × 1,2 = 5,4 €. En revanche si on l'applique au prix TTC de la tranche 1, qui s'élève à 5 × 1,2 = 6 €, alors le prix payé par François s'élève à 6 × 0,9 = 5,4 €. Ainsi que vous l'appliquiez au prix TTC ou HT, le coût sera le même pour François.

D. Vrai

Vous savez que le diamètre d'une botte est de 1,25 mètre et que François doit aligner des bottes sur 140 mètres (trois côtés de la place publique). Aussi, il va lui falloir utiliser $\frac{140}{1{,}25} = 112$ bottes de paille. Les cinquante premières lui coûteront 6 × 50 = 300 €, les cinquante suivantes 5,4 × 50 = 270 €. Les douze dernières lui coûteront 4,2 × 12 = 50,4 €. François devra donc régler 300 + 270 + 50,4 = 620,4 € TTC pour la location des bottes dont il a besoin.

III. L'EPREUVE ECRITE D'ANGLAIS

I. PRESENTATION DE L'EPREUVE

1. FORMAT ET CONTENU

L'épreuve d'anglais a pour objectif d'évaluer le niveau de grammaire, de vocabulaire et d'orthographe du candidat ainsi que son aptitude à la compréhension de la langue écrite.

L'épreuve comporte 2 parties :

1re partie : grammaire et vocabulaire (30 questions)

Dans cette partie, le candidat démontrera sa richesse dans la langue à travers ses connaissances linguistiques.

2e partie : 2 textes de compréhension écrite (10 questions)

Cette partie comporte 2 textes extraits d'articles de presse portant sur l'actualité internationale, des faits de société, des analyses d'événements. L'évaluation de la compréhension de la langue écrite porte aussi bien sur le sens explicite du texte que sur sa signification profonde ou implicite.

2. DUREE, COEFFICIENT ET NOTATION

L'épreuve dure 45 minutes et le coefficient est de 3 pour ESSCA et IESEG et de 4 pour ESDES sur un total de 20 aux écrits. L'attribution des points se fait selon les règles suivantes : vous disposez d'un capital de points au début de l'épreuve. Vous augmentez ce capital en donnant une bonne réponse ou en répondant correctement aux 4 *items* d'une question (système de bonus). Vous entamez ce capital en donnant une mauvaise réponse (pénalité P) ou en ne répondant pas (pénalité p). P est supérieur à p.

3. CONSEILS STRATEGIQUES

- **Gestion du temps** : l'appellation QCM est très trompeuse. En réalité vous devez traiter chacune des 4 propositions de chaque question de manière **indépendante**, ce qui signifie que vous devrez répondre à 160 questions et lire 2 textes courts en 45 minutes. En imaginant que la lecture et l'analyse des deux textes vous prennent 10 minutes en tout, il ne vous restera que 35 minutes/160 questions = 13 secondes par *item*. Arrondissons à 10 secondes par *item* en prenant en compte le moment de relecture.

Idéalement, vous ne devriez donc passer que **40 secondes par question** (soit 10 secondes par proposition). Evidemment il ne s'agit pas de regarder sa montre toutes les minutes ce qui serait contre-productif. Vérifiez que vous êtes dans les temps toutes les 10 questions par exemple.

- **Report des réponses** : il est possible que vous n'ayez jamais été confronté à la grille de notation américaine. Une remarque de bon sens : écrivez au **crayon à papier** et munissez-vous d'une gomme. Les seules réponses admises seront celles qui obéissent aux règles énoncées plus haut. Vous ne pouvez pas, par exemple, barrer une première réponse erronée et entourer la bonne réponse. L'ordinateur qui va corriger votre examen ne connaît pas cette astuce.

- **En cas de doute** : sachant qu'une mauvaise réponse vous pénalise plus qu'une absence de réponse, il paraît évident qu'**il vaut mieux vous abstenir si vous doutez**. Une exception peut-être : si le bonus de points accordé à 4 bonnes réponses est à portée. Et encore, ce bonus ne vaut pas la peine de perdre 2 minutes sur un *item*. Gardez en tête le guide 1 question = 1 minute et notez le numéro des questions auxquelles vous n'avez pas répondu, ou sur lesquelles un doute subsiste, pour pouvoir plus facilement les retrouver à la fin de l'épreuve, s'il vous reste du temps.

- **Partie *reading comprehension*** : les textes sont dans l'immense majorité des cas tirés des publications classiques (magazines : *Time Magazine, Newsweek, The Economist* / Journaux : *New York Times, The Guardian, The Independent*). Vous savez donc où aller chercher des exemples pour vous entraîner. Un conseil le jour de l'épreuve : **lisez les questions avant de lire le texte correspondant**, car dans cette partie les *items* sont groupés par thème. Vous saurez ainsi où concentrer votre attention. De même n'hésitez pas à souligner des passages du texte ou à mettre en évidence sa structure logique : personne ne verra l'état de votre copie puisque vous ne rendez que la grille de notation.

II. FICHES GRAMMAIRE ET VOCABULAIRE

Voici quelques fiches de grammaire et de vocabulaire qui vous seront très utiles pour l'épreuve écrite d'anglais du concours ACCES.

1. GRAMMAIRE

FICHE 1. *He must have been feeling terrible*
IDENTIFIEZ LES ERREURS DE CONSTRUCTION DES TEMPS

La conjugaison anglaise obéit à des règles de construction qui ne varient jamais. Commençons donc par nous les remettre en tête.

Les noms des temps vous donnent toutes les indications nécessaires à leur construction

Tous les temps qui emploient l'auxiliaire « *to be* » sont des temps appelés **continuous**.
Tous les temps qui emploient l'auxiliaire « *to have* » sont appelés **perfect**.
Tous les temps qui emploient l'auxiliaire « *to do* » sont appelés **simple**.

- « *I am watching* » = present continuous (l'auxiliaire « *be* » est conjugué au présent).
- « *I will be watching* » = future continuous (l'auxiliaire « *be* » est au futur).
- « *I have seen* » = present perfect (l'auxiliaire « *have* » est au présent).
- « *I would have seen* » = conditionnel perfect (« *have* » est au conditionnel).
- « *Do you live in the USA?* ».

Les auxiliaires et les modaux sont toujours suivis de la même forme de verbe

Pour rappel, le verbe peut être mis à trois formes en anglais :

- La base (infinitif sans « *to* ») est toujours employée avec les modaux et « *to do* ».

- Le gérondif (base + « -ing ») est toujours employé avec l'auxiliaire « *to be* ».
- Le participe passé (base + « -ed ») est toujours employé avec « *to have* ».

Un nombre extraordinaire de propositions de réponse peut être éliminé en appliquant ces règles.

« *He must have been feeling* » est correct (bien que rare, rassurez-vous) parce que si l'on prend les éléments du groupe verbal un par un, on observe bien :

- « *Must* » (modal) doit être suivi de la base → « *have* » = base de « *to have* » ;
- « *Have* » (auxiliaire) doit être suivi du participe passé → « *been* » = participe passé de « *to be* » ;
- « *Been* » (auxiliaire) doit être suivi du gérondif → « *feeling* » = gérondif de « *to feel* ».

Appliquez ce principe de manière parfaitement mécanique, cela vous permettra d'éliminer les aberrations grammaticales d'un seul coup d'œil. Par exemple : « *He must had* » est faux, « *had* » (participe passé) ne peut pas suivre « *must* ». « *I have talking* » est faux, « *talking* » (gérondif) ne peut pas suivre « *have* ».

Le tableau suivant récapitule ces règles :

- « *to work* » = infinitive ;
- « *work* » = base verbale → suit les modaux et l'auxiliaire « *to do* » ;
- « *working* » = participe présent → suit l'auxiliaire « *to be* » ;
- « *worked* » = participe passé → suit l'auxiliaire « *to have* ».

Nom du temps	Present	Past	Modaux
SIMPLE **= *TO DO***	• ***Does*** *he work?* • He work**s**	• ***Did*** *he work?* • He work**ed**	• ***Will*** *he work?* • He **will** work
CONTINUOUS **= *TO BE***	• ***Is*** *he work**ing**?* • He **is** work**ing**	• ***Was*** *he work**ing**?* • He **was** work**ing**	• ***Would*** *you **be** work**ing**?* • He **would be** work**ing**
PERFECT **= *TO HAVE***	• ***Has*** *she work**ed**?* • She **has** work**ed**	• ***Had*** *he work**ed**?* • He **had** work**ed**	• ***Should*** *he **have** work**ed**?* • He **should have** work**ed**
PERFECT CONTINUOUS **= *TO HAVE + TO BE***	• ***Has*** *she **been** work**ing**?* • She **has been** work**ing**	• ***Had*** *he **been** work**ing**?* • He **had been** work**ing**	• ***Will*** *you **have been** work**ing**?* • He **will have been** work**ing**

FICHE 2. *You lived in London, **didn't you**? So **did I**.* LES MULTIPLES EMPLOIS DE L'AUXILIAIRE

Vous allez vous dire que l'accent mis sur l'auxiliaire tourne à l'obsession, et pourtant on ne peut pas y couper. L'anglais emploie les auxiliaires dans une multitude de cas. Tâchons d'y voir plus clair.

Les questions-tags

Première difficulté célèbre et, soyons honnêtes, rarement vraiment maîtrisée : les questions-tags. Ils permettent de demander confirmation à votre interlocuteur. Ils se forment à partir de l'auxiliaire de la proposition principale. Regardez :

- « *You have a car, **don't** you?* »

Neuf étudiants sur dix auraient mis « *haven't you* ». Vous avez tendance à vous précipiter, voir « *have* » et construire votre tag sans savoir ce que vous faites. L'étape la plus importante consiste à déterminer le temps du verbe de la phrase principale. Dans « *you have a car* », le verbe « *to have* » est conjugué au present simple dont l'auxiliaire est « *do* ». Donc marche à suivre : **regarder le verbe → identifier le temps → déterminer l'auxiliaire correspondant → construire le tag**. C'est le seul moyen de ne jamais commettre d'erreur !

La reprise et les réponses brèves

Cette méthode s'emploie aussi dans les nombreux cas dans lesquels l'auxiliaire ou le modal permet de reprendre, rappeler quelque chose qui a déjà été dit. Regardez le dialogue absurde suivant :

- « *– Do you live in London?* »
- « *– Yes, I live in London.* »
- « *– Do you like living in London?* »
- « *– Yes, I really like living in London.* »
- « *– I like living in London too. Are you planning on moving to another city?* »
- « *– No, I am not planning on moving to another city.* »

Tout cela est quand même bien répétitif. Observez maintenant la version anglaise correcte :

- « *– Do you **live in London**?* »
- « – ***Yes, I do*** ». L'auxiliaire rappelle toute la phrase précédente.

- « – *Do you like it?* »
- « – ***Yes, I do.*** » L'auxiliaire rappelle toute la phrase précédente.
- « – ***I do*** *too. Are you* ***planning on moving to another city****?* » C'est la même chose pour « ***I do*** *too* ».
- « – ***I am not.*** » La phrase reprise est au present continuous. On utilise donc l'auxiliaire « *to be* ». Notez que l'on n'a même pas besoin de commencer par « no », la négation étant déjà présente.

FICHE 3. *Are you listening?* PRESENT SIMPLE *VS.* PRESENT CONTINUOUS

Les temps et aspects anglais s'analysent mieux quand ils sont comparés. Commençons par l'expression des actions ou situations présentes.

Present simple

Le present simple (auxiliaire « do ») est le **temps des généralités** :

- « *It* ***doesn't rain*** *much in the Sahara* » (« il ne pleut pas beaucoup dans le Sahara »).
- « *I love watching bloopers on Youtube* » (« j'adore regarder des bêtisiers sur Youtube »).
- « *What* ***do*** *you* ***do****?* » (« que faites-vous dans la vie ?, quel est votre métier ? »).

Première remarque : on ne parle pas à vrai dire du présent avec ce temps. **L'action n'est connectée à aucun moment en particulier.**

C'est aussi le **temps des habitudes** :

- « *I* ***play*** *tennis every Sunday.* » (« Je joue au tennis tous les dimanches. »)
- « *How often* ***does*** *he* ***go*** *to London?* » (« A quelle fréquence va-t-il à Londres ? »)

On peut aussi employer le present simple pour un **futur certain** (que le locuteur envisage comme certain) :

- « *The plane* ***takes off*** *tomorrow at 10:15 am. Don't be late.* » (« L'avion décolle demain à 10 h 15. Soyez à l'heure. »)

Present continuous

Le present continuous (auxiliaire « *be* »), à l'inverse, **connecte l'action au moment d'énonciation** : au moment où la phrase est prononcée, l'action est en train de s'accomplir. Elle a commencé et n'est pas terminée.

- « *Sarah **is watching** TV.* » (« Sarah est devant la télé en ce moment même. »)

⚠ ATTENTION L'astuce classique qui consiste à rajouter « en train de » vous pousse souvent à surinterpréter l'emploi de ce temps. Regardez :

« *I **am watching** the first season of Game of Thrones* » **n'implique absolument pas que vous soyez devant votre téléviseur quand vous prononcez cette phrase**. Cela signifie juste que vous avez commencé la saison 1 et que vous ne l'avez pas encore terminée.

Le present continuous est aussi (rarement) le temps des **actions/situations futures planifiées** :

- « *I'm seeing my lawyer next week.* » (« J'ai rendez-vous avec mon avocat la semaine prochaine. »)

FICHE 4. *You **must be** kidding* L'ASPECT CONTINUOUS

Comme on l'a dit dans la fiche précédente, l'auxiliaire « ***be*** » permet de connecter l'action ou la situation décrites au moment d'énonciation. Ce moment est souvent le moment présent (c'est le present continuous) mais peut aussi être déplacé ; il devient alors un point de repère pour l'énonciation.

Point de repère passé ou futur

On dira donc :

- « *I **saw** the film Prometheus yesterday* » (l'action est considérée seule).
- Mais « *Yesterday at 09:00 pm, I **was watching** Prometheus* » (l'action est mise en rapport avec le repère temporel « *09:00 pm* », moment où elle était en train de s'accomplir).
- De même, « *I saw you called me yesterday. I'm sorry I didn't pick up, I **was playing** tennis* » signifie que j'étais en train de jouer au tennis au moment de l'appel.

On peut de la même manière déplacer le repère temporel vers le futur :

- « *By this time next week, I* ***will be relaxing*** *on a beach in Hawaï* » (vous savez exactement ce que vous serez en train de faire dans exactement une semaine).

⚠ ATTENTION **La conjugaison ne porte que sur l'auxiliaire « être ».** Ce dernier indique à quel moment l'action est en train de s'accomplir.

Point de repère modal

Prenons un exemple pour poser la discussion :

- « *It's January. I am in Siberia. Of course* ***I'm freezing****!* » = je meurs de froid (figurativement, bien sûr).

Maintenant, imaginez que vous receviez un appel d'un ami qui vous annonce être en Sibérie. Vous pouvez facilement déduire qu'il est en train de mourir de froid. On peut utiliser « must » pour tirer la conclusion que votre ami doit être en train de mourir de froid :

- « *– Guess what : I'm in Siberia!* »
- « *– Wow, you* ***must be freezing****!* » (« *must* » = déduction logique, « *be* » = cette déduction s'applique au moment présent).

Tous les modaux peuvent être mis à l'aspect continuous.

- (A 5 minutes de la fin de l'examen) « *You* ***should be checking*** *your answers* » = vous devriez être en train de relire vos réponses une dernière fois.
- « *This* ***can't be happening****!* » (« c'est impossible », littéralement, « cela ne peut pas être en train de se produire »).

FICHE 5. *We* ***went*** *to New York last year* PAST SIMPLE *VS.* PRESENT PERFECT

Il est primordial dans l'expression des actions passées de ne pas chercher de raccourcis entre le français et l'anglais. L'exemple employé au début de cette fiche est une petite provocation éclairante.

L'anglais dispose de deux temps pour rendre compte des actions passées, le past simple (temps du récit : « *I ate* ») et present perfect (temps du bilan : « *I've never eaten* »).

Le français **disposait** de deux temps également, le passé simple (temps du récit : « nous mangeâmes ») et passé composé (temps du bilan : « j'ai bien mangé »).

Le problème découle de **la disparition du passé simple en français courant** : il y a fort à parier que vous n'avez jamais prononcé le mot « mangeâmes ». Par conséquent, les Français ne voient pas le passé de la même manière que les anglophones, il leur manque une case. Commençons la rééducation.

Le past simple, temps du récit

Oubliez tout de suite cette vieille idée que le past simple est le temps des actions terminées. C'est vrai, mais cela ne vous aidera jamais à choisir le bon temps (la plupart des actions exprimées par le present perfect sont elles aussi terminées).

Plus efficace : le past simple est le temps du récit. Il permet de se projeter dans le passé, sans prendre en compte le moment d'énonciation. **Il s'accompagne systématiquement d'un repère temporel passé** (explicite : « *yesterday* », « *last week/month/year* », « *X years ago* », « *in 1997* », etc., ou bien implicite quand votre interlocuteur sait de quel moment vous parlez).

- « *I* ***visited*** *the Sagrada Familia* ***last month****. It's impressive.* »
- « *I* ***left*** *school* ***15 years ago****.* »
- « *When* **did** *you* **go** *to Barcelona?* » (La personne qui vous pose la question s'intéresse au moment passé. Elle sait que le voyage a bien eu lieu.)

Le present perfect, temps du bilan

Inversement, le present perfect est le temps qui permet de récapituler. On peut se le représenter ainsi : vous êtes dans le moment présent mais regardez vers le passé. **Il s'emploie en l'absence de repère temporel passé** :

- « *I* ***have*** *never* ***visited*** *Barcelona.* »
- « ***I have taken*** *four exams this month. I'm exhausted.* » (On ne sait pas quand vous avez passé ces concours et on s'en contrefiche. Ce qui importe, c'est le nombre et le résultat.)

⚠ **ATTENTION** Le verbe « *to go* » est porteur d'une difficulté.

- « *He* ***has gone to*** *work* » = il est parti au travail et y est encore.
- « *He* ***has been to*** *work* » = il est allé au travail et en est revenu. Notez la préposition « *to* » qui indique le déplacement.

FICHE 6. *Somebody that I used to know* L'EXPRESSION DES ETATS REVOLUS

Voilà la première face d'un des cauchemars des professeurs d'anglais ! Disons-le d'emblée : la tournure « *used to* » ne devrait jamais être enseignée au même moment que « *to be used to* », étant donné le risque de confusion (et vous vous rappelez pourtant les avoir apprises la même année certainement). Ces deux tournures n'ont rien à voir l'une avec l'autre. Rien : ni l'origine, ni l'emploi, ni le sens, ni la construction !

Sens

Remettons de l'ordre : « *We used to be friends* », (excellente) chanson des Dandy Warhols, se traduit en français par « autrefois, nous étions amis, et nous ne le sommes plus aujourd'hui ». Oui, c'est un peu long, mais c'est pourtant la traduction qui rend toutes les nuances de cette phrase. Le plus important est de bien comprendre que **cette tournure souligne le contraste entre une situation révolue, passée et la situation actuelle. Elles sont forcément différentes.**

Construction

« *Used* » employé dans cette phrase est un verbe conjugué au passé simple. Il se conjugue et se construit de manière parfaitement normale. Ainsi, vous pouvez demander : « *didn't they use to be friends?* » (« n'étaient-ils pas amis autrefois ? ») à l'aide de l'auxiliaire « *did* » (past simple) en prenant soin de retirer la terminaison « –ed » qui n'est plus nécessaire puisque « *did* » est apparent. Remarquez aussi que **le verbe qui suit** (ici, « *to be* ») **est toujours à la forme infinitive**. « *Used to* » ne peut être suivi que d'un verbe.

Un exemple parlant : « il y avait un cinéma ici il y a 15 ans (et il a été démoli depuis) » se traduit donc par « *There used to be a cinema here 15 years ago* ». Remarquez que l'on n'a pas besoin de traduire la phrase française entre parenthèses : l'idée est déjà exprimée par « *used to* ».

ASTUCE **Toutes les phrases mettant en jeu cette tournure doivent commencer en français (du moins dans votre tête) par « avant » ou « autrefois » ou même « jadis » si cela vous amuse.** Ainsi, vous garderez bien en vue la valeur de contraste.

FICHE 7. *Yesterday, all my troubles seemed so far away* LE PAST SIMPLE ET SES MARQUEURS TEMPORELS

Les marqueurs temporels associés au past simple

Si vous trouvez dans vos questions de QCM les indications temporelles suivantes, vous devez employer le past simple :

- **« *Ago* »** → « *I last saw him 15 years ago.* »
- **« *Yesterday* »** → « *They called me yesterday.* »
- **« *Last* » + période** → « *I didn't go to the cinema last week/month/year.* »
- **Les années révolues** → « *The Berlin wall fell in 1989.* »
- **Les siècles révolus** → « *Electricity was discovered in the 19th century.* »

⚠ ATTENTION Le past simple s'emploie aussi pour les périodes de la journée qui sont terminées.

- « *This morning* » → « *I didn't have breakfast this morning* ». Cette phrase est correcte à partir de midi + 1 minute le même jour. Etudiez bien le contexte !

Le past simple et les questions

Toute question portant sur un événement passé et commençant par « ***when*** » doit être conjuguée au past simple :

- « ***When*** *did you leave school?* »

De même, si l'on demande l'**heure précise** d'un événement passé, on utilise le past simple :

- « ***What*** *time did the visitors arrive?* »

FICHE 8. *I haven't had the pleasure to meet her yet* LE PRESENT PERFECT ET SES MARQUEURS TEMPORELS

Les marqueurs temporels associes au present perfect

Si vous trouvez dans vos questions de QCM les indications temporelles suivantes, vous devez employer le present perfect :

- « *Recently* » → « *I haven't seen him recently.* »
- « *Lately* » (dernièrement) → « *Economic news haven't been very good lately.* »

- « *Just* » → « *They have just come out of the building.* »
- « *Not yet* » → « *I haven't finished that report yet.* »
- « *Never* » (jamais de toute votre vie) → « *I've never eaten frogs.* »
- « *Already* » → « *When's John leaving?* » « *– He has already left.* »
- « *Today* » → « *She has had six coffees today.* »
- « *This* » + période → « *She has been to the cinema 4 times this week/month/year.* »
- « *It's the first time* » → « *It's the first time I've travelled by plane.* »

Le present perfect et les questions

Le present perfect s'impose quand on pose une question sans savoir si l'événement a eu lieu dans le passé. La question se construit avec « *ever* ».

- « ***Have** you **ever visited** New York?* »

FICHE 9. *We've known each other since we were three* *FOR, SINCE, FROM ET HOW LONG*

Ces tournures posent naturellement des problèmes aux locuteurs français. Vous ne devez pas traduire le mot « depuis » : un peu de méthode et tout rentrera dans l'ordre.

« *Since* », « *from* » et l'expression de l'origine d'une action

« ***Since*** » s'emploie pour introduire **l'origine, le début d'une action/situation qui n'est pas terminée**. Logiquement, le verbe est à conjuguer au present perfect.

- « ***I have lived** in London **since** I was four.* »
- « *They **have worked** here **since** 1985.* »

Notez que **« *since* » marquant l'origine, il est forcément suivi d'un moment**. Ce point de repère peut prendre la forme d'une date, d'un âge, etc.

« ***From*** » s'emploie pour introduire **le début d'une action/situation terminée**. Le verbe sera conjugué au past simple.

- « *Great Britain directly **controlled** India **from** 1858 to 1947.* »

« *For* » et l'expression de la durée

« *For* » s'emploie dès lors que l'on veut parler d'une durée en anglais.

Si cette durée sépare un point dans le passé du moment présent, on emploiera le **present perfect**.

- « *I* ***have lived*** *in London* ***for*** *24 years.* » Dans cet exemple, il s'est écoulé 24 ans depuis mon installation à Londres et j'y habite encore aujourd'hui.

Si cette durée sépare deux points dans le passé, on utilisera à l'inverse le **past simple.**

- « *He* ***worked*** *in this firm* ***for*** *16 years* » (entre 1985 et 2001, par exemple).

« *How long* » est la question portant sur la durée

« ***How long*** » est le mot question auquel répond « *for* ». La même logique s'applique :

- Votre interlocuteur est à la retraite : « *How long* ***did*** *you* ***work*** *in this firm?* » (past simple) ;
- Votre interlocuteur travaille toujours : « *How long* ***have*** *you* ***worked*** *in this firm?* » (present perfect).

FICHE 10. *I should have known* better
L'ASPECT PERFECT

L'auxiliaire « *have* » permet essentiellement en anglais de parler du passé d'un moment d'énonciation. Ainsi, par exemple, la fiche 4 vous a expliqué comment le present perfect dresse le bilan de tout événement ou situation qui se sont déroulés jusqu'au moment présent (le moment où la phrase est prononcée).

Comme pour l'aspect continuous, l'emploi de l'aspect perfect dépend du point de repère temporel ou modal de l'énonciation. **Il recouvre très souvent la notion d'antériorité.**

Point de repère passé ou futur

On dira donc :

- « *I went to China last year* » (l'action passée est considérée seule).

- Mais « *Until I went to China last year, I* ***had never seen*** *a panda bear* » (« avant d'aller en Chine l'an dernier, je n'avais jamais vu de panda »). On doit employer ici le **past perfect**, parce que **le point de repère temporel est dans le passé**.

On peut aussi prendre un point de repère futur : vous passez un concours dans trois mois et n'avez pas encore révisé vos verbes irréguliers. Vous dites :

- « *I* ***haven't*** *really* ***learnt*** *all the irregular verbs* » (aujourd'hui), mais vous promettez :
- « *Before I take the exam in 3 months, I* ***will have learnt*** *the irregular verbs.* »

Le point de repère est dans l'avenir, il faut donc employer un **future perfect**.

Point de repère modal

Le jour de l'anniversaire de votre mère, vous pensez :

- « *I* ***should call*** *my mother* » (« je devrais appeler ma mère » = recommandation dans le présent).

Le lendemain de l'anniversaire de votre mère, que vous avez oublié, vous dites :

- « *I* ***should have called*** *my mother* » (« j'aurais dû appeler ma mère » = recommandation qui s'applique à une situation passée).

Autre exemple : vous attendez un ami avec qui vous étiez censé prendre un verre. Cela fait une heure, vous pouvez émettre avec « must » l'hypothèse portant sur le passé :

- « *He* ***must have forgotten***. » (« Il a dû oublier. »)

2. VOCABULAIRE

ORTHOGRAPHE A RISQUE

Vous trouverez ici un sympathique florilège des erreurs orthographiques les plus fréquentes. Les correcteurs sont à l'affût : montrez-leur que vous faites attention à la qualité de votre expression.

✗ : N'écrivez jamais / Ne dites jamais

✓ **: Ecrivez / Dites**

ANOTHER

an other ✗

another ✓

UTOPIQUE

His way of seeing things is very utopic. ✗

His way of seeing things is very utopian. ✓

CATASTROPHE

A catastrophy ✗

A catastrophe ✓

MONSIEUR, MADAME…

M^{r}, M^{rs}, M^{s}, D^{r} ✗

Mr, Mrs, Ms, Dr ✓

ORGANISME

The UN is an international organism. ✗

The UN is an international organisation. ✓

PERTE

This months's lost is the same as last month's. ✘

This months's losses are the same as last month's. ✓

HOMME D'ETAT

He is an outstanding stateman. ✘

He is an outstanding statesman. ✓

DEVELOPPER

Developped countries have agreed to help the Third World. ✘

Developed countries have agreed to help the Third World. ✓

DESEQUILIBRE

There is an unbalance between supply and demand. ✘

There is an imbalance between supply and demand. ✓

THEORIQUE

His views are very theoric. ✘

His views are very theoretical. ✓

ESTIMATION

Our estimation is wrong. ✘

Our estimate is wrong. ✓

EXAGERER

When describing the situation, he is liable to exagerate a bit. ✘

When describing the situation, he is liable to exaggerate a bit. ✓

ANALYSIS

Two analysis ✘

Two analyses ✓

NOSTALGIE

His nostalgy for his childhood is most acute. ✗

His nostalgia for his childhood is most acute. ✓

MONOPOLE

The monopole on public transport will soon come to an end. ✗

The monopoly on public transport will soon come to an end. ✓

UN MOYEN

A mean ✗

A means ✓

NEGOCIER

He spent a long time negociating with unions. ✗

He spent a long time negotiating with unions. ✓

LE SUFFIXE *-FUL*

Disrespectfull, plentifull, awfull… ✗

Disrespectful, plentiful, awful… ✓

RESPONSABLE/RESPONSABILITE

His responsability has not been proved beyond doubt. ✗

His responsibility has not been proved beyond doubts. ✓

LITTERATURE

Litterature is part and parcel of the curriculum. ✗

Literature is part and parcel of the curriculum. ✓

LOSE/LOOSE

He is loosing weight. ✗

He is losing weight. ✓

ADJECTIFS DE NATIONALITE

french, english, israeli, chinese, japanese… ✘

French, English, Israeli, Chinese, Japanese… ✓

REALISTE

This is a very realist approach. ✘

This is a very realistic approach. ✓

JOURS DE LA SEMAINE/MOIS

On monday, on sunday, in december, in march… ✘

On Monday, on Sunday, in December, in March… ✓

TECHNIQUE

This technic has been extensively used. ✘

This technique has been extensively used. ✓

ERREURS FREQUENTES

Nous avons recensé ici les erreurs de syntaxe les plus communes. Evitez-les à tout prix en rédigeant votre essai : elles rendent vos correcteurs furieux !

✘ : N'écrivez jamais / Ne dites jamais

✓ **: Ecrivez / Dites**

Nous ne sommes pas d'accord.

We are not agree. ✘

We don't agree. ✓

Le pouvoir, c'est l'objectif de tous les hommes politiques.

Power, it is the aim of all politicians. ✘

Power is the aim of all politicians. ✓

Les deux premiers trimestres

The two first terms ✘

The first two terms ✓

Il s'agit d'une offre assez intéressante.

This is a quite interesting offer. ✘

This is quite an interesting offer. ✓

Une telle mémoire ! Une si bonne mémoire !

A such memory! A so good memory! ✘

Such a memory! So good a memory! ✓

Un ami de Ben

A friend of Ben (A Ben's friend) ✘

A friend of Ben's ✓

Presque personne

Hardly nobody ✘

Hardly anybody ✓

Il n'est presque jamais à la maison.

He is nearly never home. ✘

He is hardly ever home (= almost never). ✓

Comme (le) dit l'auteur…

As says the author… ✘

As the author says… ✓

En tant que médecin de l'équipe…

As doctor of this team… ✘

As the doctor of this team… ✓

– Ne vous en faites pas, dit-il.

– Don't worry, said he. ✘

"Don't worry", he said. ✓

Aussi risquée que soit cette nouvelle politique…

So risky this new policy may be… ✘

However risky this new policy may be… ✓

Dans un avenir proche

In a near future ✘

In the near future ✓

Combien êtes-vous ?

How many are you? ✘

How many of you are there? ✓

Avant, il était électricien.

Before, he was an electrician. ✘

He used to be an electrician. ✓

Comment est son nouveau patron ?

How is his new boss? ✘

What's his new boss like? ✓

Dans une certaine mesure…

In a certain measure… ✘

To a certain extent… ✓

A la différence de…

At the difference of… ✘

Unlike… ✓

Cette tour est haute de trente mètres.

This tower is high of thirty metres. ✘

The tower is thirty metres high. ✓

Quelle est la hauteur de cette tour ?

What is the high of this tower? ✘

How high is this tower? ✓

Et toi ?

And you? ✘

What about you? ✓

La voiture la moins chère.

The car the less expensive. ✘

The cheapest car. ✓

Tout le monde ne vote pas aux Etats-Unis.

Everyone doesn't vote in the United States of America. ✘

Not everyone votes in the United States of America. ✓

Le plus de livres possible

The most books possible ✘

As many books as possible ✓

Les deux bâtiments

The both buildings ✘

Both buildings ✓

Les jeunes

The youngs ✘

Young people ✓

Le plus important, c'est…

The most important is… ✘

The most important thing is… ✓

L'auteur nous décrit…

The author describes us… ✘

The author describes… ✓

Un discours trop violent

A too violent speech ✘

Too violent a speech ✓

Encore un accident ? Vous n'avez pas de chance.

Another accident? You don't have any chance. ✘

Another accident? You're not very lucky. ✓

– Tes enfants sont à l'école ? – Je pense.

"Are your children at school?" "I think." ✘

"Are your children at school?" "I think so." ✓

Mon professeur m'a suggéré de passer quelques mois en Angleterre.

My teacher has suggested me to spend a few months in England. ✘

My teacher has suggested I spend a few months in England. ✓

Et si nous dînions ?

And if we had dinner? ✘

What about having dinner? ✓

C'est le jour où nous nous sommes rencontrés.

That's the day where we met. ✘

That's the day when we met. ✓

Ceux qui...

The ones who… ✘

Those who… ✓

Mon frère est médecin.

My brother is doctor. ✘

My brother is a doctor. ✓

ACTUEL

The actual crisis can be put down to unions. ✘

The current crisis can be put down to unions. ✓

▶ *Actual* signifie « réel ». « Actuel » se traduit par *current*, present. *Currently* signifie « à l'heure actuelle ».

INHABITE

The area is inhabited. ✘

The area is uninhabited. ✓

▶ *To inhabit* traduit « habiter », « un habitant » étant traduit par *an inhabitant*. Il faut rajouter le préfixe négatif un- pour traduire « inhabité ».

CHANCE

With some chance, he'll pass the exam. ✘

With some luck, he'll pass the exam. ✓

▶ *Chance* signifie « hasard ».

DRAMATIQUE

The news is dramatic. ✘

The news is tragic. ✓

▶ *Drama* signifie « le théâtre » et *dramatic*, « spectaculaire ». *Tragic* traduit « dramatique » ; *a tragedy*, « un drame ».

DUREMENT

There was no reason for him to speak to me so hardly. ✘

There was no reason for him to speak to me so harshly. ✓

- *Hardly* est le synonyme de *scarcely, barely* et signifie « à peine ». « Durement » se traduit par *harshly, roughly*.

ANCIEN

My ancient husband now lives in Mexico. ✘

My former/ex-husband now lives in Mexico. ✓

- *Ancient* est la traduction d'« antique ».

PERFORMANT

It's a very performing method. ✘

It's a very efficient method. ✓

- *To perform* signifie « faire, réaliser ». *Performing* est employé dans *performing arts* et couvre l'ensemble des disciplines liées au monde du spectacle (théâtre, danse, acrobatie, musique…).

AFFAIRE

This is quite a strange affair. ✘

This is quite a strange case. ✓

- *Affair* signifie « liaison sentimentale ». *Case* a souvent un sens juridique et peut être remplacé par *matter* ; *business* est employé pour les affaires dans le monde de l'entreprise mais aussi pour traduire « Ce ne sont pas mes affaires » (*This is none of my business*).

EVENTUELLEMENT

He will eventually come, depending on whether his flight is on time or not. ✘

He will possibly come, depending on whether his flight is on time or not. ✓

- *Eventually* est la traduction de « finalement », *possibly* signifiant « éventuellement ».

AGRICULTEUR

Agriculturers have decided to stage another demonstration. ✘

Farmers have decided to stage another demonstration. ✓

▶ *Farming* traduit « agriculture », *farmer* « agriculteur » De même *farm trade* traduit « commerce agricole ».

EXPLOITANT

The exploiters of the Chunnel are in the red. ✘

The operators of the Chunnel are in the red. ✓

▶ « Exploiter » au sens de « faire marcher » se traduit par *to operate* et « exploitation », par *operation*. Le sens de « traiter comme un esclave, exploiter » peut se rendre par *to exploit*.

APPARITION

The apparition of new means of communication. ✘

The emergence of new means of communication. ✓

▶ *Apparition* s'utilise pour le surnaturel.

FORMATION

Formation is one of the most important things ever. ✘

Training is one of the most important things ever. ✓

▶ *Formation* vient du verbe *to form* au sens de « former / façonner » et signifie donc « la formation / la création / le développement ». « La formation / l'éducation » se traduira par *training*, formé sur le verbe *to train*, « éduquer, former ».

HASARD

I wonder if it is only a hazard. ✘

I wonder if it is only chance. ✓

▶ *A hazard* est « un danger ». « Le hasard » se traduit par *chance*.

IMPLICATION

Bosses are demanding more implication on the part of employees. ✘

Bosses are demanding more involvement on the part of employees. ✓

- *To imply* signifie « impliquer, entraîner » alors que *to involve* signifie « impliquer, faire participer ». « Etre impliqué dans » se traduit par *to be involved in*.

COMEDIEN

Don't believe a word of what he's saying, he's a good comedian. ✘

Don't believe a word of what he's saying, he's a good actor. ✓

- *A comedian* est un « comique » ; « un comédien, un acteur » se traduisent par *an actor/a player*.

PARTICULARITE

It is a French particularity. ✘

It is a French characteristic. ✓

- *Particularity* traduit l'idée de maniaquerie. *Characteristic* peut être remplacé par *feature, peculiarity*.

PRETENDRE

He pretends he is sick. ✘

He says he is sick. ✓

- *To pretend* signifie « faire semblant » ; « prétendre » est traduit par *to say, to argue, to claim, to contend*.

REALISER

She wants to realize her dream of taking part in a fashion show. ✘

She wants to fulfill her dream of taking part in a fashion show. ✓

- « Réaliser, se rendre compte » se traduit par *to realize*, mais « réaliser, faire aboutir » est rendu par *to fulfill a dream, to make a dream come true*.

COURS

The next course is on Tuesday at 10 am. ✘

The next class is on Tuesday at 10 am. ✓

- *A course* est un ensemble de cours, un cursus, une formation en entier.

RENTABILITE

Most companies are looking for rentability. ✘

Most companies are looking for profitability. ✓

- *Profit* signifie « bénéfice », *profitable* « bénéficiaire, rentable ». *To rent* signifie « louer ».

RESUMER

He has resumed the text in less than 3 minutes. ✘

He has summed up the text in less than 3 minutes. ✓

- *To resume* signifie « recommencer » ; « résumer » se traduit par *to sum up, to summarize*.

POLEMIQUE

His statement will cause a polemic. ✘

His statement will spark a controversy. ✓

- Le mot *polemic* est rarement employé.

SOCIETE

This society has been in the red for two years. ✘

This company has been in the red for two years. ✓

- « La société » se traduit par *society*, « une société, une entreprise » étant *a business, a firm, a company*.

UNIQUE

She is a unique child. ✘

She is an only child. ✓

- *Unique* traduit « exceptionnel » alors qu' « unique » se traduit par *only, single, sole*.

ECOLOGISTE

Ecologists have yet again demonstrated against the new road. ✘

Environmentalists have yet again demonstrated against the new road. ✓

▶ *Ecology* est la science dont l'objet d'étude est l'environnement et *an ecologist* est donc le scientifique spécialiste de l'environnement. « Un militant écologiste » se traduit par *an environmentalist*.

UTILITE

The utility of such moves escapes many observers. ✘

The use/usefulness of such moves escapes many obervers. ✓

▶ « Utilisation » se traduit généralement par *use* et « utilité » par *usefulness*. Quant à *utility* il signifie « service public ».

SYMPATHIQUE

He is a very sympathetic person. ✘

He is a very nice person. ✓

▶ *Sympathetic* signifie « compatissant », to *sympathize* signifie « comprendre » (la douleur, la peine…) ; « sympathique » se traduit par *nice, friendly, kind*.

ASSISTER A

We are assisting to a return to traditional values. ✘

We are witnessing a return to traditional values. ✓

▶ « Assister à » se traduit par *to attend sthg* si le sujet est un spectateur volontaire. D'où *to attend a match/a play*, « assister à un match/une pièce ». Si le sujet n'est qu'un témoin, et non plus un spectateur volontaire, la traduction est *to witness sthg*.

III. ENTRAINEMENT SUR UN SUJET D'ANNALES

Nous avons choisi ici un sujet d'annales qui date de 2012. Ce sujet est réputé pour contenir des questions très classiques en plus de questions qui présentent quelques belles difficultés auxquelles il faut avoir été confronté avant d'aller aux concours !

Vous remarquerez que contrairement aux modalités actuelles (30 questions de grammaire et vocabulaire + 10 questions de compréhension de textes, le tout en 45 minutes), vous devrez traiter ici 50 questions de grammaire et vocabulaire et 20 questions de compréhension de textes, le tout en 1 h 30. OK… ça fait deux fois plus de boulot mais c'est pour votre bien !

DUREE : 1 HEURE 30

CONSIGNES :

Chaque question comporte quatre *items*, notés A. B. C. D. Pour chaque *item*, vous devez signaler s'il est correct en l'indiquant sur la grille de réponses en marquant la case sous la lettre V ; ou faux en l'indiquant sur la grille de réponses en marquant la case sous la lettre F. Une réponse est donc une suite de quatre marques V ou F.

ATTENTION :

Vous disposez d'un capital de points initial. Chaque erreur entraîne une pénalité (P) qui entame votre capital. Une absence de réponse entraîne une pénalité (p) qui entame aussi votre capital (p est inférieur à P). Enfin, un bonus est attribué si vous répondez correctement aux quatre *items* d'une même question.

PART I: GRAMMAR AND VOCABULARY

1) A. Australia will be a prime example of such a two-speedy economy.
   B. Germany's wood will be sour in spite a robust economy.
   C. Some rich countries will see remarkably radical reforms.
   D. 2012 will delighten numerologists.

2) A. China could find itself be overtaken by India.
B. Companies have the better chance of thriving if they are solid.
C. For the last ten years we had our share of hits and misses.
D. The world will start to bid farewell to start-ups.

3) A. There have been a touch of optimism and joy amid globalisation lately.
B. Towards the end of the year there could be growing gloom over the economy.
C. The sense of progress will held true in 2012.
D. America will mark the ten anniversary of the terrorist attacks.

4) A. The year ahead will produce stricken examples of the power of technology.
B. Look at politics and you will often see two clashing forces.
C. A sense of division and frustration is going to prevail in international affaires.
D. It offers a glimpse of what the world might be like in 25 years time.

5) A. Nothing can stop an idea which time has come.
B. The savagery could too be the start of something more beneficial.
C. For the like of Greece, there is really no choice.
D. The gap is likely to be more than 100 billion

6) A. The later will find little sympathy in the public sector.
B. Average pay in the public sector is highest.
C. Bureaucrats may start to replace bankers as a public target of opprobrium.
D. It comes with both a risk and a opportunity.

7) A. Leviathan has sprawled into increasingly unknown areas of regulation.
B. The goal is surely to make the state works better.
C. No sector somewhere has changed less than the state.
D. California contains the world's more advanced technologies.

8) A. The politics decided to continue the reform.
B. Throughout the Western world people have tended to end up with the governments they deserve.
C. They kept on asking their state to do more during restricting the power of their representatives.
D. Please hold the line, I'll put you in to my boss!

9) A. I am taking a cold shower every morning.
B. The sky is so cloudy, it will rain!
C. That bag looks heavy, will I help you with it?
D. I should have phoned Helen but it was too late.

10) A. Everyone have their own presents.
B. All the informations he was getting were correct.
C. My luggages were so heavy that day!
D. Let me give you some free advice, buddy!

11) A. This table is far too big: it must not get through the kitchen door.
B. I am looking forward to speak to you.
C. I might have been right on that one, but I prefer not to take chances.
D. Every steps you take, I'll be watching you.

12) A. You can't to tell me what to do!
B. The door bell is ringing, that must be mum!
C. Whenever you will feel sorry for him, remember what he did to you!
D. He earned lot of money and bought himself a fancy car.

13) A. How dare you say me such horrible things?
B. May you never find a husband!
C. I want to may go to that party, daddy!
D. If it rained, we would have stayed at home.

14) A. You ought to pay a visit to your grand-parents.
B. I've forgoten everything about it.
C. It is more easier to cheat than to study, he reckoned.
D. She is a very sympathic person.

15) A. That was the worse nightmare I've ever had.
B. Since human beings have ten fingers, they have developed a system of counting based in ten.
C. An other trend may assert itself in the world of fashion.
D. Every now and then, he would go to the cinema.

16) A. Intel is helping university students worldwide turning their thinking into the business of the future.
B. Encouraging new ideas fuels innovation.
C. We have bringed jobs and benefits to every part of the world.
D. Actually, there is a lot of snow in France and all the highways are blocked.

17) A. Mr. Smith is not disponible right now, may I take a message?
B. The outcome may not be to everyone's like.
C. The thief was caught by the American policy.
D. The Fed will continue to pump money into the financial system.

18) A. Can I borrow you your pencil, please?
B. Does the bank still lends money to its clients?
C. When the plant closed, he was made redundant.
D. They will be in a quiet miserable state by then!

19) A. Nowadays it is sunnier in developing countries.
B. Much of the growth in 2010 came from the pockets-books of national governments.
C. Since more than 100 years, we have delivered strategic advice.
D. The house had being built by their grand-father.

20) A. On October 12th, 2012, Adam Nevic will be 12 years.
B. At the turn of 2012-2013, another partner will be choosen.
C. The world will require an extra planet in twenty years' time.
D. The growing population will become a danger if it will continue to gobble up resources as it does now.

21) A. The total size of the population has gone on ryising.
B. The total fertility rate has been falling for a long time.
C. I'll see you next week.
D. In the same time, she was talking about divorcing him.

22) A. Laws purporting to bash bankers will be populars.
B. Globalization herself will come under threat.
C. In 2010 Ohio has banned the outsourcing of government services to foreign countries such as India.
D. The rich will devise even more elaborate tax-avoidance schemes.

23) A. To soothe popular resentment, the rich have to discover the joys of philantropy.
B. In 2012 rich people will fund campaigns against government secretion.
C. In 2012 the book will seize to be a book and it will become an "app".
D. The iPad took out even faster than the iPhone.

24) A. The man which I met yesterday was my cousin's boyfriend.
B. I prevented my parents about my accident.
C. The book is shifting shape and becoming a downloadable application.
D. What all this will mean for readers?

25) A. Human knowledges are too precious to consign to the ether alone.
B. But is it true that we can really afford to wait?
C. End-use efficiency is there where our focus needs being.
D. There is an urgent need to reduct CO_2 emissions.

26) A. Last summer I worked like a waitress in a small restaurant.
B. Wikipedia, an online, users-generated encyclopedia, celebrates its fifth birthday.
C. She is very different than her sister.
D. Uganda's voters cast their ballots in a presidential election.

27) A. The concurrency is tough in this field.
B. The Templeton prize worths one million pounds.
C. The winner must have made an exceptional contribution to the community.
D. Oxford and Cambridge oarsmen compete in the 157th universty race.

28) A. These books are not mines but theirs!
B. Stars and paparazzi flocked to the Côte d'Azur for the 63rd Cannes film festival.
C. I will have it doing by next Thursday.
D. If I could, I will most certainly help you.

29) A. So Mr. Webster's characteristic bluntness may yet count against him.
B. ABB helps deliver major power savings without compromise performance.
C. Do you mind to fetch me a glass of water?
D. High unemployment and grinding austerity will be the europeans' lot too.

30) A. A Greek-style bail-out by the EU and the IMF cannot be ruled off in 2012.
B. The tumble in house prices hit bottom in 2010.
C. Despite of all this, the economy should grow a little in 2012.
D. There is little wonder that the Irish folk is less than cheery.

31) A. Don't worry, I've got few ideas about how to fix this car!
B. May I give you a lift to home?
C. Voters got the chances to have their say.
D. After two terms the incumbent is constitutionally banned from running again.

32) A. Although the difficulty of the job, he managed to pull it through.
B. Many rage against the government for placing the economy in such pickle.
C. We are committed to helping two million children from street to school.
D. Unemployment in Germany is expected falling to its lowest levels since 1992.

33) A. I haven't finished reading the newspaper still.
B. Have you already booked our hotel room in Vienna?
C. He deals with my clients this week while I am in New York.
D. He enjoys to listen to jazz music.

34) A. Should you go to Oslo, do give Margaret a call!
B. I need not to face my parents until tomorrow.
C. This fact will deter much who would otherwise want to join in.
D. Skirmishing began in September 2010 over if to hold a snap election.

35) A. It smells as sweet like the roses.
B. No doubt 2012 will see other events that will mark this historic shifts.
C. The building is 50m height.
D. For instance, have emerging countries been able to make their growth more balanced?

36) A. How many time do I have to wait here?
B. The discussion was about international economical governance and exchange rates.
C. This concept shall be construed as non-prohibitive.
D. All other logos used hereof are the property of Xerox corporation.

37) A. Mr. Sarkozy will try to rebrand his government in the run-up to 2012.
B. The left doesn't face tough choices neither.
C. Candidacies for the primary are due to June.
D. Ex-President Jacques Chirac is due to appear at Court over 1990s fake-jobs accusations.

38) A. Turkey will be Europe's faster-growing sizeable economy for the second year running.
B. A complete constitutional rewrite ought to allow the government and the opposition to work together.
C. I left in August for the countryside.
D. I might have enjoyed it if you let me!

39) A. They have all shown a willingness to break of the traditions of their political family.
B. In Russia the past is almost as unpredictable than the future.
C. This table's cloth is too dark!
D. Either way Mr. Putin will hang on to power.

40) A. It would not be fair to see the ex-communist countries as marginal in diplomatic terms.
B. The Obama administration will hold the biggest military exercise as far in the Baltic region.
C. Mr. Smith had gone far behind not only diplomatic protocol but also basic human decency.
D. Let's us begin with a prediction.

41) A. Britain appears increasingly divided among the workaholic and the work-shy.
B. Tourism jobs will be seen to have drawn immigrants to the countryside.
C. The people who will be made most crossed by the immigration aspect of the census will be the immigrants themselves.
D. Should those hopes be dashed by a No vote, the coalition will face a grave crises.

42) A. When I got home, Mary was crying for more than an hour.
B. He married Susan before his final detox program started.
C. The telephone rang while he had dinner.
D. It is right to remind ourselves of this positive backdrop.

43) A. How working together can help us do more to help patients?

B. If we can get to grips with the causes, we could find some solutions in each and every case.

C. With a testing year ahead, world leaders must keep their promises.

D. We have to show that the former leads only to pain but he latters to great benefits.

44) A. I'm totally agree with you.

B. He is suing for breach of agreement.

C. She was garnished for label and defamation.

D. By his own admission, Ms Hayes is said to have helped the old man.

45) A. He saled the house and moved to Florida.

B. He looked in disdain to his friend.

C The editor worked in the redaction of the magazine.

D. I first met him when I was travelling to Australia.

46) A. I am taking my day off because I will look at a new house.

B. I am learning French because I am going to be based in the Paris office.

C. Hi, I'm Fritz, I'm German and I'm coming from Munich.

D. The books he seld last summer were all detective novels.

47) A. Political parties enjoy a period of great popularity in their early years.

B. After that, they are running out of ideas and the opposition is taking power.

C. Are you knowing what Mr. Todd is doing right now?

D. Their new instant coffee brand is tasting very good.

48) A. Have you ever ate sushi?

B. A couple of months ago we have been to Wengen.

C. I've been staying in a hotel for the last ten days.

D. How long are you with Microsoft?

49) A. Have you heard what has happened to the strikers?
B. Am I needing any vaccinations?
C. I usually advertise it first of all in-house.
D. Fiat SPA was found in 1899.

50) A. He was grown up by his aunt.
B. Do you think opera is being enjoyed by more people because of your festival?
C. Most of the television news are really terrible.
D. How many jobless people does the speaker say were there in the eighties?

PART II: READING COMPREHENSION

TEXTE 1

I felt I had every reason to roll my eyes when I heard that Alfred Uhry's 1987 play "Driving Miss Daisy" was opening on Broadway. My cynicism was based less on my experience of the show than on Broadway's customary banal or condescending take on racial and cultural politics. A musical about the famous nineteen-thirties Alabama interracial rape case, and Vanessa Redgrave and James Earl Jones in Uhry's paper-thin character study about a widowed Jewish former school teacher and her black, functionally illiterate driver? I didn't want to imagine any of it.

But actors of the calibre of Redgrave and Jones can cook up a rich pot out of tepid water. Uhry's lightweight script could have been a hindrance to Esbjornson's vision but it becomes instead an opportunity to collaborate with his actors. As Hoke's relationship with Miss Daisy moves from antagonism and paranoia to hope and dependence, Redgrave and Jones rely less on the script for the dramatic power. They tailor the text to fit their own talents by using it as a jumping-off point for their shared theatrical imagination. In so doing, the show's stars say what Uhry does not: how complicated and different and alike this Jewish woman and this black man are, both trying to live in the world unvictimized by their outsider status.

Watching the pair, it was tempting to imagine them in material that deserved their mettle – an adaptation of Bernard Malamud's stories about blacks and Jews. But Uhry's episodic script supplies the actors with a certain freedom: they can't feel as responsible for the play's language as they might if "Driving Miss Daisy" were a great piece. Instead, Redgrave and Jones honor each other's power as they rewrite Uhry's script with their what-could-be-better-than performing bodies.

Adapted from *The New Yorker*, December 2010

51) A. The writer admires the play "Driving Miss Daisy".
B. The writer is very much surprised by the play.
C. The writer knows the show very well.
D. The writer feels entitled to be sceptical about the play opening on Broadway.

52) A. Broadway plays are usually respectful of race and cultural politics.
B. The plays opening on Broadway surprise through their originality and sparkle.
C. The Broadway plays have a bad reputation in the theatre world.
D. The writer is eager to watch the show.

53) A. The plot is about the conflict between the Jews and the blacks.
B. "Driving Miss Daisy" is a tragedy.
C. The plot takes place in the nineteenth century.
D. "Driving Miss Daisy" is a comedy.

54) A. Uhry's script is extremely detailed.
B. Miss Daisy's driver could not read or write.
C. The case presented in the play is of no consequence.
D. Miss Daisy was divorced.

55) A. Good actors are not enough to make a good play.
B. Uhry's complex script helped the director a lot.
C. Esbjornson's vision was endangered by the script.
D. Good actors can transform a bad play into a terrific one.

56) A. The director imposed his vision on the actors.
B. The actors refused to collaborate.
C. The characters are sometimes paranoid.
D. Miss Daisy becomes dependent on her driver.

57) A. The actors do not find their dramatic power in the text.
B. The text prevents the actors from showing their full talent.
C. Redgrave and Jones hope to manage to stick to the script.
D. The actors follow the script exactly.

58) A. Redgrave and Jones are very different in terms of creativity.
B. The script is nothing but a starting point.
C. The actors express exactly what the playwright wanted to say in his play.
D. The Jewish woman and her black driver have nothing in common.

59) A. Hoke and Miss Daisy are seen as marginal by the society of their time.
B. Both the driver and Miss Daisy are victims of their world.
C. The actors fail to adapt the text to their own theatrical sensitivity.
D. Uhry adapts the text for his actors.

60) A. The two main actors dominate each other.
B. "Driving Miss Daisy" is a masterpiece.
C. The script has no real quality.
D. The writer would like to see Redgrave and Jones perform in other plays.

TEXTE 2

Oil rose to a fresh 26-month high on reports that crude stocks shrank and the economy accelerated in the US, the world's largest petroleum consumer.

Nymex February West Texas Intermediate crude rose 48 cents to $90.30 a barrel, trading above $90 for the third time this year. ICE February Brent rose 42 cents to $93.62.

The gains came as the US government reported commercial crude inventories fell by 5.3 barrels last week, largely along the Gulf of Mexico and Pacific coasts. US refineries were processing 6.4 per cent more crude a year ago, while demand for petrol and distillate fuels showed annual growth.

US crude last traded consistently above $90 a barrel in October 2008, when prices were plummeting from a record $147 a barrel and volatility was at a peak amid the financial crisis.

Global oil demand has rebounded after two years of decline, with the International Energy Agency recently estimating the world increased consumption by 3.3m barrels a day in the third quarter – or 3.8 per cent – to 88.6m b/d.

Stocks still remain comfortable. The US's 340.7m barrels of crude inventories are well above average for this time of year.

Elsewhere in commodities markets, corn prices hit a two-year high amid worries about a low crop in the US, the world's largest exporter. CBOT March corn rose 0.7 per cent to $6.08¾ a bushel.

Coffee prices hit a fresh 13½-year high amid heavy buying due to concerns about supplies of high quality Arabica beans from Colombia, the top producer. In New York, ICE May Arabica coffee jumped to a peak of $2.4350 a pound, the highest since mid-2007. Analysts say that output in Colombia, the world's top producer of high quality arabica coffee, would be much lower than expected. The country's output fell last season to a 35-year low of 8.1m bags, each of 60kg.The market had previously expected that production would recover to 10m bags or even higher but most recent forecasts, after heavy rains hit the coffee areas, put Colombia's output as low as 9m bags.

Adapted from *The Financial Times*, December 24th, 2010

61) A. The American economy relies largely on oil.
B. The price of oil has been increasing for three years now in the US.
C. The US reserves of natural oil are not altered.
D. The price of Nymex crude rose for the third time this year.

62) A. ICE crude traded more expensively than Texas oil.
B. The Brent barrel is evaluated at 42 cents.
C. Both Brent and Texas have experienced growth this year.
D. Both Nymex and ICE have traded higher this year.

63) A. The increase was due to the US government.
B. US commerce decreased in the region of the Gulf of Mexico.
C. There has been more demand for petrol this year.
D. US refineries worked better last year.

64) A. The US officials inventoried 5.3 barrels last week.
B. The last increase in crude price dates back to October 2008.
C. In October 2008 the prices were going up.
D. The financial crisis did not influence the oil prices.

65) A. In 2008 the crude price increased by more than $50.
B. In October 2008 the prices remained stable.
C. The global demand in oil has been falling for the last three years.
D. The world is presently increasing its consumption of petroleum.

66) A. The global consumption of oil will be of 3.3 barrels a day.
B. Oil consumption will only increase during the last part of this year.
C. The stock market is really shaken.
D. The US crude inventories show optimistic figures for this time of year.

67) A. The US are the world's largest producer of corn and coffee.
B. The corn prices have been going up for a few months.
C. The US corn crops could have been in a worse situation.
D. The markets felt really comfortable.

68) A. The corn bushel costs more than $6.08¾.
B. In February, the corn price was lower.
C. Colombia is sure to supply all the coffee beans needed on the market.
D. The coffee prices are consistently falling.

69) A. No one is buying coffee beans any longer.
B. In New York the usual price of arabica coffee is $2.4350 a pound.
C. The highest price for coffee was obtained in 2007.
D. There are low expectations concerning the coffee beans production in Colombia.

70) A. Colombia's crops were endangered due to uncontrolled events.
B. Colombia will only produce 60kg of coffee beans this year.
C. The analysts did not expect the production to improve.
D. The final coffee beans output was bigger that expected.

ACCES Annale 2012 : corrigé

1	2	3	4	5	6	7	8	9	10
FFVF	FFFV	FVFF	FVFF	FFFV	FFVF	VFFF	FVFF	FFFV	FFFV
11	12	13	14	15	16	17	18	19	20
FFVF	FVFF	FVFF	VFFF	FFFV	FVFV	FFFV	FFVF	VFFF	FFVF
21	22	23	24	25	26	27	28	29	30
FVVF	FFFV	VFFF	FFVF	FVFF	FFFV	FFVF	FVFF	VFFF	FVFF
31	32	33	34	35	36	37	38	39	40
FFFV	FFVF	FVFF	VFFF	FFFV	FFVF	VFFF	FVFF	FFFV	VFFF
41	42	43	44	45	46	47	48	49	50
FVFF	FFFV	FFVF	FVFF	FFFV	FVFF	VFFF	FFVF	VFFF	FVFF
51	52	53	54	55	56	57	58	59	60
FFFV	FFVF	VFFF	FVFF	FFFV	FFVF	VFFF	FVFF	VFFF	FFFV
61	62	63	64	65	66	67	68	69	70
VFFF	FFVF	FFVV	FVFF	VFFV	FFFV	FFVF	FVFF	FFFV	VFFF

PART I: GRAMMAR AND VOCABULARY

1. FFVF

A. FAUX. *Australia will be a prime example of such a* ***two-speedy*** *economy.*
L'Australie constituera un exemple de choix pour illustrer une économie à deux vitesses.
La locution française *économie à deux vitesses* se traduit en anglais par l'expression idiomatique **two-tier**.
>>> *Australia will be a prime example of such a* ***two-tier*** *economy.*

B. FAUX. *Germany's wood will be sour in spite a robust economy.*
Il faut dire *IN SPITE OF a robust economy* et non *IN SPITE a robust economy*. On peut également employer *DESPITE*, qui lui ne prend pas de préposition.

C. VRAI. *Some rich countries will see remarkable radical reforms.*

D. FAUX. *2012 will delighten numerologists.*
L'année 2012 réjouira les numérologues.
Delighten n'existe pas. Le verbe *delight* existe en revanche, et c'est celui-ci qu'il fallait utiliser ici.
>>> *2012 will delight numerologists.*

2. FFFV

A. FAUX. *China could find itself be overtaken by India.*
To find oneself se forme avec le participe passé seulement.
>>> *China could find itself overtaken by India.*

B. FAUX. *Companies have the better chance of thriving if they are solid.*
Les entreprises ont de meilleures chances de prospérer si elles sont solides.
The better chance n'est pas correct ici. On écrit bien *to have the chance* pour avoir l'occasion, mais pour dire avoir de meilleures chances, on utilisera *have a better chance*.
>>> *Companies have a better chance of thriving if they are solid.*

C. FAUX. *For the last ten years we had our share of hits and misses.*
Nous avons eu notre lot d'échecs et de réussites ces dix dernières années.
Le prétérit ne convient pas ici, puisqu'on considère un intervalle temporel qui contient le moment présent, et non un événement ponctuel et/ou unique. Il faut utiliser le present perfect.
>>> *For the last ten years we have had our share of hits and misses.*

D. VRAI. *The world will start to bid farewell to start-ups.*

3. FVFF

A. FAUX. *There have been a touch of optimism and joy amid globalisation lately.*
Une touche d'optimisme et de joie est apparue récemment dans le processus de mondialisation.
A touch of optimism appelle un verbe conjugué à la 3e personne du singulier, en l'occurrence, *has* et non *have*.
>>> *There has been a touch of optimism and joy amid globalisation lately.*

B. VRAI. *Towards the end of the year there could be growing gloom over the economy.*
Une certaine morosité pourrait se faire ressentir dans l'économie vers la fin de l'année.

C. FAUX. *The sense of progress will held true in 2012.*
Le sens du progrès sera tenu pour vrai en 2012.
Will n'est en aucun cas le futur de *to be*.
>>> *The sense of progress* ***will be held*** *true*

D. FAUX. *America will mark the ten anniversary of the terrorist attacks.*
L'Amérique marquera le dixième anniversaire des attaques terroristes.
Ten signifie dix, non pas dixième. On utilisera *tenth*.
>>> *America will mark the tenth anniversay of the terrorist attacks.*

4. FVFF

A. FAUX. *The year ahead will produce stricken examples of the power of technology.*
L'année à venir sera le terrain d'exemples frappants du pouvoir de la technologie.
Stricken examples signifie exemples frappés, non pas exemples frappants. Frappant se traduit par *striking*.
>>> *The year ahead will produce striking examples of the power of technology.*

B. VRAI. *Look at politics and you will often see two clashing forces.*

C. FAUX. *A sense of division and frustration is going to prevail in international affaires.*
Une impression de division et de frustrations va prévaloir dans les affaires internationales.
Affaire (avec un « e » final) n'existe pas en anglais.
>>> *A sense of division and frustration is going to prevail in international affairs.*

D. FAUX. *It offers a glimpse of what the world might be like in 25 years time.*
L'expression *X years' time* s'écrit avec une apostrophe indiquant la possession. Le mots *years* étant déjà au pluriel, il ne faut noter que l'apostrophe ici, pas le s possessif.

5. FFFV

A. FAUX. *Nothing can stop an idea which time has come.*
Rien n'arrête une idée dont le temps est venu (Victor Hugo).
Pour exprimer un rapport de possession entre l'antécedent d'une relative et son sujet, on utilise le pronom *whose*, non pas *which*.
>>> *Nothing can stop an idea whose time has come.*

B. FAUX. *The savagery could too be the start of something more beneficial.*
La sauvagerie pourrait également être le commencement de quelque chose de plus profitable.
Too se place en fin de phrase.
>>> *The savagery could be the start of something more beneficial too.*

C. FAUX. *For the like of Greece, there is really no choice.*
Pour la Grèce et les pays de son acabit, il n'y a pas vraiment le choix.
L'expression française X et consorts se traduit en anglais par *the likes of* et non *the like of.*
>>> *For the likes of Greece, there is really no choice.*

D. VRAI. *The gap is likely to be more than 100 billion.*

6. FFVF

A. FAUX. *The later will find little sympathy in the public sector.*
Cette dernière se traduit en anglais par *the latter*, et non *the later*, qui diffère d'ailleurs en termes de prononciation.
>>> *The latter will find little sympathy in the public sector.*

B. FAUX. *Average pay in the public sector is highest.*
Le comparatif de *high* est *higher*, et non *highest*.
En outre, on écrirait *the highest*, et non pas *highest*.
>>> *Average pay in the public sector is higher.*
OU *Average pay in the public sector is the highest (among...)*

C. VRAI. *Bureaucrats may start to replace bankers as a public target of opprobrium.*

D. FAUX. *It comes with both a risk and a opportunity.*
Devant un mot commencant par un son voyelle, « a » prend un « n » dit euphonique pour devenir « an ». Cette règle ne s'applique pas avec les mots commençant par le son [j] comme *yellow* ou *European*, ou devant les h muets comme *hour* ou *honest.*
>>> *It comes with both a risk and an opportunity.*

7. VFFF

A. VRAI. *Leviathan has sprawled into increasingly unknown areas of regulation.*
Le Léviathan s'est étendu vers des domaines de régulation de plus en plus méconnus.

B. FAUX. *The goal is surely to make the state works better.*
Le but est assurément de faire en sorte que l'Etat fonctionne mieux.
Make something + base verbale (Infinitif sans "*to*").
>>> *The goal is surely to make the state work better.*

C. FAUX. *No sector somewhere has changed less than the state.*
Aucun secteur, nulle part, n'a moins changé que l'Etat.
No sector somewhere signifie aucun secteur quelque part, ce qui n'a pas grand sens. Nos deux autres choix sont *nowhere* et *anywhere. No sector nowhere* est un double négatif, donc à proscrire. Il ne reste plus que *No sector anywhere* qui convient parfaitement.
>>> *No sector anywhere has changed less that the state.*

D. FAUX. *California contains the world's more advanced technologies.*
La California contient les technologies les plus avancées au monde.
Il faut ici utiliser le superlatif pour traduire « les technologies les plus avancées », le superlatif de *advanced* est *most advanced.*
>>> *California contains the world's most advanced technologies.*

8. FVFF

A. FAUX. *The politics decided to continue the reform.*
Les politiques ont décidé de continuer la réforme.
Politics n'est jamais employé avec *the* et désigne la politique – dans le sens de gestion de l'Etat. Pour désigner la classe politique, et les politiciens, qu'on appelle vulgairement les politiques en français, on utilisera en anglais *the politicians*, ou *the political class*.
>>> *The politicians/The political class decided to continue the reform.*

B. VRAI. *Throughout the Western world people have tended to end up with the governements they deserve.*
A travers le monde occidental, les gens ont eu tendance à finir avec le gouvernement qu'ils méritent.

C. FAUX. *They kept on asking their state to do more during restricting the power of their representatives.*
Ils continuèrent à demander à leur Etat d'en faire plus tout en réduisant le pouvoir de leurs députés/représentants.

CORRIGES DE L'EPREUVE D'ANGLAIS

Pour exprimer la simultanéité de deux actions, on utilise en anglais l'adverbe *while*, qui signifie pendant, non pas *during* qui veut dire la même chose, mais ne s'utilise que dans son acception temporelle – e.g. *during my week in London*.
>>> *They kept on asking their state to do more while restricting the power of their representatives*.

D. FAUX. *Please hold the line, I'll put you in to my boss!*
Ne quittez pas, s'il vous plaît, je vous mets en ligne avec mon patron !
L'expression *mettre en ligne* se traduit en anglais par *to put someone through to someone.*
>>> *Please hold the line, I'll put you through to my boss!*

9. FFFV

A. FAUX. *I am taking a cold shower every morning.*
Pour signifier une habitude dans le présent, en l'occurrence, tous les matins, on utilise le présent simple.
>>> *I take a cold shower every morning.*

B. FAUX. *The sky is so cloudy, it will rain!*
Pour signifier un événement futur qui est en rapport étroit avec la proposition précédente, on utilise le futur en *to be going to* + INF.
>>> *The sky is so cloudy, it is going to rain!*

C. FAUX. *That bag looks heavy, will I help you with it?*
Ce sac a l'air lourd, puis-je vous aider (à le porter) ?
C'est l'un des derniers emplois fréquents de *Shall* : proposer son aide.
>>> *That bag looks heavy, shall I help you with it?*

D. VRAI. *I should have phoned Helen but it was too late.*
J'aurais dû téléphoner à Helen mais il était trop tard.

10. FFFV

A. FAUX. *Everyone have their own presents.*
Everyone est singulier, même s'il désigne plusieurs personnes, c'est ce qu'on appelle un singulier collectif.
>>> *Everyone has their own presents.*

B. FAUX. *All the informations he was getting were correct.*
Information est un indénombrable, il n'existe pas au pluriel.
>>> *All the information he was getting was correct.*

C. FAUX. *My luggages were so heavy that day!*
Luggage est un indénombrable, il n'existe pas non plus au pluriel.
>>> *My luggage was so heavy that day!*

D. VRAI. *Let me give you some free advice, buddy!*
Laisse moi te donner quelques conseils gratuits, mon pote !

11. FFVF

A. FAUX. *This table is far too big: it must not get through the kitchen door.*
Must not implique une interdiction morale. Il faudrait employer *can* pour indiquer une impossibilité physique.
>>> *This table is far too big: it cannot get through the kitchen door.*

B. FAUX. *I am looking forward to speak to you.*
To look forward to se construit avec la forme en ING.
Ex. : *I am looking forward to buying myself a car.*
>>> *I am looking forward to speaking to you.*

C. VRAI. *I might have been right on that one, but I prefer not to take chances.*
Il se peut que j'aie eu raison cette fois, mais je préfère ne pas prendre de risques.

D. FAUX. *Every steps you take, I'll be watching you.*
Every appelle le singulier.
>>> *Every step you take, I'll be watching you.* (The Police)

12. FVFF

A. FAUX. *You can't to tell me what to do!*
Pour exprimer la capacité, on utilise *can* + base verbale.
>>> *You can't tell me what to do!*

B. VRAI. *The door bell is ringing, that must be mum!*
La sonnette retentit, ce doit être Maman !

C. FAUX. *Whenever you will feel sorry for him, remember what he did to you!*
Whenever appelle le présent simple !
>>> *Whenever you feel sorry for him, remember what he did to you!*

D. FAUX. *He earned lot of money and bought himself a fancy car*
Pour dire beaucoup de on utilise l'expression *a lot of*, ou *lots of* – plus familier – non pas *lot of*.
>>> *He earned a lot of money and bought himself a fancy car.*

13. FVFF

A. FAUX. *How dare you say me such horrible things?*
Say se construit de la façon suivante : *say something TO someone*
D'autre part, *tell*, qui signifie dire également, se construit ainsi : *tell somebody something*.
>>> *How dare you say to me such horrible things?*

B. VRAI. *May you never find a husband!*
Puisses-tu ne jamais trouver de mari !
NB : Il s'agit d'une forme de subjonctif présent exprimant un souhait utilisé de la même manière que dans l'hymne britannique : *God save the Queen* : Que Dieu sauve la Reine.

C. FAUX. *I want to may go to that party, daddy!*
Pour exprimer l'autorisation, on utilisera ici le verbe *to allow*. Les auxilliaires modaux ne s'utilisent que seuls, *may* ne peut en l'occurrence pas être utilisé à la suite de *want to*.
>>> *I want to be allowed to go to that party, daddy!*

D. FAUX. *If it rained, we would have stayed at home.*
Cette phrase comporte un problème de concordance des temps. Ceci nous laisse deux choix.
En gardant *If it rained*, il faut faire concorder la deuxième proposition en usant du conditionnel présent.
>>> *If it rained, we would stay at home.*
S'il pleuvait, nous resterions à la maison.
En gardant *we would have stayed at home* (conditionnel passé), on fait concorder la première proposition en usant du past perfect.
>>> *If it had rained, we would have stayed at home.*
S'il avait plu, nous serions restés à la maison.

14. VFFF

A. VRAI. *You ought to pay a visit to your grand-parents.*
Tu devrais aller rendre visite à tes grands-parents.

B. FAUX. *I've forgoten everything about it.*
J'ai tout oublié à ce sujet.
Le past participle de *forget* est *forgotten*.
>>> *I've forgotten everything about it.*

C. FAUX. *It is more easier to cheat than to study.*
Il est plus facile de tricher que d'étudier.
More easier constitue un double comparatif – un petit peu comme le moins pire en français – et n'est donc pas correct. Le comparatif de *easy* est *easier*, tout simplement.
>>> *It is easier to cheat that to study.*

D. FAUX. *She is a very sympathic person.*
C'est une personne très sympathique.
Sympathic n'existe pas. Il faut le remplacer par *sympathetic*.
>>> *She is a very sympathetic person.*

15. FFFV

A. FAUX. *That was the worse nightmare I've ever had.*
C'était le pire cauchemar que j'ai jamais fait.
Le superlatif de *bad* est the *worst*.
>>> *That was the worst nightmare I've ever had.*

B. FAUX. *Since human beings have ten fingers, they have developed a system of counting based in ten.*
Fondé sur se traduit par *based ON*, en anglais.
>>> *Since human beings have ten fingers, they have developed a system of counting based on ten.*

C. FAUX. *An other trend may assert itself in the world of fashion.*
Another s'écrit en un seul mot.
>>> *Another trend may assert itself in the world of fashion.*

D. VRAI. *Every now and then he would go to the cinema.*
De temps à autres, il allait au cinéma.
NB : Would a ici un sens d'habitude, de la même façon que l'imparfait en français.

16. FVFV

A. FAUX. *Intel is helping university students worldwide turning their thinking into the business of the future.*
Intel aide les étudiants d'université à travers le monde à tourner leur réflexion vers le business du futur.
To help, dans son sens premier de aider, se construit soit avec l'infinitif, soit avec la base verbale, mais pas avec la forme en ING.
>>> *Intel is helping university students worlwide (to) turn their thinking into the business of the future.*
NB : On trouve cependant *help* avec des formes en ING dans la construction *can't help + doING something* (qui signifie ne pas pouvoir s'empêcher de faire quelque chose).

B. VRAI. *Encouraging new ideas fuels innovation.*
Le fait d'encourager les idées nouvelles est un moteur de l'innovation.

C. FAUX. *We have bringed jobs and benefits to every part of the world.*
Nous avons amené l'emploi et les profits aux quatre coins du monde.
Bringed est un barbarisme, ce mot n'existe pas, et pour cause, *to bring* est un verbe irrégulier ! Au participe passé, il donne *brought*.
D'autre part, *benefits* ne désigne pas les profits financiers, mais l'aide sociale. Pour désigner les bénéfices, on utilise le mot *profits*.
NB : vivre de l'aide sociale se dit en outre *to be on benefits*.
>>> *We have brought jobs and profits to every part of the world.*

D. VRAI. *Actually, there is a lot of snow in France and all the highways are blocked.*
Actually est un faux-ami et ne signifie pas actuellement mais en réalité. Il fonctionne ici.

17. FFFV

A. FAUX. *Mr. Smith is not disponible right now, may I take a message?*
Disponible n'existe pas en anglais. Pour dire disponible on utilise le terme *available*.
>>> *Mr. Smith is not available right now, may I take message?*

B. FAUX. *The outcome may not be to everyone's like.*
L'expression française figée être au goût de quelqu'un se traduit en anglais par *to be to someone's liking*.
>>> *The outcome may not be to everyone's liking.*

C. FAUX. *The thief was caught by the American policy.*
La police se traduit en anglais par THE police – notez bien le THE toujours présent. *Policy* signifie politique, comme dans *the economic policy*, la politique économique.
>>> *The thief was caught by the American police.*

D. VRAI. *The Fed will continue to pump money into the financial system.*
La Fed continuera à injecter de l'argent dans le système financier.

18. FFVF

A. FAUX. *Can I borrow you your pencil, please?*
Puis-je t'emprunter ton crayon, s'il te plaît ?
La construction de *borrow* est la suivante : *to borrow something FROM someone*. Celle proposée ci-dessus ne convient donc pas puisqu'elle s'affranchit purement et simplement de la préposition FROM.
>>> *Can I borrow your pencil, please?*

B. FAUX. *Does the bank still lends money to its clients?*
La banque prête-t-elle toujours de l'argent à ses clients ?
A la forme interrogative au présent simple, le "s" de la troisième personne n'est jamais nécessaire puisque l'auxiliaire *does* est présent.
>>> *Does the bank still lend money to its clients?*

C. VRAI. *When the plant closed, he was made redundant.*
Quand l'usine a fermé, il a été licencié.

D. FAUX. *They will be in a quiet miserable state by then!*
D'ici là, il seront dans un état plutôt misérable.
Attention, il faut savoir faire la différence entre *quite* et *quiet*. Le premier est un adverbe signifiant presque ou plutôt en fonction du contexte, le second est un adjectif et signifie calme, silencieux. De plus *quite* + nom se construit avec l'article après *quite*.
>>> *They will be in quite a miserable state by then!*

19. VFFF

A. VRAI. *Nowadays it is sunnier in developing countries.*
De nos jours, le temps est plus ensoleillé dans les pays en développement.

B. FAUX. *Much of the growth in 2012 came from the pocket-books of national governments.*
La croissance en 2012 provient en grande partie des portefeuilles des gouvernements nationaux.
Portefeuille se dit *wallet* en anglais.
>>> *Much of the growth in 2012 came from the wallet of national governments.*

C. FAUX. *Since more than 100 years, we have delivered strategic advice.*
Depuis plus de 100 ans, nous avons procuré des conseils stratégiques.
Since s'utilise pour définir un point dans le temps.
Ex. : *since* 1929
Or, ici, *more than 100 years* est un intervalle, et non un point.
Dans ce cas de figure on utilisera *for*.
>>> *For more than 100 years, we have delivered strategic advice.*

D. FAUX. *The house had being built by their grand-father.*
La maison avait été construite par leur grand-père.
Le past perfect dans sa forme passive se construit comme tel : *had been* + participe passé. Ce qui nous donne pour *to build, had been built*. Plus simplement encore : l'auxiliaire *to have* ne peut jamais être suivi d'un verbe en forme ING.
>>> *The house had been built by their grand-father.*

20. FFVF

A. FAUX. *On October 12th, 2012, Adam Nevic will be 12 years.*
Pour donner l'âge d'une personne, on suit la construction X *years old.*
>>> *On October 12, 2012, Adam Nevic will be 12 years old.*

B. FAUX. *At the turn of 2012-2013, another partner will be choosen.*
Au tournant de 2012-2013, un autre partenaire sera choisi.
Le participe passé de *to choose* est *chosen*, et non *choosen*.
>>> *At the turn of 2012-2013, another partner will be chosen.*

C. VRAI. *The world will require an extra planet in twenty years' time.*

D. FAUX. *The growing population will become a danger if it will continue to gobble up resources as it does now.*
La population croissante deviendra un danger si elle continue à se gaver de ressources comme elle le fait aujourd'hui.
La concordance des temps requiert que la seconde proposition soit au présent. En français également écrire la population sera un danger si elle continuera… est FAUX.
>>> *The growing population will become a danger if it continues to gobble up resources as it does now.*

21. FVVF

A. FAUX. *The total size of the population has gone on ryising.*
Ryising est un barbarisme odieux.
On préférera *on the rise*, sympathique expression idiomatique simple.
>>> *The total size of the population has gone on the rise.*

B. VRAI. *The total fertility rate has been falling for a long time.*
NB : Emploi correct du présent perfect progressive avec *for* accompagné d'un intervalle de temps (*a long time*).

C. VRAI. *I'll see you next week.*

D. FAUX. *In the same time, she was talking about divorcing him.*
In the same time serait correct s'il s'agissait de deux événements demandant la même quantité de temps pour leur achèvement, or, il s'agit ici de la concommittance de deux événements. On choisira alors *at the same time*, qui signifie en même temps.

22. FFFV

A. FAUX. *Laws purporting to bash bankers will be populars.*
Les lois visant à taper sur les banquiers vont être populaires.
Les adjectifs sont toujours invariables en anglais. *Popular* ne prend donc pas de s.
>>> *Laws purporting to bash bankers will be popular.*

B. FAUX. *Globalization herself will come under threat.*
La mondialisation elle-même sera menacée.
Globalization est un nom neutre. Le pronom réfléchi s'y rapportant est donc *itself*, et non *herself*.
>>> *Globalization itself will come under threat.*

CORRIGES DE L'EPREUVE D'ANGLAIS

C. FAUX. *In 2010 Ohio has banned the outsourcing of government services to foreign countries such as India.*
En 2010, l'Ohio a interdit la délocalisation de services gouvernementaux vers des pays étrangers comme l'Inde.
Lorsqu'il est donné une indication ponctuelle de temps (date, heure, un événement unique…) on doit utiliser le prétérit et non le present perfect.
>>> *In 2010 Ohio banned the outsourcing of government services to foreign countries such as India.*

D. VRAI. *The rich will devise even more elaborate tax-avoidance schemes.*
Les riches vont devoir concevoir des montages fiscaux encore plus élaborés.

23. FVFF

A. FAUX. *To soothe popular resentment, the rich have to discover the joys of philantropy.*
Pour apaiser le ressentiment populaire, les riches doivent découvrir les joies de la philanthropie.
Philanthropy

B. VRAI. *In 2012 rich people will fund campaigns against government secretion.*
En 2012, les gens riches vont financer des campagnes contre la spoliation gouvernementale.

C. FAUX. *In 2012 the book will seize to be a book and it will become an "app".*
En 2012, le livre cessera d'être un livre et deviendra une application.
Il ne faut pas confondre *seize* et *cease*, qui ont certes la même prononciation mais ne veulent absolument pas dire la même chose.
Seize : saisir
Cease : cesser

D. FAUX. *The iPad took out even faster than the iPhone.*
L'iPad est sorti encore plus vite que l'iPhone.
Sortir, lancer ne se dit pas *to take out*, mais *to be put out*.
>>> *The iPad was put out even faster than the iPhone.*

24. FFVF

A. FAUX. *The man which I met yesterday was my cousin's boyfriend.*
L'homme que j'ai rencontré hier était le petit ami de ma cousine.
On n'utilisera jamais *which* pour se référer à des personnes. Le pronom qui convenait ici était *whom.*
>>> *The man whom I met yesterday was my cousin's boyfriend.*

B. FAUX. *I prevented my parents about my accident.*
J'ai prévenu mes parents au sujet de mon accident.
To prevent veut effectivement dire prévenir, mais dans le sens d'empêcher. Pour traduire prévenir dans l'acception d'informer, il faut tout simplement utiliser *to tell.*
>>> *I told my parents about my accident.*

C. VRAI. *The book is shifting shape and becoming a downloadable application.*
NB : Emploi correct de la forme en ING qui dénote un changement progressif et en cours.

D. FAUX. *What all this will mean for readers?*
Que signifiera tout cela pour les lecteurs ?
Il s'agit ici d'une erreur de syntaxe. Le verbe doit se trouver en 2e position dans une Wh- question.
>>> *What will all this mean for readers?*

25. FVFF

A. FAUX. *Human knowledges are too precious to consign to the ether alone.*
Knowledge est un indénombrable, il est donc singulier et ne prend jamais de s.
>>> *Human knowledge is too precious to consign to the ether alone.*

B. VRAI. *But is it true that we can really afford to wait?*

C. FAUX. *End-use efficiency is there where our focus needs being.*
Need se construit toujours avec la préposition TO.
>>> *End-use efficiency is there where our focus needs to be.*

D. FAUX. *There is an urgent need to reduct CO_2 emissions.*
To reduct n'existe pas, pour dire réduire, on utilise *to reduce.*
>>> *There is an urgent need to reduce CO_2 emissions.*

26. FFFV

A. FAUX. *Last summer I worked like a waitress in a small restaurant.*
Pour traduire en tant que, on n'utilise pas *like* mais *as*.
>>> *Last summer I worked as a waitress in a small restaurant.*

B. FAUX. *Wikipedia, an online, users-generated encyclopedia, celebrates its fifth birthday.*
Lorsqu'on utilise un nom dans la formation d'un adjectif, le nom prend toutes les caractéristiques de l'adjectif, donc l'invariabilité. Ainsi, on écrira *user-generated*, non pas *users-generated*, même si Wikipedia est effectivement composée de contributions de plusieurs utilisateurs.
>>> *Wikipedia, an online, user-generated encyclopedia, celebrates its fifth birthday.*

C. FAUX. *She is very different than her sister.*
Elle est très différente de sa sœur.
Etre différent de se construit en anglais de la façon suivant : *to be different FROM.*
>>> *She is very different from her sister.*

D. VRAI. *Uganda's voters cast their ballots in a presidential election.*
Les électeurs d'Ouganda votent pour l'élection présidentielle.
NB : L'expression idiomatique *to cast a ballot/to cast one's ballot* signifie voter.

27. FFVF

A. FAUX. *The concurrency is tough in this field.*
La concurrence est rude dans ce domaine.
Le mot français concurrence se traduit en anglais par *competition. Concurrency* signifie concommittance ou simultanéité en français.
>>> *The competition is tough in this field.*

B. FAUX. *The Templeton prize worths one million pounds.*
Le prix Templeton se monte à un million de livres.
Valoir se dit *to be worth* en anglais.
>>> *The Templeton prize is worth on million pounds.*

C. VRAI. *The winner must have made an exceptional contribution to the community.*
Le gagnant doit avoir apporté une contribution exceptionnelle à la communité.

D. FAUX. *Oxford and Cambridge oarsmen compete in the 157th universty race.*
Les rameurs d'Oxford et Cambridge s'affrontent dans la 157e course universitaire.
L'orthographe correct est *university*.
>>> *Oxford and Cambridge oarsmen compete in the 157th university race.*

28. FVFF

A. FAUX. *These books are not mines but theirs!*
Ces livres ne sont pas les miens mais les leurs !
L'adjectif possessif de la première personne est invariable et s'orthographie *mine*.
>>> *These books are not mine but theirs!*

B. VRAI. *Stars and paparazzi flocked to the Côte d'Azur for the 63rd Cannes film festival.*
Les stars et les paparazzi se sont amassés sur la Côte d'Azur pour le 63e festival de Cannes.
NB : To flock provient de *flock* qui signifie le troupeau.

C. FAUX. *I will have it doing by next Thursday.*
Je ferai faire pour mardi prochain.
L'utilisation de *doing* n'a pas de sens ici. Le participe passé de *to do* est *done*.
>>> *I will have it done by next Thursday.*

D. FAUX. *If I could, I will most certainly help you.*
Si je pouvais, je t'aiderai très certainement.
La concordance des temps veut qu'à la suite de *If I could*, on utilise *would*.
>>> *If I could, I would most certainly help you.*

29. VFFF

A. VRAI. *So Mr. Webster's characteristic bluntness may yet count against him.*
Le franc-parler caractérisque de M. Webster pourrait donc jouer en sa défaveur.

B. FAUX. *ABB helps deliver major power savings without compromise performance.*
ABB aide à rendre possible de larges économies d'énergie sans compromettre la performance.
Without se construit avec une forme en ING.
>>> *ABB helps deliver major power savings without compromising performance.*

C. FAUX. *Do you mind to fetch me a glass of water?*
Cela vous dérangerait-il d'aller me chercher un verre d'eau ?
Mind se construit avec une forme en ING.
>>> *Do you mind fetching me a glass of water?*

D. FAUX. *High unemployment and grinding austerity will be the europeans' lot too.*
Un haut taux de chômage et une austerité écrasante seront également le lot des Européens.
Les noms de nationalité, tels que les Français, les Anglais, les Allemands prennent toujours une majuscule en anglais, tout comme en français : *the French, the English, the Germans*.
>>> *High unemployment and grinding austerity will be the Europeans' lot too.*

30. FVFF

A. FAUX. *A Greek-style bail-out by the EU and the IMF cannot be ruled off in 2012.*
Le verbe exclure est *to rule out*.
>>> *A Greek-style bail-out by the EU and the IMF cannot be ruled out in 2012.*

B. VRAI. *The tumble in house prices hit bottom in 2010.*

C. FAUX. *Despite of all this, the economy should grow a little in 2012.*
En dépit de se traduit soit par *in spite of*, soit par *despite*.
>>> *Despite all this/In spite of all this, the economy should grow a little in 2012.*

D. FAUX. *There is little wonder that the Irish folk is less than cheery.*
Folk est un nom toujours pluriel. On écrira donc *the Irish folk ARE…* .
>>> *There is little wonder that the Irish folk are less than cheery.*

31. FFFV

A. FAUX. *Don't worry, I've got few ideas about how to fix this car!*
Ne t'inquiète pas, j'ai quelques idées au sujet de comment réparer cette voiture !
Few s'utilise pour dire peu de, non pas quelques.
Pour dire quelques, on utilise *a few*.
>>> *Don't worry, I've got a few ideas about how to fix this car!*

B. FAUX. *May I give you a lift to home?*
Puis-je vous déposer chez vous ?
La construction *to home* est syntaxiquement fausse. Si on voulait garder le *to*, on écrirait *to your home*, mais la construction la plus courante utilise *home* seulement.
>>> *May I give you a lift home?*

C. FAUX. *Voters got the chances to have their say.*
Les électeurs ont eu l'occasion d'avoir leur mot à dire.
Avoir l'occasion se traduit en anglais par l'expression idiomatique *to get the chance*, sans s.
>>> *Voters got the chance to have their say.*

D. VRAI. *After two terms the incumbent is constitutionally banned from running again.*
Après deux mandats, il est constitutionnellement interdit pour le président en exercice de se présenter à nouveau.

32. FFVF

A. FAUX. *Although the difficulty of the job, he managed to pull it through.*
Malgré la difficulté de son travail, il réussit à s'en sortir.
Although, qui signifie « bien que », se construit avec un groupe verbal, et non nominal, comme il est proposé ici.
Ex. : *Although I am a man, I really enjoy watching soaps.*
Bien que je sois un homme, j'apprécie vraiment de regarder des feuilletons.
Nous avons ici donc deux options, conserver la forme nominale en remplaçant *although* par *despite*, ou remplacer le groupe nominal *the difficulty of the job* par le groupe verbal *this job is difficult*.
>>> *Despite the difficulty of the job, he managed to pull it through.*
>>> *Although the job is difficult, he managed to pull it through.*

B. FAUX. *Many rage against the government for placing the economy in such pickle.*
Nombreux sont ceux qui enragent contre le gouvernement pour avoir mis l'économie dans un tel pétrin.
to place/get/put someone/something in a pickle : mettre quelqu'un/quelque chose dans le pétrin.
>>> *Many rage against the government for placing the economy in such a pickle.*

C. VRAI. *We are committed to helping two million children from street to school.*
Nous nous consacrons à aider deux millions d'enfants à passer de la rue à l'école.
NB : To commit to + ING
X millions de Y : X million Y, million ne prend pas de s dans cet emploi, même si les millions sont plusieurs.

D. FAUX. *Unemployment in Germany is expected falling to its lowest levels since 1992.*
On s'attend à ce que le chômage en Allemagne tombe à son niveau le plus bas depuis 1992.
On s'attend à ce que X fasse Y se traduit *X is expected TO do Y.*
Ex. : *School kids are expected to do their homework.*
>>> *Unemployment in Germany is expected to fall to its lowest levels since 1992.*

33. FVFF

A. FAUX. *I haven't finished reading the newspaper still.*
Je n'ai toujours pas fini de lire le journal.
Il existe deux façons de dire je n'ai pas encore fait cela.
Avec *still*, ex. : *I still haven't done that.*
Avec *yet*, ex. : *I haven't done that yet.*
>>> *I haven't finished reading the newspaper yet.*
>>> *I still haven't finished reading the newspaper.*

B. VRAI. *Have you already booked our hotel room in Vienna?*
As-tu réservé notre chambre d'hôtel à Vienne ?

C. FAUX. *He deals with my clients this week while I am in New York.*
Il s'occupe de mes clients cette semaine pendant que je suis à New York.
Ce n'est vrai que pour cette semaine : le présent continu s'impose.
>>> *He is dealing with my clients this week while I am in New York.*

D. FAUX. *He enjoys to listen to jazz music.*
Enjoy se construit avec une forme en ING.
>>> *He enjoys listening to jazz music.*

CORRIGES DE L'EPREUVE D'ANGLAIS

34. VFFF

A. VRAI. *Should you go to Oslo, do give Margaret a call!*
Si tu vas à Oslo, passe un coup de fil à Margaret !
Do est ici un moyen d'insister sur le fait que l'interlocuteur exécute bien ce qui lui est demandé par l'émetteur.

B. FAUX. *I need not to face my parents until tomorrow.*
Je ne dois pas me confronter à mes parents avant demain.
Need not s'utilise avec une forme verbale, non pas avec l'infinitif.
>>> *I need not face my parents until tomorrow.*

C. FAUX. *This fact will deter much who would otherwise want to join in.*
Ceci en dissuadera beaucoup qui sans quoi auraient voulu participer.
Nombreux se traduit par *many*. *Much* ne se rencontre qu'avec des indénombrables et signifie « beaucoup de ».
>>> *This fact will deter many who would otherwise want to join in.*

D. FAUX. *Skirmishing began in September 2010 over if to hold a snap election.*
Une polémique commença en septembre 2010 au sujet de la tenue d'élections anticipées.
If exprime une condition. Ici, ce n'est pas une condition que l'on veut exprimer, mais une option double. Pour traduire si, on utilisera *whether*. En outre, *whether* ne s'utilise pas fréquemment avec l'infinitif mais avec un groupe verbal conjugué, le plus souvent avec *should* pour exprimer l'incertitude.
>>> *Skirmishing began in September 2010 over whether snap election should be held.*

35. FFFV

A. FAUX. *It smells as sweet like the roses.*
Cela sent aussi bon que les roses.
Le comparatif d'égalité en anglais se construit comme suit : AS (adj.) AS (nom)
De plus, roses s'utilisera sans *the*, puisqu'il s'agit des roses en général, et non pas de roses particulièress citées précédemment.
>>> *It smells as sweet as roses.*

B. FAUX. *No doubt 2012 will see other events that will mark this historic shifts.*
Il ne fait aucun doute que 2012 verra d'autres événements qui marqueront ce changement historique.
Shift au singulier.

C. FAUX. *The building is 50m height.*
Le bâtiment fait 50 m de haut.
Height signifie hauteur, non pas haut. L'adjectif correspondant à *height* est *high*.
>>> *The building is 50m high.*

D. VRAI. *For instance, have emerging countries been able to make their growth more balanced?*

36. FFVF

A. FAUX. *How many time do I have to wait here?*
Combien de temps dois-je attendre ici ?
Pour traduire combien de temps en anglais, on utilise *how long*. En outre, *time* est un indénombrable, *many*, qui ne s'utilise qu'avec des dénombrables ne convient donc absolument pas ici.
>>> *How long do I have to wait here?*

B. FAUX. *The discussion was about international economical governance and exchange rates.*
La discussion portait sur la gouvernance économique internationale et les cours des devises.
Attention à la confusion entre *economical* et *economic*. *Economical* signifie économique dans le sens peu coûteux, alors que *economic* désigne tout ce qui est relatif à l'économie.
>>> *The discussion was about international economic governance and exchange rates.*

C. VRAI. *This concept shall be construed as non-prohibitive.*
NB : Construed signifie interprété.

D. FAUX. *All other logos used hereof are the property of Xerox corporation.*
Here suffit ici.
>>> *All the other logos used here are the property of Xerox corporation.*

37. VFFF

A. VRAI. *Mr. Sarkozy will try to rebrand his government in the run-up to 2012.*
M. Sarkozy essayera de remanier son gouvernement dans la course à l'investiture en 2012.

CORRIGES DE L'EPREUVE D'ANGLAIS

B. FAUX. *The left doesn't face tough choices neither.*
La gauche n'est pas non plus confrontée à des choix difficiles.
Nous sommes en présence d'un double négatif (*does not* + *neither*), qui est FAUX.
>>> *The left doesn't face tough choices either.*

C. FAUX. *Candidacies for the primary are due to June.*
Les candidatures pour la primaires sont à remettre avant juin.
On utilise *to be due at/in*, non pas *to be due to* qui signifie être « dû à quelque chose ».
>>> *Candidacies for the primary are due in June.*

D. FAUX. *Ex-President Jacques Chirac is due to appear at Court over 1990s fake-jobs accusations.*
NB : paraître devant un tribunal se dit *to appear in court.*
>>> *Ex-President Jacques Chirac is due to appear in Court over 1990s fake-jobs accusations.*

38. FVFF

A. FAUX. *Turkey will be Europe's faster-growing sizeable economy for the second year running.*
Faster-growing s'utiliserait correctement dans une comparaison entre deux élements, or, l'Europe compte plus de deux pays. Il faut donc utiliser le superlatif.
>>> *Turkey will be Europe's fastest-growing sizeable economy for the second year running.*

B. VRAI. *A complete constitutional rewrite ought to allow the government and the opposition to work together.*
Une réecriture complète de la constitution devrait permettre au gouvernement et à l'opposition de travailler ensemble.

C. FAUX. *I left in August for the countryside.*
Je suis parti en août pour la campagne.
L'ordre des compléments n'est pas respecté dans cette phrase, ce qui la rend maladroite. Canoniquement, en anglais, on ordonne les compléments de la manière suivante : mode, lieu, temps.
Ex. : La semaine dernière, à la conférence trimestrielle, le PDG s'est adressé avec franchise aux actionnaires.
Se traduira, en respectant l'ordre mode-lieu-temps :
The CEO spoke candidly (mode) to the shareholders at the quarterly conference (lieu) last week (temps).
>>> *I left for the countryside in August.*

CORRIGES DE L'EPREUVE D'ANGLAIS

D. FAUX. *I might have enjoyed if you let me!*
J'aurais apprécié si tu m'avais autorisé !
Il y a ici un problème de concordance des temps.
>>> *I might have enjoyed if you had let me!*

39. FFFV

A. FAUX. *They have all shown a willingness to break of the traditions of their political family.*
Ils ont tous montré une volonté de rompre avec les traditions de leur famille politique.
On utilisera de façon idiomatique *to break WITH the traditions*.
>>> *They have all shown a willingness to break with the traditions of their political family.*

B. FAUX. *In Russia the past is almost as unpredictable than the future.*
En Russie, le passé est presque aussi imprévisible que le futur.
Le comparatif d'égalité se construit comme suit : *AS* (adj.) *AS* (nom)
>>> *In Russia, the past is almost as unpredictable as the future.*

C. FAUX. *This table's cloth is too dark!*
La nappe de cette table est trop foncée !
Une table n'est pas une personne ni une entité assimilée à une personne (un pays, une entreprise…), le génitif en 's n'a donc pas lieu d'être ici.
>>> *This table cloth is too dark.*

D. VRAI. *Either way Mr. Putin will hang on to power.*
D'une façon ou d'une autre, M. Poutine s'accrochera au pouvoir.
NB : To hang on : s'accrocher à.

40. VFFF

A. VRAI. *It would not be fair to see the ex-communist countries as marginal in diplomatic terms.*
Il ne serait pas juste de voir les anciens pays communistes comme des marginaux en termes diplomatiques.

B. FAUX. *The Obama administration will hold the biggest military exercise as far in the Baltic region.*
As far signifie aussi loin, or ici, on voudrait dire jusque-là, ou en date. Pour cela, il faut utiliser *so far*.
>>> *The Obama administration will hold the biggest military exercise so far in the Baltic region.*

C. FAUX. *Mr. Smith had gone far behind not only diplomatic protocol but also basic human decency.*
M. Smith était allé bien au-delà non seulement du protocole diplomatique mais aussi de la décence humaine la plus basique.
Far behind signifie loin derrière, ce qui n'a aucun sens ici. Le concepteur de la question tentait de vous piéger sur deux mots à la prononciation proche, puisqu'il fallait utiliser *far beyond*, qui signifie bien au-delà.
>>> *Mr. Smith had gone far beyond not only diplomatic protocol but also basic human decency.*

D. FAUX. *Let's us begin with a prediction.*
Commençons par une prédiction.
L'impératif à la première personne du pluriel se construit de la façon suivante :
Let us + base verbale.
On trouve souvent la contraction *let's* pour *let us*.
La construction proposée est donc redondante, puisque non contractée, elle donnerait *let us us begin*. Il faut donc choisir entre la forme contractée et la forme standard.
>>> *Let's begin with a prediction.*
>>> *Let us begin with a prediction.*

41. FFFF

A. FAUX. *Britain appears increasingly divided among the workaholic and the work-shy.*
La Grande-Bretagne apparaît de plus en plus divisée entre les bourreaux de travail et les fainéants.
Among signifie parmi, et ne fait pas sens dans cette phrase. Pour traduire divisé entre, on utilisera *between*.
>>> *Britain appears increasingly divided between the workaholic and the work-shy.*

B. FAUX. *Tourism jobs will be seen to have drawn immigrants to the countryside.*
Les emplois dans le tourisme seront vus comme ayant attiré des immigrants à la campagne.
To see to s'utilise dans l'expression *I will see to it* qui signifie je m'en occuperai.
Pour dire être vu comme, on utilise *to be seen as* qui se construit avec un groupe nominal ou une forme en ING.
>>> *Tourism jobs will be seen as having drawn immigrants to the countryside.*

C. FAUX. *The people who will be made most crossed by the immigration aspect of the census will be the immigrants themselves.*
Will be made most crossed ne veut absolument rien dire. *To be cross* – sans terminaison *-ed* – signifie être en colère.
>>> *The people who will be made cross by the immigration aspect of the census will be the immigrants themselves.*

D. FAUX. *Should those hopes be dashed by a No vote, the coalition will face a grave crises.*
Si ces espoirs étaient effacés par un vote non, la coalition ferait face à une crise grave.
Crises est le pluriel de *crisis*. On a le choix entre singulariser la forme, ou la pluraliser.
En outre, il y a ici un problème de concordance. *Should* appelle *would*, non pas *will*.
>>> *Should those hopes be dashed by a No vote, the coalition would face grave crises/a grave crisis.*

42. FVFV

A. FAUX. *When I got home, Mary was crying for more than an hour.*
Lorsque je suis rentré à la maison, Mary pleurait depuis plus d'une heure.
Avec *for* et un intervalle de temps, dans une phrase au passé, on utilise le past perfect, donc ici le past perfect progressif.
>>> *When I got home, Mary had been crying for more than an hour.*

B. VRAI. *He married Susan before his final detox program started.*
Il a épousé Susan avant le début de son dernier programme de désintoxication.

C. FAUX. *The telephone rang while we had dinner.*
Le téléphone se mit à sonner pendant que nous dînions.
While, qui signifie pendant, appelle une construction progressive.
>>> *The telephone rang while we were having dinner.*

D. VRAI. *It is right to remind ourselves of this positive backdrop.*
Il est juste de se remettre en mémoire ce contexte positif.

43. FFVF

A. FAUX. *How working together can help us do more to help patients?*
Comment est-ce que le fait de travailler ensemble peut nous aider à en faire plus pour aider les patients ?
Pour former une question en anglais, il y a inversion entre le sujet et le verbe.
>>> *How can working together help us do more to help patients?*

B. FAUX. *If we can get to grips with the causes, we could find some solutions in each and every case.*
Il y a ici un problème de concordance des temps. *Can* de la première proposition est un présent simple, *could*, dans la seconde est un conditionnel. Il faut rétablir la concordance des temps en changeant le présent de la première proposition.
>>> *If we could get to grips with the causes, we could find some solutions in each and every case.*

C. VRAI. *With a testing year ahead, world leaders must keep their promises.*
Avec une année-test à venir, les dirigeants mondiaux doivent tenir leurs promesses.

D. FAUX. *We have to show that the former leads only to pain but the latters to great benefits.*
The latter est une expression invariable, même si elle se rapporte à un sujet pluriel. D'autre part, *benefits* désigne les aides sociales non pas les bénéfices.
>>> *We have to show that the former leads only to pain but the latter to great profits.*

44. FVFF

A. FAUX. *I'm totally agree with you.*
Je suis totalement d'accord avec vous.
Pour dire je suis d'accord, on utilise *I agree*, non pas *to be agree*. *To agree* signifie déjà être d'accord.
>>> *I totally agree with you.*

B. VRAI. *He is suing for breach of agreement.*
Il porte plainte pour manquement au termes du contrat.

C. FAUX. *She was garnished for label and defamation.*
To garnish signifie garnir (un gâteau). La phrase proposée n'a donc aucun sens. Les concepteurs de l'épreuve jouent sur la confusion *granish / tarnish* (ternir, notamment une réputation).

D. FAUX. *By his own admission, Ms Hayes is said to have helped the old man.*
Selon son propre aveu, Mme Hayes est sensée avoir aidé le vieil homme.
Si le vieil homme le dit lui-même, pourquoi donc employer la tournure impersonnelle *Ms Hayes is said* (on dit de Madame Hayes…) ?
>>> *By his own admission, Ms Hayes has helped the old man.*

45. FFFV

A. FAUX. *He saled the house and moved to Florida.*
To sell est un verbe irrégulier. Son prétérit est *sold.*
>>> *He sold the house and moved to Florida.*

B. FAUX. *He looked in disdain to his friend.*
To look se construit avec AT lorsqu'il est utilisé pour dire regarder qqn ou qqch.
>>> *He looked at his friend in disdain.*

C. FAUX. *The editor worked in the redaction of the magazine.*
Le rédacteur a travaillé dans la rédaction du magazine.
To work se construit avec FOR pour signifier travailler pour.
>>> *The editor worked for the redaction of the magazine.*

D. VRAI. *I first met him when I was travelling to Australia.*
Je voyageais vers l'Australie lorsque je l'ai rencontré.

46. FVFF

A. FAUX. *I am taking my day off because I will look at a new house.*
Je prends mon jour de congé parce que je visite une nouvelle maison.
Une visite de maison implique un rendez-vous. Or pour exprimer un futur plannifié on utilise le présent continu.
>>> *I am taking my day off because I am looking at a new house.*

B. VRAI. *I am learning French because I am going to be based in the Paris office.*

CORRIGES DE L'EPREUVE D'ANGLAIS

C. FAUX. *Hi, I'm Fritz, I'm German and I'm coming from Munich.*
La forme progressive *coming* n'a pas lieu d'être ici, puisque il s'agit d'une vérité générale qui est énoncée par Fritz. Il faut donc utiliser le présent simple.
>>> *Hi, I'm Fritz, I'm German and I come from Munich.*

D. FAUX. *The books he seld last summer were all detective novels.*
Les livres qu'il a vendu l'été dernier étaient tous des romans policiers.
Le prétérit de *to sell* est *sold*, non pas *seld*, qui n'existe pas.
>>> *The books he sold last summer were all detective novels.*

47. VFFF

A. VRAI. *Political parties enjoy a period of great popularity in their early years.*
Les partis politiques profitent d'une période de grande popularité dans leurs premières années.

B. FAUX. *After that, they are running out of ideas and the opposition is taking power.*
La forme progressive est fausse. En effet, il s'agit de l'énonciation d'une vérité générale, non pas d'un fait unique ayant lieu au moment de l'énonciation dans le présent. On préférera le présent simple.
>>> *After that, they run out of ideas and the opposition takes power.*

C. FAUX. *Are you knowing what Mr Todd is doing right now?*
Sais-tu ce que M. Todd est en train de faire à l'instant ?
To know ne se conjugue jamais au présent progressif – on le trouve parfois au participe présent comme dans *without knowing* – mais toujours au présent simple.
>>> *Do you know what Mr Todd is doing right now?*

D. FAUX. *Their new instant coffee brand is tasting very good.*
Leur nouvelle marque de café instantanée est très bonne.
Idem que B.

48. FFVF

A. FAUX. *Have you ever ate sushi?*
Avez-vous déjà mangé des sushis ?
Le participe passé de *to eat* est *eaten*, non pas *ate* qui est son prétérit.
>>> *Have you ever eaten sushi?*

B. FAUX. *A couple of months ago we have been to Wengen.*
Nous étions à Wengen il y a quelques mois de cela.
La phrase comporte une indication précise de temps – construite avec *ago* – on utilisera donc le prétérit, non pas le present perfect.
>>> *A couple of months ago we went to Wengen.*

C. VRAI. *I've been staying in a hotel for the last ten days.*
J'ai passé les dix derniers jours à l'hôtel.

D. FAUX. *How long are you with Microsoft?*
Depuis combien de temps êtes-vous chez Microsoft ?
La question porte sur une indication de durée, la réponse est un intervalle de temps. On utilisera ici le present perfect, non pas le présent simple.
>>> *How long have you been with Microsoft?*

49. VFFF

A. VRAI. *Have you heard what has happened to the strikers?*
As-tu entendu parler de ce qui est arrivé aux grévistes ?

B. FAUX. *Am I needing any vaccinations?*
Est-ce que j'ai besoin de vaccins ?
Le verbe *to need* ne se conjugue jamais au continu.
>>> *Do I need any vaccinations?*

C. FAUX. *I usually advertise it first of all in-house.*
Pour dire avant tout on se contentera de *first*. *First of all* signifie tout d'abord (dans un exposé).

D. FAUX. *Fiat SPA was found in 1899.*
Fiat SPA a été fondée en 1899.
Le verbe fonder est to found. Il n'a rien à voir avec *to find*.
>>> *Fiat SPA was founded in 1899.*

50. FVFF

A. FAUX. *He was grown up by his aunt.*
Il a été élevé par sa tante.
Etre élevé se dit *to be raised.*
>>> *He was raised by his aunt.*

B. VRAI. *Do you think Opera is being enjoyed by more people because of your festival?*
Pensez-vous que plus de gens se tournent actuellement vers l'opéra grâce à votre festival ?

C. FAUX. *Most of the television news are terrible.*
La plupart des journaux télévisés sont très mauvais.
Quand il signifie « la plupart », *most* ne prend pas de préposition.
>>> *Most televison news are terrible.*

D. FAUX. *How many jobless people does the speaker say were there in the eighties?*
Combien de personnes sans emploi l'orateur dit qu'il y avait dans les années 80 ?
Problème de syntaxe. Pour une fois la syntaxe anglaise correspond au français. Il est inutile ici d'inverser *there* et *were.*
>>> *How many jobless people does the speaker say there were in the eighties?*

PART II: READING COMPREHENSION

51. FFFV

A. Rien dans le texte ne permet de le dire.
B. *Idem*
C. *My cynicism was based less on my experience of the show…*
D. *I felt I had every reason to roll my eyes…*

52. FFVF

A. *Broadway's customary banal or condescending take on race and cultural politics…*
B. N'apparaît nulle part.
C. Voir réponse A
D. *I felt I had every reason to roll my eyes…*

53. VFFF

A. *As Hoke's relationship with Miss Daisy moves from antagonism and paranoia…*
B. Une tragédie à Broadway ?
C. *The nineteen thirties = les années 1930*
D. Non, c'est une comédie musicale.

54. FVFF

A. *Uhry's paper-thin character study.*
B. *Functionaly illiterate driver.*
C. The play is about a rape case.
D. Miss Daisy is a widow.

55. FFFV

A. *Redgrave and Earl Jones can cook up a rich pot out of tepid water.*
B. *Uhry's lightweight script...*
C. *... could have been a hindrance to Esbjornson's vision : could have been* indique que l'action est hypothétique.
D. Voir réponse A

56. FFVF

A. *Collaborate with his actors.*
B. *idem*
C. *As Hoke's relationship with Miss Daisy moves from antagonism and paranoia...*
D. *... to hope and dependence.*

57. VFFF

A. *Redgrave and Earl Jones rely less on the script for the dramatic power.*
B. *A jumping-off point* = un tremplin
C. Voir réponse A
D. *Idem*

58. FVFF

A. *Shared theatrical imagination.*
B. *A jumping-off point.*
C. *Redgrave and Earl Jones rely less on the script for the dramatic power.*
D. *How alike this Jewish woman and this black man are.*

59. VFFF

A. *Their outsider status.*
B. *Trying to live in the world* ***un****victimized.*
C. *They tailor the text to fit their own talents.*
D. *Uhry's script supplies the actors with a certain freedom.*

60. FFFV

A. *Redgrave and Jones honor each other's power.*
B. *If Miss Daisy were a great piece. Were* est la forme conditionnelle du verbe *to be*. Miss Daisy n'est donc pas un très bon musical.
C. *Uhry's script supplies the actors with a certain freedom.*
D. *It was tempting to imagine them in material that deserved their mettle :* il était tentant de les imaginer dans une pièce à leur mesure.

61. VFFF

A. *The US, the world's largest petroleum consumer.*
B. *A fresh 26-month high.*
C. *Crude stocks shrank in the US.*
D. *Trading above 90$ for the third time this year.*

62. FFVF

A. *ICE rose to 93.62$ / Texas crude rose to 90.30$.*
B. *Brent ROSE to 93.62$.*
C. Voir réponses A et B
D. *Trading above 90$ for the third time this year.*

63. FFVV

A. *The government REPORTED.*
B. *crude inventories fell.*
C. *US refineries were processing 6.4% more crude a year ago.*
D. *Idem*

64. FVFF

A. *Inventories* = les réserves
B. *A fresh 26-month high*
C. *Prices were plummeting* = les prix s'effondraient
D. *A peak amid the financial crisis.*

65. VFFV

A. *Prices were plummeting.*
B. *Idem*
C. *Demand has rebounded after two years of decline.*
D. *The world increased consumption in the third quarter.*

66. FFFV

A. *The world increased consumption BY 3.3m barrels a day.*
B. *The world increased consumption IN the third quarter.*
C. *Stock* = le stock / *stock market* = la bourse
D. *Inventories are well above average.*

67. FFVF

A. *Colombia, the world's top producer.*
B. *A two-year high.*
C. *Worries about a low crop.*
D. *Stocks still remain comfortable.*

68. FVFF

A. *Rose to* = a atteint le prix de
B. *March corn rose 0.7%.*
C. *Output in Colombia would be much lower than expected.*
D. *Coffee prices hit a fresh 13-year high.*

69. FFFV

A. *Coffee prices hit a fresh 13-year high.*
B. *A peak of* = un sommet
C. *The highest SINCE mid-2007*
D. *Analysts say that output in Colombia would be much lower than expected.*

70. VFFF

A. *Heavy rains hit the coffee areas.*
B. *8.1 million bags, each of 60kg.*
C. *Analysts say that output in Colombia would be much lower than expected.*
D. *The market had previously expected that production would recover : would* nous indique que l'action décrite n'a pas eu lieu.

IV. L'EPREUVE D'OUVERTURE CULTURELLE

ENTRAINEMENT

Nous vous proposons ici de vous tester sur 5 questionnaires composés, chacun, de 50 questions. Tous les thèmes de la culture générale sont abordés.

Nota bene : contrairement au concours ACCES où l'on vous demande de dire pour chacune des propositions si elle est vraie ou fausse, vous devrez ici simplement trouver **LA** bonne réponse **(l'unique donc)** à chacune des questions proposées. Ne vous mettez pas de pression particulière pour ce qui est du temps à passer sur un questionnaire car l'expérience montre que vous ne manquerez pas de temps, le jour J, pour cette épreuve.

Questionnaire 1

1 Qui est dans la mythologie égyptienne le créateur du monde ?

1/ Thot
2/ Osiris
3/ Râ
4/ Pharaon
5/ Anubis

2 Quelle est la ville la plus peuplée d'Italie ?

1/ Rome
2/ Milan
3/ Naples
4/ Turin
5/ Florence

3 Selon Eurostat, combien de statuts de demandeurs d'asile ont été accordés dans les Etats membres de l'UE en 2017 ?

1/ 2,1 millions
2/ 1,9 million
3/ 1,4 million
4/ 1,2 million
5/ 0,5 million

4 Qui joue le rôle de James Bond dans le dernier opus *Mourir peut attendre* ?

1/ Daniel Craig
2/ Tom Holland
3/ Idris Elba
4/ Jack O'Connell
5/ Richard Madden

5 **Quel haut fonctionnaire, figure majeure du féminisme en France, entre au Panthéon le 1er juillet 2018 ?**

1/ Louise Weiss
2/ Valéry Giscard d'Estaing
3/ Simone Veil
4/ Fadela Amara
5/ Rachida Dati

6 **Les lignes imaginaires qui coupent la Terre en quartiers perpendiculairement à l'équateur et qui se rejoignent aux pôles sont appelées :**

1/ Les méridiens
2/ Les latitudes
3/ Les tropiques
4/ Les parallèles
5/ Les fuseaux

7 **En 2021, qui est la ministre de l'Enseignement supérieur, de la Recherche et de l'Innovation ?**

1/ Ségolène Royal
2/ Frédérique Vidal
3/ Muriel Pénicaud
4/ Agnès Buzyn
5/ Annick Girardin

8 **Comment s'appelle le président de la Bolivie ?**

1/ Hugo Chavez
2/ Luis Arce
3/ Luiz Ignacio Lula da Silva
4/ Alan Garcia
5/ Alvaro Uribe

9 **Quelle langue antique la « pierre de Rosette » a-t-elle permis de comprendre ?**

1/ L'égyptien
2/ Le persan
3/ L'hébreu
4/ Le sumérien
5/ Le babylonien

10 **Comment s'appelle le plus haut gratte-ciel du monde, haut de 828 mètres et construit à Dubaï ?**

1/ Burj-Al-Arab
2/ Dynamic Tower
3/ Burj Khalifa
4/ Burj-Al-Fateh
5/ Empire State Dubaï

11 **Le Mozambique est une ancienne colonie :**

1/ Néerlandaise
2/ Américaine
3/ Anglaise
4/ Espagnole
5/ Portugaise

12 **Le 4 février 2018, quelle équipe de football américain remporte le Super Bowl ?**

1/ Les Eagles de Philadelphie
2/ Les Patriots de la Nouvelle-Angleterre
3/ Les Falcons d'Atlanta
4/ Les Broncos de Denver
5/ Les Cowboys de Dallas

13 La Palme d'Or au Festival de Cannes 2018 a couronné le film :

1/ *Ayka*
2/ *Une affaire de famille*
3/ *En guerre*
4/ *Everybody knows*
5/ *Dogman*

14 Lequel de ces chefs d'Etat n'a pas reçu de Prix Nobel de la Paix ?

1/ Jimmy Carter
2/ Bill Clinton
3/ Nelson Mandela
4/ Barack Obama
5/ Mikhaïl Gorbatchev

15 Où est né Donald Trump ?

1/ A New York
2/ A Chicago
3/ A Miami
4/ A Los Angeles
5/ A Baltimore

16 A qui appartient la chaîne D8 en 2018 ?

1/ Au Groupe TF1
2/ Au Groupe Canal +
3/ Au Groupe M6
4/ A TMC
5/ Au service public

17 En 2018, quelle est selon TripAdvisor la première destination tendance ?

1/ Nairobi au Kenya
2/ Kapaa à Hawaï
3/ Ishigaki au Japon
4/ Halifax au Canada
5/ Gdansk en Pologne

18 Quel pays a remporté l'Eurovision 2021 ?

1/ La France
2/ L'Italie
3/ Israël
4/ L'Allemagne
5/ L'Australie

19 Dans quelle ville auront lieu les Jeux olympiques d'hiver de 2022 ?

1/ A Sotchi en Russie
2/ A Pékin en Chine
3/ A Vancouver au Canada
4/ A Denver aux Etats-Unis
5/ A Pyeongchang en Corée du Sud

20 Quel est le pourcentage de ménages français équipés d'une voiture ?

1/ Environ 62 %
2/ Environ 69 %
3/ Environ 74 %
4/ Environ 83 %
5/ Environ 90 %

21 **Qu'est-ce que l'année blanche, conséquence du passage au prélèvement à la source pour l'impôt sur le revenu ?**

1/ C'est l'année où les contribuables seront imposés sur les revenus de deux années

2/ C'est l'année où les contribuables devront payer leur impôt en une seule fois, même s'ils ont choisi le paiement mensualisé

3/ C'est l'année où les contribuables ne seront pas imposés sur leurs revenus du travail

4/ C'est l'année où les contribuables ne seront pas imposés sur leurs revenus du capital

5/ C'est l'année où les contribuables ne seront imposés sur aucun de leurs revenus

22 **Comment s'appelle le discours annuel que le président des Etats-Unis prononce au Capitole afin d'exposer son programme de l'année aux deux chambres du Parlement ?**

1/ Le discours du programme présidentiel

2/ Le discours de Politique nationale

3/ Le discours de rentrée parlementaire

4/ Le discours sur l'état de l'Union

5/ Le discours aux Parlementaires

23 **Quel est le monument français le plus visité de l'année 2017 ?**

1/ La Tour Eiffel

2/ L'Arc de Triomphe

3/ Le Musée du Louvre

4/ Le Château de Versailles

5/ Le Musée d'Orsay

24 **Quel est l'objectif de la France en matière de réduction des émissions de gaz à effet de serre à horizon 2030 ?**

1/ 30 % par rapport aux émissions de 2010

2/ 40 % par rapport aux émissions de 1990

3/ 40 % par rapport aux émissions de 2010

4/ 50 % par rapport aux émissions de 2010

5/ 75 % par rapport aux émissions de 1990

25 **Quels sont les trois sports les plus pratiqués en France en 2018 sur la base du nombre de licenciés ?**

1/ Football - Tennis - Equitation

2/ Football - Rugby - Tennis

3/ Tennis - Handball - Football

4/ Tennis - Football - Judo

5/ Football - Golf - Equitation

26 **Environ combien de permis de conduire sont délivrés en France chaque année ?**

1/ Environ 5 millions

2/ Environ 3 millions

3/ Environ 1 million

4/ Environ 500 000

5/ Environ 300 000

27 **Lequel des cinq pays suivants n'est pas membre permanent du Conseil de sécurité des Nations unies ?**

1/ La Russie

2/ Les Etats-Unis

3/ L'Allemagne

4/ La France

5/ La Chine

28 **Qui est, depuis 2014, le président de SOS Racisme, association française créée en 1984 ?**

1/ Harlem Désir
2/ Julien Dray
3/ Dominique Sopo
4/ Bernard Kouchner
5/ Jack Lang

29 **Dans quel club l'attaquant international André-Pierre Gignac joue-t-il en 2018 ?**

1/ L'Olympique de Marseille
2/ Le Toulouse Football Club
3/ Les Tigres de Mexico
4/ L'Albiceleste d'Argentine
5/ L'Olympique de Lyon

30 **Quel leader israélien, prix Nobel de la paix, est mort en septembre 2016 ?**

1/ Shimon Peres
2/ Yitzhak Rabin
3/ Benyamin Netanyahou
4/ Ariel Sharon
5/ Mahmoud Abbas

31 **Quel crack remporte en janvier 2018 à l'hippodrome de Vincennes le Grand Prix d'Amérique, réservé aux meilleurs trotteurs du monde ?**

1/ Bold Eagle
2/ Readly Express
3/ Timoko
4/ Ourasi
5/ Amiral Sacha

32 **Quel peintre n'est pas un peintre de la renaissance italienne ?**

1/ Caravage
2/ Sandro Botticelli
3/ Raphaël
4/ Amedeo Modigliani
5/ Piero Manzoni

33 **Quelle est la source de l'énergie dite « photovoltaïque » ?**

1/ Le vent
2/ Le soleil
3/ La mer
4/ Les cours d'eau (rivières, fleuves…)
5/ La combustion d'hydrocarbures

34 **Laquelle de ces cinq régions françaises est la plus peuplée ?**

1/ Le Languedoc-Roussillon
2/ La Bretagne
3/ Le Centre
4/ Le Midi-Pyrénées
5/ Le Limousin

35 **Quel est le plus grand édifice religieux chrétien du monde ?**

1/ Le Christ rédempteur du mont Corcovado
2/ La basilique Notre-Dame-de-la-Paix de Yamoussoukro
3/ La basilique Saint-Pierre du Vatican de Rome
4/ Le Mur des Lamentations de Jérusalem
5/ La cathédrale Saint-Patrick de New York

36 **Qu'est-ce que le GIEC ?**

1/ Le groupe international d'experts sur le climat

2/ Le groupe d'experts intergouvernemental sur l'évolution du climat

3/ Le groupe d'intervention sur l'environnement et le climat

4/ Le groupe d'experts internationaux sur le changement climatique

5/ Le groupe intergouvernemental d'experts sur les changements climatiques

37 **Au 1er trimestre 2018, le service de vidéo en ligne Netflix revendique désormais :**

1/ Plus de 30 millions d'abonnés

2/ Plus de 120 millions d'abonnés

3/ Plus de 300 millions d'abonnés

4/ Plus de 800 millions d'abonnés

5/ Plus de 1 milliard d'abonnés

38 **Quelle science le professeur Alexandre Grothendieck enseignait-il au Collège de France ?**

1/ La physique des particules

2/ La chimie organique

3/ Les mathématiques

4/ La neurologie

5/ La biologie évolutive

39 **Pour quelle maladie la stimulation cérébrale profonde pourrait-elle constituer une piste de traitement ?**

1/ La maladie de Parkinson

2/ La maladie d'Alzheimer

3/ La schizophrénie

4/ La dégénérescence maculaire liée à l'âge (DMLA)

5/ L'obésité

40 **Quelle ancienne star du football des années 90 est le président du Libéria en 2018 ?**

1/ Jay Jay Okocha

2/ Abedi Pelé

3/ Roger Milla

4/ Georges Weah

5/ Marius Trésor

41 **Selon le CNS, qui dépend de Bercy, combien de sanctions ont été infligées, en 2017, à des professionnels n'ayant pas respecté leurs obligations en matière de blanchiment d'argent et de financement du terrorisme ?**

1/ 12

2/ 25

3/ 48

4/ 69

5/ 87

42 **Le siège de la multinationale Coca-Cola se trouve à :**

1/ San Francisco

2/ New York

3/ Atlanta

4/ Dallas

5/ Washington

43 **Qui succède à Vincent Bolloré à la présidence de Vivendi ?**

1/ Olivier Baratelli

2/ Yannick Bolloré

3/ Silvio Berlusconi

4/ Jean Bolloré

5/ Bastien Vivendi

44 **En 2018, des chercheurs américains et britanniques ont conçu par hasard une enzyme capable de détruire :**

1/ de l'aluminium

2/ de l'acier

3/ du carton

4/ du plastique

5/ du verre

45 **Qui est, en mai 2018, le PDG de la start-up leader mondial du covoiturage Blablacar ?**

1/ Marc Simoncini

2/ Alexandre Lubot

3/ Frédéric Mazzella

4/ Xavier Niel

5/ Alexis Bonillo

46 **Que signifient les 3 E du plus grand salon mondial du jeu vidéo ?**

1/ Entertainment Evolution Expo

2/ Electronic Evolution Expo

3/ Electronic Entertainment Event

4/ Entertainment Exposition Event

5/ Electronic Entertainment Expo

47 **Parmi ces personnalités politiques, laquelle n'a jamais occupé la fonction de Premier ministre ?**

1/ Laurent Fabius

2/ Edouard Balladur

3/ Michel Rocard

4/ Edith Cresson

5/ Dominique Strauss-Kahn

48 **Comment s'appelle le fonds créé par l'Union européenne dans le cadre de la crise financière afin de venir en aide aux Etats en difficulté ?**

1/ Le Fonds européen de stabilisation financière

2/ Le Fonds européen de soutien budgétaire

3/ Le Fonds européen d'aide à la croissance

4/ Le Fonds européen de relance commune

5/ Le Fonds européen d'urgence

49 **Combien de juges siègent à la Cour de Justice de l'Union européenne ?**

1/ 1 juge

2/ 28 juges

3/ 189 juges

4/ 577 juges

5/ 1 230 juges

50 **Quelle est la capitale de l'Australie ?**

1/ Melbourne

2/ Sydney

3/ Adelaïde

4/ Canberra

5/ Brisbane

Questionnaire 2

1 En mai 2018, quel pays annonce qu'il se retire de l'accord sur le nucléaire iranien ?

1/ La Chine
2/ Les Etats-Unis
3/ L'Arabie Saoudite
4/ Le Venezuela
5/ La Turquie

2 Dans l'horoscope chinois, 2021 est l'année :

1/ du Singe
2/ du Rat
3/ du Buffle
4/ du Coq
5/ du Lapin

3 De même que la population tibétaine, la population ouïghoure fait l'objet d'une surveillance et d'un contrôle étroits du gouvernement chinois. Dans quelle province chinoise est-elle localisée ?

1/ Le Yunnan
2/ Le Shandong
3/ Le Xinjiang
4/ Le Shaanxi
5/ Le Hebei

4 Le 1er juillet 2008, la Direction centrale des Renseignements généraux (RG) et la Direction de la Surveillance du territoire (DST) ont fusionné pour créer un nouvel organisme, dont l'acronyme est…

1/ DGAC
2/ ADEME
3/ DCRI
4/ DGPN
5/ GIPN

5 Qui emploie pour la première fois l'expression « rideau de fer » ?

1/ Franklin Roosevelt
2/ Charles de Gaulle
3/ Winston Churchill
4/ Joseph Staline
5/ Adolf Hitler

6 Parmi ces titres, lequel n'est pas de l'artiste Maurane, décédée le 7 mai 2018 ?

1/ *Qui es-tu Marie-Jeanne ?*
2/ *Les uns contre les autres*
3/ *Tu es mon autre*
4/ *Sur un prélude de Bach*
5/ *Tous les garçons et les filles*

7 Qui est en 2018, le PDG du groupe de luxe Kering ?

1/ Martin Margiella
2/ François-Henri Pinault
3/ Bernard Arnault
4/ Jean-Paul Agon
5/ Henri Poupart-Lafarge

8 Selon le baromètre établi par le comparateur en ligne LeLynx.fr, dans quelle région de France, l'assurance auto est-elle la moins chère en 2018 ?

1/ Bretagne
2/ Ile-de-France
3/ Corse
4/ Provence
5/ Auvergne

9 Quelle série sud-coréenne fait un carton sur Netflix en septembre 2021 ?

1/ *Squid Game*
2/ *Arthur*
3/ *Strangers from Hell*
4/ *Revolution*
5/ *Mad Story*

10 Contre quelle maladie le Téléthon vise-t-il à lutter ?

1/ Contre la mucoviscidose
2/ Contre la myopathie
3/ Contre la méningite
4/ Contre le choléra
5/ Contre la phtisie

11 Sur l'année 2017, à environ quel montant se sont élevées les ventes du secteur du e-commerce en France ?

1/ 40 milliards de dollars
2/ 50 milliards de dollars
3/ 60 milliards de dollars
4/ 70 milliards de dollars
5/ 80 milliards de dollars

12 Combien un adulte a-t-il de dents ?

1/ 28
2/ 30
3/ 32
4/ 34
5 / 36

13 Le réalisateur Claude Chabrol est décédé le 12 septembre 2010. Quel mouvement cinématographique a-t-il initié avec d'autres de ses contemporains ?

1/ Le réalisme
2/ La nouvelle vague
3/ L'expressionisme
4/ L'abstraction lyrique
5/ Le Dogme95

14 Lequel de ces pays ne se situe pas dans les Balkans ?

1/ La Lituanie
2/ L'Albanie
3/ Le Monténégro
4/ La Bosnie-Herzégovine
5/ La Bulgarie

15 Du 3 avril au 28 juin 2018, a lieu la grève nationale SNCF. Trois mois de grève à raison de 2 jours tous les 5 jours : on appelle cela une grève…

1/ plombée
2/ perlée
3/ dansée
4/ alternée
5/ saccadée

16 **Quel est l'acronyme de l'autorité administrative chargée, en France, de la lutte contre les discriminations ?**

1/ L'ADEME
2/ Le PAF
3/ La HALDE
4/ Le CSA
5/ La HAS

17 **Qui est le Secrétaire général d'Amnesty International ?**

1/ Irene Khan
2/ Salil Shetty
3/ Alain Le Gouguec
4/ Joanne Liu
5/ Thierry Brigaud

18 **Quelle est la ville la plus chère du monde pour les expatriés en 2018 ?**

1/ Hong Kong
2/ Singapour
3/ Londres
4/ Luanda
5/ Paris

19 **Dans quelle ville française, l'entreprise Ubisoft, leader dans la création de jeux vidéos est-elle implantée ?**

1/ Toulouse
2/ Montpellier
3/ Paris
4/ Lyon
5/ Reims

20 **Qu'est-ce que la « Route du Rhum » ?**

1/ Une compétition de voile transatlantique en solitaire
2/ Un marathon organisé entre Bordeaux et les Pyrénées
3/ Un détroit dans les îles Caraïbes
4/ Un chemin autrefois emprunté par les caravanes entre Istanbul et Berlin
5/ Une course automobile

21 **Quel est l'autre nom du Guide Michelin ?**

1/ Le Guide Rouge
2/ Le Guide Bleu
3/ Le Guide Vert
4/ Le Guide Noir
5/ Le Guide Jaune

22 **Quelle personnalité politique quitte le Parti Socialiste pour se joindre à La République En Marche en juin 2017 ?**

1/ Bernard Cazeneuve
2/ Alain Juppé
3/ Najat Vallaud-Belkacem
4/ Manuel Valls
5/ Jean-Christophe Cambadélis

23 **Combien de singles faut-il vendre en France pour obtenir un Disque d'or ?**

1/ 500 000
2/ 350 000
3/ 250 000
4/ 75 000
5/ 25 000

24 **Quelle actrice française, décédée en mars 2018, fut l'épouse du réalisateur Claude Chabrol ?**

1/ Stéphane Audran
2/ Bernadette Lafont
3/ Geneviève Fontanel
4/ Annie Girardot
5/ Jeanne Moreau

25 **Quelle institution abrite le Palais Bourbon ?**

1/ Le ministère de la Défense
2/ Le ministère de l'Education nationale
3/ L'Assemblée nationale
4/ Le Sénat
5/ Le ministère des Affaires étrangères

26 **Qu'est ce que le « duoday » dont la 3e édition a eu lieu en 2018 ?**

1/ Le « DuoDay » consiste à accueillir le temps d'une journée une personne de sa famille en duo avec un collaborateur volontaire au sein d'une entreprise ou d'une administration.

2/ Le « DuoDay » consiste à accueillir le temps d'une journée une personne en situation de handicap en duo avec un collaborateur volontaire au sein d'une entreprise ou d'une administration.

3/ Le « DuoDay » consiste à accueillir le temps d'une journée un animal en duo avec un collaborateur volontaire au sein d'une entreprise ou d'une administration.

4/ Le « DuoDay » consiste à accueillir le temps d'une journée une personnalité politique en duo avec un collaborateur volontaire au sein d'une entreprise ou d'une administration.

5/ Le « DuoDay » consiste à accueillir le temps d'une journée un journaliste en duo avec un collaborateur volontaire au sein d'une entreprise ou d'une administration.

27 **De quel pays voisin de la France le 1er août est-il la Fête nationale ?**

1/ La Suisse
2/ L'Espagne
3/ L'Italie
4/ L'Allemagne
5/ La Belgique

28 Quelle est la monnaie du Pérou ?

1/ Le dollar
2/ Le nuevo sol
3/ Le real
4/ L'intis
5/ Le sales

29 Quand a eu lieu la première Exposition universelle ?

1/ En 1851
2/ En 1901
3/ En 1910
4/ En 1920
5/ En 1931

30 Qui est l'auteur du roman d'anticipation intitulé : *1984* ?

1/ Isaac Asimov
2/ Frank Herbert
3/ Dan Simmons
4/ George Orwell
5/ Douglas Adams

31 Quelle émission Yann Barthès présente-t-il sur TMC en 2018 ?

1/ *Burger Quiz*
2/ *Quotidien*
3/ *TMC Info*
4/ *Le Petit Journal*
5/ *La météo*

32 Combien de litres contient un baril de pétrole ?

1/ 60 litres
2/ 159 litres
3/ 559 litres
4/ 1 000 litres
5/ 1 509 litres

33 Laquelle de ces fonctions Christine Lagarde a-t-elle exercée avant d'être nommée Directrice générale du FMI ?

1/ Présidente du MEDEF
2/ Journaliste pour *Le Monde*
3/ Secrétaire générale de l'UMP
4/ Garde des Sceaux
5/ Ministre de l'Economie

34 Le groupe industriel EADS est né de la fusion de trois grandes entreprises européennes. De quels pays sont-elles originaires ?

1/ France, Allemagne, Angleterre
2/ France, Allemagne, Espagne
3/ France, Angleterre, Italie
4/ France, Italie, Angleterre
5/ France, Allemagne, Belgique

35 Quel pays africain a, en 2017, un nouveau drapeau et un nouvel hymne national, à la suite de la révision constitutionnelle ?

1/ Le Sénégal
2/ Le Cameroun
3/ La Mauritanie
4/ Le Niger
5/ Le Mali

36 Au premier trimestre 2018, quelle est en termes d'audience, la première chaîne d'information continue de la TNT ?

1/ LCI
2/ France TV Info
3/ L'Equipe 21
4/ BFM TV
5/ iTélé

37 De quelle grande entreprise américaine du Web Jack Dorsey est-il le directeur général en 2018 ?

1/ Twitter
2/ Google
3/ Apple
4/ PayPal
5/ LinkedIn

38 Qui a défendu Jérôme Kerviel dans le cadre de son procès contre la Société Générale ?

1/ Me Jacques Vergès
2/ Me Jean Veil
3/ Me Georges Kiejman
4/ Me Olivier Metzner
5/ Me Gilbert Collard

39 Au premier semestre 2018, combien de CDI sont à pourvoir sur le territoire français ?

1/ Plus de 4 000
2/ Plus de 24 000
3/ Plus de 54 000
4/ Plus de 74 000
5/ Plus de 100 000

40 Selon le rapport du GIEC paru en 2014, de combien de degrés la planète augmenterait-elle d'ici à 2100 si aucune mesure n'était prise ?

1/ 2,1 °C
2/ 3,4 °C
3/ 4,5 °C
4/ 5,8 °C
5/ 6,9 °C

41 Combien de scientifiques font partie du programme « Make Our Planet Great Again » en faveur de la planète d'Emmanuel Macron ?

1/ 6
2/ 8
3/ 10
4/ 12
5/ 14

42 De quel groupe fait partie l'équipe de France de football lors de la Coupe du Monde 2018 ?

1/ A
2/ B
3/ C
4/ D
5/ E

43 Qui nomme le président de l'INA (Institut national de l'audiovisuel) ?

1/ L'Assemblée nationale
2/ La Cour suprême
3/ Le Conseil des ministres
4/ Le président de la République
5/ Le Conseil supérieur de l'audiovisuel

44 **En 2018, dans quel pays a-t-on découvert le fossile du plus ancien « Homo Sapiens » hors d'Afrique ?**

1/ En Mongolie
2/ En Chine
3/ En Iran
4/ En Israël
5/ Au Mexique

45 **Combien ont gagné en moyenne les patrons du CAC 40 en 2017 ?**

1/ 10 millions d'euros
2/ 22 millions d'euros
3/ 2 millions d'euros
4/ 14 millions d'euros
5/ 5 millions d'euros

46 **Dans lequel de ces Etats américains la peine de mort est-elle encore en vigueur en 2018 ?**

1/ Au Nouveau Mexique
2/ Dans l'Illinois
3/ Au Texas
4/ A Washington DC
5/ Dans le New Jersey

47 **Les Etats-Unis, la France, la Chine, la Russie et le Royaume-Uni sont les cinq seuls pays dits « dotés » de l'arme nucléaire par le Traité sur la non-prolifération des armes nucléaires (TNP) et autorisés de ce fait par ce dernier à détenir l'arme atomique. Pour quelle raison ?**

1/ Ces cinq pays sont les cinq membres permanents du Conseil de sécurité des Nations unies
2/ Ces cinq pays avaient déjà développé l'arme nucléaire lorsque le TNP a été signé
3/ Ces cinq pays sont les cinq principaux vainqueurs de la Seconde Guerre mondiale
4/ Ces cinq pays se sont engagés à ne jamais faire usage de l'arme nucléaire à des fins offensives
5/ Ces cinq pays ont subi des pertes considérables durant la Seconde Guerre mondiale

48 **Qui est l'actuel PDG de Carrefour ?**

1/ Georges Plassat
2/ Vincent Bolloré
3/ Alexandre Bompard
4/ Eric Olsen
5/ Thierry Cotillard

49 **Quand a eu lieu le « Génocide arménien » où les deux tiers des Arméniens qui vivaient sur le territoire actuel de la Turquie ont été exterminés au cours de déportations et massacres de grande ampleur ?**

1/ Entre 1855 et 1856
2/ Entre 1915 et 1916
3/ Entre 1930 et 1931
4/ Entre 1944 et 1945
5/ Entre 1978 et 1979

50 **En 2018, à combien s'élève le taux de TVA applicable sur les produits alimentaires, les cantines, les abonnements de gaz et d'électricité, les prestataires d'énergies renouvelables et sur les livres physiques et numériques ?**

1/ 20 %
2/ 5,5 %
3/ 10 %
4/ 2,1 %
5/ 19,6 %

Questionnaire 3

1 Combien de types de pièces différents y a-t-il dans un jeu d'échecs ?

1/ 4
2/ 6
3/ 7
4/ 9
5/ 10

2 Quelle est la part des électeurs britanniques qui se sont prononcés en faveur de la sortie de l'Union européenne lors du référendum sur le « Brexit » ?

1/ 48,70 %
2/ 51,90 %
3/ 58,40 %
4/ 64,20 %
5/ 73,50 %

3 Combien de lettres y a-t-il dans l'alphabet cyrillique ?

1/ 2
2/ 12
3/ 32
4/ 42
5/ 82

4 En dépit de la signature du pacte germano-soviétique en 1939, la Wehrmacht pénétra en Union soviétique, mettant fin à l'entente entre Hitler et Staline. A quelle date cette attaque, connue sous le nom d'opération « Barbarossa », eut-elle lieu ?

1/ Le 1er novembre 1939
2/ Le 8 mai 1940
3/ Le 18 juin 1940
4/ Le 22 juin 1941
5/ Le 7 décembre 1941

5 Dans lequel de ces films l'acteur Jean-Paul Belmondo n'a jamais joué ?

1/ *Le Professionnel*
2/ *Le Guignolo*
3/ *Le Marginal*
4/ *Le Voyou*
5/ *Le Magnifique*

6 Quelle est la capitale de la Suisse ?

1/ Zurich
2/ Berne
3/ Genève
4/ Bâle
5/ Lausanne

7 En 2015, quel est approximativement le montant du budget militaire des Etats-Unis ?

1/ 96 milliards de dollars
2/ 196 milliards de dollars
3/ 396 milliards de dollars
4/ 596 milliards de dollars
5/ 796 milliards de dollars

8 A quel montant s'est élevée la transaction entre la Juventus de Turin et Manchester United pour le transfert du footballeur français Paul Pogba à l'été 2016 ?

1/ 17 millions d'euros
2/ 37 millions d'euros
3/ 63 millions d'euros
4/ 95 millions d'euros
5/ 120 millions d'euros

9 En France, durant la Seconde Guerre mondiale, dans quelle ville s'est déroulée l'opération « Dynamo » ?

1/ A Rouen
2/ A Marseille
3/ A Dunkerque
4/ A Brest
5/ A Bordeaux

10 En France, en octobre 2015, qui était le PDG du groupe Air France-KLM lorsque le comité central d'entreprise extraordinaire fut marqué par des actes de violence à l'encontre de Directeur des ressources humaines ?

1/ Jean-Cyril Spinetta
2/ Christian Blanc
3/ Xavier Broseta
4/ Alexandre de Juniac
5/ Peter Agnefjäll

11 En France, en juillet 2016, pour la création de quelle nouvelle institution publique Thierry Lepaon, ancien leader démissionnaire de la CGT, a-t-il été chargé de mission par le Premier ministre ?

1/ L'Agence française de lutte contre le dopage
2/ Le Conseil économique, social et environnemental
3/ L'Organisation Internationale de la Francophonie
4/ L'Agence de la langue française pour la cohésion sociale
5/ L'Agence universitaire de la francophonie

12 Laquelle de ces villes ne se situe pas sur la côte Est des Etats-Unis ?

1/ Boston
2/ Dallas
3/ Miami
4/ Philadelphie
5/ Washington

13 Une équipe internationale de chercheurs a annoncé, le 11 février 2016, avoir pu observer pour la première fois :

1/ Des photons
2/ Des ondes gravitationnelles
3/ Des antiparticules
4/ Des quarks
5/ Des Bosons de Higgs

14 Quelle entreprise américaine est devenue propriétaire du pôle énergie d'Alstom en novembre 2015 ?

1/ General Electric
2/ Devon Energy
3/ Enron
4/ Tepco
5/ Texaco

15 En quelle année, Nicolae Ceauşescu et son épouse, ont-ils été déclarés coupables de génocide et exécutés ?

1/ En 1947
2/ En 1959
3/ En 1968
4/ En 1974
5/ En 1989

16 Quelle expression l'économiste, démographe et sociologue Alfred Sauvy a-t-il inventée ?

1/ Tiers Monde
2/ Fracture sociale
3/ Pays du Sud
4/ Pays émergents
5/ BRICS

17 De quelle nationalité Karl Lagerfeld est-il ?

1/ Anglaise
2/ Française
3/ Suisse
4/ Autrichienne
5/ Allemande

18 En France, en septembre 2015, quel homme d'affaires et homme politique controversé a fait son retour au Conseil départemental de l'Essonne après onze ans d'absence suite à la démission de Jean-Pierre Bechter ?

1/ Jean Tibéri
2/ Georges Tron
3/ Julien Dray
4/ Jean-François Copé
5/ Serge Dassault

19 En France, en septembre 2015, qui a succédé à Arnaud Clément en tant que capitaine de l'équipe de France masculine de tennis pour la Coupe Davis ?

1/ Cédric Pioline
2/ Henri Leconte
3/ Yannick Noah
4/ Sébastien Grosjean
5/ Michaël Llodra

20 En France, en mai 2017, qui est le président du Medef ?

1/ Pierre Gattaz
2/ Jacques Mallet
3/ William Martinet
4/ François Asselin
5/ Xavier Beulin

21 **Le 28 octobre 2015, lors d'une séance au Parlement européen, à la place de qui l'Eurodéputé néerlandais Marcel de Graaf a-t-il voté provoquant l'ouverture d'une enquête pour fraude ?**

1/ José Bové
2/ Jean-Marie Cavada
3/ Rachida Dati
4/ Marine Le Pen
5/ Corinne Lepage

22 **A quelle dynastie appartenait Nicolas II de Russie ?**

1/ Holstein
2/ Kniaz
3/ Alexei
4/ Romanov
5/ Oldenbourg

23 **Quel pays a une frontière commune avec le Suriname ?**

1/ L'Indonésie
2/ L'Inde
3/ Le Japon
4/ Le Brésil
5/ Le Mexique

24 **En mai 2016, quelles équipes se sont rencontrées lors de la finale de la coupe de France de football ?**

1/ Le Stade rennais et les Girondins de Bordeaux
2/ L'Olympique de Marseille et le Paris Saint-Germain
3/ Le LOSC et l'Olympique de Marseille
4/ L'Olympique Lyonnais et l'AC Monaco
5/ L'Olympique Lyonnais et le LOSC

25 **En octobre 2015, dans quel état des Etats-Unis d'Amérique s'est déroulée une fusillade au sein de l'Umpqua Community College faisant dix morts ?**

1/ La Californie
2/ L'Oregon
3/ Le Minnesota
4/ La Floride
5/ Le Texas

26 **Quel est le pays le plus visité en 2014 pour des raisons touristiques ?**

1/ La Chine
2/ La France
3/ L'Espagne
4/ Les Etats-Unis
5/ Le Mexique

27 **Ernesto « Che » Guevara a joué un rôle déterminant dans :**

1/ La révolution cubaine
2/ La guérilla des FARC en Colombie
3/ Le mouvement zapatiste au Mexique
4/ Le mouvement révolutionnaire Tupac Amaru au Pérou
5/ La guérilla sandiniste au Nicaragua

28 Le 14 août 2014, une délégation dirigée par le représentant permanent du Royaume-Uni auprès des Nations Unies, Mark Lyall-Grant, et l'ambassadeur du Nigéria, Usman Sarki, s'est rendue dans un état souverain pour en mesurer les progrès, notamment en faveur de la paix. Il s'agissait de :

1/ L'Afghanistan
2/ La Libye
3/ La Somalie
4/ La Bosnie-Herzégovine
5/ La Tunisie

29 Dans quelle couche de l'atmosphère vivons-nous ?

1/ La troposphère
2/ La stratosphère
3/ La mésosphère
4/ La thermosphère
5/ L'ionosphère

30 En France, quelle est l'entreprise dont la vente au début des années 1990 fut à l'origine d'un litige entre le Crédit Lyonnais et Bernard Tapie, litige qui a donné lieu à une procédure d'arbitrage controversée à propos de laquelle Christine Lagarde a été renvoyée devant la Cour de Justice de la République en décembre 2015 ?

1/ Manufrance
2/ La Vie Claire
3/ Adidas
4/ Terraillon
5/ Wonder

31 Quelle était la destination du vol Metro-Jet qui s'est écrasé le 31 octobre 2015 à la suite d'un attentat revendiqué par l'Etat Islamique ?

1/ Istanbul
2/ Le Caire
3/ Manille
4/ Saint-Pétersbourg
5/ Kuala Lumpur

32 En novembre 2015, dans quel pays se sont tenues des élections législatives historiques remportées par La Ligue Nationale pour la Démocratie dont la Secrétaire Générale est Aung San Suu Kyi ?

1/ La Birmanie
2/ Le Laos
3/ La Thaïlande
4/ Les Philippines
5/ L'Indonésie

33 Entre le 7 octobre 2015 et le 29 février 2016, quel site parisien a accueilli l'exposition Picasso.Mania ?

1/ Les Galeries nationales du Grand Palais
2/ Le Musée du Louvre
3/ Le centre Pompidou
4/ Le Musée du Quai Branly
5/ Le Palais de la découverte

34 **Pour quelle raison l'application mobile WhatsApp a-t-elle été bloquée par la justice brésilienne à plusieurs reprises en 2015 et 2016 ?**

1/ Un abus de position dominante dans le pays

2/ Le refus de l'entreprise de transmettre des informations sur des utilisateurs à la justice

3/ L'entreprise ne paie pas d'impôt au Brésil

4/ L'entreprise est suspectée d'avoir corrompu des personnalités politiques

5/ L'application est suspectée d'avoir servi à espionner le gouvernement brésilien

35 **Avec quelle nation les îles Cook sont-elles en libre association ?**

1/ L'Australie

2/ Le Royaume-Uni

3/ La Nouvelle-Zélande

4/ L'Argentine

5/ Le Canada

36 **En France, en juin 2016, dans quelle ville ont éclaté de violents heurts à l'occasion du match de football Angleterre-Russie ?**

1/ Paris

2/ Lens

3/ Toulouse

4/ Bordeaux

5/ Marseille

37 **Quel autre nom donne-t-on à la Révolution de Juillet, à la suite de laquelle fut proclamée la Monarchie de Juillet ?**

1/ La Fronde

2/ Les Cent Jours

3/ La Commune de Paris

4/ La Journée des Barricades

5/ Les Trois Glorieuses

38 **En 2016, à quelle catégorie de la population l'Organisation Mondiale de la Santé a-t-elle déconseillé le 8 mars de se rendre dans les régions touchées par le virus Zika ?**

1/ Les personnes âgées

2/ Les enfants en bas âge

3/ Les femmes enceintes

4/ Les diabétiques

5/ Les personnes souffrant d'insuffisance rénale

39 **Quel est le plus grand archipel du monde ?**

1/ Les Grandes Antilles

2/ Les Seychelles

3/ Le Japon

4/ L'Indonésie

5/ Les Maldives

40 Quel est le pays le plus militarisé au monde (dépenses militaires en pourcentage du PIB) ?

1/ Les États-Unis
2/ L'Algérie
3/ La France
4/ La Libye
5/ Israël

41 En France, en octobre 2015, lors du référendum du Parti socialiste concernant l'unité de la gauche face à la droite et l'extrême droite aux élections régionales, quel dirigeant socialiste a déclaré « C'est un succès, c'est le top, pas le flop ! » ?

1/ François Hollande
2/ Manuel Valls
3/ Martine Aubry
4/ Jean-Christophe Cambadélis
5/ Julien Dray

42 En France, en septembre 2015, quelle femme politique a suscité une vive polémique par ses propos sur la France « un pays de race blanche » ?

1/ Valérie Pécresse
2/ Marine Le Pen
3/ Rachida Dati
4/ Nadine Morano
5/ Ségolène Royale

43 En France, quelle personnalité socialiste est à l'origine d'une tribune cinglante contre la politique du Président Hollande, parue dans *Le Monde* le 24 février 2016 et intitulée : « Un affaiblissement durable de la France se prépare » ?

1/ Arnaud Montebourg
2/ Michel Rocard
3/ Jack Lang
4/ Martine Aubry
5/ Jacques Delors

44 En France, en août 2016, qui a été nommé ministre de l'Economie pour remplacer Emmanuel Macron démissionnaire de ses fonctions ?

1/ Mattias Fekl
2/ Michel Sapin
3/ Christian Eckert
4/ Pierre Moscovici
5/ Christian Sautter

45 Quelle personnalité politique britannique, qui défendait le départ du Royaume-Uni de l'Union européenne lors de la campagne pour le Brexit, a démissionné de son poste de dirigeant du parti UKIP à l'issue du référendum ?

1/ David Cameron
2/ Nigel Farage
3/ Boris Johnson
4/ Nicola Sturgeon
5/ Tony Blair

46 **Lequel de ces artistes n'est pas Belge ?**

1/ Jacques Brel
2/ Romain Duris
3/ Cécile de France
4/ Magritte
5/ Hergé

47 **En termes militaires, que désigne l'acronyme « SNLE » ?**

1/ Système National de Linguistique Etrangère
2/ Sous-marin Nucléaire Lanceur d'Engins
3/ Support Naval Léger Extérieur
4/ Soutien Navigation de Ligne Etendue
5/ Service National de la Légion Etrangère

48 **Le terme « Peshmerga » est généralement utilisé par la presse internationale pour désigner les combattants :**

1/ Afghans
2/ Touaregs
3/ Tchétchènes
4/ Kurdes
5/ Libyens

49 **Qu'est-ce que la Dépakine, ce médicament nocif pour les fœtus et auquel ont été exposées 14 322 femmes enceintes (en France entre 2007 et 2014) selon un rapport de l'agence nationale de sécurité du médicament rendu public en août 2016 ?**

1/ Un antiépileptique
2/ Un antidépresseur
3/ Un antidiabétique
4/ Un anti-inflammatoire
5/ Un antibiotique

50 **« Un tombeau » en musique désigne :**

1/ Une note très grave
2/ Une œuvre posthume
3/ Une symphonie écrite par un mort
4/ Un chant de funérailles chez les Vikings
5/ Une œuvre composée en hommage à un ami, mort ou vivant

Questionnaire 4

1 Où se déroulera la Coupe du Monde 2026 ?

1/ Au Mexique, aux USA et au Canada
2/ En Chine et en Indonésie
3/ En Corée du Sud et au Japon
4/ En Australie et en Nouvelle-Zélande
5/ En Croatie et en Bulgarie

2 De quel pays est originaire le terroriste qui a mené une attaque au couteau à Paris le samedi 12 mai 2018 ?

1/ Tchétchénie
2/ Iran
3/ Algérie
4/ Mali
5/ Tunisie

3 Parmi ces mots, lequel fait son entrée dans le dictionnaire Larousse 2019 ?

1/ Flexiance
2/ Flexibilité
3/ Flexion
4/ Flexitarisme
5/ Flexiation

4 Quel est le premier producteur agricole de l'Union européenne ?

1/ L'Allemagne
2/ L'Espagne
3/ La France
4/ L'Italie
5/ Les Pays-Bas

5 Chaque année, en France, combien de cancers de la peau sont diagnostiqués ?

1/ Environ 20 000
2/ Environ 40 000
3/ Environ 60 000
4/ Environ 80 000
5/ Plus de 100 000

6 Sous quel nom est plus connu Jean-Philippe Smet ?

1/ John Dassin
2/ Johnny Hallyday
3/ Michel Sardou
4/ Eddy Mitchell
5/ Jacques Dutronc

7 Où se trouve la Tour Magne ?

1/ A Toulon
2/ A Marseille
3/ A Nîmes
4/ A Nice
5/ A Paris

8 La dette publique de la France s'élève fin 2017 à :

1/ 17 % du PIB
2/ 37 % du PIB
3/ 57 % du PIB
4/ 77 % du PIB
5/ 97 % du PIB

9 **Combien d'années Angela Merkel a-t-elle été au pouvoir en Allemagne ?**

1/ 8 ans
2/ 10 ans
3/ 12 ans
4/ 16 ans
5/ 19 ans

10 **Qui est en 2018 la Secrétaire d'Etat chargée de l'Egalité entre les femmes et les hommes du gouvernement Macron ?**

1/ Laurence Rossignol
2/ Agnès Buzyn
3/ Laura Flessel
4/ Marlène Schiappa
5/ Françoise Nyssen

11 **Lequel de ces pays n'est pas frontalier de la Libye ?**

1/ L'Algérie
2/ La Tunisie
3/ L'Egypte
4/ Le Niger
5/ Le Maroc

12 **Quel est le pays vainqueur de l'Eurovision 2018 ?**

1/ Allemagne
2/ Suède
3/ Israël
4/ France
5/ Australie

13 **A quelle date l'Allemagne a-t-elle prévu de sortir totalement du nucléaire ?**

1/ 2020
2/ 2022
3/ 2025
4/ 2030
5/ 2040

14 **Combien de litres de lait conditionné les Français consomment-ils en moyenne en 2019 ?**

1/ Environ 12 litres par an par habitant
2/ Environ 22 litres par an par habitant
3/ Environ 45 litres par an par habitant
4/ Environ 75 litres par an par habitant
5/ Environ 90 litres par an par habitant

15 **Quel laboratoire a commercialisé le Mediator ?**

1/ Servier
2/ Roche
3/ Sanofi Aventis
4/ Pfizer
5/ AstraZeneca

16 **Parmi ces pays, lequel n'est pas frontalier de l'Afrique du Sud ?**

1/ Lesotho
2/ Botswana
3/ Namibie
4/ Swaziland
5/ Angola

17 **Où se déroule le Festival Solidays, manifestation de lutte contre le SIDA ?**

1/ A l'Hippodrome de Longchamp
2/ Sur le parvis de la Tour Eiffel
3/ Au Stade de France
4/ Au Domaine national de Saint Cloud
5/ A l'Esplanade du Château de Vincennes

18 **A combien, Guillaume Pepy, estime -t-il le coût pour la SNCF de la grève lancée par les syndicats de cheminots en 2018 ?**

1/ Plus de 50 millions d'euros
2/ Plus de 100 millions d'euros
3/ Plus de 200 millions d'euros
4/ Plus de 300 millions d'euros
5/ Plus d'1 milliard d'euros

19 **Que signifie le sigle BnF ?**

1/ Banque nationale de France
2/ Biens nationaux de France
3/ Bibliothèque nationale de France
4/ Bonheur national de France
5/ Base navale de France

20 **Quel homme politique français a sorti un livre intitulé *Les leçons du pouvoir* en 2018 ?**

1/ François Hollande
2/ Nicolas Sarkozy
3/ Jacques Chirac
4/ Manuel Valls
5/ Emmanuel Macron

21 **En 2018, dans quelle ville française rouvre le Grand Hôtel Dieu fermé depuis 3 ans pour travaux ?**

1/ Toulouse
2/ Paris
3/ Lyon
4/ Bordeaux
5/ Cannes

22 **Combien y a-t-il de pays membres de l'Opep ?**

1/ 8
2/ 10
3/ 12
4/ 14
5/ 15

23 **Quelle ville américaine est considérée comme la capitale de l'automobile ?**

1/ Detroit
2/ Chicago
3/ Houston
4/ Seattle
5/ Atlanta

24 **Où est la piscine la plus profonde du monde ?**

1/ A Varsovie
2/ A Chicago
3/ A Paris
4/ A Londres
5/ A Dubaï

25 Parmi ces monnaies, laquelle n'est pas une cryptomonnaie ?

1/ Bitcoin
2/ Ethereum
3/ Tipple
4/ Tron
5/ Dogecoin

26 Où se sont retrouvés, mardi 12 juin 2018, le président américain Donald Trump et le dirigeant nord-coréen Kim Jong-Un pour un sommet historique visant à en finir avec des décennies d'hostilités entre les deux pays ?

1/ A Hong Kong
2/ A Washington
3/ A Séoul
4/ A Singapour
5/ A Sydney

27 Quel ancien Ministre de la Ville et ancien propriétaire d'Adidas disparaît le 3 octobre 2021 ?

1/ Jean Duhamel
2/ Philippe Seguin
3/ Bernard Tapie
4/ Gaston Defferre
5/ Charles Pasqua

28 La Cour européenne des droits de l'homme siège à :

1/ Strasbourg
2/ La Haye
3/ Luxembourg
4/ Rotterdam
5/ Bruxelles

29 Quel âge fête Emmanuel Macron en décembre 2021 ?

1/ 46 ans
2/ 40 ans
3/ 44 ans
4/ 42 ans
5/ 43 ans

30 Qui a écrit les paroles de *La Marseillaise* ?

1/ Victor Hugo
2/ Hector Berlioz
3/ Philippe Fabre-D'Eglantine
4/ Claude-Joseph Rouget de Lisle
5/ Maximilien de Robespierre

31 Combien y a-t-il de pays au sein du Commonwealth ?

1/ 26
2/ 37
3/ 41
4/ 52
5/ 69

32 Combien de tableaux Pablo Picasso a-t-il peints ?

1/ Environ 1 100
2/ Environ 3 200
3/ Environ 500
4/ Environ 200
5/ Environ 1 900

33 Combien de cheveux a-t-on sur la tête ?

1/ entre 100 000 et 150 000 cheveux
2/ entre 10 000 et 15 000 cheveux
3/ entre 330 000 et 360 000 cheveux
4/ entre 250 000 et 280 000 cheveux
5/ entre 50 000 et 55 000 cheveux

34 En quelle année Anne Hidalgo est-elle devenue Maire de Paris ?

1/ 2012
2/ 2013
3/ 2014
4/ 2015
5/ 2016

35 De quel accord les Etats-Unis se sont-ils retiré à la stupéfaction de tous en mai 2018 ?

1/ L'accord sur le nucléaire russe
2/ L'accord sur le nucléaire saoudien
3/ L'accord sur le nucléaire iranien
4/ L'accord sur le nucléaire cambodgien
5/ L'accord sur le nucléaire libyen

36 La CNIL est :

1/ Un organisme interministériel d'audit budgétaire
2/ Un organisme européen de recherche
3/ Un organisme chargé de veiller au respect de la vie privée dans le domaine informatique
4/ Un organisme de contrôle des élections en Europe
5/ Un organisme international venant au secours des populations en détresse

37 De quelle nationalité était le scientifique David Goodall, 104 ans, qui s'est rendu en Suisse en mai 2018 afin d'y bénéficier d'un suicide assisté ?

1/ Australienne
2/ Maltaise
3/ Américaine
4/ Anglaise
5/ Canadienne

38 Dans quelle ville Ludwig Van Beethoven est-il né ?

1/ Bonn
2/ Vienne
3/ Munich
4/ Londres
5/ Francfort

39 De quand date la naissance de la Politique agricole commune (PAC) ?

1/ 1953
2/ 1959
3/ 1962
4/ 1967
5/ 1971

40 Il est le fils du patriarche Abraham et le père des jumeaux Jacob et Esaü. De qui s'agit-il ?

1/ Terah
2/ Gabriel
3/ Isaac
4/ Joseph
5/ Moïse

41 **Selon les estimations, combien de langues et dialectes compterait-on dans le monde ?**

1/ Entre 120 et 250
2/ Entre 500 et 1 000
3/ Entre 1 000 et 2 500
4/ Entre 3 000 et 7 000
5/ Entre 7 500 et 10 000

42 **Quelles sont les deux premières causes de mortalité en France ?**

1/ Les cancers et les maladies de l'appareil circulatoire
2/ Les cancers et la maladie d'Alzheimer
3/ Les maladies cardio-vasculaires et les suicides
4/ Le diabète et les maladies chroniques du foie
5/ Les maladies chroniques du foie et les cancers

43 **Qui est l'actuel président du Nigeria ?**

1/ Goodluck Jonathan
2/ Adebayo Ayeni
3/ Muhammadu Buhari
4/ Ganiyu Galadima
5/ Sam Eke

44 **La signature des accords de Paris le 23 janvier 1973 marque :**

1/ La fin de la guerre du Japon
2/ La fin de la guerre des Six Jours
3/ La fin de la guerre de Cuba
4/ La fin de la guerre du Vietnam
5/ La fin de la guerre de Kippour

45 **Parmi les pays d'Asie du Sud-Est suivants, lequel est le plus peuplé ?**

1/ La Thaïlande
2/ Le Laos
3/ Le Vietnam
4/ La Malaisie
5/ Le Cambodge

46 **Quel musée new-yorkais est l'œuvre du grand architecte américain Frank Lord Wright (1867-1959), maître du courant organique qui exerça une immense influence dans tous les domaines de l'architecture ?**

1/ La National Gallery
2/ Le Museum of Modern Aart
3/ Le musée Guggenheim
4/ Le Metropolitan Museum
5/ Le MET

47 **Le plus long des fleuves français est :**

1/ le Rhin
2/ la Garonne
3/ le Rhône
4/ la Loire
5/ la Seine

48 **A quoi fait référence le nom « Watergate » sous le mandat de R. Nixon ?**

1/ A l'immeuble où se trouvaient les bureaux des démocrates.

2/ Au nom donné à l'informateur mystérieux des deux journalistes du *Washington Post*.

3/ Au nom du journaliste qui a dévoilé le scandale.

4/ Au fleuve où ont été retrouvés les documents.

5/ Au juge Waters qui a enquêté.

49 **Quel est, en superficie, le plus grand Etat des Etats-Unis ?**

1/ Le Montana

2/ L'Alaska

3/ Le Nevada

4/ Le Texas

5/ La Californie

50 **Combien d'os distincts contient le corps humain ?**

1/ 111

2/ 158

3/ 206

4/ 255

5/ 312

Questionnaire 5

1 Le footballeur Lionel Messi est né :

1/ A Rosario en Argentine
2/ A Santiago du Chili au Chili
3/ A Barcelone en Espagne
4/ A Buenos Aires en Argentine
5/ A Puente Alto au Chili

2 Prenez un verre « tumbler » ou mieux à pied, mettez en premier 3 ou 4 glaçons et une demi rondelle d'orange, versez ensuite 1/3 d'Aperol ou de Campari puis 2/3 de Prosecco et enfin un trait d'eau gazeuse.
Quel cocktail obtenez-vous ?

1/ Mojito
2/ Caipirinha
3/ Spritz
4/ Cosmopolitan
5/ Margarita

3 A quoi renvoie le nom « Androïd » ?

1/ A une tablette numérique lancée par Google
2/ A un smartphone lancé par Google
3/ A un smartphone lancé par Microsoft
4/ A l'entreprise qui produit les mobiles HTC
5/ A un système d'exploitation pour smartphones

4 Quel pays inaugure avec ses 516 mètres de longueur le pont pédestre suspendu le plus long du monde ?

1/ Le Portugal
2/ La Malaisie
3/ La Suède
4/ La Turquie
5/ Le Liban

5 Parmi les acteurs suivants, lequel ne jour pas dans *BAC Nord*, le dernier film de Cédric Jimenez ?

1/ Gilles Lellouche
2/ Karim Leklou
3/ François Civil
4/ Jean Dujardin
5/ Michaël Abiteboul

6 Que signifie le sigle OCDE ?

1/ Organisation de coopération et de développement économiques
2/ Organisation compétente pour le développement européen
3/ Organisation de la croissance démographique européenne
4/ Organisation de consommateurs pour le développement économique
5/ Ouverture coordonnée du déficit engagé

7 Quelle est la capitale de la Côte d'Ivoire ?

1/ Korogho
2/ Bouaké
3/ Abidjan
4/ Abobo
5/ Yamoussoukro

8 Parmi les films suivants, quel est celui dans lequel Catherine Deneuve n'a pas joué ?

1/ *Le dernier métro*
2/ *Indochine*
3/ *Soudain l'été dernier*
4/ *8 femmes*
5/ *Sage femme*

9 Quel est le surnom donné aux joueurs de l'équipe nationale de football d'Algérie ?

1/ Les zèbres
2/ Les lions rouges
3/ Les jaguars
4/ Les fennecs
5/ Les tigres

10 Quelle est la capitale de la Libye ?

1/ Tripoli
2/ Damas
3/ Benghazi
4/ Abidjan
5/ Rabat

11 Combien de sièges de l'Assemblée nationale ont été remportés par le FN lors des élections législatives françaises de juin 2017 ?

1/ 8
2/ 10
3/ 12
4/ 14
5/ 16

12 Laquelle de ces entreprises n'est pas un Cabinet de conseil ?

1/ Cap Gemini
2/ Boston Consulting Group
3/ Mc Kinsey
4/ Bain & Co
5/ Procter & Gamble

13 Où se situe la « Silicon Valley », pôle des industries les plus innovantes des Etats-Unis ?

1/ A Miami
2/ A Los Angeles
3/ A San Francisco
4/ A Detroit
5/ A Sacramento

14 En quelle année a eu lieu la catastrophe de Tchernobyl ?

1/ 1986
2/ 1979
3/ 1972
4/ 1981
5/ 1983

15 **Dans quel Etat américain a eu lieu la catastrophe nucléaire de « Three Mile Island » ?**

1/ En Californie
2/ En Ohio
3/ A la Nouvelle-Orléans
4/ En Pennsylvanie
5/ En Alaska

16 **Lequel de ces groupes de rock n'est pas britannique ?**

1/ *Rolling Stones*
2/ *Nirvana*
3/ *Les Beatles*
4/ *Oasis*
5/ *The Police*

17 **Parmi les réponses proposées, quelle branche d'activité ne fait pas partie des objectifs de développement de la Poste pour l'année 2020 ?**

1/ L'assistance aux personnes âgées
2/ L'habitat connecté
3/ Le commerce électronique
4/ La logistique de proximité
5/ La livraison de courrier

18 **Quel est l'ingrédient de base de la polenta ?**

1/ La farine de blé
2/ La farine de pois chiches
3/ La farine de maïs
4/ La farine de manioc
5/ La farine de riz

19 **Quel est le nom du principal producteur d'électricité du Japon ?**

1/ TEPCO
2/ FUKU
3/ AIEA
4/ NISA
5/ EDJ

20 **Le Mediator, médicament commercialisé par les laboratoires Servier servait à traiter :**

1/ l'Alzheimer
2/ l'hypertension
3/ la dépression
4/ l'arthrose
5/ le diabète

21 **Quel âge a l'essayiste et polémiste Éric Zemmour ?**

1/ 60 ans
2/ 63 ans
3/ 66 ans
4/ 57 ans
5/ 69 ans

22 **Quel film remporte à Cannes la Palme d'Or en 2021 ?**

1/ *Everybody knows* de l'Iranien Asghar Farhadi
2/ *Titane* de Julia Ducournau
3/ *The Square* du Suédois Ruben Östlund
4/ *Dogman* de l'Italien Matteo Garrone
5/ *BlacKkKlansman* de l'Américain Spike Lee

23 **Qu'est-ce qu'une récession au sens technique du terme ?**

1/ Une baisse du PIB durant au moins deux mois consécutifs
2/ Une baisse du PIB durant au moins deux trimestres consécutifs
3/ Une baisse du PIB durant au moins quatre trimestres consécutifs
4/ Une baisse du PIB durant au moins deux ans consécutifs
5/ Un ralentissement de la croissance du PIB

24 **Comment s'appelle le calendrier en vigueur en France ?**

1/ Grégorien
2/ Républicain
3/ Chrétien
4/ Universel
5/ Moderne

25 **Quel a été le mode de scrutin utilisé lors des élections législatives françaises de juin 2017 ?**

1/ Scrutin uninomial majoritaire à deux tours
2/ Scrutin proportionnel plurinomial
3/ Scrutin majoritaire binomial
4/ Scrutin à vote unique transférable
5/ Scrutin de liste majoritaire

26 **Quelle est l'espérance de vie d'un homme en France ?**

1/ 79 ans
2/ 82 ans
3/ 85 ans
4/ 87 ans
5/ 89 ans

27 **Dans quel pays se déroulera la Coupe du monde de football en 2022 ?**

1/ Au Qatar
2/ En France
3/ En Russie
4/ Au Royaume-Uni
5/ En Chine

28 **Dans quel pays décerne-t-on les Lions d'or ?**

1/ En France
2/ Aux Etats-Unis
3/ En Afrique du Sud
4/ En Italie
5/ En Espagne

29 **Quel réseau social a fêté en 2016 ses dix ans d'existence ?**

1/ Facebook
2/ Myspace
3/ Twitter
4/ Viadeo
5/ Youtube

30 En France, on compte environ :

1/ 1 boulangerie pour 1 800 habitants
2/ 1 boulangerie pour 500 habitants
3/ 1 boulangerie pour 3 200 habitants
4/ 1 boulangerie pour 5 500 habitants
5/ 1 boulangerie pour 200 habitants

31 Pour quelle Maison travaillait le styliste John Galliano quand il a été licencié en Mars 2011 ?

1/ Channel
2/ Yves Saint Laurent
3/ Gucci
4/ Louis Vuitton
5/ Dior

32 Quel pays de l'Union européenne est devenu, en 2018, l'eldorado des start-up françaises ?

1/ La Grèce
2/ La Bulgarie
3/ La Finlande
4/ L'Italie
5/ L'Espagne

33 Quelle est la capitale de l'Afghanistan ?

1/ Téhéran
2/ Kandahar
3/ Damas
4/ Peshawar
5/ Kaboul

34 Quel est le nom de l'actuel Empereur du Japon ?

1/ Hirohito
2/ Akihito
3/ Yoshihito
4/ Mutsuhito
5/ Osahito

35 Combien y a-t-il de casinos Barrière dans le monde ?

1/ 98
2/ 89
3/ 75
4/ 54
5/ 34

36 En 2020, 22 des 30 villes les plus polluées du monde sont :

1/ En Inde
2/ Au Brésil
3/ En Chine
4/ Au Pérou
5/ En Russie

37 A quelle place, sur 180, la France figure-t-elle au sein du classement mondial 2018 de la liberté de la presse publié par Reporters sans frontières (RSF) ?

1/ A la 3e place
2/ A la 12e place
3/ A la 21e place
4/ A la 33e place
5/ A la 51e place

38 En informatique, qu'est-ce qu'un cookie ?

1/ Un logiciel servant uniquement à configurer la partie « hardware » d'un ordinateur
2/ Un fichier stocké par le navigateur web sur le disque dur et qui sert à mémoriser des informations sur le visiteur
3/ Un fichier malveillant qui « voyage » d'un ordinateur à un autre grâce à l'envoi de mail
4/ Un programme permettant le lancement d'un logiciel sans le DVD ou le CD-ROM d'installation
5/ Un site internet inactif dont le nom de domaine est mis en vente

39 Parmi les marques suivantes, laquelle n'appartient pas au groupe Danone ?

1/ Actimel
2/ Blédina
3/ Gervais
4/ Volvic
5/ Lu

40 Un attentat terroriste a été perpétré à Manchester en 2017 à la sortie d'un concert d'une célèbre popstar américaine. De qui s'agit-il ?

1/ Rihanna
2/ Beyonce
3/ Selena Gomez
4/ Ariana Grande
5/ Taylor Swift

41 Pour quelle institution Eurostat est chargé de produire des statistiques officielles ?

1/ La Banque mondiale
2/ L'Union européenne
3/ L'ONU
4/ L'Unesco
5/ Le FMI

42 Parmi les pays suivants, lequel est limitrophe de la Tunisie ?

1/ Lybie
2/ Maroc
3/ Niger
4/ Mali
5/ Egypte

43 Pour quelle raison la Banque Centrale Européenne cesse d'imprimer des billets de 500 euros en 2016 ?

1/ Ils sont inutiles
2/ Ils sont suspectés d'être utilisés par des trafiquants pour transporter discrètement des montants importants
3/ A cause de l'essor des paiements par carte bancaire
4/ Peu de commerçants l'acceptent
5/ Il ne représente qu'un dixième des transactions

44 Dans quel pays le G7 s'est-il réuni en juin 2018 ?

1/ Canada
2/ Royaume-Uni
3/ Irlande
4/ Japon
5/ Italie

45 **Dans quel domaine peut-on faire référence au taylorisme ?**

1/ La politique
2/ La philosophie
3/ Les mathématiques
4/ La production industrielle
5/ La médecine

46 **Qui est en octobre 2021, le PDG du groupe l'Oréal ?**

1/ Jean-Paul Agon
2/ Liliane Bettencourt
3/ Nicolas Hieronimus
4/ Lindsay Owen-Jones
5/ Françoise Bettencourt-Meyers

47 **Parmi les pays suivants, lequel fait partie des trois plus grands producteurs de café ?**

1/ Le Brésil
2/ Le Costa Rica
3/ La Côte d'Ivoire
4/ L'Indonésie
5/ L'Equateur

48 **En quelle année est né le designer français Philippe Starck ?**

1/ 1939
2/ 1949
3/ 1959
4/ 1969
5/ 1979

49 **En 2018, quels sont les trois pays avec le Produit Intérieur Brut (PIB) le plus important ?**

1/ Chine – Etats-Unis – Allemagne
2/ Chine – Etats-Unis – Japon
3/ Etats-Unis – Chine – Allemagne
4/ Chine – Etats-Unis – Russie
5/ Etats-Unis – Chine – Japon

50 **Quel fut le premier livre imprimé par Gutenberg ?**

1/ *Encyclopædia Universalis*
2/ *Le Petit Robert*
3/ *L'Iliade et l'odyssée*
4/ *La Bible*
5/ *Tristan et Iseult*

CORRIGES

Questionnaire 1

1 **Réponse : 3/** Râ, la divinité solaire.

2 **Réponse : 1/** Rome (2,8 millions d'habitants) devant Milan (1,4 million d'habitants).

3 **Réponse : 5/** 0,5 million.

4 **Réponse : 1/** Daniel Craig.

Sixième acteur à interpréter James Bond au cinéma, il fait ses débuts dans le rôle de l'agent James Bond de matricule 007 dans *Casino Royale* (2006), puis continue avec *Quantum of Solace* (2008), *Skyfall* (2012), *Spectre* (2015) et *No Time to Die* (*Mourir peut attendre*) (2021) qui est le cinquième et dernier film de la saga avec Craig dans le rôle.

5 **Réponse : 3/** Simone Veil entrera au Panthéon le 1er juillet 2018.

Lors de l'hommage national aux Invalides le 5 juillet 2017, Emmanuel Macron avait annoncé que l'ancienne ministre de la santé et rescapée de la Shoah reposerait au Panthéon avec son époux.

6 **Réponse : 1/** Les méridiens.

7 **Réponse : 2/** Frédérique Vidal, née le 9 mai 1964 à Monaco, est une biochimiste, spécialisée en génétique moléculaire, professeure des universités et donc femme politique française.

Présidente de l'université Nice-Sophia-Antipolis de 2012 à 2017, elle est nommée ministre de l'Enseignement supérieur, de la Recherche et de l'Innovation dans le gouvernement Edouard Philippe sous la présidence d'Emmanuel Macron le 17 mai 2017, et demeure à ce poste après le remaniement du 19 juin.

A ce titre, Frédérique Vidal porte le projet de loi « Orientation et réussite des étudiants » (ORE), concrétisant le Plan Etudiants, présenté le 30 octobre 2017, et qui a pour objectif affiché de mettre fin au tirage au sort pour l'accès à l'enseignement supérieur, de réduire le taux d'échec en licence, et d'améliorer les conditions de vie des étudiants.

8 **Réponse : 2/** Le président de l'État plurinational de Bolivie est le chef de l'État bolivien. Avant 2010, son titre était président de la République. Le titulaire actuel est Luis Arce, depuis le 8 novembre 2020.

9 **Réponse : 1/** L'égyptien.

10 **Réponse : 3/** Burj Khalifa.

11 **Réponse : 5/** Portugaise.

12 **Réponse : 1/** Il s'agit du premier titre des Philadelphia Eagles. Ils ont créé l'une des plus grandes surprises de l'histoire de la ligue professionnelle de football américain NFL en s'imposant, dimanche 4 février, par 41 à 33 lors du Super Bowl face à l'archi-favori, les New England Patriots, au terme d'un match exaltant de bout en bout.

Après avoir si souvent ramené son équipe du diable vauvert, le quaterback Tom Brady n'est pas parvenu à reprendre la main en toute fin de match, perdant le ballon lors d'une phase offensive décisive.

13 **Réponse : 2/** *Manbiki Kazuku* (*Une affaire de famille*) réalisé par Kore Eda Hirokazu a reçu la Palme d'Or 2018 des mains de Cate Blanchett.

14 **Réponse : 2/** Bill Clinton.

15 **Réponse : 1/** Donald Trump est le 45ᵉ président des Etats-Unis. Il est effectivement né à New York le 14 juin 1946. Avant d'être élu président le 20 janvier 2017, il est un homme d'affaires et animateur de télévision. A partir des années 1970, il se constitue un empire immobilier et une notoriété grâce à des bâtiments prestigieux qui portent généralement son nom.

16 **Réponse : 2/** Au Groupe Canal +. C8, abréviation de Canal 8, anciennement connue sous le nom de D8, est une chaîne de télévision généraliste privée française. La chaîne succède à Direct 8, vendue au groupe Canal + par le groupe Bolloré.

17 **Réponse : 3/** C'est la destination la plus prisée en 2018 selon Tripadvisor : Ishigaki, île japonaise de 222 km^2 située à l'extrême sud du Japon. Elle fait rêver avec son paysage paradisiaque. Ses plages sont réputées pour être parmi les plus belles du Japon. Elle est située sur l'île éponyme de l'archipel d'Okinawa.

18 **Réponse : 3/** L'Italie.

L'Italie remporte l'édition 2021 avec la chanson *Zitti e buoni* interprétée par Måneskin, avec un total de 524 points. C'est la troisième victoire du pays à l'Eurovision, la dernière étant en 1990. La France arrive en deuxième position avec 499 points, son meilleur résultat depuis 1991. La Suisse termine troisième avec 432 points, son meilleur résultat depuis 1993. L'Islande et l'Ukraine complètent le Top 5.

La chanson *Toy*, un appel à l'émancipation féminine et contre toute forme de harcèlement, était interprétée par la chanteuse israélienne de 25 ans Netta Barzilai.

19 **Réponse : 2/** Les Jeux olympiques d'hiver de 2022, officiellement appelés les XXIVᵉˢ Jeux olympiques d'hiver, seront célébrés à Pékin en Chine, ville qui a été élue le 31 juillet 2015, à Kuala Lumpur en Malaisie lors de la 128ᵉ session du Comité international olympique.

Deux villes étaient candidates pour accueillir l'événement : Almaty (Kazakhstan) et Pékin (Chine).

Pékin, hôte des Jeux olympiques d'été de 2008, deviendra ainsi la première ville à accueillir les Jeux olympiques d'été et d'hiver.

20 **Réponse : 4/** Environ 83 %.

21 **Réponse : 5/** C'est l'année où les contribuables ne seront imposés sur aucun de leurs revenus. Si l'impôt est prélevé à la source, le décalage d'un an entre la perception de l'impôt et le paiement de l'impôt sera supprimé.

Ainsi, par exemple, si le passage a lieu en 2018, les revenus perçus en 2017, qui devraient être imposés en 2018, ne le seront pas car ce sont les revenus de 2018 qui seront directement taxés. L'année 2017 sera alors ce qu'on appelle une *année blanche*.

22 **Réponse : 4/** Le discours sur l'état de l'Union.

23 **Réponse : 3/** Le Musée du Louvre, dont la fréquentation a souffert en 2016 de la baisse du nombre de touristes étrangers à Paris, a accueilli 8,1 millions de visiteurs l'an passé, soit une hausse de 10 %, a annoncé la direction du musée.

Particulièrement touché par la baisse des touristes dans la capitale française à la suite des attentats de 2015, le « musée le plus visité du monde », a vu sa fréquentation, en 2016, baisser de 13 %, avec 7,4 millions de visiteurs. L'institution a en outre été contrainte, cette année-là, de fermer quatre jours début juin en raison de risques d'inondation.

24 **Réponse : 2/** 40 % par rapport aux émissions de 1990. L'objectif de réduction des émissions de gaz à effet de serre est calculé par rapport aux émissions 1990. La France a fixé cet objectif à 40 % d'ici à 2030 et 75 % en 2050.

25 **Réponse : 1/** Le football est le sport le plus pratiqué en France, en nombre de licenciés. C'est également le sport olympique où la représentativité féminine est la plus basse, avec seulement 154 032 licences féminines soit 7,4%.

Le tennis est le deuxième sport le plus pratiqué en France. Le tennis compte 301 264 licences féminines soit près de 29,5% des licenciés.

L'équitation est le troisième sport le plus populaire en France, c'est également le sport le plus représenté par la gente féminine. L'équitation dénombre seulement 109 635 licences masculines soit moins de 13%.

Viennent ensuite le judo, le handball, le basketball, le golf, la natation, le rugby et la gymnastique.

26 **Réponse : 3/** Environ 1 million.

27 **Réponse : 3/** L'Allemagne.

28 **Réponse : 3/** Dominique Sopo, né le 30 juillet 1976 à Valenciennes, est un militant associatif français. Il est président de SOS Racisme de 2003 à 2012, et depuis le 16 juin 2014.

Né en 1976 d'une mère française (Bernadette Sopo, actuellement maire de La Sentinelle) et d'un père togolais naturalisé français en 1993. Son père est venu en France en 1966 pour y suivre des études de mécanique. Reparti au Togo en 1969, il revient s'installer définitivement en France dès 1970 en travaillant dans l'industrie automobile comme agent de maîtrise.

Dominique Sopo a commencé à s'investir dans des associations en 1995-1996 par du syndicalisme étudiant au sein de l'UNEF-ID dont il est le responsable pour la région parisienne en 1998-1999. Il devient l'attaché parlementaire de Julien Dray. Il adhère au Mouvement des jeunes socialistes à la même époque et à SOS Racisme en 1996. Il s'investit davantage dans l'association en 1999 quand Malek Boutih devient président.

29 **Réponse : 3/** Les Tigres de Mexico. Arrivé en fin de contrat avec Marseille, c'est l'équipe de Mexico que l'attaquant André-Pierre Gignac rejoint en 2015. Avant Marseille, il avait passé trois ans dans l'équipe toulousaine.

30 **Réponse : 1/** Shimon Peres.

31 **Réponse : 2/** Readly Express. Le Grand Prix d'Amérique est la plus grande course de trot au monde. Elle met aux prises les 18 meilleurs cracks mondiaux sur une distance de 2 700 m.

La 97e édition du Grand Prix d'Amérique a été remportée, dimanche 28 janvier 2018, par le trotteur suédois Readly Express. La course se déroulait à l'hippodrome de Vincennes. Le cheval était drivé par Björn Goop.

La victoire de ce duo a privé Bold Eagle, drivé par Franck Nivard, d'un troisième sacre consécutif dans ce championnat du monde du trot attelé. Bold Eagle (gagnant des éditions 2016 et 2017 du Grand Prix d'Amerique), icône du trot, n'a pas démérité en terminant deuxième, manquant d'un rien la victoire.

32 **Réponse : 4/** Amedeo Modigliani.

33 **Réponse : 2/** Le soleil.

34 **Réponse : 2/** La Bretagne.

35 **Réponse : 2/** La basilique Notre-Dame-de-la-Paix de Yamoussoukro.

36 **Réponse : 2/** Le groupe d'experts intergouvernemental sur l'évolution du climat.

37 **Réponse : 2/** Plus de 120 millions d'abonnés. Le groupe est, plus que jamais, le leader mondial du streaming vidéo avec 120,6 millions d'abonnés payants.

Leader mondial du secteur, Netflix a encore renforcé sa position en 2017 et a épaté Wall Street avec ses performances. Le groupe dirigé par Reed Hastings doit désormais être considéré comme un géant de la tech, plus de 20 ans après les débuts de la société qui a démarré comme entreprise de locations de DVD.

38 **Réponse : 3/** Les mathématiques. Le professeur Alexandre Grothendieck, décédé en décembre 2014, avait enseigné les mathématiques au Collège de France, avant de se retirer de la communauté scientifique puis du monde pour se consacrer à ses travaux.

De nombreux écrits ont été redécouverts en 2015 qui ouvrent une mine de recherches qui pourraient faire avancer les mathématiques et la science en général.

39 **Réponse : 1/** La maladie de Parkinson. La stimulation cérébrale profonde, c'est-à-dire l'application d'impulsions électriques dans le noyau sous-thalamique, constitue une piste d'exploration pour le traitement de la maladie de Parkinson. En effet, cette région du cerveau est impliquée dans deux symptômes de cette maladie dégénérative, la rigidité et le ralentissement.

40 **Réponse : 4/** George Weah, né le 1er octobre 1966 à Monrovia.

Attaquant de renom, il remporte en 1995 le Ballon d'or récompensant le meilleur joueur évoluant en Europe. Il est le premier joueur non européen à remporter ce trophée et le seul originaire du continent africain. Il est également le premier ancien footballeur professionnel à devenir chef d'Etat.

A l'issue de sa carrière sportive et de la deuxième guerre civile libérienne, il se lance en politique. Candidat à l'élection présidentielle libérienne de 2005, il échoue au second tour du scrutin face à Ellen Johnson Sirleaf, alors qu'il était pourtant arrivé en tête du premier tour. Lors de l'élection présidentielle libérienne de 2011, il est cette fois-ci candidat à la vice-présidence mais le ticket présidentiel formé avec Winston Tubman est battu par la présidente sortante. Il réussit par la suite à se faire élire sénateur lors des élections sénatoriales libériennes de 2014, puis est élu président de la République trois ans plus tard au second tour de l'élection présidentielle libérienne de 2017 face au vice-président sortant Joseph Boakai.

41 **Réponse : 5/** 87. Des sanctions en hausse.

D'après ce rapport, au ministre de l'Economie et des Finances Bruno le Maire, 25 interdictions temporaires d'exercice d'activité ont été prononcées, ainsi que 39 sanctions pécuniaires, allant de 1 000 à 30 000 euros.

128 personnes physiques et morales sanctionnées depuis 2014.

Les entreprises concernées appartiennent en majorité au secteur des agences immobilières (76 %), mais aussi à celui de la domiciliation (20 %) et des jeux et paris (4 %), a précisé Bercy dans un communiqué.

42 **Réponse : 3/** Atlanta.

43 **Réponse : 2/** Yannick Bolloré. Dans la famille Bolloré, nous demandons le fils ! Yannick Bolloré a été nommé président du conseil de surveillance de Vivendi, succédant à son père, l'industriel breton Vincent Bolloré.

Créant la surprise, Vincent Bolloré avait annoncé au cours de l'assemblée générale du groupe qu'il allait quitter la présidence du conseil et proposer que son fils Yannick, actuellement à la tête du groupe de publicité Havas, prenne sa place.

44 **Réponse : 4/** du plastique. L'objectif de l'équipe américano-britannique était de comprendre le fonctionnement de l'une de ses enzymes appelée PETase, en découvrant sa structure. Elle se nourrit uniquement d'un type de plastique, le polytéréphtalate d'éthylène (PET) qui entre dans la composition de très nombreuses bouteilles en plastique.

« Mais ils ont été un peu plus loin en concevant par accident une enzyme qui est encore plus efficace pour désagréger les plastiques PET », selon les conclusions de l'étude.

45 **Réponse : 3/** Frédéric Mazzella, né le 9 mars 1976 à Nantes, est un chef d'entreprise français, dirigeant de la plateforme de covoiturage BlaBlaCar.

En 2006, il rachète covoiturage.fr (devenu BlaBlaCar en 2013), une plateforme permettant de mettre en relation des personnes souhaitant effectuer un covoiturage. Les débuts sont difficiles (il emprunte 70 000 euros à sa formation à l'INSEAD, qu'il rembourse en 2013) et il ne se verse son premier salaire qu'en 2009. Xavier Niel dit de Frédéric Mazzella qu'il est « la plus grande star française de l'Internet ». A l'automne 2015, l'importante levée de fonds réalisée par son entreprise le met sur le devant de la scène.

46 **Réponse : 5/** Electronic Entertainment Expo. Le salon mondial du jeu vidéo est l'Electronic Entertainment Expo, ou *E3*, qui a lieu tous les ans à Los Angeles.

47 **Réponse : 5/** Dominique Strauss-Kahn.

48 **Réponse : 1/** Le Fonds européen de stabilisation financière.

49 **Réponse : 2/** 28. En effet, il y a un juge par Etat membre.

50 **Réponse : 4/** Canberra.

Questionnaire 2

1 **Réponse : 2/** Les Etats-Unis. Quinze mois après son arrivée au pouvoir, le 45e président des Etats-Unis a décidé, comme il l'avait promis en campagne, de sortir de cet accord emblématique conclu en 2015 par son prédécesseur démocrate Barack Obama après 21 mois de négociations acharnées.

Concrètement, Donald Trump a choisi l'option la plus radicale : toutes les sanctions levées en contrepartie de l'engagement pris par la République islamique de ne pas se doter de l'arme nucléaire sont rétablies. « Immédiatement » pour les nouveaux contrats, et d'ici le 6 août ou le 4 novembre pour les entreprises, y compris étrangères, déjà présentes en Iran, qui ont donc trois à six mois pour en « sortir » avant d'être frappées par les mesures punitives leur barrant l'accès aux marchés américains.

Autrement dit, il sera très risqué pour une entreprise européenne de maintenir ses investissements en Iran. Cela devrait compliquer la tâche des signataires européens de l'accord de 2015, qui espèrent encore sauver les meubles même en l'absence des Américains.

Si le Premier ministre israélien Benjamin Netanyahu a indiqué qu'il soutenait « totalement » la décision « courageuse » de Donald Trump, la France, le Royaume-Uni et l'Allemagne ont regretté ce choix. Dans une déclaration conjointe, Emmanuel Macron, Theresa May et Angela Merkel ont déclaré avoir pris note de la décision de Donald Trump, avec « regret et préoccupation ».

2 **Réponse : 3/** du Buffle.

3 **Réponse : 3/** Le Xinjiang.

4 **Réponse : 3/** DCRI (Direction centrale du renseignement intérieur).

5 **Réponse : 3/** Winston Churchill.

6 **Réponse : 5/** *Tous les garçons et les filles*. Claudine Luypaerts, dite Maurane, née le 12 novembre 1960 à Ixelles et morte le 7 mai 2018 à Schaerbeek, est une chanteuse, auteure-compositrice-interprète et comédienne belge.

Révélée dans les années 1980 par son rôle de Marie-Jeanne dans la deuxième version de l'opéra-rock *Starmania*, ses titres les plus connus sont *Toutes les mamas*, *Sur un prélude de Bach* et *Tu es mon autre* (en duo avec Lara Fabian). L'artiste est régulièrement qualifiée de « voix d'or de la chanson francophone » et sa voix chaude et jazzy, de « voix de velours ».

7 **Réponse : 2/** François-Henri Pinault. Fils de François Pinault, François-Henri Pinault, né le 28 mai 1962 à Rennes, est un dirigeant d'entreprise français, Président-directeur général du groupe Kering depuis mars 2005 et président d'Artémis depuis mai 2003.

François-Henri Pinault a transformé la société de distribution PPR (Printemps-Pinault-Redoute) en Kering, un groupe mondial de luxe.

8 **Réponse : 1/** C'est en Bretagne que la prime d'assurance auto est la moins chère de France. Il en coûte en moyenne 515 euros par an aux automobilistes pour assurer leur véhicule dans la région, un montant qui grimpe tout de même de 4,8 % par an. Cette première place est somme toute assez logique car la Bretagne enregistre moins de vols, d'actes de vandalisme et d'accrochages que la moyenne nationale.

9 **Réponse : 1/** *Squid Game*.

Squid Game est une série télévisée dramatique de survie sud-coréenne de 9 épisodes, créée par Hwang Dong-hyeok et diffusée dans le monde entier le 17 septembre 2021 sur Netflix.

10 **Réponse : 2/** Contre la myopathie.

11 **Réponse : 5/** 80 milliards de dollars. Bilan 2017 du e-commerce en France : un marché à 81,7 milliards d'euros (14 % de hausse) et de plus en plus d'achats sur mobile.

La Fevad (Fédération du e-commerce et de la vente à distance) et KPMG viennent de publier leur bilan du e-commerce en 2017. L'étude complète porte sur plus de 100 sites : produits grand public (100 sites), e-tourisme (15 sites) et ventes aux professionnels (20 sites) ; et plusieurs solutions de paiement : dyen, Be2bill, Paypal...

Le panier moyen baisse de plus en plus : 65,5 euros par transaction en 2017. Cette érosion est pourtant largement compensée par la forte augmentation de la fréquence de commandes : 33 commandes en ligne en moyenne chaque année. Le panier moyen annuel est de 2 200 euros. Il était de 763 euros seulement il y a 10 ans.

Le nombre de sites marchands augmente lui aussi : il progresse de 10 %.

12 **Réponse : 3/** 32.

La denture adulte complète comporte 32 dents qui sont en place autour de 18 ans : 8 incisives, 4 canines, 8 prémolaires et 12 molaires.

13 **Réponse : 2/** La nouvelle vague.

14 **Réponse : 1/** La Lituanie.

15 **Réponse : 2/** perlée. Les syndicats des cheminots (l'intersyndicale CGT-Unsa-Sud-CFDT) ont inauguré mardi 3 avril un type de grève d'un genre nouveau : la grève perlée. Pendant trois mois, les syndicats appellent les salariés de la SNCF à cesser le travail deux jours par semaine tous les cinq jours. Sud Rail, le syndicat numéro 3 de la SNCF, avait même appelé à une grève reconductible toutes les 24 heures, avant de reculer au nom de l'unité syndicale.

La grève perlée devrait en tout cas démontrer, pour son 8e round, qui aura lieu mardi 8 et mercredi 9 mai, sa capacité à générer des perturbations y compris les veilles et lendemains de conflit, le temps pour l'organisation du trafic de se (re)mettre en place (entretien des rames, déplacement des rails et des agents). Des difficultés confirmées par les premiers jours de reprise post-grève, avec un trafic Intercités plutôt fragile, des RER loin d'être tous là et des TGV Ouigo sur courant alternatif.

16 **Réponse : 3/** La HALDE (Haute Autorité de lutte contre les discriminations et pour l'égalité).

17 **Réponse : 2/** Salil Shetty.

18 **Réponse : 4/** Luanda. L'enquête qui a été réalisée en mars 2017 a comme double référence la ville de New York et le dollar américain. Elle compare plus de 200 métropoles et utilise de nombreux paramètres de prix, notamment ceux du logement, du transport, de la nourriture, de l'habillement, des loisirs, des appareils ménagers.

C'est la vingt-troisième édition de cette étude annuelle qui est utilisée à la fois par les gouvernements et les entreprises. En effet, c'est le classement qu'ils prennent en compte pour le calcul des indemnités d'expatriation donnés à leurs employés.

Luanda à nouveau en tête du classement, détrônée en 2016 par Hong Kong, la capitale angolaise Luanda retrouve le premier rang déjà occupé ces dernières années, et ressort comme la ville la plus chère pour les expatriés, dans la version 2017 de l'étude Mercer.

Si Luanda ressort régulièrement en tête du classement, en raison du coût élevé du logement des expatriés, qui nécessite une forte sécurisation mais aussi du coût élevé des produits de consommation courante – biens importés.

Sur le podium, Luanda est suivie de Hong Kong, ville asiatique la plus onéreuse « du fait de l'indexation de sa devise sur le dollar ». Tokyo est à la 3e place, la hausse du Yen entraînant une hausse du coût de la vie dans la capitale japonaise, contre la 11e place en 2015.

Zurich occupe la quatrième position. Plusieurs villes asiatiques occupent le top ten : Singapour, Séoul et Shanghai.

19 **Réponse : 2/** Montpellier. Avec une soixantaine d'entreprises œuvrant dans le secteur, Montpellier est l'une des capitales du jeu vidéo en France.

La présence depuis bientôt trente ans à Castelnau-le-Lez de la star des studios français, née de la fusion de Tiwak et d'Ubisoft Pictures, créé un vivier ultra favorable pour la création de jeux vidéo.

Comme lui, à Montpellier, les studios indépendants se multiplient : Dragonslash, Feerik Games, ou Seele Games, font des merveilles. Certains ont même tapé dans l'œil d'Ubisoft : 1492 Studio, qui fait des ravages chez les jeunes femmes avec ses histoires d'amour interactives, a été racheté par le géant français au mois de février dernier.

20 **Réponse : 1/** Une compétition de voile transatlantique en solitaire.

21 **Réponse : 1/** Le Guide Rouge.

22 **Réponse : 4/** Manuel Valls.

23 **Réponse : 4/** 75 000.

24 **Réponse : 1/** Colette Dacheville, dite Stéphane Audran, est une actrice française, née le 8 novembre 1932 à Versailles et décédée le 27 mars 2018 à Paris.

Après avoir commencé sa carrière au théâtre dans les années 1950, Stéphane Audran obtient quelques rôles secondaires dans des films de la Nouvelle Vague. Sa rencontre avec Claude Chabrol en 1959 est décisive : elle devient à la fois son épouse et son actrice fétiche. Elle joue dans certains des plus grands films du réalisateur, comme *Le Boucher* et *Les Noces rouges*. En outre, elle participe à l'un des chefs-d'œuvre de Luis Buñuel, *Le Charme discret de la bourgeoisie*, qui reçoit l'Oscar du meilleur film en langue étrangère en 1973. Stéphane Audran a été une figure emblématique du cinéma français des années 1970.

Après 1980, sa carrière s'essouffle, mais elle retrouve le succès avec le film danois *Le Festin de Babette* en 1987, qui reçoit lui aussi l'Oscar du meilleur film étranger. Par la suite, elle se fait plus rare à l'écran.

Elle est immédiatement reconnaissable à sa voix traînante et elle est indissociable de ses rôles de femmes élégantes, calmes et complexes. Stéphane Audran a reçu plusieurs récompenses au fil de sa carrière, dont un Ours d'argent de la meilleure actrice, un BAFTA de la meilleure actrice et un César de la meilleure actrice dans un second rôle.

25 **Réponse : 3/** L'Assemblée nationale. Cette résidence est située rue de l'Université à Paris.

26 **Réponse : 2/** Le « DuoDay » consiste à accueillir le temps d'une journée une personne en situation de handicap en duo avec un collaborateur volontaire au sein d'une entreprise ou d'une administration. Accompagner un salarié, découvrir un métier, une entreprise : la troisième édition du « Duoday » doit permettre à des personnes handicapées de faire une « immersion » dans l'emploi, une initiative qui devrait aussi trouver un écho auprès de personnalités politiques ou des médias.

L'opération, née en 2008 en Irlande et reprise dans d'autres pays européens, a eu lieu pour la première fois en France en 2016 sous l'impulsion d'un Esat (Etablissement et services d'aide par le travail) du Lot-et-Garonne.

27 **Réponse : 1/** La Suisse.

28 **Réponse : 2/** Le nuevo sol.

29 **Réponse : 1/** 1851. L'exposition a eu lieu à Londres et le thème était « Industrie de toutes les nations ».

30 **Réponse : 4/** George Orwell.

31 **Réponse : 2/** *Quotidien*. Depuis septembre 2016, il est l'animateur de l'émission *Quotidien* sur TMC. Auparavant, il animait *Le Petit Journal* sur Canal + de 2004 à 2016.

32 **Réponse : 2/** 159 litres.

33 **Réponse : 5/** Ministre de l'Economie.

34 **Réponse : 2/** France, Allemagne, Espagne.

35 **Réponse : 3/** La Mauritanie. Le nouveau drapeau a été hissé sur tous les édifices publics du pays.

Il se distingue de l'ancien, représentant un croissant et une étoile jaunes sur fond vert, par l'ajout de deux bandes rouges symbolisant le sang des « martyrs » de la résistance, au début du XXe siècle, à la colonisation française.

La Mauritanie a acquis son indépendance de la France le 28 novembre 1960.

Les paroles du nouvel hymne ont été entièrement réécrites par une commission de poètes choisis essentiellement par les autorités pour « insuffler plus d'enthousiasme en faveur de la défense et de l'amour de la patrie », selon ses auteurs.

36 **Réponse : 4/** BFM TV.

37 **Réponse : 1/** Twitter. Le directeur général de Twitter, Dick Costolo, a démissionné de son poste en juin 2015.

Cette décision a fait suite aux déceptions exprimées par les marchés boursiers vis-à-vis des faibles performances de l'entreprise et de son manque de stratégie à long terme. Le cours de l'action a été divisé par deux depuis janvier 2014.

38 **Réponse : 4/** Me Olivier Metzner.

39 **Réponse : 3/** Plus de 54 000. Ces postes en CDI seraient à pourvoir dans les grandes entreprises du secteur marchand.

La France a créé l'année dernière quelque 268 000 emplois salariés, une première depuis dix ans.

Plus de 54 000 postes en CDI seraient ainsi à pourvoir dans toute la France.

Un chiffre auquel il faut ajouter 17 400 créations de postes en alternance.

40 **Réponse : 3/** 4,5 °C. En 2100, selon le scénario *Business as Usual* du GIEC publié en 2014, c'est-à-dire sans changer nos modes de production et de gestion de l'environnement, le réchauffement moyen pourrait être de 4,5 °C par rapport au climat pré-industriel. Les risques liés à ce réchauffement se font déjà sentir par les phénomènes météorologiques violents, et pourraient s'aggraver avec la réalisation de ce scénario.

41 **Réponse : 5/** 14. Deux femmes et douze hommes originaires de sept pays, sélectionnés parmi plusieurs dossiers, vont rejoindre l'initiative « Make Our Planet Great Again » lancée par Emmanuel Macron. Trente millions d'euros ont été débloqués pour financer ces programmes.

Ils viennent du Canada, de Suisse, du Pérou, d'Arabie Saoudite, du Japon, des Etats-Unis ou du Royaume-Uni… En tout, 14 chercheurs ont été retenus parmi 38 candidatures, a annoncé le ministère français de l'Enseignement supérieur, de la Recherche et de l'Innovation. C'est la deuxième promotion qui participe à ce projet à destination des chercheurs du monde entier. La première sélection avait eu lieu en décembre 2017.

Ce programme s'adresse à des scientifiques titulaires d'une thèse depuis plus de 4 ans, établis à l'étranger, travaillant dans les sciences du climat, l'observation et la compréhension du Système Terre, et les Sciences et technologies de la transition énergétique. Les projets de recherche lauréats sont d'une durée comprise entre 3 et 5 ans.

42 **Réponse : 3/** C. La 21e édition de la Coupe du Monde 2018 de Football se déroulera en Russie du 14 juin au 15 juillet 2018. La cérémonie d'ouverture aura lieu à Moscou au Stade Loujniki, suivi du 1er match de la compétition où la Russie affrontera l'Arabie Saoudite.

Au total, 32 pays sont qualifiés et se rencontreront au cours de 64 matchs.

A la suite du tirage au sort organisé par la Fifa, l'équipe de France fait parti du groupe C dans lequel elle affrontera le Pérou, le Danemark et l'Australie.

Le Brésil, l'Allemagne et l'Espagne font figure de favoris. L'équipe de France, quant à elle, se positionne en outsider.

A noter que l'Italie et les Pays-Bas ne participeront pas à la Coupe du Monde 2018.

43 **Réponse : 3/** Le Conseil des ministres.

44 **Réponse : 4/** En Israël. Un fossile vieux de 180 000 ans trouvé sur le mont Carmel est le plus vieux représentant de notre espèce connu hors du berceau africain de l'humanité.

Quand l'homme moderne, alias Homo sapiens, est-il sorti d'Afrique ? La présence de fossiles appartenant à notre espèce dans les grottes israéliennes de Skhul et Qafzeh, datés respectivement de 90 000 et 120 000 ans, donnait une fourchette assez large. Mais la découverte d'une demi-mâchoire datant d'environ 180 000 ans, dans la grotte toute proche de Msiliya, sur le mont Carmel, elle aussi attribuée à un sapiens, montre que les excursions vers le Levant ont été bien plus précoces qu'on ne l'avait envisagé.

45 **Réponse : 5/** 5 millions d'euros. Après une année de pause, la rémunération des grands patrons du CAC 40 est repartie à la hausse.

En moyenne, selon une étude pour le Revenu réalisée par la plateforme digitale Ethics & Boards, les principaux dirigeants des grandes entreprises ont progressé de 13,9 % sur un an en 2017.

La rémunération moyenne, qui comprend la part fixe, la part variable et les stock-options, est de 5,07 millions d'euros, contre environ 4,5 millions l'an dernier.

46 **Réponse : 3/** Au Texas. En 2014, les Etats-Unis comptent 32 Etats appliquant encore la peine de mort.

47 **Réponse : 2/** Ces cinq pays avaient déjà développé l'arme nucléaire lorsque le TNP a été signé.

48 **Réponse : 3/** Alexandre Bompard. Carrefour a annoncé, en 2017, la nomination d'Alexandre Bompard, le jeune patron de 44 ans de la Fnac, au poste de PDG. Il succède à Georges Plassat à la tête d'un des fleurons de la distribution alimentaire, présent dans plus de trente pays et générant 85,7 milliards d'euros de chiffre d'affaires (hors essence) dans le monde. Il prend les rênes du groupe, fort de 380 000 salariés, dont 116 000 en France.

49 **Réponse : 2/** Entre 1915 et 1916.

50 **Réponse : 2/** 5,5 %. Le taux de TVA réduit de 5,5 % n'a pas changé au 1er janvier 2018.

Le taux intermédiaire de 10 %, créé en décembre 2011, est applicable sur la plupart des biens et des services anciennement taxés à 5,5 %, notamment la restauration.

Le taux normal de 20 % est applicable en France sur la majorité des ventes de biens ou de prestations de services.

Le taux super-réduit de 2,1 % est applicable sur les médicaments, les spectacles vivants, la presse imprimée (taux de TVA à 19,6 % pour la presse numérique) et sur les animaux vivants de boucheries.

Questionnaire 3

1 **Réponse : 2/** 6. 1 roi, 1 dame, 2 fous, 2 cavaliers, 2 tours et 8 pions.

2 **Réponse : 2/** 51,90 %. Le Royaume-Uni souhaite fixer au 29 mars 2019 à 23 h la date exacte du Brexit qui réunissait 51,90 % des voix. Pas de quoi rassurer les Européens, qui attendent des avancées bien plus concrètes. La sortie des Britanniques de l'UE entraîne un vertigineux plongeon dans l'inconnu pour leur économie, qui risque de pâtir d'un choc d'incertitudes avec une croissance ralentie et un chômage en hausse. Réaction immédiate de panique. La devise britannique est tombée à son plus bas niveau depuis septembre 1985.

3 **Réponse : 3/** 32. L'alphabet cyrillique est principalement utilisé pour écrire plusieurs langues slaves (plus spécifiquement, les langues des peuples slaves orthodoxes, les peuples slaves catholiques ayant adopté l'usage de l'alphabet latin) : biélorusse, bulgare, russe, serbe, ukrainien…

4 **Réponse : 4/** Le 22 juin 1941. L'opération Barbarossa est la plus grande invasion de l'histoire militaire en termes d'effectifs engagés et de pertes : près de quatre millions de soldats de l'Axe pénètrent en Union soviétique. En plus des troupes, l'opération Barbarossa a mobilisé 600 000 véhicules et 600 000 chevaux. Cette invasion marque aussi un tournant dans la guerre, jusqu'alors encore assez localisée et européenne. Elle va bientôt embraser le monde entier. Hitler déclenche le 22 juin 1941, un an exactement après la signature de l'armistice entre la France et le IIIe Reich, l'opération Barbarossa. Celle-ci ouvre le front de l'Est, qui devient le principal théâtre d'opérations de la guerre terrestre en Europe.

5 **Réponse : 4/** *Le Voyou*. Jean-Paul Belmondo est un acteur français, né le 9 avril 1933 à Neuilly-sur-Seine et mort le 6 septembre 2021 à Paris 7e. Il a été également producteur de cinéma et directeur de théâtre.

6 **Réponse : 2/** Berne. La Suisse possède le quatrième PIB nominal le plus élevé au monde par habitant, ainsi que le huitième PIB en parité de pouvoir d'achat selon le Crédit suisse et le FMI. La Suisse est classée comme l'un des dix pays les moins corrompus ; de plus, sur les cinq dernières années, le pays a été classé premier en termes de compétitivité économique et touristique, selon respectivement le Rapport sur la compétitivité mondiale et le Rapport sur la compétitivité du secteur des voyages et du tourisme, tous deux réalisés par le forum économique mondial. Zurich et Genève ont été toutes deux classées parmi les villes les plus agréables au monde pour leur qualité de vie selon un classement réalisé par Mercer.

7 **Réponse : 4/** 596 milliards de dollars. La Maison Blanche annonce pour 2018 un budget d'environ 603 milliards de dollars pour le Pentagone, en tenant compte de la hausse annoncée. Cela représenterait une hausse de plus de 9 % des dépenses par rapport à 2017. Il n'est pas nécessaire de remonter très loin dans le temps pour noter une augmentation de cette envergure : le budget militaire avait bondi de 10,8 % entre 2007 et 2008, sous la présidence de George W. Bush. Un certain flou entoure toutefois les chiffres communiqués par la présidence. En effet, les dépenses militaires américaines s'élèveront à 585 milliards de dollars en 2017, selon les données du Département de la défense.

8 **Réponse : 5/** 120 millions d'euros. Paul Labile Pogba, né le 15 mars 1993, est un joueur de football international français évoluant en Premier League au poste de milieu de terrain au Manchester United. Après quatre saisons sous le maillot de la Juventus de Turin, il est transféré vers son ancien club de Premier League pour la somme de 115 millions d'euros + 5 millions d'euros en bonus, faisant de lui le joueur le plus cher de l'histoire, avant la signature de Neymar au Paris-Saint-Germain pour 222 millions d'euros en 2017. Il y signe un contrat de cinq ans.

9 **Réponse : 3/** A Dunkerque. La bataille de Dunkerque (nom de code « opération Dynamo ») est le nom donné à l'évacuation de l'armée britannique (incluant les forces canadiennes) effectuée du 21 mai au 4 juin 1940 avec l'appui de l'armée française contre l'armée allemande. Un piège dans lequel se débattent 400 000 hommes, Britanniques et Français, coincés sur une étroite bande côtière, acculés contre la mer d'un côté et menacés, de l'autre, par les chars allemands menés par le général Guderian. La guerre éclair – le blitzkrieg – menée par la Wehrmacht a contraint les troupes alliées, françaises et britanniques, à se replier sur Dunkerque où ils vont se trouver condamnés à résister, périr ou être capturés. Neuf journées que retrace le film de Christopher Nolan, *Dunkerque*.

10 **Réponse : 4/** Alexandre de Juniac, né le 10 novembre 1962, est un chef d'entreprise français, ancien président-directeur général d'Air France-KLM. Depuis le 4 juillet 2016 c'est Jean-Marc Janaillac après avoir dirigé notamment Transdev, spécialisé dans la gestion des services publics de transports (trains, trams, bus), filiale de Veolia et de la Caisse des Dépôts.

11 **Réponse : 4/** L'Agence de la langue française pour la cohésion sociale. Le Gouvernement souhaite promouvoir une politique nationale de la langue française au service de la cohésion sociale et du rayonnement culturel de notre pays. La langue française est au cœur de notre pacte républicain. La maîtrise de la langue française est une condition de l'épanouissement personnel, de l'insertion professionnelle, de l'accès au savoir et à la culture ; c'est également un enjeu majeur pour appartenir pleinement à la nation française.
Pourtant, six millions de nos concitoyens rencontrent des difficultés à manier notre langue, et trois millions font face à l'illettrisme.

12 **Réponse : 2/** Dallas. Ville de l'Etat du Texas, aux Etats-Unis. Elle couvre une surface de 997 km^2 et comptait 1 241 162 habitants en 2012 (9e ville des Etats-Unis). Avec la ville voisine de Fort Worth, Dallas fait partie d'une vaste aire urbaine de 6 371 773 habitants, le Dallas/Fort Worth Metroplex, ou simplement « the Metroplex », la quatrième aire urbaine du pays.
Dallas a été fondée en 1841 et incorporée comme ville le 2 février 1856. C'est la troisième ville du Texas après Houston et San Antonio.

13 **Réponse : 2/** Des ondes gravitationnelles. En physique, une onde gravitationnelle, appelée parfois onde de gravitation, est une oscillation de la courbure de l'espace-temps qui se propage à grande distance de son point de formation. Depuis 2016, l'existence des ondes gravitationnelles est confirmée, grâce à une première observation faite le 14 septembre 2015. Cette observation ouvre un champ nouveau d'observation de l'univers à grande échelle, d'autant que les ondes gravitationnelles ne sont pas arrêtées par la matière. En revanche elle laisse encore ouverte la question de l'existence du graviton.

14 **Réponse : 1/** General Electric. A l'occasion de la présentation de la nouvelle stratégie de General Electric aux investisseurs, le patron du conglomérat n'a pas mâché ses mots à l'égard du pôle énergie d'Alstom, acquis pour 13,5 milliards de dollars en 2015. « Alstom s'est révélé en dessous des attentes », a déclaré John Flannery. Le dirigeant américain a jugé Alstom « très décevant ». « En un mot n'attendez rien du côté des fusions-acquisitions » à court terme, a-t-il répété. « Nous devons mieux diriger cette activité », a renchéri Russel Stokes, le nouvel homme fort de la division Power du conglomérat. S'il a loué la qualité des personnels d'Alstom, John Flannery a regretté le temps pris par la finalisation de l'opération. Il a également souligné que la performance d'Alstom était particulièrement mauvaise dans les énergies renouvelables.

15 **Réponse : 5/** En 1989. Nicolae Ceauşescu est un homme d'Etat et dictateur roumain. Le régime communiste qui a été mis en place le 6 mars 1945, et dont Ceauşescu est l'ultime dirigeant, s'effondre le 22 décembre 1989, lors du coup d'état faisant suite aux révoltes de la population débutées à Timişoara. Trois jours plus tard, le 25 décembre 1989, Nicolae Ceauşescu et son épouse Elena sont jugés, condamnés et exécutés à l'issue d'une procédure expéditive semblable à celles que le régime utilisait contre les opposants et dissidents.

16 **Réponse : 1/** Tiers Monde. L'expression tiers monde, ou tiers-monde , lancée en 1952, se rapporte à l'ensemble des pays africains, asiatiques, océaniens ou du continent américain en carence de développement. Ce terme est considéré comme obsolète par certains au profit de celui de pays les moins avancés (PMA). La fameuse expression « Tiers Monde », est initialement publiée dans un article de Sauvy : « Nous parlons volontiers des deux mondes en présence, de leur guerre possible, de leur coexistence, etc. oubliant trop souvent qu'il en existe un troisième, le plus important [...] C'est l'ensemble de ceux que l'on appelle [...] les pays sous-développés [...]. Ce Tiers Monde ignoré, exploité, méprisé [...] veut, lui aussi, être quelque chose ».

17 **Réponse : 5/** Allemande. Karl Lagerfeld, né Karl Otto Lagerfeldt le 10 septembre 1933 à Hambourg en Allemagne, est un grand couturier, photographe, réalisateur et éditeur allemand. Se disant « dilettante professionnel », il est le directeur artistique de la maison de haute couture Chanel à Paris depuis 1983, de la maison italienne Fendi à Rome depuis 1965 et de sa propre ligne depuis 1984. En plus de ces occupations, il édite des livres en Allemagne, possède une librairie et réalise des photos de mode et des photos publicitaires.

18 **Réponse : 5/** Serge Dassault est un chef d'entreprise dans l'industrie aéronautique et de l'armement et homme politique français, ancien sénateur et maire de Corbeil-Essonnes. Pour la première fois, l'industriel et sénateur UMP Serge Dassault reconnaît dans un enregistrement réalisé fin 2012, et dont Mediapart publie des extraits, avoir acheté la victoire de son successeur à la mairie de Corbeil-Essonnes. Une somme de 1,7 million d'euros est en jeu.

19 **Réponse : 3/** Yannick Noah. La Coupe Davis 2017 est la 106e édition de ce tournoi de tennis professionnel masculin par nations. Pour la première fois, en 2017, l'épreuve est officiellement considérée comme la Coupe du monde de tennis. La compétition est remportée pour la dixième fois par la France qui s'impose en finale trois victoires à deux contre la Belgique à Villeneuve-d'Ascq. En septembre 2015, il reprend le poste de capitaine de l'équipe de France de Coupe Davis, succédant à Arnaud Clément, et en décembre 2016, il succède à Amélie Mauresmo en devenant également capitaine de l'équipe de France de Fed Cup, jusqu'en avril 2018.

20 **Réponse : 1/** Pierre Gattaz, né le 11 septembre 1959 à Boulogne-Billancourt, est un industriel français. il exerce diverses fonctions au sein d'organisations professionnelles, d'abord sectorielles puis généralistes, dont celle de président de la Fédération des industries électriques, électroniques et de communication (FIEEC) de 2007 à 2013. Il est ensuite élu à la présidence de la principale organisation patronale française, le Mouvement des entreprises de France (MEDEF) le 3 juillet 2013, succédant à Laurence Parisot.

21 **Réponse : 4/** Marine Le Pen. Le Parti populaire européen (PPE), principal groupe politique au Parlement européen, a demandé mercredi 28 octobre une enquête pour vérifier que la présidente du Front national ne s'est pas fait remplacer pour des votes, en violation du règlement. Le député néerlandais Marcel de Graaff, coprésident du groupe Europe des nations et des libertés présidé par Marine Le Pen, a reconnu jeudi, lors d'une réunion des chefs de file des groupes politiques au Parlement, qu'il avait commis une erreur en votant pendant quelques minutes à la place du leader du FN, a indiqué une autre source parlementaire.

22 **Réponse : 4/** Romanov. Originaires de Novgorod, les Romanov s'établissent en Russie au XIVe siècle. Cette famille de boyards tient son nom de Roman Zakharine, dont la fille Anastasia a épousé le tsar Ivan IV le Terrible.

23 **Réponse : 4/** Le Brésil. Le Suriname un pays d'Amérique du Sud. Ses voisins sont le Guyana à l'ouest, le Brésil au sud et la Guyane française à l'est, et sa capitale est Paramaribo. Avec une population d'environ 520 000 habitants, le Suriname est le pays le moins densément peuplé d'Amérique (190e rang mondial).

24 **Réponse : 2/** L'Olympique de Marseille et le Paris Saint-Germain. Le PSG bat l'OM (4-2) au Stade de France et remporte la Coupe de France en 2016. Si les Marseillais ont été vaillants, ils n'ont rien pu faire contre les individualités parisiennes. Grâce à ce 10e succès en Coupe de France, le PSG égale l'OM au palmarès de la compétition.

25 **Réponse : 2/** L'Oregon. Les faits se sont déroulés au matin du 1er octobre 2015. Chris Harper-Mercer s'introduisit dans le campus et tira sur des élèves et des professeurs pendant les cours. Le premier appel au 911 fut donné à 10 h 38 heure locale. La police arriva à 10 h 44, puis procéda à un échange de tirs avec le tueur, qui finit par se suicider.

26 **Réponse : 2/** La France reste toujours le pays le plus visité dans le monde en 2017. Le pays pourrait atteindre 88 à 89 millions de personnes selon une estimation dévoilée par le ministère des Affaires étrangères français. Le pays classé deuxième est l'Espagne qui passe devant les Etats-Unis avec 82 millions de touristes étrangers. L'attrait touristique de la France s'explique par le grand nombre et la grande variété des points d'intérêt, la diversité des paysages, la richesse du patrimoine œnogastronomique, historique, culturel et artistique, les facilités d'accès et d'infrastructures de transport, mais aussi par l'équipement important et varié du pays en structures d'accueil (hôtellerie, restauration, parcs d'attractions...).

27 **Réponse : 1/** La révolution cubaine est l'ensemble des événements débutés en 1953 ayant conduit en janvier 1959 au renversement du régime de Fulgencio Batista, aboutissant à l'actuelle République cubaine. La révolution est menée par le Mouvement du 26 juillet dirigé par Fidel Castro et notamment Che Guevara ainsi que leurs alliés s'opposant au gouvernement autoritaire cubain de 1902, soutenu par les Etats-Unis. La révolution commence en juillet 1953, et continue sporadiquement jusqu'à ce que les rebelles chassent Batista du pouvoir le 1er janvier 1959. Par la suite, Le Mouvement mettra en place des réformes plus socialistes pour ensuite devenir le Parti communiste cubain en octobre 1965.

28 **Réponse : 3/** La Somalie. Lors de cette visite historique, les membres de la délégation, dirigée par le Représentant permanent du Royaume-Uni auprès des Nations Unies, Mark Lyall-Grant, et l'ambassadeur Usman Sarki du Nigéria, ont rencontré le Président Hassan Sheikh Mohamud, le Premier ministre Abdiweli Sheikh Ahmed, et d'autres hauts responsables somaliens.

29 **Réponse : 1/** La troposphère est la couche de l'atmosphère terrestre située au plus proche de la surface du globe jusqu'à une altitude d'environ 8 à 15 kilomètres, selon la latitude et la saison. Elle est plus épaisse à l'équateur qu'aux pôles. En moyenne, la température diminue avec l'altitude, à peu près de 6,4 °C tous les 1 000 mètres. Le terme « troposphère » a été inventé en 1913 par le météorologiste français Léon Teisserenc de Bort. Elle représente environ 80 % de la masse totale de l'atmosphère. C'est dans cette couche que circule normalement l'aviation commerciale. On y trouve la plupart des phénomènes météorologiques.

30 **Réponse : 3/** Adidas. L'affaire Tapie – Crédit lyonnais (aussi appelée affaire Adidas ou affaire Lagarde – Tapie) est une affaire opposant, depuis 1992, Bernard Tapie à la Société de Banque Occidentale, une filiale du Crédit lyonnais, elle-même banque publique au moment des faits. Plusieurs personnes, dont Bernard Tapie, sont mises en examen pour escroquerie en bande organisée, l'instruction n'est pas close. Le parquet, qui avait requis par écrit un non-lieu en faveur de l'ancienne ministre de l'Economie, des Finances, de l'Industrie et du Travail, n'est pas pour autant favorable au sursis à statuer sollicité par Me Maisonneuve, en attendant la sentence du volet droit commun.

31 **Réponse : 4/** Saint-Pétersbourg. Le vol 9268 de la compagnie MetroJet est un vol charter au départ de l'aéroport international de Charm el-Cheikh et à destination de Saint-Pétersbourg qui s'est écrasé le 31 octobre 2015 dans la péninsule égyptienne du Sinaï, alors qu'il allait atteindre son altitude de croisière. L'avion, un Airbus A321, transportait 217 passagers. Il n'y a eu aucun survivant.

32 **Réponse : 1/** La Birmanie. Le pays a connu depuis 1962 une série de dictatures militaires. De 1988 à 2011, la Birmanie a été officiellement dirigée par le Conseil d'Etat pour la paix et le développement. Cette junte a officiellement laissé la place en 2011 à un pouvoir civil dirigé par l'un de ses anciens membres, mais le poids de la hiérarchie militaire reste prépondérant dans les faits.

33 **Réponse : 1/** Les Galeries nationales du Grand Palais. Le Grand Palais est un monument parisien situé en bordure des Champs-Elysées, face au Petit Palais, dont il est séparé par l'avenue Winston-Churchill dans le 8e arrondissement.

Ses 77 000 m^2 abritent régulièrement salons et expositions prestigieuses. Il accueille en 2015 la Picasso Mania. Cent chefs d'œuvre de Picasso, dont certains jamais montrés, confrontés aux plus grands maîtres de l'art contemporain, David Hockney, Jasper Johns, Roy Lichtenstein, Andy Warhol, Jean-Michel Basquiat... A la fois chronologique et thématique, le propos retrace les différents moments de la réception critique et artistique de l'œuvre de Picasso, les étapes de la formation du mythe associé à son nom.

34 **Réponse : 2/** Le refus de l'entreprise de transmettre des informations sur des utilisateurs à la justice. Un juge du Sergipe, Etat du nord-est du Brésil, a ordonné aux opérateurs de téléphonie fixe du pays de bloquer la messagerie WhatsApp pour 72 heures pour rétention d'informations dans le cadre d'une enquête. Dans un communiqué, le tribunal explique que Facebook, propriétaire de l'application, n'a pas fourni d'informations sur une bande de trafiquants de drogue locale. Ce juge a accepté un recours de la police fédérale, soutenu par le parquet, qui demandait de lever le secret sur les messages liés à l'enquête sur le trafic de drogue.

35 **Réponse : 5/** Le Canada. Les Îles Cook sont un Etat de l'océan Pacifique sud reconnu par l'Organisation des Nations unies mais non membre de celle-ci, en libre association avec la Nouvelle-Zélande à l'instar de Niue. Il s'agit d'une monarchie parlementaire dont le territoire couvre l'archipel éponyme des îles Cook. Il a pour capitale Avarua et ses habitants se nomment les Cookiens. Le pays a été nommé en l'honneur de James Cook, grand navigateur britannique, qui explora les îles en 1777.

36 **Réponse : 5/** Marseille. Au deuxième jour de l'Euro, quelque 600 supporters anglais et russes se sont violemment affrontés dans le centre-ville de Marseille, samedi 11 juin, en marge du match Angleterre-Russie. Bilan : au moins 31 blessés, dont un Anglais qui restait dimanche matin entre la vie et la mort après avoir reçu des coups de barre de fer.

37 **Réponse : 5/** Les Trois Glorieuses. La révolution de Juillet est la seconde révolution française après la Révolution française de 1789. Elle porte sur le trône un nouveau roi, Louis-Philippe Ier, à la tête d'un nouveau régime, la monarchie de Juillet, qui succède à la Seconde Restauration. Cette révolution se déroule sur trois journées, les 27, 28 et 29 juillet 1830, dites « Trois Glorieuses ».

38 **Réponse : 3/** Les femmes enceintes. L'Organisation mondiale de la santé (OMS) a déconseillé mardi 8 mars aux femmes enceintes de se rendre dans les régions affectées par le virus Zika, en raison du lien de plus en plus avéré avec des malformations du fœtus.

39 **Réponse : 4/** L'Indonésie est constituée de 13 466 îles. D'après des estimations du gouvernement indonésien en 2008, 922 d'entre elles sont habitées.
L'Indonésie s'étend des deux côtés de l'équateur. Les quatre plus grandes îles sont Célèbes, Sumatra, Kalimantan (partie indonésienne de Bornéo) et la Nouvelle-Guinée (partagée avec la Papouasie-Nouvelle-Guinée). Sa superficie totale est de 1 904 569 km^2.

40 **Réponse : 5/** Israël.

41 **Réponse : 4/** Jean-Christophe Cambadélis est un homme politique français. D'abord militant d'extrême gauche au sein du courant trotskiste lambertiste, il est actif dans le syndicalisme étudiant et préside l'Union nationale des étudiants de France – Indépendante et démocratique (UNEF-ID) de 1980 à 1984. Entré au Parti socialiste en 1986, il est député de 1988 à 1993 et de 1997 à 2017.

42 **Réponse : 4/** Nadine Morano, née le 6 novembre 1963 à Nancy, est une femme politique française, membre du parti Les Républicains (LR). Ancienne députée française, élue en Meurthe-et-Moselle, elle est successivement secrétaire d'Etat chargée de la Famille (2008-2009), puis de la Famille et de la Solidarité (2009-2010), et ministre délégué auprès du ministre du Travail, de l'Emploi et de la Santé, chargée de l'Apprentissage et de la Formation professionnelle (2010-2012). Elle est députée européenne depuis 2014.

43 **Réponse : 4/** Martine Aubry, née Martine Delors le 8 août 1950 à Paris, est une femme politique française. Elle est ministre du Travail, de l'Emploi et de la Formation professionnelle de 1991 à 1993, puis ministre de l'Emploi et de la Solidarité et « numéro deux du gouvernement » de 1997 à 2000. A ce titre, elle met notamment en œuvre la réforme des 35 heures et instaure la couverture maladie universelle (CMU). Elle devient ensuite maire de Lille et présidente de la communauté urbaine de Lille. Elue première secrétaire du Parti socialiste en 2008, elle est la première femme à exercer cette fonction. Elle est candidate à la primaire socialiste de 2011, qu'elle perd au second tour face à François Hollande, qui devient président de la République en 2012. Elle quitte la tête du Parti socialiste la même année.

44 **Réponse : 2/** Michel Sapin, né le 9 avril 1952 à Boulogne-Billancourt (Seine), est un haut fonctionnaire et homme politique français.
Sous la présidence de François Hollande, il est ministre du Travail, de l'Emploi, de la Formation professionnelle et du Dialogue social de mai 2012 à mars 2014. Le 2 avril 2014, il est nommé ministre des Finances et des Comptes publics puis le 30 août 2016, il est nommé ministre de l'Economie et des Finances à la suite de la démission d'Emmanuel Macron dont il reprend le portefeuille.

45 **Réponse : 2/** Nigel Paul Farage est un homme politique, animateur de radio et analyste politique britannique. Il est à l'origine de la création du Parti pour l'indépendance du Royaume-Uni (UKIP), qu'il dirige entre 2006 et 2016.

46 **Réponse : 2/** Romain Duris, né le 28 mai 1974 à Paris, est un acteur français.

47 **Réponse : 2/** Sous-marin Nucléaire Lanceur d'Engins. Un SNLE, aussi connu comme SSBN (Sub-Surface Ballistic Nuclear) selon le code OTAN, est un sous-marin à propulsion nucléaire navale de très grande taille, équipé de missiles balistiques stratégiques à charge nucléaire en silos verticaux et lancés en plongée. Il est également équipé en torpilles et en missile à changement de milieu, des armes anti-navires pour son auto-défense. Sa mission est la dissuasion nucléaire ; il assure, à ce titre, la garantie d'une frappe nucléaire de riposte, en raison de la difficulté de le localiser lors de ses patrouilles en plongée, grâce notamment à ses qualités de discrétion acoustique.

48 **Réponse : 4/** Kurdes. Peshmerga est un terme utilisé par les Kurdes pour généralement qualifier leurs combattants. Ils utilisent aussi le nom officiel donné par le gouvernement régional du Kurdistan aux Forces armées du Kurdistan irakien. Le collectif « Solidarité pour le Kurdistan » (CSPK) a dénoncé l'agression de l'armée turque contre les civils de ce canton syrien, à majorité kurde, où se sont réfugiés plus de 300 000 personnes pour fuir notamment Daesh et Al Qaida.

49 **Réponse : 1/** Un antiépileptique. Présent dans plusieurs spécialités pharmaceutiques dont la Dépakine, le valproate de sodium est sur la sellette depuis des années à cause du risque de malformations qu'il provoque (de l'ordre de 10 %), mais également d'un risque plus élevé de retards intellectuels, sans parler des cas d'autisme. Ces risques réunis peuvent atteindre deux enfants sur cinq qui y sont exposés. *Le Canard Enchaîné* affirmait que plus de dix mille femmes auraient pris de la Dépakine entre 2007 et 2014. Un chiffre extrait d'une étude « alarmante » menée par l'Agence du médicament ANSM et par l'Assurance maladie.

50 **Réponse : 5/** Une œuvre composée en hommage à un ami, mort ou vivant. Dans la musique occidentale savante, un tombeau est un genre musical en usage pendant la période baroque. Il était composé en hommage à un grand personnage ou un collègue musicien (maître ou ami), aussi bien de son vivant qu'après sa mort, contrairement à ce que le nom de ce genre musical pourrait laisser penser.

Questionnaire 4

1 **Réponse : 1/** Pour la première fois dans l'histoire de la compétition, un Mondial se disputera dans 3 pays différents. Mais la distribution des affiches du tournoi ne sera pas faite équitablement. 60 d'entre eux devraient être joués aux Etats-Unis tandis que le Canada et le Mexique se partageront les 20 affiches restantes. A noter également qu'à partir des quarts de finale, toutes les rencontres devraient être disputés sur le sol américain.

2 **Réponse : 1/** Tchétchénie.

3 **Réponse : 4/** Le flexitarisme (parfois appelé semi-végétarisme) est une pratique alimentaire qui consiste à être flexible dans la pratique végétarienne. Ce terme désigne la pratique alimentaire de personnes qui sont principalement végétariennes mais qui, parfois, mangent viande, poisson et autres « produits animaux ». Selon les circonstances, un flexitarien peut manger végétarien ou végétalien chez lui, mais manger des plats incluant de la chair animale lors d'occasions particulières comme aller au restaurant, lors de repas en famille ou chez des amis.

Les flexitariens partagent généralement les préoccupations des végétariens et végétaliens, à savoir le souhait d'un traitement plus juste des animaux ou des préoccupations environnementales, mais ils s'imposent des contraintes alimentaires plus souples pour différentes raisons comme des raisons de santé, des raisons pratiques ou le maintien des liens sociaux avec les personnes consommant de la viande.

4 **Réponse : 3/** La France. La France est la première puissance agricole européenne depuis 2011.

5 **Réponse : 4/** Environ 80 000.

6 **Réponse : 2/**Johnny Hallyday, de son vrai nom Jean-Philippe Smet, né le 15 juin 1943 à Paris et mort le 5 décembre 2017 à Marnes-la-Coquette, est un chanteur, compositeur et acteur français. Durant ses 57 ans de carrière, il est l'un des plus célèbres chanteurs francophones et l'une des personnalités les plus présentes dans le paysage médiatique français.

7 **Réponse : 3/** A Nîmes. Petit moyen mnémotechnique pour s'en souvenir : La Tour Magne à Nîmes = magnanime.

8 **Réponse : 5/** 97 % du PIB. La dette française recule de 12,9 milliards d'euros au quatrième trimestre 2017, soit une baisse de 0,6 % sur trois mois, à 2 218,4 milliards d'euros. Sur un an, elle est en augmentation de 3,1 %. L'endettement de la France représente désormais 97 % du PIB du pays, soit 1,3 point de moins qu'au trimestre précédent mais 0,4 point de plus qu'un an auparavant.

Montant de la dette de la France : 2 218,4 milliards d'euros.

Il existe deux manières de mesurer la dette d'un pays : en valeur absolue (en milliards d'euros), ou en pourcentage du PIB. Ce deuxième instrument permet de mettre en perspective l'augmentation de la dette par rapport à la richesse, et donc de comparer l'endettement de pays de tailles différentes.

9 **Réponse : 4/** 16 ans. En 16 ans, Angela Merkel a connu 4 présidents français et autant aux États-Unis...

10 **Réponse : 4/** Marlène Schiappa.

11 **Réponse : 5/** Le Maroc.

12 **Réponse : 3/** Israël a remporté pour la quatrième fois de son histoire le concours de l'Eurovision grâce à une chanson inspirée par l'esprit du mouvement d'émancipation des femmes #MeToo.

La chanson *Toy* était interprétée par la chanteuse israélienne de 25 ans Netta Barzilai, située aux antipodes d'une typique diva télégénique, et se voulait un appel à l'émancipation féminine et contre toute forme de harcèlement.

13 **Réponse : 2/** 2022. Quinze ans après la décision de l'abandon de l'atome, les Allemands produisent déjà plus de 30 % de leur énergie avec du renouvelable. L'objectif est d'atteindre une part de 80 % d'ici à 2050. L'Allemagne n'est pas pour autant confrontée à une pénurie d'électricité.

14 **Réponse : 3/** Environ 45 litres par an par habitant.

La consommation de lait conditionné s'élève ainsi à plus de 45 litres par habitant en 2019. En grande distribution, les consommateurs ont acheté environ 2,3 milliards de litres de lait conditionné, soit -3,3 % sur un an, principalement en raison du déclin de la consommation de lait au petit-déjeuner selon les acteurs de la filière. Globalement, la consommation moyenne ne cesse de reculer. Elle était encore de 49 litres par habitant en 2017 et de 51 litres en 2015. Depuis 2003, où les

Français buvaient en moyenne 61 litres de lait par an, la consommation a chuté de près de 26 %.

15 **Réponse : 1/** Le Mediator a été commercialisé en France par le laboratoire Servier dès 1976. Il était réservé à l'origine aux diabétiques en surcharge pondérale puis il a été prescrit aux patients désireux de perdre du poids. En novembre 2009, ce médicament a été interdit. Il serait responsable de 500 à 1 000 morts et 3 500 hospitalisations en France.

16 **Réponse : 5/** L'Angola n'est pas un pays frontalier de l'Afrique du Sud. Il se situe au nord du Botswana et de la Namibie, pays frontalier de l'Afrique du Sud.

17 **Réponse : 1/** A l'Hippodrome de Longchamp.

18 **Réponse : 4/** Plus de 300 millions d'euros.

19 **Réponse : 3/** Bibliothèque nationale de France.

20 **Réponse : 1/** François Hollande.

21 **Réponse : 3/** Lyon. Après trois ans de travaux, le Grand Hôtel-Dieu ouvre au public en mai 2018 en plein cœur de Lyon.

L'ancien hôpital, transformé en un nouveau lieu de vie, accueille des commerces, bureaux et logements.

22 **Réponse : 5/** 15.

23 **Réponse : 1/** Detroit.

24 **Réponse : 5/** A Dubaï.

Avec ses portes grandes ouvertes aux visiteurs internationaux dès juillet 2020, la ville exhibe régulièrement des nouvelles attractions pharaoniques entre ses gratte-ciel et autres îles artificielles. « C'est une piscine de 60 mètres de profondeur, soit 15 mètres de plus que toute autre piscine au monde et deux fois plus grande », a déclaré Jarrod Jablonski, directeur de Deep Dive Dubai, qui gère le projet. La piscine, qui a ouvert ses portes au public mercredi, « a pour thème une ville engloutie », a-t-il ajouté. Elle contient un volume d'eau équivalent à six piscines olympiques, soit 14,6 millions de litres, selon lui.

25 **Réponse : 3/** Tipple.

26 **Réponse : 4/** A Singapour.

27 **Réponse : 3/** Bernard Tapie.

Bernard Tapie, né le 26 janvier 1943 dans le 20e arrondissement de Paris et mort le 3 octobre 2021 dans le 7e arrondissement de Paris, est un homme d'affaires et homme politique français. Il est dirigeant d'un groupe d'entreprises, notamment propriétaire d'Adidas et de l'Olympique de Marseille, gérant du Groupe Bernard Tapie et propriétaire du Groupe La Provence, qui édite le journal du même nom ainsi que Corse-Matin. Dans les années 1990, engagé en politique en tant que radical de gauche, il est deux fois ministre de la Ville au sein du gouvernement Bérégovoy, député des Bouches-du-Rhône à deux reprises, député européen (sa liste obtient 12 % aux élections de 1994) ainsi que conseiller général des Bouches-du-Rhône. Sa carrière politique s'arrête en raison de ses ennuis judiciaires. Impliqué dans plusieurs scandales financiers, il est condamné dans l'affaire VA-OM (qui lui vaut d'être emprisonné en 1997 pendant près de six mois), dans l'affaire du Phocéa, dans l'affaire Testut et dans l'affaire des comptes de l'OM. Dans les années 2010, il doit rembourser à l'État 404 millions d'euros perçus dans le cadre de l'affaire du Crédit lyonnais, pour laquelle il est relaxé en justice.

28 **Réponse : 1/** La CEDH, qui siège à Strasbourg, vise à sanctionner les Etats signataires et non respectueux de la *Convention de sauvegarde des droits de l'homme et des libertés fondamentales*, laquelle garantit aux particuliers certains droits fondamentaux (droit à un procès équitable, au respect de la vie privée…)

29 **Réponse : 3/** 44 ans.

30 **Réponse : 4/** Claude-Joseph Rouget de Lisle.

31 **Réponse : 4/** Le Commonwealth est une organisation regroupant les anciennes colonies ou protectorats de l'Empire britannique. Cette organisation compte 52 membres dont 3 n'ont jamais relevé de la couronne britannique (le Mozambique, la Namibie et le Rwanda).

32 **Réponse : 5/** 1 885 tableaux pour être précis !

33 **Réponse : 1/** entre 100 000 et 150 000 cheveux.

34 **Réponse : 3/** 2014.

35 **Réponse : 3/** L'accord sur le nucléaire iranien. L'accord conclu en 2015 entre l'Iran et le groupe 5 + 1 (Chine, Etats-Unis, France, Royaume-Uni, Russie et Allemagne) prévoit une levée des sanctions visant Téhéran, en contrepartie de son engagement de ne pas se doter de l'arme nucléaire. Donald Trump a annoncé, le 8 mai, le retrait total des Etats-Unis de l'accord et le rétablissement des sanctions contre la République islamique. Les signataires européens – la France, l'Allemagne et le Royaume-Uni – se sont dans la foulée dits « déterminés à assurer la mise en œuvre » du texte en « maintenant les bénéfices économiques » au profit de la population iranienne.

36 **Réponse : 3/** Un organisme chargé de veiller au respect de la vie privée dans le domaine informatique.

37 **Réponse : 1/** Australienne. Il était venu jusqu'en Suisse pour bénéficier d'un suicide assisté que son pays, l'Australie, lui refusait. David Goodall, un scientifique de 104 ans s'est éteint jeudi midi à Bâle, en Suisse, d'une injection de Nembutal.

La question de la place de l'euthanasie ou du suicide assisté dans la législation des différents pays est source de débats. La plupart des pays les interdisent, avec des exceptions notables telles que la Belgique, le Canada, la Suisse, les Pays-Bas, le Luxembourg et certains Etats américains.

38 **Réponse : 1/** Bonn.

39 **Réponse : 3/** 1962.

40 **Réponse : 3/** Terah est le père d'Abraham. Joseph est le fils de Jacob, le petit-fils d'Isaac et l'arrière petit-fils d'Abraham. L'ange Gabriel fait partie des 3 anges qui sont venus annoncer à Abraham le 3e jour suivant sa circoncision qu'il allait avoir un fils avec sa femme Sarah. Quant à Moïse, il est un descendant de la tribu de Lévi, ce dernier étant l'un des 11 frères de Joseph.

41 **Réponse : 4/** Entre 3 000 et 7 000.

42 **Réponse : 1/** Fin des années 2010, les cancers étaient encore la 1re source de mortalité (29,6 %), devant les maladies de l'appareil circulatoire (27,5 %), les accidents (4,6 %), la maladie d'Alzheimer (3,2 %), le diabète (2,2 %), le suicide (1,9 %), les démences (1,8 %) et les maladies chroniques du foie (1,7 %).

43 **Réponse : 3/** Muhammadu Buhari. Muhammadu Buhari (1942 –) a remporté les élections présidentielles du Nigeria le 28 mars 2015 contre le président sortant Goodluck Jonathan (1957 –) avec 53,9 % des voix. Cette élection était particulièrement attendue car Goodluck Jonathan est très critiqué pour son incapacité à lutter contre le groupe terroriste Boko Haram.

Boko Haram est un mouvement terroriste d'idéologie salafiste djihadiste, originaire du nord-est du Nigeria qui a pour objectif d'instaurer un califat et d'appliquer la charia. En avril 2014, le groupe a notamment enlevé 237 lycéennes au Nigeria. Cet enlèvement a provoqué une vague d'indignation internationale, notamment incarnée par le slogan *Bring back our girls*.

44 **Réponse : 4/** La fin de la guerre du Vietnam.

45 **Réponse : 3/** Le Vietnam avec 90,6 millions d'habitants. Puis la Thaïlande : 70,2, la Malaisie : 29,8, Le Cambodge : 14,7 et enfin le Laos : 6,5.

46 **Réponse : 3/** Wright fut l'un des premiers partisans du béton armé. Le fabuleux musée Guggenheim à New York est une spirale de béton qui renferme une promenade circulaire gagnant en pente douce le niveau du sol. Wright débuta comme collaborateur de Sullivan (architecte et théoricien américain – son Wainwright Building de Saint Louis a résolu les problèmes du gratte-ciel) et se révéla particulièrement inventif tout au long de sa vie tant dans ses grands édifices (musée Guggenheim, New York, 1943) que dans ses maisons particulières (« maisons de la prairie » du début du siècle, maisons « usoniennes » après 1945). Il est le maître du courant organique.

47 **Réponse : 4/** La Loire.

48 **Réponse : 1/** C'est le *Washington Post* qui a révélé le scandale du « Watergate » (1972). Le journal dévoilait que des sommes énormes avaient été blanchies par le Comité pour la réélection du président pour soutenir un nombre important d'actions à la légalité plus que douteuse. On découvre alors un grand nombre d'exactions couvertes par la Maison-Blanche à l'encontre d'opposants politiques ou de journalistes, dont les célèbres écoutes téléphoniques et l'unité d'investigation des « plumbers » (les plombiers). Le 8 août 1974 au soir, Nixon annonce à la télévision qu'il va démissionner. Le 9 août à midi, Ford prête serment et devient président des Etats-Unis.

49 **Réponse : 2/** Avec près de 1,7 million de km^2 (bien plus grand que la France donc, avec ses 544 000 km^2 !)

Pour information :

Superficie des USA : 9,8 millions de km^2 soit plus de 17 fois la superficie de la France.
50 Etats : le plus étendu étant Alaska. Les trois plus grands Etats sont : le Texas (691 000 km^2), la Californie (411 000 km^2) et le Montana (381 000 km^2). Les trois plus petits sont Rhode Island (3 000 km^2), le Delaware (5 300 km^2) et

le Connecticut (13 000 km²). Pour info, l'Ile de France a une superficie égale à 12 000 km².
Fleuves : le Mississippi Missouri est long de 6 000 km et le Colorado de 2 300 km. Pour info, la Loire est longue de 1 000 km.
Le plus grand désert des Etats-Unis est le Mojave, qui s'étend sur près de 130 000 km².
Population : 298 millions d'habitants. Etats les plus peuplés : la Californie avec plus de 35 millions d'habitants et le Texas avec plus de 20 millions. Le Wyoming, le Vermont et l'Alaska ne comptent en revanche pas plus de 600 000 habitants en moyenne.
Taux de natalité : 15 ‰ (France : 13 ‰ – le plus fort d'Europe – Allemagne : 9 ‰).
Mobilité : près de 8 millions d'américains changent d'Etat chaque année.

50 **Réponse : 3/** 206.

Le squelette d'un adulte comporte 206 os distincts classés en deux systèmes : le squelette axial d'une part que l'on peut considérer comme la véritable charpente du corps humain, et le squelette appendiculaire d'autre part qui regroupe les bras et les jambes.

Questionnaire 5

1 **Réponse : 1/** A Rosario en Argentine.

Lionel Andrés Messi Cuccitini voit le jour le 24 juin 1987 à Rosario, une cité ouvrière au nord-est de l'Argentine. Troisième enfant de Jorge Horacio Messi, ouvrier d'une usine de fabrication, et de Célia Maria Cuccitini, femme de ménage à mi-temps.

2 **Réponse : 3/**

3 **Réponse : 5/**

4 **Réponse : 1/** Le Portugal.

A 175 mètres au-dessus du vide. Le pont pédestre suspendu le plus long du monde, qui enjambe la rivière Paiva, a été inauguré jeudi 29 avril dans le nord du Portugal.

Avec ses 516 mètres de longueur, l'ouvrage dépasse le record établi en 2017 par la passerelle Charles Kuonen dans les Alpes suisses.

5 **Réponse : 4/** Jean Dujardin.

BAC Nord est un film français co-écrit et réalisé par Cédric Jimenez, sorti en 2020. L'intrigue est librement inspirée par le scandale qui a eu lieu en 2012 au sein de la brigade anti-criminalité (BAC) de Marseille : dix-huit de ses membres avaient été déférés en correctionnelle pour trafic de stupéfiants et racket.

6 **Réponse : 1/**

7 **Réponse : 5/**

8 **Réponse : 3/**

9 **Réponse : 4/**

10 **Réponse : 1/**

11 **Réponse : 1/**

12 **Réponse : 5/**

13 **Réponse : 3/**

14 **Réponse : 1/**

15 **Réponse : 4/**

16 **Réponse : 2/** Nirvana. Les Rolling Stones et The Police viennent de Londres ;

Les Beatles de Liverpool ; Oasis de Manchester. Le groupe Nirvana vient d'Aberdeen dans l'état de Washington aux Etats-Unis.

17 **Réponse : 5/**

18 **Réponse : 3/** La farine de maïs. La polenta est un plat traditionnel du Nord de l'Italie.

19 **Réponse : 1/**

20 **Réponse : 5/**

21 **Réponse : 2/** 63 ans.

Éric Zemmour, né le 31 août 1958 à Montreuil en Seine-Saint-Denis, est un journaliste politique, écrivain, essayiste, chroniqueur et polémiste français, se revendiquant du gaullisme et du bonapartisme mais généralement classé à l'extrême droite de l'échiquier politique français en raison de son discours nationaliste et identitaire.

22 **Réponse : 2/** *Titane* de Julia Ducournau.

Deuxième femme dans l'histoire du festival à recevoir une Palme d'or, la Française Julia Ducournau est couronnée pour un film de genre violent et dérangeant. Le palmarès a multiplié les récompenses, sans affirmer un choix clair entre classicisme et renouvellement.

23 **Réponse : 2/**

24 **Réponse : 1/**

25 **Réponse : 1/**

26 **Réponse : 1/** 79 ans.

L'espérance de vie à la naissance atteint 79,2 ans pour les hommes et 85,3 ans pour les femmes, selon l'Insee.

27 **Réponse : 1/**

28 **Réponse : 4/**

29 **Réponse : 3/**

30 **Réponse : 1/** 1 boulangerie pour 1 800 habitants.

Avec environ 33 000 entreprises (environ 35 000 établissements, 1 boulangerie pour 1 800 habitants), la boulangerie-pâtisserie se classe au premier rang des entreprises du commerce de détail alimentaire.

31 **Réponse : 5/**

32 **Réponse : 2/** La Bulgarie connaît un développement fulgurant depuis son adhésion au sein de l'Union européenne en 2007. Elle est même devenue le nouvel eldorado pour les entreprises françaises. Et pour cause : le salaire moyen y est fixé à 460 euros, contre 2 250 euros dans l'Hexagone.

Et le pays, qui a encore besoin de se moderniser, déroule le tapis rouge à ces entreprises : l'impôt sur les sociétés est de 10 %, l'impôt sur les revenus aussi. En une semaine, on peut créer une société, avec un minimum de capital de… 1 euro. On peut par ailleurs plus facilement embaucher, et plus facilement licencier qu'en France. Le tout au sein de l'Union européenne, c'est-à-dire sans aucun droit de douane pour l'exportation.

33 **Réponse : 5/**

34 **Réponse : 2/**

35 **Réponse : 5/**

36 **Réponse : 1/** En Inde.

En 2020, 22 des 30 villes les plus polluées du monde étaient situées en Inde. Le changement climatique a également joué un rôle dans l'augmentation de la pollution atmosphérique. Hotan, dans le nord-ouest de la Chine, a été classée parmi les villes les plus polluées du monde, en grande partie à cause des tempêtes de sable exacerbées par le changement climatique. Ce sont là quelques-unes des principales conclusions du rapport 2020 sur la qualité de l'air dans le monde, publié mardi par la société suisse IQAir, spécialisée dans les technologies de la qualité de l'air.

37 **Réponse : 4/** 33e place. La première et dernière place étant attribuées respectivement à la Norvège et la Corée du Nord.

38 **Réponse : 2/**

39 **Réponse : 5/**

40 **Réponse : 4/**

41 **Réponse : 2/**

42 **Réponse : 1/**

43 **Réponse : 2/**

44 **Réponse : 1/**

45 **Réponse : 4/**

46 **Réponse : 3/** Nicolas Hieronimus.

Ce L'Oréalien pur jus, âgé de 57 ans et diplômé de l'ESSEC est entré chez le numéro un mondial des cosmétiques il y a 34 ans.

47 **Réponse : 1/** Brésil. Les trois plus grands producteurs de café au monde sont : le Brésil, le Vietnam, la Colombie.

48 **Réponse : 2/**

49 **Réponse : 5/** Etats-Unis – Chine – Japon. En 2018, les Etats-Unis restent la première puissance économique mondiale. Pour la première fois de l'histoire, le PIB des USA en dollars courants dépasse même la barre symbolique des 20 000 milliards. A 20 200 milliards exactement, le produit intérieur brut des Etats-Unis augmente de 4 % par rapport à 2017. Le pays de l'Oncle Sam conserve son avance sur la Chine, deuxième du classement avec un PIB de 13 119 milliards de dollars (+ 10 %). Toutefois, sa marge avec l'Empire du Milieu se réduit : il n'est plus que de 7 081 milliards de dollars en 2018 contre 7 425 milliards un an plus tôt. La domination des Etats-Unis sur la Chine est également à relativiser. Par ailleurs, si l'on prend comme indicateur le PIB exprimé en parité de pouvoir d'achat (PPA), un outil qui mesure le pouvoir d'achat des monnaies par rapport à un panier de produits, la Chine domine les Etats-Unis, avec un PIB de 25 103 contre 20 200 milliards de dollars.

50 **Réponse : 4/**

DEUXIEME PARTIE

LES EPREUVES ORALES DU CONCOURS ACCES

I. L'EPREUVE D'ENTRETIEN INDIVIDUEL DE MOTIVATION ET DE PERSONNALITE

Toutes les écoles de commerce, sans aucune exception, font passer à leurs candidats une épreuve orale d'entretien individuel, appelé selon les cas entretien de personnalité ou entretien de motivation. Si vous ratez ce grand rendez-vous, vous mettez en péril votre admission au sein de l'école. Les épreuves orales d'entretien individuel sont en effet toujours affectées d'un très fort coefficient.

LES 4P : UNE TECHNIQUE REDOUTABLE POUR BIEN COMMENCER SON ENTRETIEN

Votre mission : vous vous présentez parfaitement en début d'entretien en 3-4 minutes chrono.

P1 : Présentation et Premiers mots

Vos premiers mots sont essentiels. Ce sont eux qui vont fixer le décor de votre entretien. Dans ces 4P, votre présentation représente votre entrée en salle à proprement parler ainsi que les tout premiers mots que vous allez prononcer.

Votre présentation démarre donc par votre entrée en salle où justement, vous vous présentez au jury !

[Attendre d'être invité à entrer en salle ou frapper à la porte ?]

Attendez de préférence que le jury vienne vous chercher. N'entrez en salle que si le jury vous y a invité. Bon, évidemment, si 15 minutes après l'heure officielle à laquelle vous êtes censé être en salle, le jury ne se manifeste pas, vous pouvez frapper à la porte et demandez si vous êtes autorisé ou non à entrer en salle. Dans le doute, observez comment les jurys se comportent dans d'autres salles avec d'autres candidats et demandez toujours à l'un des organisateurs des concours qui arpente les couloirs ce qu'il vous conseille de faire : attendre sagement ou frapper à la porte.

[Faut-il serrer la main des membres du jury ?]

Lorsque l'un des membres du jury vient vous chercher, il n'est pas conseillé de lui serrer la main, sauf s'il vous y invite bien sûr. *Idem* pour le second ou le troisième membre de jury. Ne leur serrez la main que s'ils vous tendent la leur. Sinon, évitez absolument de leur tendre votre main. Ce serait dommage de se prendre un « râteau » dès les premiers instants de l'entretien, non ?

[Salutations d'usage]

Dites toujours « Bonjour Madame » / « Bonjour Monsieur » en fixant bien le regard de la personne que vous saluez. Si vous entrez en salle et qu'il y a par exemple une dame et deux messieurs, commencez toujours par dire « Bonjour Madame (ne dîtes pas Mademoiselle) » et attention, ne dîtes jamais « Bonjour Messieurs » pour saluer les deux messieurs, mais dîtes « Bonjour Monsieur » en fixant bien le regard du monsieur qui vous paraît le plus âgé et un autre « Bonjour Monsieur », en fixant toujours aussi bien le regard de votre interlocuteur. Il est en effet indispensable que vous personnalisiez au maximum le contact visuel avec chacun des membres du jury.

C'est donc pour cette raison que les « Bonjour », « Bonjour Mesdames Messieurs », « Bonjour Mesdames » et « Bonjour Messieurs » sont à proscrire.

[La qualité de votre regard est essentielle]

Dans toute interaction directe, la perception du visage de l'autre est immédiate et souvent essentielle dans le décodage de sa motivation à communiquer. Regarder l'autre, c'est montrer que l'on s'intéresse à lui. C'est aussi une façon de s'impliquer et de personnaliser la relation. N'oubliez jamais que communiquer, c'est d'abord regarder. Cook a ainsi démontré en 1984 que dans notre culture, plus une personne en regarde une autre, plus cette dernière éprouve le sentiment d'être appréciée. Il arrive parfois que des candidats éprouvent une certaine gêne à soutenir le regard des membres du jury.

Entraînez-vous donc à regarder dans les yeux les amis de vos amis ou encore vos professeurs.

[N'oubliez surtout pas de sourire !]

On ne le répétera jamais assez. Le sourire témoigne de votre volonté d'échange et représente une composante majeure de votre désir d'écoute active. Et puis n'oubliez pas que le sourire a une caractéristique intéressante : il est souvent contagieux. Si le rire est expression, le sourire, lui, est communication.

[Important ! Attendez que l'on vous invite à vous asseoir]

Il est très mal vu de s'asseoir avant que l'on ne vous ait invité à le faire. Deux cas se présentent : ou bien le jury vous invite dès l'entrée en salle à prendre place, auquel cas, c'est réglé. Ou bien, vous vous tenez à côté de votre chaise et attendez alors que le jury vous invite à vous asseoir. Si au bout de 5 secondes, le jury ne vous a toujours pas proposé de vous asseoir, prenez les devants et demandez lui si vous pouvez prendre place.

[Vos premiers mots sont essentiels !]

Ah… les premiers mots de l'entretien, on croit savoir exactement ce que l'on va dire et puis le stress gagnant du terrain, on bafouille et on improvise une entrée en matière approximative et souvent malheureuse. Vos premiers mots répondent généralement à une phrase ou une question prononcée par l'un des membres du jury.

- Silence…
- Qui êtes-vous ?
- Présentez-vous !
- A vous ! C'est à vous !
- Vous avez la parole !
- Qu'avez-vous d'intéressant à nous raconter ?
- Qu'est-ce qui vous amène ici ?

Il est parfois d'usage dans certains concours que les membres du jury commencent par se présenter tour à tour avant de vous laisser la parole. Le dernier ou la dernière à prendre la parole clôture alors généralement sa présentation par un « c'est à vous ! » ou par un silence qui, telle une injonction, invite le candidat à se présenter à son tour. Bien évidemment, dans ce dernier cas, ne perdez pas de temps et jetez-vous vite à l'eau.

Nous vous conseillons très clairement d'apprendre PAR CŒUR vos premiers mots. Nous parlons d'une ou deux phrases, rien de plus pour le moment. Mais sachez toutefois que ces deux phrases de présentation sont essentielles à la suite de votre entretien, car elles ont pour but de vous mettre en confiance.

L'usage est de démarrer votre présentation de la façon suivante :

« Je m'appelle Mélanie DELORS, j'ai 18 ans (1). Je suis née à Créteil en Seine-et-Marne (2) et je vis actuellement à Paris (3). Avant toute chose, je souhaite vous remercier de m'accorder cet entretien (4) ; et j'espère vous convaincre de l'intérêt de ma candidature (5) ».

(1) Bien entendu, le jury connaît vos nom et prénom. Il connaît même parfois votre âge s'il a un mini-CV rempli par vos soins sous la main. Mais partez toujours du principe qu'un jury enchaîne inlassablement les entretiens et que certains membres du jury ne prennent pas toujours le temps de prendre connaissance de ces informations. L'usage veut donc que l'on décline distinctement son prénom, suivi de son nom et de son âge. La mention de votre âge offre en effet un bon éclairage sur votre passé (un candidat de 20 ans, n'a *a priori* pas la même maturité qu'un candidat de 17 ou 18 ans).

(2) Donner son lieu de naissance c'est fixer le décor. Ce détail qui vous paraît à première vue anodin permet pourtant d'ancrer votre personnage dans une réalité palpable. Surtout, vous donnez au jury un signal fort que vous êtes prêt à illustrer vos propos et à partager des détails de votre vie. Enfin, pour peu qu'un des membres du jury (ou l'un des proches ou amis) soit né dans la même ville que vous, vous initiez, sans forcer, un lien avec lui et marquez encore plus fort son esprit.

(3) Imaginons que vous soyez né à la campagne, dans un petit village et que vous vivez maintenant dans une grande ville telle que Paris, Lyon, Marseille, Toulouse ou Strasbourg. Et bien il y a fort à parier que le jury sera curieux de savoir comment vous avez vécu ce changement et quels enseignements vous en tirez. Il n'est pas rare que l'on challenge le candidat sur son aptitude à s'adapter à une nouvelle Ecole, un nouvel environnement, à une nouvelle ville, à une nouvelle culture.

(4) Certes, vous êtes admissible, et le jury est un peu obligé de vous recevoir. Mais n'oubliez quand même jamais qu'un jury est généralement composé d'un professeur (qui pourrait plutôt être en train de terminer un article pour une importante revue scientifique) et d'un professionnel de l'entreprise (qui n'est jamais rémunéré pour être membre de jury et qui prend toujours sur son temps de travail pour vous rencontrer). Donc, oui, c'est bien vu de remercier le jury de vous recevoir !

(5) En disant au jury que vous souhaitez le convaincre de l'intérêt de votre candidature, vous lui dites que vous avez un objectif précis et que vous comptez bien l'atteindre ! Vous n'êtes pas ici pour discuter « gentiment » de vous mais pour avancer vos pions et marquer des points. Enfin, cela permet au jury de sentir une certaine forme de confiance qui n'est jamais pour déplaire dans les premières secondes de l'entretien.

Deux remarques importantes :

1. Surtout, prenez tout votre temps pour démarrer votre présentation. Prononcez chacun des mots distinctement et surtout CAL-ME-MENT. Il ne peut rien vous arriver ! Vous connaissez ces premières phrases par cœur ! Il n'est guère question ici d'improviser quoi que ce soit. Bien entendu, libre à vous d'utiliser les mots qui vous sont les plus familiers. Certains préféreront ainsi dire « … Je tiens tout d'abord à vous remercier pour cet entretien au terme duquel j'espère, ma candidature aura retenu toute votre attention ». Soyez libre d'utiliser des mots avec lesquels vous vous sentez à l'aise ! Attention cependant à ne pas en dire plus ! Vos premiers mots doivent êtres concis et parfaitement maîtrisés.
2. Il peut arriver que le jury démarre l'entretien en commentant votre lieu de naissance (« En regardant votre dossier, nous avons noté que vous étiez née aux Etats-Unis. Vous êtes fier de votre nationalité américaine ? »), en vous demandant l'origine de votre nom de famille (« Bonjour à vous Mr Trumpeldor. Mous nous demandions si votre nom avait une quelconque signification… ») ou encore en s'étonnant de votre âge, de votre coiffure, de votre tenue… En somme tout est possible et tant mieux ! La vie des affaires réserve son lot de surprises et rien n'est définitivement gravé dans le marbre. Soyez donc terriblement disposé à répondre avec intérêt à la question qui vous est posée… Et ne vous inquiétez pas, il sera toujours temps de reprendre votre présentation le moment venu.

P2 : votre Parcours

Une fois votre présentation terminée (autrement dit vos premiers mots prononcés), vous êtes condamné à faire une transition.

Attention ! Cette transition doit obligatoirement être précédée d'un silence de 2-3 secondes.

[Silence…]

Ce silence a pour objectif :

1. D'offrir au jury l'opportunité de vous interrompre / de réagir à vos propos (et tant mieux s'il vous interrompt car vous passez un entretien où vous devez dialoguer et non monologuer). Alors c'est sûr qu'à ce moment de l'entretien, les questions que le jury peut être amené à vous poser sont très limitées.

Hormis : « Ah tiens donc, vous êtes née en Martinique. Et vous y restée jusqu'à quel âge ? », on ne voit pas trop ce qu'il pourrait vous demander !

2. De vous permettre, à vous, de vous poser un peu et de ne pas avoir un débit de parole trop rapide. Car si vous allez trop vite, vous risquez de perdre le jury en cours de route. Ils font passer chaque jour, en moyenne, entre 6 et 12 entretiens. Les membres de jury ne sont que des êtres humains, qui peinent parfois à maintenir tout au long de la journée un haut niveau de concentration. Alors, de grâce facilitez-leur la tâche. Quant à la transition à proprement parler, sachez que celle-ci sera toujours très bien perçue par le jury qui verra là le signe d'un esprit souple et structuré, qui ne cherche pas à assommer le jury d'éléments discordants, sans queue ni tête. Grâce à vos transitions, votre jury découvre agréablement où vous souhaitez l'emmener (et sans le savoir, vous faites déjà du *storytelling* !).
3. De donner au jury l'occasion de constater que vous êtes structuré et que vous avez un esprit de synthèse. Cela nous amuse toujours d'entendre des candidats vanter leur esprit d'analyse et de synthèse alors même que leur exposé est décousu et vide de toute forme de structure. Alors, pitié, soignez vos transitions !

[Transition]

« J'aimerais, dans un premier temps, vous parler de mon parcours scolaire. »

Et bien oui, c'est aussi simple que cela. Ici encore, le discours n'est pas figé. A vous d'utiliser les termes avec lesquels vous vous sentez le plus à l'aise. Une alternative peut ainsi donner : « Je voudrais tout d'abord vous parler de mon parcours académique ». La valorisation du parcours académique est souvent négligée par les candidats aux concours des Ecoles de commerce. En parlant de vos années lycée, vous pourrez dire par exemple :

« Le lycée m'a permis de découvrir de nouvelles disciplines et d'en approfondir d'autres que j'avais déjà étudiées au collège. J'ai beaucoup appris et je suis très heureux d'avoir suivi la filière ES/S/STG/L... »

Et vous pourrez alors enchaîner sur :

« Si je souhaite aujourd'hui intégrer votre Ecole, c'est parce que je sais que pour mener à bien mon projet professionnel, j'ai besoin d'une formation polyvalente, qui embrasse toutes les dimensions de l'entreprise. »

[Il est très important que vous valorisiez vos acquis du lycée]

Mettez-vous un instant à la place du jury, digne et fier représentant de l'Ecole à laquelle vous postulez. Pourriez-vous raisonnablement accepter d'un candidat qu'il « démonte » et critique un tant soit peu ce qu'il a appris jusqu'à maintenant, sans vous dire un instant (par un simple raisonnement analogique) qu'il serait finalement tout aussi capable de « démonter » dans 2 ou 3 ans la formation pour laquelle il se porte aujourd'hui candidat ?

Nous passons notre vie à raisonner par analogie. Si un candidat est capable, aujourd'hui, de développer des pensées négatives et pessimistes vis-à-vis de sa formation initiale, qu'est-ce qui peut m'empêcher, moi, jury, de penser qu'il ne sera pas capable d'en faire autant vis-à-vis de notre Ecole, de nos professeurs, de l'école où il sera amené à faire un échange, de l'entreprise dans laquelle il sera amené à faire un stage ? RIEN, absolument rien ne donne envie à un jury de croire qu'il en sera autrement dans une autre situation.

[Comment exposer votre parcours académique ?]

C'est très simple : précisez votre section (S, ES, L, STG…) ainsi que votre spécialité. Mentionnez aussi les options éventuelles que vous présentez. Attention : mentionnez précisément le nom et le lieu de votre lycée. Dites bien « Terminale Scientifique » et pas « Terminale S ».

[Comment valoriser votre parcours académique ?]

Il existe deux façons très efficaces de valoriser votre parcours académique.

Les cours

Commencez déjà par vous pencher sur la ou les deux matières qui ont le plus compté pour vous. Qu'aimez-vous en économie ? En philosophie ? Pourquoi les mathématiques comptent tant pour vous ? Y a-t-il un économiste qui vous a particulièrement marqué ?

Une notion qui n'a pas manqué de vous faire cogiter ? Parlez-nous de l'impératif catégorique de Kant, des ondes mécaniques progressives et de la décroissance radioactive. Parlez-nous de la puissance économique chinoise, de la théorie des avantages comparatifs de David Ricardo, ou de votre auteur anglais préféré. PARLEZ-NOUS !

Il n'y a pas de bon ou de mauvais sujet. Il y a VOS sujets. Ceux que VOUS aimez, ceux qui font briller vos yeux quand vous en parlez, ceux-là mêmes qui feront la richesse des débats en cours de management, de stratégie ou de finance. Aimez vos sujets et le jury les aimera.

Le jury souhaite fondamentalement que vous partagiez avec lui vos goûts et vos centres d'intérêt. Car n'oubliez jamais qu'un jury raisonne par analogie. Si vous êtes capable d'apprécier les matières étudiées en Terminale alors vous serez capable d'apprécier les matières que vous étudierez en Ecole de commerce, et de les valoriser auprès de vos futurs recruteurs. Il n'est pas question d'être un expert incollable sur le thème que vous aborderez. Il est question d'être sincèrement intéressé. Peaufinez donc vos recherches sur les sujets que vous souhaitez aborder. Commencez aujourd'hui même. Car quand on aime, on ne compte pas.

Les professeurs

Y a-t-il un professeur qui vous a marqué ? Son approche ludique, pragmatique voire cynique de sa matière ne vous a pas laissé indifférent ? Qu'avez-vous aimé dans sa façon d'enseigner ? Sa capacité à vous faire participer ? Son talent à faire « accoucher » les idées ? Ses recherches sur un sujet en particulier ? Là encore, le jury raisonnera par analogie et là encore il pensera à juste titre que si vous avez su mesurer l'apport d'un professeur au cours de vos études initiales alors vous saurez valoriser l'apport des professeurs que vous côtoierez en Ecole.

Pour terminer ce P de PARCOURS, sachez que si vous êtes en mode « roue libre » (vous démarrez votre présentation et le jury ne vous interrompt pas), alors la présentation de votre parcours ne doit pas durer plus de 1 minute / 1 minute 15. Apprenez à être précis et à « suggérer », plus qu'à « assommer ». Si le jury est séduit, il ne manquera pas de vous demander de détailler plus avant.

P3 : P comme Projet

[Transition]

« Si je souhaite intégrer votre Ecole, c'est parce que mon projet professionnel est ambitieux et que je crois sincèrement qu'il aura toutes les chances d'aboutir grâce à des études en école de commerce. Mon projet professionnel à moyen / long terme est de… »

Après avoir rapidement exposé et valorisé votre parcours, vous devez aborder sans plus attendre votre projet professionnel (on peut dire aussi projet de vie professionnelle).

Votre projet professionnel doit toujours être mentionné très tôt dans votre exposé. Il représente une caisse de résonance qui donne du sens et crédibilise tout votre discours. De même qu'une caisse de résonance donne toute sa puissance sonore à un instrument, votre projet professionnel doit donner toute sa puissance crédible à votre discours.

[Comment exposer votre projet professionnel ?]

Deux scenarii sont possibles :

1. Vous connaissez déjà les intitulés de postes que vous souhaitez occuper à court, moyen et long terme ainsi que le secteur d'activité dans lequel vous avez envie de démarrer votre carrière.

Exemple : *« Mon objectif professionnel est ambitieux : je souhaite en effet occuper à moyen / long terme un poste de directeur marketing au sein d'une multinationale fabricant de produits de grande consommation telle que Procter & Gamble ou L'Oréal. Je sais que le chemin est long pour atteindre ce poste. Mais je suis déterminé à passer par les postes de stagiaire assistant chef de produit, de chef de produit puis de chef de groupe…».*

Les plus de ce scénario :

Vous savez ce que vous voulez faire et c'est tant mieux ! Cela montre au jury que vous avez longuement mûri votre projet et que vous faites montre d'ambition, ce qui est tout à votre honneur. Si votre projet est sincère alors il y a de fortes chances que votre « story » sera très appréciée par le jury : « Mon intérêt pour les produits de grande consommation remonte à… »

Vos recherches se limiteront au marketing, à la grande consommation et à la grande distribution mais sachez d'ores et déjà que le jury se montrera particulièrement exigeant et attendra de vous que vous ayez conscience des connexions qui existent entre le marketing et les autres départements de l'entreprise ; de même qu'il souhaitera vérifier que vous ne confondez pas les départements marketing avec les départements du commerce, des relations presse ou encore du category management.

Les risques à éviter :

Il faudra faire attention à ne pas donner l'impression que vous êtes « fermé » et que c'est le poste de directeur marketing pour les produits de beauté de Procter & Gamble qui vous intéresse… Et rien d'autre !

Vous êtes encore jeune et une Ecole de commerce s'enorgueillit souvent de susciter de nouvelles vocations et de stimuler de nouveaux talents. Vous devez donc ABSOLUMENT faire preuve de mesure, et ne pas oublier de dire au jury que si ce métier et ce secteur constituent aujourd'hui les moteurs qui vous poussent à intégrer une Ecole de commerce, vous demeurez néanmoins ouvert à d'autres métiers et d'autres secteurs d'activité.

Vous devrez plus que jamais connaître sur le bout des doigts les fonctions du chef de produit (80 % de marketing et 20 % de commerce / R&D / gestion / communication) et du directeur marketing (20 % de marketing et 80 % de management / RH / gestion / finance / communication / R&D / production / commerce, etc.) et ce, afin d'être en mesure de démontrer au jury que la polyvalence nécessaire à l'exercice de ces fonctions explique très naturellement votre envie d'étudier en Ecole de commerce. Vous devrez également être en mesure de nous parler de Procter & Gamble et de L'Oréal car n'oubliez jamais que tout ce que vous direz au cours de cet entretien pourra être retenu contre vous !

Une remarque importante :

Vous avez tout à fait le droit d'être un peu plus flou en ce qui concerne le poste que vous souhaiteriez occuper à court / moyen / long terme. Au lieu de « directeur marketing », vous pouvez très bien dire « un poste de direction dans le marketing, le commerce ou la communication. »

2. Vous n'avez encore aucune idée de la fonction que vous souhaitez occuper mais avez en revanche une idée très précise du secteur d'activité dans lequel vous souhaitez travailler.

Exemple : ***« Mon projet professionnel est ambitieux. Je souhaite en effet occuper à moyen terme des fonctions de management dans le secteur des énergies renouvelables en travaillant par exemple chez TOTAL ou EDF Energies Nouvelles. Je ne sais pas encore quels postes je serai amené à occuper dans ces sociétés, mais il y a une chose dont je suis sûr : je souhaite plus que jamais faire partie de ces hommes et de ces femmes qui feront passer de 9 % en 2008 à 20 % en 2020, la part des énergies renouvelables dans la consommation énergétique des pays européens. »***

Les plus de ce scénario :

Ce scénario peut s'avérer très payant si le secteur d'activité dont vous parlez n'a pratiquement plus aucun secret pour vous. Car il sera question de parler de biomasse, d'éolien, de photovoltaïque, d'hydraulique ou encore de géothermie. Car il faudra être en mesure d'aborder les avantages escomptés en termes géopolitiques, en termes de sécurité, de propreté et de respect de l'environnement. Car il faudra encore évoquer les questions de stockage, de distribution, de rentabilité économique et de risques pour la faune, tout en veillant bien sûr à connaître la définition du développement durable qui vise un équilibre entre croissance économique, respect de l'environnement et principe d'équité sociale.

L'on vous excusera toujours de ne pas connaître le métier que vous souhaiteriez occuper à la sortie de l'Ecole. L'on ne vous excusera en revanche jamais de ne pas avoir de secteur dans lequel vous souhaitez faire bouger les choses, d'entreprise dont vous voulez modifier le destin.

Vous n'êtes pas obligé de connaître sur le bout des doigts les différentes fonctions d'un chef de produit, d'un analyste en fusion-acquisition ou d'un responsable ressources humaines. Vous êtes en revanche tenu de connaître dans leurs grandes lignes les rôles et les responsabilités des différents directeurs de département dans l'entreprise (finance / ressources humaines / marketing / commerce / communication / gestion / production / stratégie).

Les risques à éviter :

Là encore, il ne faut jamais donner l'impression que vous manquez d'ouverture. Si les énergies nouvelles vous intéressent aujourd'hui, vous demeurez toutefois conscient que les contours de votre « vocation » pourront être redéfinis en cours de formation au sein de l'Ecole ou à l'issue d'un stage. Il faut surtout expliquer au jury que tous les autres secteurs d'activité sont dignes d'intérêt et que vous n'êtes fermé à rien. Le secteur du luxe peut ainsi donner de bonnes idées sur la façon d'apporter au consommateur la part de rêve qu'il est en droit d'attendre des énergies nouvelles. Les produits de grande consommation peuvent également représenter une source d'inspiration intarissable sur les questions d'innovation et de valorisation des bénéfices consommateurs. Le secteur de la culture, peut, enfin, nous renseigner sur les systèmes de valeurs et de normes, sur les questions de diversité et de mondialisation, car les politiques d'énergies renouvelables ne peuvent être raisonnablement réduites à un niveau local. Vous l'avez compris, vous devez être ouvert !

[Comment justifier votre goût pour un métier ou un secteur ?]

Si vous avez eu des expériences professionnelles (stages) ou semi-professionnelles (cours particuliers à domicile par exemples), alors vous pouvez en parler ici brièvement (citez le nom de l'entreprise, la date et la durée du stage et l'intitulé du poste… C'est tout pour le moment ! Si le jury veut en savoir plus, il vous interrompra pour vous poser des questions) pour illustrer efficacement votre goût pour un métier ou un secteur d'activités.

Bien entendu, si vous n'avez pas d'expérience professionnelle, le jury saura ne pas trop vous en tenir rigueur si seulement vous lui permettez d'identifier un « élément déclencheur » qui explique la nature de vos choix.

[Comment lier votre projet professionnel à votre projet d'intégrer une Ecole de commerce ?]

Comme vous avez pu le remarquer, les deux scenarii décrits précédemment présentent un point commun : de l'ambition. Et oui, c'est parce que vous êtes ambitieux que vous souhaitez étudier en école de commerce. Une école de commerce forme les futurs managers et dirigeants de demain. Elle forme bien sûr aux premiers métiers de chef de produit, d'analyste financier, de contrôleur de gestion, de chef de publicité ou de consultant junior, mais elle forme surtout des MANAGERS.

Car, à y regarder de plus près, un manager est une personne très polyvalente.

Quand bien même, dans quelques années, votre titre sera « Directeur marketing » dans une multinationale, fabricant de produits de grande consommation, vous ne serez plus du tout cantonné à des fonctions marketing ! Ces dernières seront même devenues mineures puisque vous passerez le plus clair de votre temps avec les départements R&D (Quelles nouvelles formules de lessive pour 2013 ?), le commerce (Dans quelle enseigne lancer en exclusivité notre dernière crème de soin anti-âge ?), la production (Les consommateurs veulent des déodorants avec des billes d'application plus larges… Savez-vous faire ? Et à quel prix ?) la gestion (Nous souhaitons passer d'un conditionnement de 150 à 200 grammes pour notre marque de biscuits vedette sans modifier le prix de vente au consommateur… Quel est l'impact sur nos marges et notre rentabilité ?) ou encore les ressources humaines (Nous allons lancer une nouvelle gamme de soupes 100 % bio… Pouvez-vous nous trouver un profil qui a déjà eu à travailler sur une gamme de produits bio ou issus du commerce équitable ?)

Et c'est parce que vous souhaitez acquérir toute la **polyvalence nécessaire** au bon exercice de vos fonctions de management que vous souhaitez intégrer une école de commerce.

Il nous apparaît donc ESSENTIEL que projet professionnel et école de commerce soient liés par la notion de polyvalence. Car il ne fait aucun doute aujourd'hui que l'école de commerce représente pour vous le point de passage privilégié pour développer les compétences et les attitudes que vous devrez convoquer au quotidien en tant que manager.

[En quoi une école de commerce représente-t-elle un point de passage privilégié pour les futurs managers ?]

Une école de commerce est un **propulseur de talents** :

- Excellence académique des professeurs ayant pour objectif de former les talents de demain ;
- Des professeurs résolument ancrés dans le monde de l'entreprise ;
- Des cours en partenariat avec des entreprises soucieuses de former aujourd'hui les talents qu'elles seront amenées à recruter demain ;
- Une forte proximité élèves / professeurs (prenant de plus en plus la forme de tutorats) qui suscite des vocations et encadre les choix de stages et d'échanges universitaires.

[Une école de commerce est une antichambre efficace de la vie des affaires]

Etudes de cas pratiques en groupes simulant déjà les futures réunions de travail en entreprise.

Vie associative foisonnante incitant les élèves à occuper à un très jeune âge des postes à responsabilité (président ou vice-président d'association, trésorier, secrétaire général…).

Nombreux forums entreprises et rendez-vous avec des représentants de grandes entreprises qui poussent les élèves à développer très tôt les bons réflexes communication ainsi que les bonnes attitudes.

[Une école de commerce constitue un tremplin privilégié pour ma carrière]

- Nombreux stages obligatoires en France et/ou à l'étranger.
- Années de césure.
- Formules attractives d'apprentissage.
- Echanges avec de nombreuses universités étrangères.
- Variété des cours enseignées et des formules d'apprentissage.

En conclusion, votre P de Projet doit vous permettre de valoriser un projet professionnel ambitieux, mesuré et dynamique dont le succès sera irrésistiblement porté par des études en école de commerce… PAS N'IMPORTE QUELLE ECOLE DE COMMERCE… VOTRE ECOLE DE COMMERCE !

Remarque : là encore, si vous êtes en roue libre (c'est-à-dire que le jury ne vous interrompt pas), veillez à faire en sorte que votre exposé ne dure pas trop longtemps. Ainsi, selon nous, P de Projet doit durer entre 1 minute 30 et 1 minute 45.

P4 : P comme Partage

Ce dernier P est très important. Il vous permet de montrer aux membres du jury que vous ne souhaitez pas intégrer une école de commerce MAIS LEUR ECOLE DE COMMERCE.

Et parce qu'un entretien réussi c'est un contrat signé entre deux parties, vous devez absolument envisager votre vie future en école de commerce sous le signe du partage. « Je suis prêt à donner autant que ce que je souhaite recevoir. »

[Transition]

« Pour terminer, il me semble essentiel de vous expliquer pourquoi mon choix se porte aujourd'hui sur votre école en particulier. Si votre école peut m'aider de façon significative à atteindre des objectifs professionnels, je pense aussi que je peux apporter en échange une contribution significative à la vie de l'école… »

[Faisons, sans plus attendre une liste (non exhaustive) des bénéfices que peut vous apporter l'école que vous souhaitez intégrer]

- Accès à un corps professoral d'excellence (citez des noms de professeurs).
- Accès à des cours de qualité (citez des intitulés précis de cours).
- Accès à des chaires d'enseignement financées par des entreprises.
- Accès privilégié au monde de l'entreprise (soulignez la variété et la durée des stages).
- Visibilité d'un diplômé visé et reconnu en France mais aussi à l'étranger (citez des accréditations).
- Large tissu d'universités étrangères au sein desquelles il est possible de faire un échange (citez une ou deux destinations avec précision).
- Accès un à fort réseau d'anciens élèves.
- Accès à une région dynamique connue pour…

[Faisons à présent la liste des contributions que vous pouvez apporter à l'école]

- Implication dans l'étude des cas pratiques en groupe et partage d'expériences.
- Implication dans la vie associative de l'Ecole.
- Création d'une nouvelle association.
- Implication dans la poursuite de recherches en… aux côtés du professeur…
- Souhait d'être au quotidien l'assistant d'un professeur de…
- Implication dans la représentation de l'Ecole pendant des forums, des présentations aux classes prépas / universités…
- Partager vos passions pour…
- Et bien sûr… Vos qualités !

Vous l'avez compris : cette partie, si elle est réussie, permettra au jury de valider votre niveau d'implication et de projection au sein de l'école et de mesurer l'adéquation entre votre personnalité et les programmes pédagogiques proposés.

[Focus sur le monde associatif en école de commerce]

Les associations exigent de la part de ceux qui sont chargés de diriger leur activité des qualités et des savoirs qui seront particulièrement prisés dans le monde de l'entreprise. Ainsi, que ce soit pour la réunion des fonds nécessaires à la bonne marche d'une association (démarchage de sponsors, décision du montant des cotisations), pour l'organisation d'événements de plus ou moins grande ampleur (qui requiert bien entendu des capacités de direction et de planification, mais aussi de communication, de marketing et d'improvisation), ou pour la gestion au quotidien de la comptabilité d'une entité qui peut avoir à son actif des sommes dépassant parfois plusieurs dizaines de milliers d'euros, le monde associatif familiarise les étudiants à des activités qui leur seront plus qu'utiles au cours de leurs carrières futures.

[Focus sur deux incontournables : la JE et le BDE]

Présentes dans toutes les écoles de commerce, ces deux associations assurent de deux façons bien distinctes l'interface entre les étudiants, l'école, et le monde de l'entreprise. Le BDE, ou « Bureau Des Etudiants », est le centre névralgique de la vie associative d'une école. Il est bien souvent associé aux événements organisés par les autres associations et est un partenaire incontournable pour toute manifestation de grande envergure. Elu par les étudiants au terme d'une campagne des plus agitées (soirées, jeux, événements spéciaux, etc.) qui dure plusieurs semaines, il a pour vocation d'assurer le confort, l'intégration et la cohésion des étudiants sur le campus. Concrètement, cela passe le plus souvent par l'organisation d'événements (voyages, week-ends d'intégration, soirées, petits déjeuners, déjeuners, dîners sur le campus, accueil des étudiants qui viennent passer les examens d'entrée dans l'école, présentation des autres associations, etc.).

Constamment en lien avec l'administration de l'école, dans la mesure où nombre d'événements sont organisés sur le campus, le BDE est aussi très ouvert sur l'extérieur et sur le monde de l'entreprise. En effet, c'est en récoltant des fonds privés qu'il finance une part considérable de ses manifestations, et il tresse donc des liens étroits avec bon nombre d'entreprises (qui, pour leur part, retirent du « sponsoring » un réel crédit d'image auprès des élèves de l'école, et un statut privilégié dans leurs démarches de recrutement).

La JE, ou « Junior Entreprise », prend en quelque sorte le contrepied du BDE : là où ce dernier utilise les fonds extérieurs pour les intégrer à la vie de l'école, la Junior Entreprise a pour vocation de permettre aux étudiants d'appliquer dans le monde du travail les savoir-faire qu'ils apprennent dans le cadre de leurs cours. Si elles sont aujourd'hui répandues aussi bien dans les écoles de commerce que dans les écoles d'ingénieurs, c'est néanmoins au sein des premières qu'elles sont nées en France (la première Junior Entreprise française ayant été créée à l'Essec en 1967), et elles y demeurent un pilier fondamental de la vie associative des étudiants. Leurs bureaux ont pour mission de démarcher des entreprises afin de se voir proposer des missions rémunérées, qui sont alors réparties parmi les étudiants adhérents. Ces missions tiennent généralement à des tâches d'étude et/ou de conseils (études de notoriété, études de marché, conseils de positionnement, etc.).

Tout le monde y gagne : il s'agit là d'un moyen pour les étudiants de remplacer efficacement les petits jobs tels que les heures de cours particuliers par des missions pratiques qui répondent aux besoins précis des entreprises et de se forger une meilleure connaissance du monde de l'entreprise. L'école en tire une valorisation et une professionnalisation accrue de ses étudiants, et de son côté, la JE permet aux entreprises qui font appel à elle d'accéder à un vaste vivier de main-d'œuvre aux horaires et aux compétences variables, ce qui lui apporte un service réellement flexible.

[Dis-moi quelle est ton « assoce » et je te dirai qui tu es]

Même si vous n'en avez pas nécessairement conscience, les associations au sein desquelles vous choisirez de vous impliquer, la place que vous y tiendrez et les contributions que vous apporterez seront autant d'éléments qui aideront vos futurs recruteurs à mieux vous connaître.

En effet, une association est une antichambre du monde de l'entreprise tant elle reproduit le schéma organisationnel classique d'une petite société, avec son président, son secrétaire général et son trésorier. Vous serez amené à exercer un nombre non négligeable de responsabilités en association : gestion d'un budget, recrutement et formation des nouveaux membres, relations avec les membres dirigeants de l'Ecole qu'il faudra convaincre pour organiser une soirée par exemple ou encore relations avec les entreprises pour décrocher un partenariat.

Et c'est en découvrant les responsabilités avec lesquelles vous vous sentez le plus à l'aise que vous pourrez vous faire une idée plus précise de votre profil de manager, de leader, de gestionnaire, d'entrepreneur, de commercial ou encore de créatif.

Plus qu'un moyen pour vous de vous adonner à des activités qui vous passionnent, les associations sont donc un moyen de vous réaliser en vous préparant à la vie en entreprise. **Les associations représentent donc une formidable opportunité de démontrer sincèrement au jury votre souhait d'apporter votre contribution à la vie de l'école.**

II. L'EPREUVE D'ENTRETIEN COLLECTIF

L'ESSCA fait passer à ses candidats un entretien collectif (de groupe) en plus de son entretien individuel. Cet entretien collectif répond à des motivations précises.

Ces motivations sont de trois ordres. Tout d'abord, les établissements les mettant en œuvre considèrent que chaque étudiant, donc chaque individu, est doté de caractéristiques et aptitudes s'épanouissant et s'exprimant dans le cadre d'un entretien individuel, et que d'autres caractéristiques émergent dans le cadre d'un groupe.

Chacun de nous est au fond en quelque sorte dual. Si notre comportement seul face à un ou plusieurs individus révèle certains traits de notre personnalité, notre façon d'être dans une collectivité en exprimera d'autres. En prévoyant et en organisant les deux types de rencontre, ces établissements entendent appréhender les personnalités sous des angles plus multiples qu'au travers d'un seul entretien individuel. Autant l'entretien individuel apparaît centré sur vos motivations et votre personnalité, autant l'entretien collectif cherche à mesurer votre sociabilité et votre aptitude à gérer les relations humaines.

En deuxième lieu, les deux types d'entretien présentent une notable différence dans le rapport aux autres qu'ils engendrent. Le rapport avec un jury, quels que soient les efforts parfois produits par ce dernier pour créer un climat de confiance propice à l'échange, repose par construction sur l'inégalité et le déséquilibre. Seul face à plusieurs adultes expérimentés, le candidat intériorise un rapport de force en sa défaveur.

Dans un entretien individuel en effet, le candidat, sauf exception, ne mènera pas l'entretien et s'inscrira dans une forme de sujétion par rapport à ses interlocuteurs. Pour une part d'ailleurs, le jury cherchera à apprécier l'aptitude des candidats à savoir contrôler cette sujétion et à ne pas s'y inscrire à outrance.

Enfin, les promoteurs de ce type d'exercice considèrent, à juste titre d'ailleurs que, dans la plupart des contextes professionnels, les décisions prises résultent de discussions et de débats. Partant, ils cherchent à apprécier la façon dont se comportent les candidats dans ce type de configuration collective, donc la façon que vous allez avoir de vous comporter, d'être et d'agir. De cette configuration est induite la façon dont il sera considéré que vous vous comporterez ultérieurement en entreprise.

Les **modalités** sont pour l'essentiel les suivantes : un groupe d'étudiants, de cinq à dix suivant les écoles, est réuni afin de trouver ou produire, en un temps limité (entre une demi-heure et une heure), une solution ou une proposition de réponse à un problème ou une situation qui lui est soumis, ou de produire une réflexion sur un problème ou une question d'actualité. Sauf exception, les membres du jury demeurent confinés à un rôle de spectateur et n'interviennent pas dans le débat.

Les **objectifs et attentes** des établissements mettant en œuvre des entretiens de groupe découlent explicitement de ces motivations. Ne vous y trompez pas : les entretiens de groupe ont une optique sans ambiguïté : identifier les candidats se comportant, au sein d'un groupe de travail, de façon efficace, donc émergeant de celui-ci de façon positive.

Le candidat efficace au sein d'un groupe, celui donc dont seront positivement relevés le comportement et la façon d'être, sera celui présentant la conjugaison des **capacités suivantes** :

[1. L'écoute]

Invités à « jouer à l'entreprise », les candidats appelés à être distingués seront ceux perçus comme étant dotés des qualités constitutives du bon cadre ou dirigeant d'entreprise. Une entreprise ou une organisation repose de plus en plus sur le caractère collectif des décisions et la capacité des dirigeants à écouter leurs collaborateurs et échanger avec eux avant de prendre des décisions.

Par voie de conséquence, le « bon » candidat sera celui qui, au sein d'un groupe, saura ostensiblement montrer qu'il sait se mettre à l'écoute des autres membres du groupe.

Il manifestera cette aptitude à l'écoute par la mise en pratique de « l'écoute active ». Cette méthode consiste à réellement chercher, de façon constructive, à absorber ce que disent ou transmettent les autres et à adopter une posture qui leur fasse comprendre que vous les écoutez vraiment.

Elle se traduit par la mise en œuvre des comportements et façons de faire et d'être suivants :

Ecouter activement, c'est :

- Exclure ses propres idées et toute tentative d'interprétation
- Laisser s'exprimer l'autre, sans l'interrompre
- Le questionner, notamment par le biais de questions ouvertes
- Lui manifester son intérêt, par des signes visuels et verbaux
- Reformuler les propos de l'autre avec ses propres termes, puis avec les siens
- Pratiquer l'empathie
- Etre bienveillant, ouvert

[2. La participation]

Pour autant, le candidat appelé à être distingué devra également prendre part aux discussions du groupe, donc intervenir à bon escient. Sa posture doit être à la fois faite d'écoute et d'implication, de silences et de prises de parole mesurées. Il devra, par ses interventions, faire apprécier sa présence et sa contribution à l'avancement du groupe.

[3. L'expression orale]

Si personne ne vous demande de parler comme Chateaubriand écrivait (!), sachez néanmoins que les membres des jurys des entretiens de groupe sont vigilants quant à la qualité de l'expression orale. Cela signifie que vous devez être attentif à la formulation de vos phrases, ce qui sous-entend que vous effectuiez des phrases, et aux mots que vous employez, comme dans le cadre d'une conversation professionnelle par exemple.

Vous éviterez donc les mots trop familiers (« boîte » en lieu et place d'entreprise) et les mots issus du vocabulaire « jeune », comme « top », « trop bien », de nature à heurter défavorablement les oreilles de membres de votre jury.

[4. L'esprit de construction]

Même si le travail de groupe qui vous est demandé présente, compte tenu notamment du temps qui vous est imparti, un certain caractère d'artificialité, vous devez jouer le jeu.

Jouer le jeu signifie être positif, vous mettre réellement dans le rôle attendu de vous et penser « solutions ». Ne faites surtout pas partie de ceux qui ne voient que des obstacles ou des impossibilités pour mener à bien la mission confiée. Même si des difficultés existent, vous devez les évoquer pour produire des solutions les surmontant. Votre « qualification » passera par là, par votre aptitude à être « *solutions minded* ».

[5. L'esprit d'organisation]

C'est par la mise en œuvre d'un esprit d'organisation et de synthèse que s'illustrera un bon candidat. Composé d'individus ne se connaissant pas mais rivaux, appelé à traiter ou résoudre une question ou un problème en un temps limité, un groupe sera collectivement jugé à son aptitude à atteindre les objectifs lui étant assignés.

La réussite du groupe passera fondamentalement par sa capacité à s'organiser. Les organisateurs de l'épreuve apprécieront donc tout particulièrement les candidats dotés d'un bon sens de l'organisation, c'est-à-dire capable de faire travailler et progresser le groupe en produisant une méthode de travail.

[6. L'esprit de synthèse]

Devant produire un résultat en un temps limité, le groupe dont vous ferez partie sera collectivement jugé sur l'atteinte ou pas de ce résultat.

Partant, les bons candidats seront ceux aptes à faire avancer le groupe tout en maîtrisant le temps et son écoulement, à lui faire produire des bilans d'étape et à le faire aboutir à une solution.

Plus que des interventions fréquentes, les vôtres seront d'autant plus appréciées qu'elles viseront à faire le point sur ce qui vient d'être dit par le groupe, effectueront des synthèses ponctuelles et évoqueront les différentes dimensions de la question suivante à faire traiter par le groupe.

Le bon comportement en groupe	Les pièges à éviter
• Ecouter, réellement, les autres, pour rebondir sur leurs propos	• Faire cavalier seul en demeurant focalisé sur vos propres apports et ne pas tenir compte des autres
• Prendre la parole ponctuellement et à bon escient	• Vouloir prendre la parole à tout prix et à tout propos pour se faire remarquer
• Demeurer dans le sujet, en le recentrant au besoin	• S'égarer du sujet, faire des diversions, prendre des exemples longs et peu pertinents
• Proposer un mode d'organisation et de fonctionnement du groupe	• Se laisser imposer le mode d'organisation et de fonctionnement du groupe ou ne pas en proposer un
• Effectuer des synthèses d'étape et lancer la discussion sur le point suivant	• Se laisser emporter par le groupe et/ou laisser les autres effectuer les synthèses
• Penser solutions	• Oublier les solutions pour se focaliser sur les problèmes ou les difficultés
• Rappeler ponctuellement le temps restant	• Se laisser dominer par le temps et ne pas le suivre

Enfin, prêtez attention à un point qui vous distinguera des autres : votre position spatiale. En d'autres termes, veillez à occuper, dans la salle, une position qui vous permette tout à la fois, sans effort, de voir tout le monde et d'être vu par tout le monde. Cette position stratégique vous aidera grandement à vous imposer dans le groupe et à faire en sorte que, logiquement, les regards se tournent vers vous.

A titre d'illustration, vous trouverez ci-dessous la grille d'évaluation des candidats utilisée par plusieurs écoles :

Nom du candidat :	
Nom de l'examinateur :	
18 à 20 sur 20	Le candidat est un leader sur le contenu et les aspects relationnels du travail de groupe. C'est un leader productif (apport d'idées et de solutions) et régulateur (animation des communications dans le groupe). Il fait preuve d'ascendant, de capacité de synthèse et de décision, d'ouverture aux autres, d'une démarche participative consultative.
14 à 18 sur 20	Leader sur le contenu mais n'intervient pas dans les aspects relationnels : ascendant, capacité de synthèse et de décision. Ou bien le candidat est un leader sur les aspects relationnels mais ne s'impose pas sur le contenu : ouverture aux autres, démarche participative, consultative.
10 à 14 sur 20	Participant assez actif, attitude constructive mais ne s'impose pas : peu d'ascendant, peu animateur des communications, aisance sociale moyenne.
6 à 10 sur 20	Participe peu au travail de groupe, passif, inhibé, influençable. Ou : impulsif au point d'être superficiel, bavard et de ne pas suivre ce qui se passe dans le groupe.
2 à 6 sur 20	Dominateur égocentrique, rigide, rejeté par le groupe ou agressif, négatif, très critique vis-à-vis du travail de groupe.
Observations	

Cette dernière met nettement l'accent sur la capacité des candidats à prendre le pilotage du groupe, au travers notamment de leur esprit de synthèse et de leur capacité à faire progresser le groupe tout en respectant chacun de ses membres.

III. L'EPREUVE ORALE D'ANGLAIS

1. CONSEILS D'ORDRE GENERAL

Il est important d'être habillé de façon neutre pour le jour de l'oral.

- Pour les filles : quelque chose d'efficace style chemisier, veste et tailleur / pantalon, ou à la limite une jupe un peu longue, et des talons courts. Tout ce qui est de l'ordre du short court, jean, froufrou, mules à paillettes style Manoush, vêtements que l'on met en soirée pour sortir est à proscrire.
- Pour les garçons : costume, chemise, cravate, et des chaussures de ville. Bon si la cravate vous étouffe et vous embarrasse terriblement, optez simplement pour une chemise blanche bien repassé avec un col amidonné.
- Pas de grosses bagues, de (*friendship*) bracelets « spéciaux », de piercings, boucles d'oreille trop voyantes, de colliers énormes, de messages / dédicaces sur les vêtements, etc.
- Pas de transition de style niveau coiffure non plus, quelque chose de sobre. Très légèrement maquillée pour les filles, et parfumée, et pas d'autobronzant / UV.

Le but est de faire en sorte que le jury vous remarque pour vos qualités personnelles en tant qu'étudiant(e) potentiel(le) au sein de l'école et surtout en tant que futur manager… Pas pour vos goûts en matière d'esthétisme vestimentaire.

La façon de se tenir est également importante, et il n'est pas rare lors de jurys à plusieurs personnes qu'une d'entre elles ait pour mission de juger du comportement général du candidat lors de l'entretien :

- Donc, assis normalement (ne pas s'asseoir avant qu'on ne vous le propose), les deux pieds posés par terre, les mains à plat sur la table sauf pour éventuellement commenter légèrement ce que vous dites.
- Toujours regarder le jury, et s'il y a plusieurs personnes, les regarder un à un. Plusieurs avantages à cela : c'est un bon moyen de les engager dans la conversation et n'oubliez jamais qu'un bon « eye contact » est le meilleur gage d'une grande motivation, et d'une assurance sans faille !!!

- Pas de tapotement du pied, pas de regards fuyants même si le jury fait mine de se désintéresser de ce que vous dites. Pas de grattement des cheveux, du corps, de mouvements sur la chaise, de suçotement des colliers, d'avachissement sur la table, de soupirs, etc.
- Ne jamais rien dire de négatif, toujours être dans le positif dans tout ce que vous dites. Vous n'avez vécu que des expériences formidables au lycée ou pendant vos éventuelles expériences de voyages / petits boulots / hobbies…

2. CONSEILS RELATIFS A L'USAGE DE L'ANGLAIS

La règle d'or est de ne prononcer que des phrases qui vous sont connues, et ainsi éliminer les hésitations. Bien sûr, il s'agira pour l'oral d'anglais d'une discussion plutôt casual, voire franchement ouverte selon les jurys (« *Tell me something about you* », « *Well, I am listening …* »), et donc il vous faudra un plan assez ouvert pour pouvoir l'adapter aux questions ou à la tournure de la conversation :

- Si vous butez sur un mot, la langue anglaise, à l'instar de la langue française, comporte plein de synonymes signifiant la même chose. Utilisez-les ou reformulez votre phrase pour ne pas prendre le risque de dire un mot incorrect.
- Les jurys veulent voir des jeunes gens avec un bon niveau d'anglais et un esprit structuré. Nous sommes sûrs que l'avis de la sœur du père du frère de la cousine de Paul a été déterminant dans le choix de cette école, mais pourquoi ne pas juste dire « I know your school has a good reputation… » et l'expliquer si besoin est. Autant garder du temps pour ce qui importe vraiment. *Idem* pour les anecdotes croustillantes sur votre dernière compétition sportive / concert. On peut vous demander de développer dans certains cas, mais c'est extrêmement rare et mieux vaut l'éviter en général.
- De plus, sortir des sentiers battus de votre préparation est potentiellement dangereux en terme de fautes de syntaxe, et de vocabulaire.
- Au niveau de votre accent, si les formulations de phrase, et le vocabulaire sont bons, les jurys passent relativement bien sur un accent pas toujours au point. C'est nettement moins le cas si à cause de votre accent, on prend un mot pour un autre.
- Evidemment, les membres des jurys ne sont pas vos amis, donc pas de mots flous, et / ou familiers (ex. : « *stuff* », « *buddy* », « *cool* », « *whatever* », « *something* », etc.). Utiliser le bon mot dans la bonne situation est aussi une qualité linguistique.

- Essayez de reprendre la forme des phrases que l'on vous pose en question pour formuler une amorce de réponse. Ex. : « *why do you want to enter our school?* » ⇒ « *I would like to enter your school because...* ».
  Le fait de reprendre le vocabulaire utilisé par le jury montre que vous souhaitez faire l'effort de répondre à la question qui a été posée et vous permet ainsi d'éviter quelques erreurs.

3. LE COMMENTAIRE DE TEXTE

N'oubliez jamais que le commentaire de texte n'est qu'un prétexte pour savoir si vous comprenez ce que vous lisez en anglais et si vous êtes capable ensuite d'en restituer les éléments les plus importants.

Un premier conseil : ne prenez aucun risque dans cette partie de l'épreuve orale. Utilisez exclusivement des mots simples, des mots que vous maîtrisez parfaitement. Ne cherchez pas à faire compliqué. Surtout, n'oubliez jamais que tous les mots dont vous avez potentiellement besoin se trouvent inexorablement dans le texte. Alors ne cherchez pas plus loin !

Un deuxième conseil : soyez CLAIR, COURT et PRECIS dans ce que vous dites. Faites en sorte que votre commentaire ne dure pas plus de 5 minutes. Le plus important est que vous fassiez aucune erreur et que vous enchaîniez aussi vite que possible sur la discussion autour de vos motivations pour intégrer l'école, vos centres d'intérêt, etc. Car cette partie-là vous allez l'apprendre quasiment par cœur !

Ceci étant dit, comme notre but est quand même de vous aider à obtenir les meilleures notes au concours, voici une liste de mots, verbes et expressions qui vous seront très utiles pour livrer un commentaire de grande qualité.

Introduire

To start with... / To begin with...	*First... / Firstly... / First of all...*
For a start... / In the first place...	*I would like to say that...*
First and foremost, it is worth noticing that...	*What strikes me most in this article...*
In this article the author sets out to explain... (Dans cet article, l'auteur se propose d'expliquer...)	*At first glance* (Au premier coup d'œil...)
On further examination... (De plus près...)	*As we have seen / noticed in the text...*

The journalist presents us with a view of... (Le journaliste présente une vision de…)	*The author would have us believe that...*
This text invites debate on...	*The major points touched upon are...*

Argumenter, donner une opinion…

What I would like to point out is...	*The first telling argument is that...* (Le premier argument que l'on puisse faire valoir est que…)
In my opinion... / In my view...	*My position is... I rather tend to think that...* (J'ai plutôt tendance à croire que…)
To my mind... It is self-evident that...	*It can safely be said that...* (On peut affirmer sans crainte que…)
It can fairly be said that... (On peut affirmer à juste titre que…)	*On the grounds of...* (En raison de…) *As I see it... To the best of my knowledge...*
To put it differently (Pour dire les choses autrement)	*Admittedly...* (On peut admettre que…)
It may be worthwhile to consider... (Cela vaut sans doute la peine de prendre en considération le fait que…)	*It is customary to say...* (Il est coutume de dire que…)
For the moment no more needs to be said concerning...	*Up to a (certain) point it could be said that...*
We are now in a better position to argue that... (Nous sommes désormais à même d'affirmer que…)	*This clash of opinions...* (Ces points de vue divergents…)
It is an argument of considerable weight (Cette argumentation pèse de tout son poids…)	*I take a different view of the question...*
Though I fully agree with the author on that point, in line 23, I must qualify the other point raised in line 11...because it oversimplifies a complex issue...	(Bien que je sois en parfait accord avec l'auteur sur ce point-là, à la ligne 23, je dois nuancer ce qui est dit à la ligne 11… parce que le problème complexe / sujet à controverse qui y est soulevé, se trouve simplifié à l'excès…)

Apporter des nuances...

I would like to qualify (nuancer) *what is said in this passage...*	*Oddly /surprisingly / Curiously enough... Striking as it may be...*
On the subject of crime rates... (Au sujet des taux de criminalité)	*From the author's point of view I understand that...*
This amounts to saying that... (Cela revient à dire que...)	*In other words... / To some extent... / By no means...* (En aucune façon)
The author maintains / argues / asserts that... but he is mistaken (L'auteur maintient que... mais il se trompe)	*According to the journalist...*
I do not fully agree with the author on that point...	*Unless I am much mistaken...* (A moins d'être totalement dans l'erreur...)
One must be permitted to doubt the truth of the arguments...	*All this leads me to wonder whether..* (Tout cela me conduit à m'interroger...)
This point deserves a word or two of comment.	*Is there any obvious reason to suppose that the author is right when he asserts that...*
This moderate opinion puts the problem in its true perspective...	*In this respect...* (A cet égard...) *I don't see the problem in quite the same light...*

Donner des exemples... comparer... ajouter...

As an example... / For example... / For instance...	*Let us consider the example of...*
It is a good case in point... (C'est un exemple pertinent)	*I would like to refer to what is said*
It is sometimes alleged that... (On prétend parfois que...)	*To illustrate my point*
It may be significant to give the example of... In comparison with...	*Compared to / with...*
I would like to draw / make a comparison...	*I would like to draw a parallel between... and...*
Similarly / Likewise	*In the same way, it might be said that...* (De même, on pourrait dire que...) *Some say... others contend that...*

There is no comparison possible... Furthermore...	*What's more... / Moreover... / Besides...*
In addition to what is said in the text...	*And in addition to this... / And more than this...*

Marquer les oppositions... exprimer la cause et la conséquence...

I can't see the issue in the same light as the author does...	*The journalist fails to see what is essential...*
I can't agree with the author on this point...	*Let's see the pros and cons...*
There is no evidence that... Conversely (Inversement)...	*On the one hand... on the other hand...*
Contrary to... / As opposed to... (Contrairement à...)	*Unlike the author...*
It is in sharp/ stark contrast to what is said... (C'est complètement à l'opposé de...)	*By contrast... / I feel reluctant to...* (J'ai des scrupules à...)
A case could be made out against what is said... (On pourrait s'opposer à ce qui est dit...)	*The author puts forward strong arguments / makes out a strong case against...* (L'auteur s'oppose violemment contre...)
I am afraid the author fails to see the crux of the problem... (Je crains que l'auteur ne passe à côté de l'essentiel...)	*On this aspect I am completely in disagreement with the journalist...*
These facts contradict...	*It is a grave mistake to claim that...*
One cannot let this pass without comment	*One might offer a slight clarification...* (On pourrait clarifier un peu...)
All this is correct in every detail... (C'est exact en tous points) *It follows from this that...*	*Leading on from this, I would contend that...*
It can be inferred from what I have just said that...	*Thus...* (Ainsi) */ Therefore... / As a consequence... / As a result... Consequently...*
It stems / flows / results from... (Il en résulte que...)	*Thus one may venture to say that...* (On peut donc s'aventurer à conclure que...)

Conclure…

In a nutshell... (En deux mots…)	*By way of conclusion...* (En guise de conclusion…)
In conclusion... / I don't see much else to say...	*That wraps up the article...* (Voilà pour le texte)
I think that what I've said covers the main points raised in the text...	*For that reason...*
On that account I would simply conclude that... (Pour cette raison, je dirais simplement pour conclure…)	*All things considered...* (Tout bien considéré)

Quelques phrases à apprendre par cœur !

- *The article published on May 3rd 2012 is taken from the Economist and deals with/is about/the issue of unemployment...*
- *It is an excerpt from a daily paper/a weekly magazine... The article falls into three parts and points out the role of the media/specifies that/makes it clear/ women today...*
- *On the subject of/Regarding/With regard to juvenile violence, it can be said/ noted/observed/argued that...*
- *The journalist is right to raise the issue of homelessness, and as he explains to us, the current social plague affects... /As he puts forward the growing number of homeless people and tries to analyse/makes an analysis...*
- *Unfortunately the author fails to emphasise/to put the emphasis on/to stress the responsibility of the authorities on the question of whether...*
- *It is necessary to take a closer look at the issue before answering this tricky question/replying to this controversial problem...*
- *As is often said/explained/suggested/put forward by most political leaders...*
- *The state of mind/The frame of mind of most British people today in the face of the government/The way people think about the latest tragedy...*
- *The passage in line 12 sums up/is a good summary of the difficulties the government is confronted with/faced with...*

- *In my opinion/In my view/My own view/feeling/position is that Tony Blair is wrong when he claims/asserts/argues/contends that...*
- *I think/I believe/I share the opinion/view/I am of the same mind as the journalist when he puts forward the following proposal...*
- *I rather tend to think/I would go so far as to say that the true reason for his mistakes as Prime Minister is his lack of vision...*
- *I would like to quote/cite the example of those who argue that...*
- *First of all/Firstly/First and foremost/To begin/start with/The first point raised in the article... /First... Second... Third... Last/Lastly/Finally/The final point is... /In conclusion*
- *In comparison with/Compared with/to the journalist's position... /Similarly/ Likewise/In the same way...*
- *Actually/In fact it is a good case in point (= exemple pertinent)*
- *It is self-evident/It goes without saying that youth today... /It is proof/evidence of the efforts made by companies...*

4. EXEMPLES DE REPONSES AUX QUESTIONS FREQUENTES DU JURY

Why do you want to enter a French business school?

I would like to enter your school / BBA Essec / Essca / Espeme... because I feel that you can offer me the training I need in order to fulfill my professional goals, and that, for many reasons. ***Indeed,*** *I would like to eventually be a project leader in the field of information systems, and I am convinced that your school could help me get the skills and knowledge I need.*

Why our school?

First, I know that your school built its good reputation on the excellence of its courses and because the teachers involved in those courses often are professionals working in various major companies. They have a great experience on the field and are willing to share their experience with their students. Secondly, I am aware that your school is the best place to acquire the skills to become a top manager: communication skills, listening skills, empathy, persuasion and leadership.

Voici quelques développements en anglais relatifs aux qualités que vous devrez développer pour devenir un bon manager :

Communication skills

There's a lot of communication when you're a manager. You have to communicate with each of your employees. You have to communicate "sideways" with your co-workers and customers. And you have to communicate upwards with your own manager or executive. You need some substance in the communication, of course – you need to have something worthy of being communicated. But substance isn't enough – if you know what you're doing and can't properly communicate it to anyone else, then you'll never be a good manager.

Listening Skills

This is a part of communication, but I want to single it out because it's so important. Some managers get so impressed with themselves that they spend much more of their time telling people things than they spend listening. But no matter how high you go in the management hierarchy, you need to be able to listen. It's the only way you're really going to find out what's going on in your organization, and it's the only way that you'll ever learn to be a better manager.

A Commitment to the truth

You'll find that the higher you are in the management hierarchy, the less likely you are to be in touch with reality. Managers get a lot of brown-nosing, and people tend to sugar-coat the news and tell managers what they want to hear. The only way you'll get the truth is if you insist on it. Listen to what people tell you, and ask questions to probe for the truth. Develop information sources outside of the chain of command and regularly listen to those sources as well. Make sure you know the truth – even if it's not good news.

Empathy

This is the softer side of listening and truth. You should be able to understand how people feel, why they feel that way, and what you can do to make them feel differently. Empathy is especially important when you're dealing with your customers. And whether you think so or not, you'll always have customers. Customers are the people who derive benefit from the work you do. If no one derives benefit from your work, then what's the point of keeping your organization around?

Persuasion

Put all four of the preceding skills together, because you'll need them when you try to persuade someone to do something you want done. You could describe this as "selling" but it's more general. Whether you're trying to convince your employees to give you a better effort, your boss to give you a bigger budget, or your customers to agree to something you want to do for them, your persuasion skills will be strained to their limits.

Leadership

Leadership is a specialized form of persuasion focused on getting other people to follow you in the direction you want to go. It's assumed that the leader will march into battle at the head of the army, so be prepared to make the same sacrifices you're asking your employees to make.

Focus

The key to successful leadership is focus. You can't lead in a hundred different directions at once, so setting an effective leadership direction depends on your decision not to lead in the other directions. Focusing light rays means concentrating the light energy on one spot. Focusing effort means picking the most important thing to do and then concentrating your team's effort on doing it.

Division of Work

This is the ability to break down large tasks into sub-tasks that can be assigned to individual employees. It's a tricky skill – maybe more an art than a science, almost like cutting a diamond. Ideally you want to figure out how to accomplish a large objective by dividing the work up into manageable chunks. The people working on each chunk should be as autonomous as possible so that the tasks don't get bogged down in endless discussion and debate. You have to pay careful attention to the interdependencies among the chunks. And you have to carefully assess each employee's strengths, weaknesses and interests so that you can assign the best set of sub-tasks to each employee.

Obstacle removal

Inevitably, problems will occur. Your ability to solve them is critical to the ongoing success of your organization. Part of your job is to remove the obstacles that are preventing your employees from doing their best.

Uncertainty Removal

When higher management can't give you consistent direction in a certain area, it's up to you to shield your employees from the confusion, remove the apparent uncertainty, and lead your employees in a consistent direction until there's a good reason to change that direction.

Project Management

This is a more advanced skill that formalizes some of attributes 7 – 11. Although both "Management" and "Project Management" contain the word "management", they aren't the same thing. Management implies a focus on people, while Project Management implies a focus on the project objective. You can be a Manager and a Project Manager, or you can be a Manager without being a Project Manager. You can also be a Project Manager without being a Manager (in which case you don't have people reporting to you – you just deal with overseeing the project-specific tasks).

Administrative and Financial Skills

Most managers have a budget, and you'll have to be able to set the budget and then manage to it. You'll also have to deal with hiring, firing, rewarding good employee performance, dealing with unacceptable performance from some employees, and generally making sure that your employees have the environment and tools they need to do their work. It's ironic that this is skill number 13 (an unlucky number in some cultures), because a lot of managers hate this part of the job the most. But if you're good at budgeting, you'll find it much easier to do the things you want to do. And hiring and dealing with employees on a day-to-day basis is one of the key skills to give you the best, happiest and most productive employees.

What is your professional project?

I would like to work as a project leader in the field of information systems in a major consulting company such as Deloitte // a product manager in the cosmetics industry in a major company such as L'Oréal.

In the long run, I want to become a talented manager. If a major company gives me the opportunity to work there, not only will I be a good worker, but also I will implement new ways that will allow us to work more effectively and efficiently.

Your strengths and weaknesses?

I am a very passionate person, which means I am capable of dealing with great amounts of work to reach the objectives I've fixed to myself.

I am also a very forthcoming person, and I have no difficulty to work in a group and be a part of it (give examples).

I would also say that I tend to refuse to ask for help if I am facing a difficulty. I need to overcome it by myself even if this task is time critical.

Why should I pick you rather than another candidate?

I am sure I could be a great asset to your school. I would put my strengths in the service of your school being an active member of the BDE or the BDS as I have been playing soccer and rugby for years.

What are your hobbies?

I have been playing tennis in competition for 10 years. It gave me the love of competition and the will to achieve victory over adversity. I have also been playing the piano for 12 years now. I love it because it helps me express my feelings through music, and also helps me relax when I need it.

The end of the interview

I really hope I was able to convince you of my strong motivation to be a member of your school for next year. Thank you for listening to me and thank you for your time.

5. QUELQUES REFERENCES UTILES

www.reverso.net – excellent site gratuit pour acquérir du vocabulaire de base.

http://www.olf.gouv.qc.ca/ressources/gdt.html – très bon dictionnaire en ligne pour tout ce qui est mots de vocabulaire technique pour chaque secteur d'activité.

http://www.timesonline.co.uk/tol/news/ – le site du *Times* pour trouver des articles sur lesquels s'exercer pour le commentaire de texte.

NOTES PERSONNELLES

NOTES PERSONNELLES

NOTES PERSONNELLES

34/38, rue Camille-Pelletan – 92309 Levallois-Perret Cedex
Imprimerie Sepec – 01960 Péronnas – 10807210850
Imprimé en France – 4e trimestre 2021

Service éditorial : Benjamin Dias Pereira, Deborah Lopez
Conception graphique : Dominique Papon

Dépôt légal à parution
ISBN 978-2-7590-4802-1

PEFC 10-31-1470 / Certifié PEFC / Ce produit est issu de forêts gérées durablement et de sources contrôlées. / pefc-france.org